CATALOGUE MÉTHODIQUE

DE LA

COLLECTION DES REPTILES

DU

MUSÉUM D'HISTOIRE NATURELLE DE PARIS.

PARIS. — TYPOGRAPHIE PLON FRÈRES,
Rue de Vaugirard, 36.

MUSÉUM D'HISTOIRE NATURELLE
DE PARIS.

CATALOGUE MÉTHODIQUE

DE LA

COLLECTION DES REPTILES

PROFESSEUR-ADMINISTRATEUR.

M. C. DUMÉRIL,

Membre de l'Institut,
Officier de la Légion d'honneur, Professeur à la Faculté de Médecine de Paris,
Membre de plusieurs Académies nationales et étrangères.

AIDE-NATURALISTE :

M. Aug. DUMÉRIL,

Docteur ès sciences naturelles,
Professeur agrégé à la Faculté de Médecine de Paris.

PARIS
GIDE et BAUDRY, LIBRAIRES-ÉDITEURS,
5, RUE DES PETITS-AUGUSTINS.

1851

INTRODUCTION.

Les nombreux Reptiles que l'immense Collection du Muséum renferme sont rangés dans les galeries suivant l'ordre adopté pour leur classement et leur description dans notre ERPÉTOLOGIE GÉNÉRALE.

De longues et persévérantes études nous furent nécessaires lorsque nous entreprîmes cet ouvrage avec Bibron, si prématurément enlevé à la science qu'il cultivait avec tant de zèle et de succès, et aux nombreux amis que lui avaient attirés, en France et à l'étranger, la franchise et la loyauté de son caractère. Les accroissements successifs et si importants que la Collection avait reçus jusqu'en 1834, depuis l'année 1802, où nous fûmes appelé à l'honneur de suppléer, chaque année, M. de Lacépède dans son enseignement, avaient nécessité une révision générale des innombrables matériaux que nous devions mettre en œuvre pour la rédaction d'une Histoire naturelle générale et complète des Reptiles. Aussi ce livre, auquel il ne manque plus que la description, presque achevée maintenant, de la plupart des Serpents et celle, depuis longtemps terminée, des Batraciens à queue, est-il une sorte de long Catalogue raisonné, présenté sous une forme didactique. Aujourd'hui cependant les nouvelles acquisitions de la science exigent qu'il ait un complément qui fasse connaître l'état actuel des richesses erpétologiques de notre établissement national.

Mon fils, en sa qualité d'aide-naturaliste, a été chargé par moi d'en dresser, sous ma direction, l'inventaire exact.

En passant minutieusement en revue tous les groupes et toutes les divisions et subdivisions, il a trouvé un assez grand nombre de Reptiles non inscrits dans l'Erpétologie générale : les uns l'avaient été depuis dans des publications ultérieures, mais les autres étaient complétement inédits. Pour les premiers, il donne, dans ce Catalogue, un extrait des descriptions originales et il nomme et décrit avec les détails nécessaires les animaux nouveaux.

Ces additions sont quelquefois fort considérables. Un exemple en donnera la preuve : il est fourni par la vaste famille des Sauriens Eunotes ou Lézards Iguaniens, à laquelle le quatrième volume de l'Erpétologie générale est consacré en entier. On peut voir, en effet, par le tableau porté en note quelles sont ces additions (1).

Des quatre genres nouveaux qu'il contient, deux étaient déjà établis, l'un

(1)
			IVe vol. de l'*Erpet.*		*Catalogue.*	
IGUANIENS.	PLEURODONTES.	genres.	31		33	
		espèces.		94		107
	ACRODONTES.	genres.	15		17	
		espèces.		53		66
			46	147	50	173

par M. Bell et le second par M. Gray, sous les noms de Diplolème et de Moloch ; les deux autres, encore inédits, ont été nommés par nous Ophryessoïde et Arpéphore. Parmi les vingt-six espèces supplémentaires, dix ont été fondées postérieurement à sa publication et deux n'ont encore pris rang dans la science que par des figures avec la lettre, mais sans texte, dans l'atlas du voyage de MM. Hombron et Jacquinot sur les corvettes *l'Astrolabe* et *la Zélée*, confiées au commandement supérieur de M. Dumont-d'Urville. Les quatorze autres sont nouvelles (1). Deux seulement, parmi ces dernières, avaient été observées à Londres par Bibron, qui en a laissé des descriptions manuscrites reproduites scrupuleusement dans leurs points essentiels.

L'exemple que nous avons emprunté à la famille des Iguaniens, et auquel on pourrait en joindre d'autres, est cependant suffisant pour démontrer l'extension parfois considérable, mais nécessaire, du cadre de l'Erpétologie. Ce Catalogue en est donc, comme nous l'avons dit en commençant, un véritable complément, et n'est pas seulement une simple et sèche énumération des animaux contenus dans les galeries. Il représente, en réalité, un livre nouveau par le nombre assez considérable soit des extraits des ouvrages des naturalistes français ou étrangers, soit des descriptions originales dont il est enrichi et qui font connaître les acquisitions les plus récentes de la science.

Quant aux espèces déjà connues, nous avons soigneusement enregistré tout ce qui, dans les publications nouvelles, peut ajouter quelques détails dignes d'intérêt, en indiquant les passages où ils sont puisés et les figures qui les accompagnent. Nous avons particulièrement relevé tous les noms créés par M. Gray et consignés dans ses *Catalogues of the British Museum*.

Des souvenirs particuliers se rattachent à un certain nombre de Reptiles, et méritent d'être conservés comme éléments les plus précieux de l'histoire de la science : ce sont les TYPES des espèces fondées par les naturalistes qui ont étudié dans les Collections du Muséum. Lacépède, Brongniart, Daudin, Latreille, Cuvier, Geoffroy Saint-Hilaire, de Blainville y ont, en effet, trouvé, ainsi que nous, et les bases de leurs classifications et des animaux jusqu'alors inconnus à la description desquels se rattachent les noms de ces savants, puisqu'ils les ont décrits les premiers. Schweigger, Oppel, Boié et quelques autres erpétologistes étrangers ont également fondé des espèces qui n'étaient représentées que par des échantillons du Musée de Paris. Tous ces types, si précieux pour le naturaliste, qui doit toujours les prendre comme termes de comparaison, ont donc été exactement signalés toutes les fois qu'on les a retrouvés.

Nous avons aussi apporté un très-grand soin à noter fidèlement les localités où les animaux ont été recueillis. Toutes les particularités relatives à la question si intéressante et si délicate de la géographie zoologique ont leur importance. Aussi ce Catalogue sera-t-il accompagné d'une table géographique très-détaillée

(1) Tous les genres et toutes les espèces dont la description est contenue dans l'*Erpétologie générale* portent les mêmes numéros que dans cet ouvrage ; et, pour n'en pas interrompre les séries, c'est sous des numéros supplémentaires que tous les Reptiles qui n'y figurent pas sont rangés dans le Catalogue.

INTRODUCTION.

faisant connaître, dans un ordre méthodique, tous les points du globe qui ont fourni leur contingent. Cette table, outre son utilité pour circonscrire les zones d'habitation de chaque famille, de chaque genre et même de chaque espèce de Reptiles, et pour dresser des cartes analogues à celles que M. Schlegel a dessinées pour les Serpents, pourra servir de guide aux explorations des voyageurs. On saura ainsi, d'une façon précise, dans quelles contrées devront être recherchés les animaux que le Muséum ne possède pas encore ou ceux qui n'y sont qu'en petit nombre.

Si, au point de vue scientifique, nous avons cru devoir signaler tous les pays où les Reptiles ont été recueillis, nous avons eu soin aussi de citer les voyageurs auxquels le Muséum est redevable de ses richesses. C'est un juste tribut de reconnaissance que l'établissement, qui leur doit tant, se plaît à leur rendre.

Dans chacun des volumes de l'Erpétologie, nous avons mentionné l'origine des nouveaux accroissements des Collections; mais dans ces dernières années, de grands voyages les ont encore augmentées.

Parmi les plus récents, les seuls dont nous ayons l'intention de parler ici, il faut d'abord citer celui de M. de Castelnau, qui, aidé par l'intelligente et active collaboration de M. Émile Deville, a pu recueillir un grand nombre de Reptiles fort précieux pendant sa longue excursion sur les rives de l'Amazone, qu'il a suivies dans la plus grande partie de l'immense parcours de ce fleuve.

Le Guatemala et surtout l'Yucatan, si peu connus jusqu'alors, ont été intrépidement et fructueusement explorés par M. Arthur Morelet, à qui son amour éclairé de la science a rendu facile cette grande entreprise.

M. Pennant et M. Dubois nous ont mieux fait connaître la Faune Péruvienne, et M. de Bonnecourt celle si rarement étudiée de l'île Sainte-Lucie.

De nouveaux matériaux intéressants ont été réunis dans le Texas et aux États-Unis par M. Trécul et par M. Marcou.

M. Delgorgue a visité de nouveau et avec fruit l'Afrique australe, déjà si utilement explorée autrefois par Levaillant, plus récemment par Delalande, puis par MM. Jules et Édouard Verreaux et si bien connue de M. Smith, qui a généreusement fait au Muséum le précieux cadeau d'un certain nombre des animaux qu'il a décrits dans sa magnifique *Zoologie illustrée* de cette contrée.

La région du Nil nous a fourni de belles Collections par l'entremise du savant M. Botta. Celle du Nil blanc, si complètement inconnue avant l'expédition entreprise par ordre du pacha d'Égypte sous le commandement de M. d'Arnaud, est riche en Reptiles, comme les présents de cet habile officier en ont donné la preuve.

De nouvelles récoltes ont été faites en Algérie par MM. de Nivoy, Bravais, Vacherot, H. Lucas et Schousboé.

Enfin, le Muséum doit beaucoup d'animaux rares de l'Océanie et, en particulier, de la Nouvelle-Hollande aux voyages de M. Jules Verreaux et de M. le docteur Arnoux, chirurgien de la corvette *le Rhin*, ainsi qu'aux dons de M. le docteur N. Guillot.

INTRODUCTION.

Une seconde table, non moins importante que la première, était rendue nécessaire par la multiplicité des dénominations, soit génériques, soit spécifiques, par lesquelles les Reptiles sont désignés. Elle est même indispensable pour faciliter les recherches du naturaliste. Toutes les désignations des familles, des coupes génériques et des espèces inscrites dans ce Catalogue seront donc relevées par ordre alphabétique. Cette table contiendra non-seulement les noms adoptés, mais ceux qui ont été proposés depuis la publication de l'Histoire naturelle des Reptiles, et de plus ceux des types, quand ces noms ont été remplacés par d'autres. Avec cette liste et les synonymies si détaillées de cet ouvrage, le lecteur aura sous les yeux la série complète de toutes les dénominations employées par les erpétologistes depuis l'origine de la science jusqu'à l'époque actuelle.

En terminant cette Introduction, je me plais à exprimer ma satisfaction sur le soin avec lequel chacun, dans mon laboratoire, remplit les fonctions dont il est chargé.

Mon fils, que ses études anatomiques et physiologiques avaient préparé à des études spéciales de zoologie, apporte à ces dernières toute l'intelligente ardeur qui est nécessaire pour mener à bonne fin une entreprise aussi longue et ardue qu'un Catalogue complet des immenses Collections erpétologiques et ichthyologiques du Muséum.

Il trouve un utile collaborateur en M. Guichenot, à qui sa longue habitude et ses connaissances précises ont rendu familière la vaste branche des sciences naturelles qui est du ressort de mon enseignement. La préparation des animaux est confiée à M. Bocourt, qui y met toute son habileté d'artiste. M. Séraphin Braconnier l'aide dans ce travail, et, par la persévérance de ses observations et par ce tact naturel qui ne s'acquiert point, il apporte dans le classement préliminaire des Reptiles une précision rarement en défaut.

Le Professeur d'Erpétologie et d'Ichthyologie,

C. DUMÉRIL.

Au Muséum d'Histoire naturelle, ce 15 avril 1851.

CATALOGUE MÉTHODIQUE

DE LA

COLLECTION DES REPTILES

DU MUSÉUM D'HISTOIRE NATURELLE DE PARIS.

REPTILES.

ANIMAUX VERTÉBRÉS A POUMONS; A TEMPÉRATURE VARIABLE OU INCONSTANTE, SANS POILS, NI PLUMES, NI MAMELLES, LE PLUS SOUVENT OVIPARES.

ILS SONT DIVISÉS EN QUATRE ORDRES :

I. CHÉLONIENS ou TORTUES.

Corps à carapace et plastron en dehors; quatre pattes; pas de dents; des paupières; tête, cou et queue mobiles. Vertèbres du dos, des lombes et du bassin soudées entre elles et avec les côtes.

II. SAURIENS ou LÉZARDS.

Corps sans carapace, le plus souvent écailleux et avec des membres; des côtes et un sternum; des paupières; un canal auditif externe; des dents.

III. OPHIDIENS ou SERPENTS.

Corps très-allongé, sans pattes, souvent écailleux; pas de paupières ni de tympan; branches de la mâchoire inférieure séparées; dents aiguës en crochets; côtes très-nombreuses, pas de sternum.

IV. BATRACIENS ou GRENOUILLES.

Corps nu, sans carapace ni écailles apparentes, de forme variable; tête à deux condyles occipitaux; sternum non uni aux côtes, qui sont courtes ou nulles; œufs à coque molle, non calcaire; des métamorphoses.

AVERTISSEMENT PRÉLIMINAIRE.

La plus grande partie de la Collection des Reptiles est renfermée dans une salle située au premier étage des galeries de Zoologie du Muséum d'Histoire naturelle et s'ouvrant, d'une part, sur celle des Crustacés et, de l'autre, sur celle des Poissons; dans un large couloir pris sur cette dernière, du côté de la cour, se trouvent aussi de grandes Tortues, ainsi qu'un certain nombre de Sauriens suspendus tant au plafond qu'aux murs au-dessus des armoires.

Au milieu de la salle principale règne un long meuble vitré où sont placés les Chéloniens et les Crocodiles de petite taille. Presque tous les individus appartenant à cette dernière famille, et dont quelques-uns offrent des dimensions considérables, sont fixés au plafond. Tous les autres Reptiles sont rangés dans les armoires qui garnissent le pourtour et dont la série commence à l'angle formé par le mur du côté de la cour et par celui qui sépare cette pièce de la salle des Poissons.

Le catalogue méthodique de cette Collection est destiné à en faire connaître les richesses, qui y sont classées d'après l'ordre adopté par MM. Duméril et Bibron dans leur *Erpétologie générale*.

A la suite du nom des espèces qui sont mentionnées dans cet ouvrage, vient la citation du tome et de la page où se lit leur description. Quand il s'agit d'espèces qui n'étaient pas encore connues à l'époque où il a été publié, leurs caractères distinctifs sont présentés avec l'indication du livre où est contenue la description originale; ceux des espèces encore inédites sont également donnés, et les analogies et les différences avec les espèces dont elles se rapprochent le plus y sont relevées.

On a noté par le mot *manque* et comme *desiderata* les Reptiles inscrits dans l'*Erpétologie générale*, mais que le Muséum ne possède pas.

L'origine des animaux a été soigneusement enregistrée et les noms en italiques dont elle est suivie, sans autre séparation que deux points, sont ceux des personnes qui ont enrichi les Collections par leurs présents.

Lorsqu'un échantillon est *unique*, on le fait connaître; et les lettres V. V. placées à la suite d'un nom signifient que l'animal a été vu vivant à la Ménagerie.

Le mot *vélin* se rapporte à une très-belle et très-nombreuse suite de dessins faits d'après les animaux qui ont vécu dans l'Établissement, le numéro dont il est suivi est celui qu'il porte au catalogue qui en est dressé à la Bibliothèque.

I. Ordre. — CHÉLONIENS ou TORTUES.

I. Famille.—CHERSITES ou TORTUES TERRESTRES.

Pattes courtes, informes, tronquées, à doigts réunis en moignon arrondi, bordé d'ongles ou de sabots cornés; carapace très-bombée (*Erpét. génér.*, t. II, p. 1).

(4 genres, 30 *espèces*.)

I. Genre. — TORTUE. *TESTUDO*.

Pattes antérieures à 5 ongles, les postérieures à 4 seulement; carapace d'une seule pièce, sternum non mobile en devant.

(3 sous-genres, 24 *espèces*.)

I. Sous-genre. — Plastron à 12 plaques de 2 pièces, la postérieure mobile.
1. T. bordée. *Marginata* Schœpf. (*Erpét. génér.*, t. II, p. 37).
Morée : *Commission scientifique*. Athènes : *M. Domando*. Égypte : *M. A. Lefebvre*. Côtes de Barbarie. Algérie.
Ages divers ♂ ♀ V. V.

2. T. moresque. *Mauritanica* (*Erpét. génér.*, t. II, p. 44). — *Chersus iberus*. Ch. Bonap. *Amph. Europ.*, p. 27.
Algérie : *M. de Jussieu*, *M. le Dr Guyon*. Bakou (presqu'île d'Abahéran sur les bords de la mer Casp.) : *M. Ménestriés*.
Variété sans plaque nuchale.

IIe sous-genre. — Plastron à 12 plaques, d'une seule pièce, immobile en arrière.
3. T. grecque. *Græca* Lin. (*Erpét. génér.*, t. II, p. 49).
Morée : *Commiss. scientif.* Turquie : *M. Boué*. Différ. contrées de l'Europe.
Ages divers. ♂ ♀ V. V.

4. T. géométrique. *Geometrica* Lin. (*Erpét. génér.*, t. II, p. 57).
Cap de B.-Espér. : *Delalande*, *Péron et Lesueur*, *MM. Verreaux*. Madagascar : *MM. Quoy et Gaimard*, *M. Kiener*.
Ages divers.

4 bis. T. mi-dentelée. *Semiserrata* Smith. (Smith, *Illustrations of the Zool. of south Africa*, 1838-49, pl. 6, *texte sans pagination*).
Carapace ovale, oblongue et légèrement convexe en dessus, à contour assez fortement denté en avant et en arrière, mais moins sur les côtés; plaques à aréoles lisses ou finement granulées, raboteuses et inégales dans le reste de leur étendue, étant fortement incisées par de nombreuses rainures polygonales; nuchale en forme de triangle à sommet antérieur; plaque caudale inclinée directement en bas. Plastron légèrement convexe, échancré en avant et en arrière; tête assez plate, à museau un peu proéminent, entièrement couverte de petites écailles plates de forme irrégulière. Mâchoire supérieure fortement recourbée à son extrémité, à bord tranchant, ondulé et un peu dentelé; mâchoire inférieure terminée par une pointe remontante. Pattes de devant garnies d'écailles à peu près ovales, parmi lesquelles il s'en trouve, çà et là, quelques-unes tuberculeuses; pattes de derrière revêtues de petites écailles fines, et à la partie interne et inférieure qui pose

CHÉLONIENS.

sur le sol un fort tubercule conique; 5 ongles en avant assez courts et presque droits; 4 en arrière, beaucoup plus longs et légèrement recourbés; queue courte et conique; de chaque côté de sa base un petit tubercule proéminent en forme de cône. Carapace d'un rouge foncé ou noir-brunâtre avec un grand nombre de bigarrures couleur d'ocre ou jaune-brunâtre, disposées en rayons qui, partant des aréoles, vont rejoindre celles des plaques environnantes, et forment ainsi des dessins qui se continuent d'une plaque à l'autre. Plastron jaune, orné de bandes assez larges d'un noir brunâtre, et le faisant paraître, suivant leur mode de rencontre, comme marqué de lignes onduleuses, anguleuses ou arquées.
Origine inconnue. Afrique mérid.?
Unique.

5. T. ACTINODE. *Actinodes* Bell. (*Erpét. génér.*, t. II, p. 66).
Pondichéry et côte de Coromandel : *Leschenault*. Indes orient.
Ages divers ♂ ♀ V. V.

6. T. PANTHÈRE. *Pardalis* Bell (*Erpét. génér.*, t. II, p. 71).
Cap de B.-Espér. : *Delalande*. Port-Natal : *M. Delgorgue*.
Ages divers ♂ ♀. Vélin n° 8.

7. T. SILLONNÉE. *Sulcata* Miller (*Erpét. génér.*, t. II, p. 74, pl. 13, fig. 1).
Cap de B.-Esp. : *Delalande*. Sénégal. Buenos-Ayres : *M. d'Orbigny*.
Adulte et âge moyen. Vélins n°s 6 et 7.

7 *bis*. T. ÉMYDOÏDE. *Emydoides* Dum. Bib. (T. *emys*, Salom. Muller, 1844, *Verhandling over de natuurlijke geschiedenis der Nederl. overzeesche bezitingen, door de leden der natuurkund. Commiss. in Oost-Indie en andere schrijvers. Rept.*, p. 34, tab. 4).

Carapace large, plus déprimée que celle des autres Chersites, aplatie sur la ligne médiane; limbe horizontal en avant, dirigé en bas postérieurement et légèrement relevé au niveau des membres. Centre de chaque plaque finement granulé et entouré de plusieurs stries concentriques polygonales, coupées par de simples lignes peu saillantes et dirigées vers chacun des angles de la plaque. Nuchale de moyenne grandeur, large en arrière, à bords latéraux arqués et se rapprochant beaucoup l'un de l'autre à sa partie antérieure, où, devenue moitié moins large qu'à l'extrémité opposée, elle est un peu échancrée. 25 plaques marginales dont le bord libre a un angle plus ou moins saillant, de sorte que tout le limbe semble dentelé et comme festonné. Plastron à pièces solidement fixées, au nombre de 12, un peu proéminent, droit ou à peine entaillé en avant et profondément échancré en arrière. Tête proportionnellement petite et presque aussi haute que large, à museau arrondi, assez court. 5 ongles en avant, 4 en arrière très-forts et très-pointus. Membres antérieurs recouverts, ainsi que la plante des pieds de devant, d'écailles d'une grandeur et d'une épaisseur remarquables qui prennent sur la face externe de ces membres et sur la face postérieure des membres pelviens, mais tout à fait en bas et à la plante des pieds, la forme de grandes épines triangulaires et pyramidales. Près de l'origine de la queue, des deux côtés, des épines ou écailles semblables, du milieu desquelles il en sort une beaucoup plus saillante que les autres. Queue courte, assez grosse, terminée par une pointe obtuse et munie en dessus, à sa base, de quelques écailles épineuses. Système de coloration d'un brun uniforme qui tire sur le rougeâtre, un peu plus clair sur le milieu des plaques du disque.

TORTUES TERRESTRES.

Rivière Anch (Sumatra) : donnée par le *Musée de Leyde*.
Unique.
8. T. nègre. *Nigrita* Dum. Bib. (*Erpét. génér.*, t. II, p. 80).
Origine inconnue : *M. Valenciennes*.
Unique. Type.
9. T. rayonnée. *Radiata* Shaw (*Erpét. génér.*, t. II, p. 83).
Madagascar : *Milius*, *M. Sonnestre*.
Ages divers ♂ ♀ V. V.
10. T. marquetée. *Tabulata* Walbaum (*Erpét. génér.*, t. II, p. 89).
Cayenne : *Richard*, *Milius*. Brésil : *Lemelle-Deville*, *MM. de Castelnau et Em. Deville*. Amér. mérid. Guadeloupe : *Lardenois*.
Ages divers ♂ ♀ V. V. *Vélins* n⁰ˢ 2 et 3, n⁰ˢ 1 et 5?
11. T. charbonnière. *Carbonaria* Spix (*Erpét. génér.*, t. II, p. 99).
Brésil : *Delalande*, *M. Labarraque*. Chili : *M. d'Orbigny*. Cayenne. Amérique mérid. Martinique : *Plée*.
Ages divers ♂ ♀ V. V. *Vélin* n⁰ 4.
12. T. polyphème. *Polyphemus* Daudin (*Erpét. génér.*, t. II, p. 102).
Amér. sept. : *Lesueur*, *Leconte*.
Ages divers ♂ ♀ V. V.
13. T. de Schweigger. *Schweiggerii* Gray (*Erpet. génér.*, t. II, p. 108).
Manque.
14. T. éléphantine. *Elephantina* Dum. Bib. (*Erpét. génér.*, t. II, p. 110).
Ile de France : *M. Mathieu*, *M. Julien Desjardins*. Ile Anjouan (canal de Mozambique) : *Dussumier*. Iles Seychelles : *id*.
Ages divers.
15. T. noire. *Nigra* Quoy et Gaimard (*Erpét. génér.*, t. II, p. 115).
Californie : *Freycinet*. Type de la T. noire, *T. nigra*. Quoy et Gaimard, *Voy. autour du monde*, Zool., p. 172, pl. 140. Iles Gallapagos : *Eydoux et M. Souleyet*.
Adultes. Jeune âge?
16. T. géante. *Gigantea* Schweigger (*Erpét. génér.*, t. II, p. 120).
Origine inconnue.
Unique.
17. T. de Daudin. *Daudinii* Dum. Bib. (*Erpét. génér.*, t. II, p. 123).
Indes orient. Type.
Unique.
18. T. de Perrault. *Perraultii* Dum. Bib. (*Erpét. génér.*, t. II, p. 126).
Indes orient.
Unique.

IIIᵉ sous-genre. — Plastron à 11 plaques seulement et non mobile.

19. T. anguleuse. *Angulata* Dum. Bib. (*Erpét. génér.*, t. II, p. 130).
Cap de B.-Espér. : *Delalande*, Type. *MM. Quoy et Gaimard*. Madagascar : *id*.
Ages divers ♂ ♀ V. V.
20. T. de Gray. *Graii* Dum. Bib. (*Erpét. génér.*, t. II, p. 135).
Afrique? Type de la *Testudo tabulata*. Var. *Africana* Schweiger, *Prodr. Arch. Könisb.*, t. I, p. 332.
Unique.
21. T. peltaste. *Peltastes* Dum. Bib. (*Erpét. génér.*, t. II, p. 138).

Origine inconnue. Type.
Unique.
22. T. de Vosmaer. *Vosmaeri* Fitzinger (*Erpét. génér.*, t. II, p. 140).
Origine inconnue. Iles Gallapagos?
Unique.

IIe GENRE. — HOMOPODE. *HOMOPUS* Dum. Bib.

4 doigts onguiculés à chaque patte; carapace et plastron d'une seule pièce.

(2 *espèces.*)

1. H. aréolé. *Areolatus* Dum. Bib. (*Erpét. génér.*, t. II, p. 146, pl. 13, f. 2 et 3).
Cap de B.-Esp. : *Delalande*, *M. Reynaud*, *M. Tiphaine.*
Adultes? jeune âge.
2. H. marqué. *Signatus* Dum. Bib. (*Erpét. génér.*, t. II, p. 152).
Cafrerie : *Levaillant.* Type de la T. cafre, *T. cafra* Daudin, *Hist. rept.*, t. II, p. 291. Cap de B.-Espér.

IIIe GENRE. — PYXIDE. *PYXIS* Bell.

Pattes à 5 doigts, mais à 4 ongles seulement aux postérieures; carapace simple; plastron mobile en devant.

(1 *espèce.*)

1. P. arachnoïde. *Arachnoides* Bell (*Erpét. génér.*, t. II, p. 156, pl. 14, f. 1).
Indes orient. : *Dussumier.* Madagascar : *M. Cloué.* Ile de France.
Adulte? jeune âge.

IVe GENRE. — CINIXYS. *CINIXYS* Bell.

Pattes à 5 doigts, les postérieures à 4 ongles seulement; carapace mobile en arrière; plastron d'une seule pièce.

(3 *espèces.*)

1. C. de Home. *Homeana* Bell (*Erpét. génér.*, t. II, p. 161, pl. 14, f. 2).
Guadeloupe : *M. Lherminier.*
Adulte? jeune âge ♂ ♀.
2. C. rongée. *Erosa* Gray (*Erpét. génér.*, t. II, p. 165).
Guadeloupe : *M. Bell.*
Unique.
3. C. de Bell. *Belliana* Gray (*Erpét. génér.*, t. II, p. 168).
Manque.

IIe FAMILLE. — ELODITES ou TORTUES PALUDINES.

Carapace déprimée; pattes égales en longueur, à doigts distincts, mobiles, palmés, surtout aux membres postérieurs; ongles pointus, souvent courbés, au nombre de plus de trois; mâchoires nues. (*Erpét. génér.*, t. II, p. 171.)

(14 GENRES, 88 *espèces*.)

Ire SOUS-FAMILLE. — *CRYPTODÈRES*.

Tête épaisse, rétractile entre les pattes; peau du col libre, engaînante.

(7 GENRES, 61 *espèces*.)

Ve GENRE. — CISTUDE. *CISTUDO* Fleming.

(5 *espèces*.)

Pattes à 5 doigts, les postérieures à 4 ongles seulement; plastron large, ovale, attaché au bouclier par un cartilage, mobile devant et derrière sur une même charnière transversale et moyenne, garni de 12 plaques; 25 écailles au limbe de la carapace.

Ier SOUS-GENRE. — LES CLAUSILES OU TORTUES A BOÎTE. Plastron le plus souvent entier, à battants pouvant complétement se relever contre les bords du test osseux, de manière à y enfermer hermétiquement l'animal comme dans une sorte de boîte.

1. C. DE LA CAROLINE. *Carolina* Gray (*Erpét. génér.*, t. II, p. 210).
New-York : *Lesueur, Milbert, M. Hyde de Neuville*. Amér. septentr., depuis la baie d'Hudson jusqu'aux Florides. Martinique : *Plée*.
Ages divers ♂ ♀ V. V.
Variété à 3 ongles aux pattes postér. Nouvelle-Orléans. Amér. septentr.
V. V. *Vélins n° 15.*

2. C. D'AMBOINE. *Amboinensis* Gray (*Erpét. génér.*, t. II, p. 215, pl. 15, fig. 2).
Amboine : *MM. Quoy et Gaimard*. Batavia : *id.* Java : *id., Diard*. Sumatra : *M. Kuhnardt*. Manille : *Eydoux*. Chine : *M. Gernaert*. Soohog : *Expédit. de l'Astrolabe*. Java : *Leschenault*, Carapace TYPE de l'*Emys coura* Schweigger, *Prodr. Arch. Könisb.*, t. I, p. 315, où il décrit cette carapace sous le nom du pays indiqué par Leschenault.
Ages divers ♂ ♀.

3. C. TRIFASCIÉE. *Trifasciata* Gray (*Erpét. génér.*, t. II, p. 219).
Manque.

IIe SOUS-GENRE. — LES BAILLANTES. Plastron tronqué en avant, échancré en arrière, à battants entr'ouverts, ne fermant jamais complétement les ouvertures antérieure et postérieure de la boîte osseuse.

4. C. EUROPÉENNE OU COMMUNE. *Europæa* Gray (*Erpét. génér.*, t. II. p. 220).
Europe. France. Sicile : *Bibron*. Morée : *Commiss. scientif*. TYPE de l'*Emys hellenica* de cette Commission; ce n'est qu'une variété à carapace oblongue, plus élevée,

à couleurs plus foncées sur le test et plus claires sur les autres parties du corps. Algérie : *Commiss. scientif.* Japon : *Musée de Leyde.*
Ages divers ♂,♀ V. V.

5. C. DE DIARD. *Diardii* Dum. Bib. (*Erpét. génér.*, t. II, p. 227).
Java : *Diard.* Batavia : *MM. Quoy et Gaimard.* Bornéo. Indes orient. : *M. Bell.*
Ages divers.

VIe GENRE. — EMYDE. *EMYS* Dum. Bib.

Pattes à 5 doigts, les postérieurs à 4 ongles seulement; plastron large, non mobile, à 12 plaques; 2 écailles axillaires et 2 inguinales; tête de grosseur ordinaire; queue longue.

(44 espèces.)

Ier GROUPE. — ÉMYDES EUROPÉENNES.

(3 espèces.)

1. E. CASPIENNE. *Caspica* Schweigger (*Erpét. génér.*, t. II, p. 235).
Bords de la mer Caspienne : *M. Ménestriés.* Eurotas : *M. Virlet.* Morée : *Commiss. scientif.* Ile de Crète : *M. Raulin.* Sicile : *M. Cantraine.*
Ages divers ♂,♀.

Variété japonaise (Schlegel, *Fauna japonica*, *Chelonii*, p. 54, t. VIII et IX, 1833, et *Abbildungen neuer Amphib.*, p. 126, t. XLI, 1837-44). Japon : donnée par le *Musée de Leyde.*
Unique.

La similitude est presque complète entre les caractères de l'échantillon que possède le Musée de Paris et ceux de l'E. CASPIENNE. La longueur proportionnelle plus considérable de la queue est la seule différence à noter. Le système de coloration reproduit sur la planche 41 des *Abbild.* ne se voit pas sur notre exemplaire, qui est en dessus d'une teinte vert-jaunâtre uniforme. Il ne faut donc faire, avec M. Schlegel, qu'une *variété* de ce spécimen.

Appendice aux Émydes Européennes.

1 bis. E. JAPONAISE. *Japonica* Dum. Bib.
Japon : donnée par le *Musée de Leyde.*
Unique.

(*E. vulgaris japonica picta* Schlegel, *Abbildung. neuer Amphib.*, p. 127, pl. 42.)
Carapace à 3 carènes assez marquées, tête un peu plus épaisse, museau un peu plus court que dans l'E. CASPIENNE ; disque sensiblement plus allongé, à plaques marginales postérieures légèrement plus saillantes; queue moins longue. Notre individu, comme l'indique la planche 42, en diffère aussi par le système de coloration, qui est, sur toutes les parties de l'animal, un brun-noir assez foncé. La gorge, les joues et le col, à l'exception de la partie supérieure de ce dernier, sont ornés de bandes et de dessins jaunes.

Les particularités qui précèdent et, de plus, la forme des bords latéraux de la carapace, qui ne sont pas relevés sur eux-mêmes, nous semblent justifier l'établissement d'une espèce nouvelle que nous laissons à la suite de l'E. CASPIENNE pour montrer le lien qui l'unit à cette dernière, et pour le cas où, par l'examen ultérieur d'autres individus, on viendrait à ne la considérer que comme une variété.

2. E. Sigriz. *Sigriz* Dum. Bib. (*Erpét. génér.*, t. II, p. 240).

Origine inconnue : Type de l'*E. leprosa* Schweigger, *Prodr. Arch. Königsb.*, t. I, p. 298, spec. 5. Individu semblable à un autre figuré dans les MSS. de Schœpf, où ce naturaliste le désignait déjà sous ce nom.

Algérie : *Commiss. scientif.*, M. *Guyon*. Espagne.

Ages divers ♂ ♀ V. V.

Variété à sternum sans taches. Algérie. V. V.

IIe GROUPE. — ÉMYDES AMÉRICAINES.

(28 espèces.)

3. E. ponctulaire, *Punctularia* Schweigger (*Erpét. génér.*, t. II, p. 243).

Cayenne : *Richard* Type de *Test. punctularia* Daudin, *Hist. Rept.*, t. II, p. 349, et de l'*Emys punctularia* Schweigger, *Prodr. Arch. Königsb.*, t. I, p. 305, spec. 29. Cayenne : *Leprieur*. La Mana : *Leschenault et Doumerc* Type de la Raboteuse Lacépède, *Quad. ovip.*, t. I, p. 161, pl. 10. Brésil : MM. *de Castelnau et Em. Deville*.

Ages divers.

4. E. marbrée. *Marmorea* Spix (*Erpét. génér.*, t. II, p. 248).

Manque.

5. E. gentille. *Pulchella* Schweigger (*Erpét. génér.*, t. II, p. 251).

New-York : M. *Marcou*. Amér. septentr. : *Leconte*.

Ages divers.

6. E. géographique. *Geographica* Lesueur (*Erpét. génér.*, t. II, p. 256).

États-Unis (Wasbash-River : *Lesueur*. New-York : *Milbert*).

Adulte ♀ et âge moyen V. V.

Il faut rapporter l'*E. megacephala* à cette espèce ainsi nommée par Holbrook avant qu'il eût reconnu qu'elle n'était autre que l'*E.* géographique qu'il a décrite sous cette dernière dénomination *in North Americ. Herpet.*, t. I, p. 99.

6 bis. E. Pseudo-géographique. *Pseudo-geographica* Lesueur.

Lesueur, *Mém. du Muséum*, t. XV, p. 267 (1827), sans nom spécifique; Leconte, *T. geographica variety A Ann. Lyc. nat. hist. N.-Y.*, vol. III, p. 110 (1835-36), lu en 1833. Lesueur, *E. pseudo-geogr.* MSS. cité dans l'*Erpét. génér.*, t. II, p. 256, parmi les synonymes se rapportant au jeune âge de l'*E. géogr.* Holbrook, *North Americ Herpet.*, t. I, p. 103, pl. 15 (1842).

Tête petite, ovale, ornée de lignes jaunes nombreuses et d'une tache de couleur semblable derrière chaque orbite, se détachant les unes et les autres sur un fond brun; mâchoire supérieure échancrée, l'inférieure portant une sorte de croc; carapace allongée, ovale, échancrée antérieurement, dentelée postérieurement, avec une carène vertébrale, tuberculée, très-apparente; disque brun-marron ou cendré parcouru par un grand nombre de lignes jaunes lui donnant un aspect réticulé; plastron plein et entier en avant, profondément échancré en arrière, élégamment marbré de blanc et de rouge-brun, à taches noires oblongues sur les ailes et entourées de lignes foncées concentriques; 5 ongles en avant, 4 en arrière; queue médiocrement longue.

Cette E. diffère donc notablement de l'E. géogr., dont elle n'est ni une variété, ni le jeune âge, comme on en a la preuve par la saillie des tubercules médians des plaques vertébrales, par la forme des mâchoires et par les petites dimensions de la tête, qui n'a que la moitié de la largeur qu'elle présente dans l'E. géogr.,

bien que la carapace de celle-ci soit proportionnellement moins longue et moins élevée. Lesueur, en donnant à l'espèce dont il s'agit le nom par lequel nous la désignons, a lui-même admis la distinction nécessaire à établir entre elle et la précédente.
États-Unis (Wabash-River) : *Lesueur*.
Ages divers.

7. E. A LIGNES CONCENTRIQUES. *Concentrica* Gray (*Erpét. génér.*, t. II, p. 261).
Malaclemys concentr. Gray, *Catal. of the Tortoises* (1844), p. 28. *Terrapene palustris* Ch. Bonaparte, *Observaz second ediz. Règn. anim.*, p. 157. États-Unis : *Leconte*. New-York : *Milbert*, *M. Marcou*. Charlestown : *Noisette*. Nouv.-Orléans. Ages divers ♀ V. V.
OEufs d'Em. A LIGNES CONCENTRIQUES.

7 *bis*. E. ARÉOLÉE. *Areolata* Dum. Bib.
Carapace d'un vert brunâtre uniforme, assez haute, presque rectiligne à sa région médiane, qui est faiblement carénée, à extrémité antérieure plus étroite que la postérieure, où le limbe, à peine relevé, est un peu dentelé et échancré au-dessus de la queue; sur chaque plaque costale, près de sa jonction avec les vertébrales, une aréole entourée de lignes concentriques dont la forme reproduit celle de la plaque; sur chaque plaque marginale une aréole semblable également entourée de lignes concentriques; nuchale petite; 1re et 5e vertébrales portant seules une réticulation analogue; plastron d'un jaune verdâtre abondamment nuancé de brun, à bords arrondis à sa jonction avec le limbe, très-long, entier en avant, faiblement échancré en arrière; tête petite, brune, ornée de lignes jaunes, dont les deux principales, partant de la région frontale, se prolongent sur les côtés du col; pattes d'un jaune vert ponctué de noir, à peine palmées; 5 ongles en avant, 4 en arrière; queue courte.

La disposition des rugosités sous forme de lignes concentriques rapproche cette E. de la précédente, dont elle diffère d'ailleurs beaucoup par la conformation de la carapace, qui, au lieu d'être déprimée, est au contraire relevée, et par le petit volume proportionnel de la tête.
Province du Peten (Amér. centr.) : *M. Morelet*. TYPE.
Unique.

8. E. A BORDS EN SCIE. *Serrata* Schweigger (*Erpét. génér.*, t. II, p. 267).
New-York : *Leconte*, *Milbert*. La Dominique : *M. V. Schœlcher*.
Ages divers.

8 *bis*. E. DE TROOST. *Troostii* Holbrook (Holbrook, *North Americ. Herpet.* (1842), vol. I, p. 123, fig. 20).
Carapace assez déprimée, faiblement carénée, très-rugueuse, à bord postérieur du limbe dentelé, d'une teinte sombre, couleur de corne, un peu nuancée de vert, avec quelques lignes plus claires; 25 plaques marginales à taches ou à lignes couleur de corne; plaque nuchale presque linéaire, pointue à son extrémité libre; plastron large, plein et entier en avant, un peu échancré en arrière, d'un jaune sale et dont chacune des pièces porte une large tache noire; tête petite, allongée, étroite, conique et pointue; mâchoire supérieure échancrée au bout, et à l'inférieure un croc; en avant 5 ongles, dont les trois médians sont longs et recourbés; 4 en arrière; queue courte, conique et obtuse. Cette espèce est voisine

de l'E. A BORDS EN SCIE, dont elle se distingue par le peu de saillie de la carène, mais surtout par la dépression de la carapace.

Amér. septentr. : *M. Mitchell*. V. V.'

9. E. DE D'ORBIGNY. *Dorbignii* Dum. Bib. (*Erpét. génér.*, t. II, p. 272). D'Orb. *Voy. Amér. mérid.* 1847, t. V, p. 6, pl. 1. Buenos-Ayres : *M. d'Orbigny*. Unique. TYPE.

9 *bis*. E. DE BÉRARD. *Berardii* Dum. Bib.

Carapace d'un brun jaunâtre, couverte de fines rugosités irrégulières formant une multitude de petites vermiculations, allongée, sub-ovalaire, mais resserrée et étroite au-dessus des membres antérieurs où le limbe s'incline en bas, tandis qu'il est relevé et un peu sinueux en arrière; sur les flancs, où il présente un bord mousse, il est presque vertical; région vertébrale ayant une apparence de carène dans son quart postérieur; 25 plaques marginales; nuchale petite et courte, à cause du prolongement antérieur de la première vertébrale; plastron jaunâtre, entier en avant, échancré en arrière; tête d'un brun uniforme, plate, large, assez volumineuse; mâchoire supérieure dentelée, ainsi que l'inférieure; doigts largement palmés; 4 ongles en avant, 5 en arrière; queue robuste, peu longue.

Cette E. est placée auprès de l'E. DE D'ORBIGNY, parce que comme celle-ci, dont elle diffère d'ailleurs beaucoup, elle est originaire de l'Amérique mérid., et avant l'E. ARROSÉE, à cause de quelques analogies de conformation générale.

Eaux douces des environs de Vera-Cruz : *M. le Cap. Bérard*. Amér. mérid. : *M. le Lieut. Maw.* ♂ ♀. TYPES.

10. E. ARROSÉE. *Irrigata* Bell (*Erpét. génér.*, t. II, p. 276).

Amér. septentr. : *Harlan*. Indiv. ♂ donné par cet erpétologiste sous le nom de *Emys serrata*. Id., *M. Bell*.

11. E. CROISÉE. *Decussata* Bell (*Erpét. génér.*, t. II, p. 279).

Saint-Domingue : *M. Ricord*. Cuba : *id.*, *M. Ramon de la Sagra*. Guadeloupe : *M. Lherminier*.

Ages divers.

12. E. A VENTRE ROUGE. *Rubriventris* Leconte (*Erpét. génér.*, t. II, p. 281).

États-Unis (Chesapeake) : *M. Harlan*, *M. Leconte*.

Adultes.

12 *bis*. E. DE MOBILE. *Mobilensis*. Holbr. (Holbrook, *North Americ. Herpet.* (1842), t. I, p. 71, pl. 9).

Carapace ovalaire, rugueuse, sans carène, convexe et relevée en avant, large et déprimée en arrière, où elle est échancrée et un peu dentelée, d'un brun verdâtre réticulé de jaune; 25 plaques marginales; nuchale en forme de parallélogramme; ces plaques sont brunes et portent chacune une ligne jaune verticale qui la divise en deux portions à peu près égales. A leur face inférieure, qui est jaune, il existe une large tache noire complétée par une tache semblable de la plaque attenante, jaune à son centre; plastron oblong, plein et entier en avant, échancré en arrière; tête plutôt large, museau pointu; mâchoire supérieure dentelée dans toute son étendue, ainsi que l'inférieure, qui porte une sorte de croc; 5 ongles en avant, robustes et presque droits; 4 en arrière; queue courte, épaisse à sa base.

Les caractères les plus remarquables de cette espèce et les plus propres à la distinguer de l'E. A VENTRE ROUGE, dont elle est voisine, sont la forme bombée de la carapace en avant, où elle est relevée, et son aplatissement, ainsi que son élargissement dans sa moitié postérieure, la direction presque verticale des côtés de cette carapace, la fine dentelure des deux mâchoires, et enfin sa distribution géographique, car elle est surtout abondante dans le voisinage de Mobile (État d'Alabama (États-Unis), d'où on la transporte en abondance sur les marchés de la Nouvelle-Orléans.

Caroline du Sud ♂♀ : *M. Harlan.* Nouvelle-Orléans V. V.

13. E. RUGUEUSE. *Rugosa* Gray (*Erpét. génér.*, t. II, p. 284).
 Amér. septentr. : *M. Bell.* Cuba : *M. Ramon de la Sagra.*
 Adulte et âge moyen ♂.

14. E. DES FLORIDES. *Floridana* Leconte (*Erpét. génér.*, t. II, p. 285).
 Manque.

15. E. ORNÉE. *Ornata* Bell (*Erpét. génér.*, t. II, p. 286).
 Amér. septentr. : *M. Bell.* Nouvelle-Orléans. Mexique. Tampico : *Lesueur.* Rio-Sumasinta (Yucatan) : *M. Morelet.* Amér. méridion.?
 Ages divers V. V.

16. E. CONCINNE. *Concinna* Leconte (*Erpét. génér.*, t. II, p. 289).
 États-Unis : *Leconte.* Nouvelle-Orléans.
 Ages divers V. V.

17. E. RÉTICULAIRE. *Reticulata* Schweigger (*Erpét. génér.*, t. II, p. 291).
 États-Unis : *Leconte.* Nouvelle-Orléans.
 Ages divers ♂♀. *Vélins.* n°s 18 et 19.

18. E. TACHETÉE OU PONCTUÉE. *Guttata* Schweigger (*Erpét. génér.*, t. II, p. 295).
 États-Unis : *Milbert.*
 ♂♀ V. V. *Vélins* n°s 21, 22 et 23.

19. E. PEINTE. *Picta* Schweigger (*Erpét. génér.*, t. II, p. 297).
 États-Unis (Philadelphie, Wabash-River) : *Lesueur.* New-York : *Milbert, M. Marcou.* Nouvelle-Orléans.
 Ages divers. *Vélins* n° 20.

20. E. DE BELL. *Belli* Gray (*Erpét. génér.*, t. II, p. 302).
 Manque.

21. E. CINOSTERNOÏDE. *Cinosternoides* (*Erpét. génér.*, t. II, p. 303).
 Manque. Peut-être n'est-ce qu'une *variété* de la CIST. DE LA CAROLINE?

22. E. DE MUHLENBERG. *Muhlenbergii* Schœpf. (*Erpét. génér.*, t. II, p. 304).
 États-Unis : *Lesueur, M. Harlan.*

22 bis. E. HIÉROGLYPHIQUE. *Hieroglyphica* Holbr. (Holbrook, *North Americ. Herpet.*, t. I, p. 111, pl. 17).
 Carapace en forme d'ovale fort allongé, se terminant presque en pointe à son extrémité postérieure où elle est incomplétement dentelée; très-déprimée, sans carène, lisse, d'un brun olivâtre, divisée par de larges lignes jaunes en espaces de formes et de dimensions variées, dans chacun desquels se voient des lignes plus étroites de même couleur; taches et lignes de nuance semblable sur le limbe, et formant des dessins analogues, par leur aspect, aux caractères hiéroglyphiques; plastron oblong, échancré en arrière, d'un jaune verdâtre, plus ou moins garni de taches sombres; tête remarquablement petite et étroite, à museau un peu pointu, d'un brun foncé relevé par de nombreuses lignes jaunes, prolongées sur le cou; mâchoire supérieure légèrement échancrée et l'inférieure portant une sorte de dent;

TORTUES PALUDINES.

5 ongles en avant, dont les trois intermédiaires l'emportent de beaucoup sur les autres par leurs dimensions et par leur force; en arrière 4 ongles longs.

La forme singulièrement allongée et déprimée de la carapace et le petit volume proportionnel de la tête, ne permettent de la confondre avec aucune des ÉMYDES américaines.

Caroline du Sud ♂ ♀ : *M. Harlan.*

22 ter. E. LABYRINTHIQUE. *Labyrinthica* Lesueur, MSS.

Carapace formant un ovale assez régulier, à bord postérieur un peu relevé et sinueux, bombée surtout sur la ligne médiane, mais sans carène, rugueuse, d'un vert plus ou moins brunâtre, ornée d'un grand nombre de lignes jaunes dont la direction sinueuse et l'enroulement sur le limbe en particulier a mérité à cette espèce le nom de labyrinthique; 25 plaques marginales; plastron entier en avant, échancré en arrière, d'un jaune souvent nuancé de brun-clair; tête assez volumineuse, rayée, ainsi que le cou, de lignes jaunes; mâchoire inférieure dentelée, munie à son extrémité antérieure d'un crochet venant se loger dans une petite échancrure de la supérieure; 5 ongles en avant, 4 en arrière.

Cette E. diffère de la précédente par la forme de sa carapace, dont l'ovale est moins allongé, et par l'élévation qu'elle présente sur sa ligne vertébrale, qui est au contraire déprimée dans l'E. HIÉROGLYPHIQUE, et enfin par le volume proportionnellement plus considérable de la tête.

Wabash-River (États-Unis).

Adultes et âge moyen.

22 quater. E. DU CUMBERLAND. *Cumberlandensis* Holbr. (Holbrook, *North Americ. Herpet.*, t. I, p. 115, pl. 18).

Carapace plus ou moins rugueuse, déprimée, d'une forme oblongue, souvent sub-quadrangulaire, mais à angles arrondis; munie, dans toute sa longueur, d'une carène peu apparente; légèrement entaillée à son bord antérieur et élégamment dentelée à son bord postérieur, d'un brun verdâtre, ornée sur chacune de ses plaques d'une tache sinueuse ou de lignes rayonnantes jaunes ou fauves; quelquefois d'une teinte foncée uniforme où se distinguent à peine ces dessins; nuchale étroite, le plus souvent dentelée à son extrémité libre; plastron entier et arrondi en avant, tronqué en arrière, jaune au centre, portant le plus habituellement vers le bord externe de chacune de ses plaques une tache brune ou çà et là des maculatures de cette nuance; tête de volume médiocre, brune en dessus, à petites lignes jaunes s'étendant jusqu'au cou; une tache couleur de citron et souvent d'un beau rouge derrière l'orbite, longue de 0 m., 02 à 0,03, plus large en arrière qu'en avant; museau court et plutôt pointu; 5 ongles longs, minces et presque droits aux membres antérieurs, 4 aux postérieurs.

La forme sub-quadrangulaire de la carapace et surtout la tache temporale jaune ou rouge, très-apparente chez les jeunes sujets, sont les caractères essentiellement distinctifs de cette espèce.

Wabash-River (États-Unis) : *Lesueur.* Nouvelle-Orléans : *M. Trécul.* Amér. septentr. : *M. Bell, M. J. Verreaux, M. d'Eichtal, M. Duméril.*

Ages divers V. V.

CHÉLONIENS.

IIIe GROUPE. — ÉMYDES AFRICAINES.
(1 espèce.)

23. E. DE SPENGLER. *Spengleri* Schweigger (*Erpét. génér.*, t. II, p. 307). *Geoemyda Sp.* Gray *Pr. z. Soc.* (1834), et *Cat. of the Tort.* (1844), p. 14. *Manque.*

IVe GROUPE. — ÉMYDES INDIENNES.
(12 espèces.)

24. E. A TROIS ARÊTES. *Trijuga* Schweigger (*Erpét. génér.*, t. II, p. 310).
Pondichéry : *Leschenault.* Bengale, côte du Malabar, étangs de Calcutta : *Dussumier.* Indes orient. : *M. Reynaud.*
Ages divers.

25. E. DE REEVES. *Reevesii* Gray (*Erpét. génér.*, t. II, p. 313).
Cochinchine : *Diard.* Chine : *M. Bennett, M. Gernaert.*
Un individu donné par le Musée de Leyde et provenant sans doute de l'archipel ou du continent Indien, puisqu'il avait été étiqueté à ce Musée, comme appartenant à l'espèce dite E. A TROIS ARÊTES, doit certainement être classé ailleurs. Le volume proportionnel de la tête est, en effet, bien plus considérable dans cet animal et la conformation générale de la carapace n'est pas la même. Ce spécimen serait-il un adulte de l'E. DE REEVES? Ce qui ne permet cependant ce classement qu'avec doute, c'est l'impossibilité de le comparer à des individus de même taille, la Collection ne possédant que de jeunes sujets de cette dernière espèce. C'est peut-être l'*Emys platynota* de Gray. *Cat. of the Tort.* (1844), p. 16.

26. E. D'HAMILTON. *Hamiltonii* Gray (*Erpét. génér.*, t. II, p. 315).
Étangs de Calcutta : *Dussumier.* Bengale : *M. Lamarre-Picquot.*

27. E. DE THURGY. *Thurjii* Gray (*Erpét. génér.*, t. II, p. 318).
Calcutta : *Dussumier.*
Age moyen. *Unique.*

28. E. A DOS EN TOIT. *Tecta* Gray (*Erpét. génér.*, t. II, p. 321).
Bengale : *Duvaucel, M. Lamarre-Picquot.*

29. E. DE BEALE. *Bealei* Gray (*Erpét. génér.*, t. II, p. 323).
Chine : *M. Gernaert.*
Unique.

30. E. CRASSICOLE. *Crassicollis* Bell (*Erpét. génér.*, t. II, p. 325).
Batavia, Java : *MM. Quoy et Guimard.* Bornéo : *donnée par le Musée de Leyde.*
Indes orient.?
Ages divers.

31. E. ÉPINEUSE. *Spinosa* Bell (*Erpét. génér.*, t. II, p. 327). *Geoemyda spinosa* Gray. *Pr. z. Soc.* (1834), et *Catal. of the Tortoises* (1844). p. 14.
Java.
Unique.

32. E. OCELLÉE. *Ocellata* Dum. et Bib. (*Erpét. génér.*, t. II, p. 329, pl. 15, fig. 1).
Bengale : *M. Bélanger.* TYPES.

33. E. A TROIS BANDES. *Trivittata* Dum. et Bib. (*Erpét. génér.*, t. II, p. 331).
Bengale : *M. Reynaud.* TYPES.

34. E. DE DUVAUCEL. *Duvaucelii* Dum. et Bib. (*Erpét. génér.*, t. II, p. 334).
Bengale : *Duvaucel.* TYPE.

Le Muséum ne possède qu'une carapace sur l'observation de laquelle a été fondée cette espèce très-analogue à la précédente, malgré des différences spécifiques bien évidentes. *Unique.*

35. E. RAYÉE. *Lineata* Gray (*Erpét. génér.*, t. II, p. 335).
Manque.
Hardwick, *Illust. Ind. zool.*, part. 5, tab. 9, et *id.*, part. 2, tab. 9, sous les noms de *Emys Kachuga* et *Emys Dhongoka*.
Il paraît exister une grande analogie entre l'E. RAYÉE et l'E. DE DUVAUCEL.

VII° GENRE. — TÉTRONYX. *TETRAONYX* Lesson.

Cinq doigts, dont un sans ongle, à toutes les pattes; sternum solide, large, garni de six paires de plaques; vingt-cinq écailles marginales.

(2 *espèces.*)

1. T. DE LESSON. *Lessonii* Dum. et Bib. (*Erpét. génér.*, t. II, p. 338, pl. 16, fig. 1).
Fleuve Iraouaddy dans le Pégou (emp. Birman) : *M. Reynaud;* Bengale : *M. Bélanger.*
Ages divers.

2. T. BASKA. *Baska.* Dum. et Bib. (*Erpét. génér.*, t. II, p. 341).
Manque.
Emys Baska Hardwick, *Illust. Ind. zool.*, part. 4, tab. 8.

VII° GENRE. — PLATYSTERNE. *PLATYSTERNON* Gray.

Tête cuirassée et trop grosse pour pouvoir rentrer sous la carapace; mâchoire supérieure crochue; plastron large, non mobile, fixé solidement à la carapace, à ailes courtes; 3 écailles sterno-costales; 5 ongles devant, 4 derrière; queue très-longue, écailleuse, sans crête.

(1 *espèce.*)

1. P. MÉGACÉPHALE. *Megacephalum* Gray (*Erpét. génér.*, t. II, p. 344, pl. 16, fig. 2).
Chine : donné par *M. Bennett.* V. V. *Unique.*

IX° GENRE. — EMYSAURE. *EMYSAURUS* Dum. et Bib.

Tête large, couverte de petites plaques; museau court; mâchoires crochues; 2 barbillons sous le menton; plastron non mobile, cruciforme, couvert de 12 plaques; 3 écailles sterno-costales; 5 ongles devant, 4 derrière; queue longue, surmontée d'une crête écailleuse.

(2 *espèces.*)

1. E. SERPENTINE. *Serpentina* Dum. et Bib. (*Erpét. génér.*, t. II, p. 350, pl. 17, fig. 1).
Amér. septentr. L'un des 2 individus adultes qui ne portent que cette indication d'origine est le TYPE de la *Chelydra lacertina* Schweigger (*Prodr. Arch. Königsb.*, t. I, p. 293, spec. 1). C'est celui dont les carènes des plaques vertébrales sont effacées, caractère sur lequel il avait basé la distinction entre cette espèce considérée par lui comme nouvelle et celle qu'il décrivait sous le nom de *Chelydra serpentina*, et qui est l'E. SERPENTINE. Amér. sept. : *M. Chevet.* Charlestown : *Noisette.* New-York : *Milbert, M. Marcou.*

Ages divers V. V. *Vélins* n⁰ˢ 24 et 25.
1 bis. E. DE TEMMINCK. *Temminckii.* (E. LACERTINE. *Lacertina* Dum. Bib. MSS. *Chelonura Temminckii* Troost, MSS., et Holbrook, *North Americ Herpet.*, t. I, p. 147, pl. 24.)
Les particularités suivantes ne permettent pas de confondre cette espèce avec la précédente : Tête énormément volumineuse, triangulaire, très-large en arrière, pointue en avant, couverte de plaques en dessus et sur les côtés; mâchoire supérieure robuste, en forme de bec de vautour dont le crochet descend à angle droit; col très-volumineux à peau granulée, avec des excroissances verruqueuses, cornées à leur pointe; carapace très-fortement tri-carénée, sub-arrondie, considérablement concave en avant, profondément échancrée et dentelée en arrière; 31 plaques marginales disposées sur deux rangs sur les flancs; queue sans crête.
Adulte.
Unique.

Xᵉ GENRE. — STAUROTYPE. *STAUROTYPUS* Wagler.

Tête sub-quadrangulaire, pyramidale, recouverte en avant d'une seule plaque fort mince; mâchoires crochues; barbillons sous le menton; 23 écailles limbaires; plastron épais, cruciforme, mobile en avant, garnies de 8 ou 11 écailles; les axillaires et les inguinales contiguës, placées sur les sutures sterno-costales; 5 ongles aux pattes de devant, 4 derrière.

(*2 espèces.*)

1. S. TRICARÉNÉ. *Triporcatus* Wagler (*Erpét. génér.*, t. II, p. 356).
Amér. septentr. : *M. Largillier.* Rio-Sumasinta (Amér. centr.) : *M. Morelet.*
Adulte et très-jeune âge. Des carapaces et pas d'animal entier.
2. S. MUSQUÉ. *Odoratus* Dum. et Bib. (*Erpét. génér.*, t. II, p. 358).
États-Unis : *Leconte.* New-York : *Milbert.* Nouvelle-Orléans.
Ages divers ♂ ♀.

XIᵉ GENRE. — CINOSTERNE. *CINOSTERNON* Wagler.

Tête sub-quadrangulaire, pyramidale; une seule plaque rhomboïdale sur le crâne; mâchoires un peu crochues, barbillons sous le menton; écailles du test légèrement entuilées; plaques limbaires au nombre de 23; sternum ovale, mobile devant et derrière sur une pièce fixe, garni de 11 écailles, à ailes courtes, étroites, sub-horizontales, une très-grande axillaire, une inguinale encore plus grande; queue longue (dans les mâles), onguiculée.

(*5 espèces.*)

1. C. SCORPIOIDE. *Scorpioides* Wagler (*Erpét. génér.*, t. II, p. 363).
Brésil. Cayenne. *Leschenault* et *Doumerc, Milius.*
Variété à carapace plus déprimée. Santa-Cruz de la Sierra (république de Bolivie) : *M. d'Orbigny.*
Ages divers ♂ ♀.
1 bis. C. ENSANGLANTÉ. *Cruentatum* Dum. Bib.
Carapace bombée, ovalaire, à inclinaison brusque en arrière, où elle s'infléchit en

bas presque perpendiculairement, de sorte que le limbe, dans cette région, est à peu près vertical; tricarénée, d'un brun rougeâtre; plastron mobile en avant et en arrière, où il n'est pas échancré; d'un jaune brun; tête d'un vert jaunâtre plus foncé en dessus qu'en dessous, ornée, ainsi que le cou et les membres, de petites taches linéaires d'un rouge de sang, d'où le nom par lequel elle est désignée.

Ainsi : *Carapace d'un brun rougeâtre, tricarénée, courte, fortement inclinée au niveau des lombes; sternum non échancré en arrière; nombreuses maculatures rouges.*

La forme ramassée de la carapace, qui diffère tant de l'ellipse allongée régulière et très-étroite de la boîte osseuse du C. SCORPIOÏDE et les maculatures rouges des téguments ne permettent pas de confondre ces deux espèces. Celle-ci d'ailleurs est de l'Am. sept.

Amér. septentr. ♀ V. V. — *Unique. Vélins* n° 27.

2. C. DE PENSYLVANIE. *Pensylvanicum* Wagler (*Erpét. génér.*, t. II, p. 367).

États-Unis : *Leconte*, *M. Gibbes*. Philadelphie, Nouvelle-Orléans : *Lesueur*. New-York : *Milbert*.

Ages divers ♂ ♀ V. V.

2 bis. C. A BOUCHE BLANCHE. *Leucostomum* Dum. Bib.

Carapace d'un brun rougeâtre, faiblement uni-carénée, sternum non échancré en arrière; mâchoires blanches.

La boîte osseuse est ovale, unie, assez convexe, resserrée au-dessus des membres postérieurs, avec une faible apparence de carène plus marquée dans le tiers postérieur que partout ailleurs, à limbe un peu relevé en arrière; plastron mobile en avant et en arrière, où il n'est pas échancré, d'un jaune brunâtre; tête médiocrement large, assez déprimée, à mâchoires d'un jaune blanc-pâle qui tranche avec les teintes sombres de la tête et du cou, où se voient quelques taches rouges ou d'un jaune rougeâtre.

On peut distinguer cette espèce de la précédente, avec laquelle elle a quelque analogie, par la forme plus allongée de la carapace qui n'est pas déprimée sur la ligne médiane, ne s'incline pas autant en bas à sa région postérieure, dont le bord marginal est un peu relevé et par le défaut d'échancrure à l'extrémité postérieure du plastron.

N.-Orléans ; Mexique ; Rio-Sumasinta (Amér. centr.) : *M. Morelet*. Amér. septentr. ♂ ♀ ? Vallée de la Madeleine (N. Grenade), ad. et j. âge : *M. J. Goudot*. Santa-Fé de Bogota (N. Grenade) : *M. Lewy*. V. V. *Vélins* n° 28.

3. C. HIRTIPÈDE. *Hirtipes* Wagler (*Erpét. génér.*, t. II, p. 370). — *Manque*.

IIe SOUS-FAMILLE. — *PLEURODÈRES*.

Tête déprimée, non rétractile; col long, déprimé, flexible latéralement.
(7 GENRES. 27 *espèces*.)

XIIe GENRE. — PELTOCÉPHALE. *PELTOCEPHALUS* Dum. et Bib.

Tête grosse, subquadrangulaire, pyramidale, couverte de grandes plaques épaisses, un peu entuilées; mâchoires extrêmement fortes, crochues, sans dentelures; yeux latéraux; plaques de la carapace légèrement entuilées; point de plaque nuchale; pieds peu palmés; deux larges écailles arrondies aux talons; ongles droits, robustes; queue onguiculée.

(1 espèce.)

1. P. Tracaxa. *Tracaxa* Dum. Bib. (*Erpét. génér.*, t. II, p. 378, pl. 18, fig. 2).
Cayenne.
Adulte. *Unique.*

XIII° GENRE. — PODOCNÉMIDE. *PODOCNEMIS* Wagler.

Tête peu déprimée, couverte de plaques; front creusé d'un large sillon longitudinal; mâchoires légèrement arquées, sans dentelures; 2 barbillons sous le menton; point de plaque nuchale; plastron large, non mobile; pattes largement palmées, les postérieures portant aux talons deux grandes écailles minces arrondies; queue courte, inonguiculée.

(2 espèces.)

1. P. élargie. *Expansa* Wagler (*Erpét. génér.*, t. II, p. 383, pl. 19, fig. 1).
Cayenne : *Cl. Richard,* Type de l'*Emys expansa* Schweigger (*Prodr. Arch. Königsb.*, t. I, p. 299, spec. 8 et p. 343). Brésil : *MM. de Castelnau* et *Em. Deville.*
Ages divers.
2. P. de Duméril. *Dumeriliana* Wagler (*Erpét. génér.*, t. II, p. 387).
Venezuela : *M. Bauperthuis.* Brésil : *MM. de Castelnau* et *Em. Deville.* Cayenne : *M. Banon.* Guadeloupe : *M. Lherminier.*
Ages divers.

XIV° GENRE. — PENTONYX. *PENTONYX.* Dum. et Bib.

Tête large, déprimée, couverte de plaques; museau arrondi; mâchoires légèrement arquées, tranchantes; 2 barbillons sous le menton; point de plaque nuchale; plastron non mobile; 5 ongles à tous les pieds; queue médiocre, inonguiculée.

(2 espèces seulement, le n° 2 devant être distrait de ce genre.)

1. P. du Cap. *Capensis* Dum. Bib. (*Erpét. génér.*, t. II, p. 390, pl. 19, fig. 21).
Cap de B.-Espér. Type de la Roussâtre Lacép. (*Quadr. ovip.*, t. I, p. 173, pl. 12), indiquée par Lacép. comme ayant été rapportée de l'Inde par Sonnerat, Carapace. Sénégal : *Adanson,* Type de l'*Emys olivacea* Schweig. (*Prodr. Arch. Königsb.*, t. I, p. 307, spec. 24), Carapace sans plastron. Cap de B.-Espér. : *Delalande, Dussumier, M. Léclancher, M. J. Verreaux* ♂. Madagascar : *MM. Quoy et Gaymard.*
Ages divers.
2. P. d'Adanson. *Adansonii* Dum. Bib. (*Erpét. génér.*, t. II, p. 394).
Cette espèce ne doit point être conservée dans le genre Pentonyx.
Voir ci-après Stern. d'Adanson.
2 bis. P. Gehafie Rüppel (*Neue Wirbelth. zu der faun. von Abyssin. amphib.*, p. 2, tab. 1, 1835); *Pelomedusa Gehafiæ* Gray *Cat. of Tort.*, p. 38.
Carapace d'un brun verdâtre, régulièrement ovalaire, un peu déprimée, sans gouttière médiane et munie d'une très-légère carène.
Le plastron est immobile, d'un jaune d'ocre clair, entier en avant, rétréci dans sa moitié postérieure qui se termine par une petite échancrure, à plaques de la troi-

TORTUES PALUDINES.

sième paire, de forme pyramidale, ne se touchant pas par leur sommet sur la ligne médiane; tête large, déprimée, d'un brun verdâtre, ornée de petites taches de nuance plus foncée; membres tachetés de noir sur un fond verdâtre; 5 ongles en avant et en arrière. — La régularité de l'ellipse que représente la carapace et l'absence de dépression sur les plaques vertébrales, de chaque côté de la petite carène, suffisent pour distinguer ce P. du précédent.
Abyssinie : *M. Rüppel.* — Unique.

XVe GENRE. — STERNOTHÈRE. *STERNOTHERUS.* Bell.

Tête déprimée, garnie de grandes plaques; mâchoires sans dentelures; point de plaque nuchale; plastron large, à prolongements latéraux fort étroits; portion libre antérieure du plastron arrondie, mobile; 5 ongles à chaque patte.

(5 espèces.)

1. S. NOIR. *Niger* Dum. Bib. (*Erpét. génér.*, t. II, p. 397, pl. 20, fig. 1).
Madagascar? TYPE.
Unique.
2. S. NOIRATRE. *Nigricans.* Dum. et Bib. (*Erpét. génér.*, t. II, p. 399).
Afrique : TYPE de la TORTUE NOIRATRE Lacép. (*Quadr. ovip.*, t. I, p. 175, pl. 13) et de l'*Emys subnigra* Schweigger (*Prodr. Arch. Königsb.*, t. I, p. 315, spec. 40 et p. 438), Carapace, Madagascar : *M. Desjardins.* V. V.
3. S. MARRON. *Castaneus* Gray (*Erpét. génér.*, t. II, p. 401).
Madagascar : *MM. Quoy et Gaimard, M. Bernier.* Cap de B.-Espér.
3 bis. S. SINUEUX. *Sinuatus* Smith (*Illustr. of the Zool. of south Afr.*, pl. 1, p. sans n°).
Carapace d'un brun-verdâtre foncé, les trois plaques vertébrales moyennes portant une saillie d'où résulte une carène et bordées de chaque côté, au niveau de leur jonction avec les plaques costales, par un sillon assez profond; sternum en arrière des ailes rectiligne; museau court.
La caparace est oblongue, convexe, assez élevée; le bord postérieur du limbe est presque horizontal et dentelé; plastron d'une teinte orange plus ou moins nuancé de brun-rougeâtre, profond, entier en avant, où il est mobile, profondément échancré en arrière; tête large et déprimée, d'une couleur jaunâtre couvert de fines marbrures brunes; mâchoire supérieure échancrée à son extrémité et, de chaque côté de cette échancrure, une saillie un peu analogue à une dent; mâchoire inférieure terminée en avant par une saillie divisée en haut.
Cette espèce se distingue facilement de ses congénères par les deux enfoncements profonds de la région médiane de la carapace, au niveau des sutures des plaques vertébrales et des costales, par la direction du limbe en arrière, où il se relève pour devenir presque horizontal, et par les dentelures dont il est orné sur tout le bord postérieur.
Port-Natal : *M. Delgorgue.* Cap de B.-Espér. : *M. J. Verreaux.*
3 ter. S. D'ADANSON. *Adansonii* Dum. Bib. *Pelomedusa?* Adans. Gray, *Cat. of Tort.*, p. 38.
Les nouveaux animaux donnés par *M. d'Arnaud*, command. l'expéd. scient. au Nil Blanc entreprise par ordre du pacha d'Égypte, montrent que la carapace sans plastron, complètement semblable à la carapace de ceux-ci pour la forme, comme pour

le système de coloration, et d'après laquelle a été fondée l'espèce de P. dédiée à Adanson, qui l'avait rapportée du cap Vert, n'appartient pas à ce dernier genre. Elle doit rentrer dans le genre très-voisin des St., qui s'en distingue par la mobilité de la partie antérieure du plastron. On peut ajouter à la description de l'*Erpét. génér.* les détails suivants qui n'avaient pu être donnés, puisqu'on ne possédait pas d'exemplaire complet :

Plastron mobile en avant, d'un jaune plus ou moins nuancé de brun-rougeâtre; tête plate, assez large, de la même couleur que la carapace, couverte de fines vermiculations jaunâtres analogues à celles du test; 5 ongles en avant et en arrière; queue courte.

Cap-Vert (Sénégambie) : *Adanson*, Carapace sans plastron, TYPE de l'*Emys Adansonii* Schweigger (*Prodr. Arch. Königsb.*, t. I, p. 308, spec. 27); de l'*Hydraspis Adansonii* Gray (*Synopsis Rept.*, p. 40, spec. 2), et du *Pentonyx Adansonii* Dum. Bib. (*Erpét. génér.*, t. II, p. 394.) Nil Blanc : *M. d'Arnaud*.

Adulte? âge moyen, jeune âge.

XVIe GENRE. — PLATÉMYDE. *PLATEMYS* Wagler.

Tête aplatie, couverte d'une seule écaille mince ou d'un grand nombre de petites plaques irrégulières; mâchoires simples; 2 barbillons sous le menton; carapace très-déprimée; une plaque nuchale; plastron non mobile; 5 ongles devant, 4 derrière.

(13 *espèces*.)

1. P. MARTINELLE. *Martinella* Dum. Bib. (*Erpét. génér.*, t. II, p. 407).
Cayenne. Surinam : donnée par le Musée de Leyde. Amér. mérid. : *MM. de Castelnau* et *Em. Deville*.
Ages divers ♂,♀.
2. P. DE SPIX. *Spixii* Dum. Bib. (*Erpét. génér.*, t. II, p. 409). — *Hydraspis Sp.* Gray, *Cat. of Tort.*, p. 39.
Brésil : *M. Aug. Saint-Hilaire*.
3. P. RADIOLÉE. *Radiolata* Mikan (*Erpét. génér.*, t. II, p. 412).
Brésil : *M. Gaudichaud*.
4. P. BOSSUE. *Gibba* Dum. Bib. (*Erpét. génér.*, t. II. p. 416, pl. 20, fig. 2).
Amér. mérid. TYPE de l'*Emys gibba* Schweig. (*Prodr. Arch. Königsb.*, t. I, p. 299, spec. 7). Amér. mérid. : *MM. de Castelnau* et *Em. Deville*.
5. P. DE GEOFFROY. *Geoffreana* Dum. Bib. (*Erpét. génér.*, t. II, p. 418).
Cayenne ou Brésil, TYPE de l'*Emys geoffreana* Schweigger (*Prodr. Arch. Königsb.*, t. I, p. 302, spec. 15 et p. 350, § 16). Adulte provenant du Musée de Lisbonne. Buénos-Ayres : *M. d'Orbigny*, jeune âge. Brésil : *M. Aug. Saint-Hilaire*, jeune âge.
6. P. DE WAGLER. *Waglerii* Dum. Bib. (*Erpét. génér.*, t. II, p. 422). *Hydraspis Wagl.* Gray, *Cat. of Tort.*, p. 40.
Brésil : *M. Aug. Saint-Hilaire*. TYPE, Adulte? — *Unique*.
7. P. DE NEUWIED. *Neuwiedii* Dum. Bib. (*Erpét. génér.*, t. II, p. 425).
Manque.
8. P. DE GAUDICHAUD. *Gaudichaudii* Dum. Bib. (*Erpét. génér.*, t. II, p. 427). *Hydraspis Gaudich.* Gray, *Cat. of Tort.*, p. 40.
Brésil : *M. Gaudichaud*., jeune âge. TYPE. — *Unique*.

9. P. DE SAINT-HILAIRE. *Hilarii* Dum. Bib. (*Erpét. génér.* t. II, p. 428). *Hydraspis Hil.* Gray, *Cat. of Tort.*, p. 40.
    Brésil : *M. A. Saint-Hilaire*, TYPE; *MM. de Castelnau* et *Em. Deville*.
10. P. DE MILIUS. *Miliusii* Dum. Bib. (*Erpét. génér.*, t. II, p. 431). *Phrynops Mil.* Gray, *Cat. of Tort.*, p. 42.
    Cayenne : *M. Milius*, TYPE. — *Unique.*
11. P. A PIEDS ROUGES. *Rufipes* Dum. Bib. (*Erpét. génér.*, t. II, p. 433). *Phrynops ruf.* Gray, *Cat. of Tort.*, p. 41. — *Manque.*
12. P. DE SCHWEIGGER. *Schweiggerii* Dum. Bib. (*Erpét. génér.*, t. II, p. 435). *Hydraspis nasuta.* Gray, *Cat. of Tort.*, p. 40.
    Amér. mérid. TYPE de l'*Emys nasuta* Schweigger (*Prodr. Arch. Königsb.*, t. I, p. 298, spec. 4). — *Unique.*
13. P. DE MACQUARIE. *Macquaria* Dum. Bib. (*Erpét génér.*, t. II, p. 438). *Chelymys Macq.* Gray, *Cat. of Tort.*, p. 42.
    Rivière Macquarie (Nouvelle-Hollande) : *MM. Lesson* et *Garnot*, TYPE de l'*Emys macquaria* Cuv. (*R. anim.*, 2ᵉ édit., t. II, p. 11, note 2). — *Unique.*

XVII° GENRE. — CHÉLODINE. *CHELODINA* Fitzinger.

Tête très-longue et très-plate, recouverte d'une peau mince; museau court; bouche largement fendue; mâchoires faibles, sans dentelures; point de barbillons au menton; cou fort allongé; une plaque nuchale; plastron non mobile, très-large, arrondi en avant et fixé solidement sur la carapace; ailes sternales très-courtes; écaille intergulaire plus grande que chacune des gulaires; 4 ongles à chaque patte; queue excessivement courte.

(3 espèces.)

1. C. DE LA NOUVELLE-HOLLANDE. *Novæ Hollandiæ* Dum. Bib. (*Erpét. génér.*, t. II, p. 443, pl. 21, fig. 2).
    Nouvelle-Hollande : *Péron* et *Lesueur*, *M. Busseuil*, *M. J. Verreaux*, *M. Arnoux*. V. V. *Vélins* n° 26.
2. C. A BOUCHE JAUNE. *Flavilabris* Dum. Bib. (*Erpét. génér.*, t. II, p. 446). *Hydromedusa flavi.* Gray, *Cat. of Tort.*, p. 44.
    Brésil : *M. A. Saint-Hilaire*, TYPE; *M. Clossen* ♂.
3. C. DE MAXIMILIEN. *Maximiliani* Fitzinger (*Erpét. génér.*, t. II, p. 449).
    Buénos-Ayres : *M. d'Orbigny*. Brésil : *M. Aug. Saint-Hilaire*.

XVIII° GENRE. — CHÉLYDE. *CHELYS* Dum. Bib.

Tête fortement déprimée, large, triangulaire; narines prolongées en trompe; bouche largement fendue; mâchoires arrondies, peu épaisses; cou garni de longs appendices cutanés; 2 barbillons au menton; 1 plaque nuchale; 5 ongles aux pattes de devant, 4 à celles de derrière.

(1 espèce.)

1. C. MATAMATA. *Matamata.* Dum. (*Erpét. génér.*, t. II, p. 455, pl. 21, fig. 1).
    Cayenne : *M. Milius*, *M. Martin.* Amér. mérid. : *MM. de Castelnau* et *Em. Deville.* — Adultes et jeune âge et tête isolée.

IIIᵉ FAMILLE. — POTAMITES ou TORTUES FLUVIATILES.

Carapace très-déprimée, couverte d'une peau molle; pattes à doigts distincts, mobiles, à 3 ongles seulement; mâchoires osseuses garnies d'une peau libre formant en quelque sorte des lèvres. (*Erpét. génér.*, t. II, p. 461.)

(2 GENRES, 11 *espèces*.)

XIXᵉ GENRE. — GYMNOPODE. *GYMNOPUS*. Dum. Bib.

Carapace à pourtour cartilagineux fort large, flottant en arrière et dépourvu d'os à l'extérieur; plastron trop étroit en arrière pour que les membres soient complétement cachés lorsque l'animal les retire sous sa carapace.

(9 *espèces*.)

1. G. SPINIFÈRE. *Spiniferus* Dum. Bib. (*Erpét. génér.*, t. II, p. 477, pl. 22, fig. 1).
Wabash-River (États-Unis) : *Lesueur*. Nouvelle-Orléans : *M. Trécul*. Amér. septentr. : du cabinet de *Cl. Richard*, jeune âge.
Age moyen et jeune âge. V. V. *Vélins* nº 32.

2. G. MUTIQUE. *Trionyx muticus* Lesueur (*Erpét. génér.*, t. II, p. 482).
Wabash-River (États-Unis) : *Lesueur*, TYPES du *Tr. muticus* Les. (*Mém. du Mus.*, t. XV, p. 263, tab. 7).
Ages divers. V. V. *Vélins* nº 33.

3. G. D'ÉGYPTE. *Ægyptiacus* Geoff. (*Erpét. génér.*, t. II, p. 484).
Égypte : *Geoffroy Saint-Hilaire*, TYPE du *Tr. ægyptiacus* (*Descript. de l'Égypte*, t. I, p. 116, t. 1); *MM. de Joannis et Jaurès*. Expédit. au Nil Blanc : *M. d'Arnaud*.
Abyssinie : *M. Sabatier*.
Adultes et jeune âge. *Vélins* nº 30 et 31.

4. G. DE DUVAUCEL. *Duvaucelii* Dum. Bib. (*Erpét. génér.*, t. II, p. 487).
Gange : *Duvaucel* TYPES du *Trionyx gangeticus* Cuv. (*R. anim.*, 2ᵉ édit., t. II, p. 16, et *Ossem. fossiles*, t. V, 2ᵉ partie, p. 222). Gange : *M. Bélanger*.

5. G. OCELLÉ. *Ocellatus* Hardwick (*Erpét. génér.*, t. II, p. 489). Vict. *Jacquemont, Voy. dans l'Inde, zool.*, pl. 9). — Gange : *Duvaucel*. Indes orient. : *V. Jacquemont*.

6. G. A COU RAYÉ. *Lineatus* Dum. Bib. (*Erpét. génér.*, t. II, p. 491). *Chitra indica* Gray : *Cat. of Tort.*, p. 49.
Gange : *Duvaucel*. TYPE.
Unique.

7. G. DE JAVA. *Javanicus* Dum. Bib. (*Erpét. génér.*, t. II, p. 493).
Java : *Leschenault*, TYPE du TR. DE JAVA, *Javanicus* Geoffr. Saint-Hilaire (*Ann. du Mus.*, t. XIV, p. 15, t. 3), âge moyen; Java, jeune âge, TYPE du TR. ÉTOILÉ, *stellatus* Geoffr. (*Ann. du Mus.*, t. XIV, p. 13, spec. 5). Java, âge intermédiaire entre le TYPE du TR. DE JAVA Geoffr. et le TYPE du TR. ÉTOILÉ Geoffr. : donné par le Musée de Leyde sous le nom de *Tr. stellatus* et ressemblant plus à l'individu décrit sous ce dernier nom par ce zoologiste qu'à celui qu'il a nommé TR. DE JAVA.

8. G. aplati. *Subplanus* Dum. Bib. (*Erpét. génér.*, t. II, p. 496). *Dogania subpl.* Gray *Cat. of Tort.*, p. 49. — *Manque.*

9. G. de l'Euphrate. *Euphraticus* Dum. Bib. (*Erpét. génér.*, t. II, p. 498).
De l'Euphrate : *M. Botta.*
Adulte et âge moyen.

Les Gymnopodes inscrits sous les n°s 3, 4, 5, 7 et 9 sont placés par M Gray dans son genre Tyrse, *Cat. of Tort.*, p. 47, 48 et 49.

XX° GENRE. — CRYPTOPODE. *CRYPTOPUS* Dum. Bib.

Carapace à bords cartilagineux, étroits, supportant au-dessus du cou et en arrière des cuisses de petites pièces osseuses; plastron large, formant en avant un battant mobile qui peut clore hermétiquement l'ouverture de la boîte osseuse; à sa partie postérieure, à droite et à gauche, un opercule cartilagineux fermant les ouvertures qui donnent passage aux pattes de derrière, et un troisième opercule pour boucher l'issue par où passe la queue.

(*2 espèces.*)

1. C. chagriné. *Granosus* Dum. Bib. (*Erpét. génér.*, t. II, p. 501).
Indes orientales : *Sonnerat*, individu du jeune âge dont il ne reste que la carapace et la tête. Type de la Chagrinée Lacép. (*Quad. ovip.*, t. I, p. 171, où il est représenté tab. 2), et de la *T. granulosa* Daud. (*Hist. Rept.*, t. II, p. 81, tab. 19, fig. 2). Pondichéry : *Leschenault, Dussumier.* Bengale : *id.*, *Roux*, *M. Bélanger.* Gange : *Duvaucel, M. Busseuil.* Indes orient. : *Dussumier.*

2. C. du Sénégal. *Senegalensis* Dum. Bib. (*Erpét. génér.*, t. II, p. 504).
Emyda senegal. Gray, *Cat. of Tort.*, p. 47.
Sénégal : *M. Delcambre*, jeune âge, Type. Expéd. au Nil Blanc : *M. d'Arnaud.* Adulte et jeune âge.

IVᵉ FAMILLE. — THALASSITES ou TORTUES MARINES.

Carapace large, déprimée, en cœur; pattes inégales, déprimées, à doigts réunis, confondus en une sorte de rame ou nageoire. (*Erpét. génér.*, t. II, p. 506.)

(2 GENRES, 8 *espèces.*)

XXIᵉ GENRE. — CHÉLONÉE. *CHELONIA.*

Corps recouvert d'écailles cornées; un ou deux ongles à chaque patte.

(3 SOUS-GENRES, 7 *espèces.*)

Iᵉʳ SOUS-GENRE. — CHÉLONÉES FRANCHES. 13 plaques au disque et non imbriquées; museau court, arrondi; mâchoire supérieure offrant une légère échancrure en avant et de faibles dentelures sur les côtés; l'étui de corne de la mâchoire inférieure formé de trois pièces et ayant ses côtés profondément dentelés en scie; ongle au premier doigt de chaque patte.

1. C. FRANCHE. *Midas* Schweigger (*Erpét. génér.*, t. II, p. 538).
Amér. septentr. : *Milbert.* Rio-de-Janeiro : *Delalande.* Curaçao (Guyane hollandaise) : *M. Bernier.* Inde : *M. Gaudichaud.* Gange : *Eydoux.* Bourbon : *M. Milius, M. de Nivoy.* Nouvelle-Hollande : *M. Natalis Guillot.* Id.? *M. J. Verreaux.* Origine inconnue. Ages divers. V. V. *Vélins* nᵒ 37.
OEufs pondus à la Ménagerie.

2. C. VERGETÉE. *Virgata* Dum. (*Erpét. génér.*, t. II, p. 541).
Cocteau, *Rept.* in *Hist. de l'île de Cuba*, par Ram. de la Sagra, p. 26, pl. 3. Cap de B.-Espér : *M. J. Verreaux.* Mer des Indes : *M. Reynaud.* Nouvelle-Guinée : *MM. Quoy et Gaimard.* Origine inconnue : *Cocteau.* — Age moyen et adulte.
Schweigger a, le premier, décrit cette Tortue sous le nom qu'elle porte et qui avait été déjà créé, à cette époque, par M. Duméril pour la désigner dans les collections, ainsi que Schweigger le reconnaît dans son *Prodrome*, p. 291.
Vélins, nᵒ 38 et 39.

3. C. TACHETÉE. *Maculosa* Cuvier (*Erpét. génér.*, t. II, p. 544).
Côte de Malabar, adulte et jeune âge. Mer des Indes, carapaces d'adultes.

4. C. MARBRÉE. *Marmorata* Dum. Bib. (*Erpét. génér.*, t. II, p. 546, pl. 23, fig. 1).
Ile de l'Ascension : *Lesson et Garnot*, Adulte. Origine inconnue : âge moyen et carapace d'adulte.

IIᵉ SOUS-GENRE. — CHÉLONÉES IMBRIQUÉES. 13 plaques discoïdales imbriquées; museau long et comprimé; mâchoires sans dentelures, recourbées légèrement l'une vers l'autre à leur extrémité; 2 ongles à chaque nageoire.

5. C. IMBRIQUÉE. *Imbricata* Schweigger. (*Erpét. génér.*, t. II, p. 547.)
Amboine et N.-Guinée : *MM. Quoy et Gaim.* ♂♀. Iles Seychelles : *M. d'Orbigny, M. L. Rousseau*, j. âge. La Havane : *Choris.* Orig. inconnue : *Dussumier*, et un indiv. V. V.

TORTUES MARINES.

IIIᵉ sous-genre. — Chélonées caouanes. 15 plaques discoïdales non imbriquées ; mâchoires légèrement recourbées l'une vers l'autre.

6. C. caouane. *Caouana* Schweigger. (*Erpét. génér.*, t. II, p. 552).

Messine : *Bibron*. Morée : *Bory de Saint-Vincent*. Océan Atlantique à 40 lieues N.-O. des îles Açores : *Dussumier*. Rio-Janeiro : *Delalande*. Martinique : *Plée*. Origine inconnue : *M. le général Poncelet*. ♂ V. V.

Ages divers V. V. *Vélins* n° 40.

7. C. de Dussumier. *Dussumierii* Dum. Bib. (*Erpét. génér.*, t. II, p. 557).

Côte de Malabar : *Dussumier*.

XXIIᵉ GENRE. — SPHARGIS. *SPHARGIS* Merrem.

Corps enveloppé d'une peau coriace, tuberculeuse chez les jeunes sujets, complétement lisse chez les adultes ; pattes sans ongles.

(1 espèce).

1. S. luth. *Coriacea* Gray (*Erpét. génér.*, t. II, p. 560, pl. 24, fig. 2).

Méditerranée : 2 individus, l'un adulte et l'autre de jeune âge.

L'*Erpétologie générale* de MM. Duméril et Bibron citant toutes les publications antérieures, ce Catalogue ne mentionne, dans la synonymie, que les ouvrages les plus récents. Aux citations qui précèdent, il faut ajouter les suivantes relatives aux deux grands ouvrages de M. Holbrook, *North American herpetology*, 1842, et du M. Dekay, *Zool. of N. York*, part. III, *Rept. and Amphib.*, 1842, où beaucoup de Tortues sont décrites et figurées.

	HOLBROOK.			DEKAY.		
Tort. Polyphème.	t. I,	p. 25, pl.	1			
Cist. de la Caroline.	—	31,	2	p. 24, pl.	1, fig.	1
Em. gentille sous le nom d'*Em. insculpta*.	—	93,	13	14,	4,	8
Em. géographique.	—	99,	14	18,	4,	7
Em. pseudo-géographique.	—	103,	15	19,	2,	3
Em. à lignes concentriques.	—	87,	12	10,	3,	5
Em. à bords en scie.	—	49,	5			
Em. à ventre rouge.	—	55,	6	16,	7,	14
Em. des Florides.	—	65,	8			
Em. concinne.	—	119,	19			
Em. réticulée.	—	59,	7			
Em. tachetée ou ponctuée.	—	81,	11	13,	6,	12
Em. peinte.	—	75,	10	12,	5,	10
Em. de Muhlenberg.	—	45,	4	17,	8,	15
Em. serpentine sous le nom de *Chélonura*.	—	139,	23	8,	3,	6 jeune.
Staurot. odorant sous le nom de *Sternothère*.	—	133,	22	22,	7,	13
Cinost. de Pensylvanie.	—	127,	21	21,	2,	4
Gymnopode spinifère sous le nom de *Trionyx*.	t. II,	11,	1	6,	6,	11
Gymnopode mutique sous le nom de *Tr.*	—	19,	2			
Chélonée franche.	—	25,	3	2		
Ch. imbriquée.	—	39,	5			
Ch. caouane.	—	33,	4			
Sphargis luth.	—	45,	6	4,	5,	9

Voyez, en outre, pour les Chéloniens : Humph. Storer *Reports on the ichth. and herpet. of Massachusetts*. Boston, 1839, p. 207-218, avec une planche représentant la Sphargis luth.

IIe ORDRE. — SAURIENS ou LÉZARDS.

Ire FAMILLE. — ASPIDIOTES ou CROCODILIENS.

Corps déprimé, protégé en dessus par des écussons solides, carénés, et en dessous par de grandes plaques carrées; à queue comprimée, crêtée; tête déprimée, rugueuse, à bouche dentée, fendue au delà du crâne; langue adhérente; narines rapprochées au-dessus du museau, s'ouvrant dans l'arrière-gorge; organe mâle simple, sortant par une fente longitudinale. (*Erpét. génér.*, t. III, p. 1.)

(3 sous-genres, 16 *espèces*.)

Ier SOUS-GENRE. — CAÏMAN. *Alligator* Cuvier. Quatrièmes dents inférieures reçues et s'enfonçant dans des trous de la mandibule lorsque la bouche est fermée.

(5 *espèces*.)

1. C. A PAUPIÈRES OSSEUSES. *A. palpebrosus* Cuvier (*Erpét. génér.*, t. III. p. 67).
Variété A.
Cayenne : *Gautier*, TYPE du CAÏMAN MÂLE Cuv. (*Arch. fur zool. und Zoot. von Wiedemann*, t. II, p. 168) et du *Crocodilus palpebrosus* Cuv. (*Ann. du Mus. Hist. nat.*, t. X, p. 36, pl. 2, fig. 2, et *Ossem. fossiles*, t. V, part. 2, pl. 2, fig. 2).
Cayenne : *M. Banon.* Bahia : *M. Lemelle-Deville.* Amérique mérid. Caroline? : *Bosc.* Du cabinet du Stathouder, jeune âge. Origine inconnue.
Variété B. Origine inconnue. — Ages divers. *Vélins* n° 51.

2. C. A MUSEAU DE BROCHET. *A. lucius* Cuv. (*Erpét. génér.*, t. III, p. 75). Holbrook *north Amer. herpet.*, t. II, p. 53, pl. 7.
Caroline : jeune âge rapporté par *Bosc*, donné par *Alex. Brongniart.* Louisiane : *Warden.* Nouvelle-Orléans : *M. Barabino.* New-York : *M. Henri Delaroche.* Savannah : *Milbert*, *M. Harpert.* Amér. septentr. : *Milbert*, *M. Ponsolle..*
Ages divers. V. V.

3. C. A LUNETTES. *A. sclerops* Cuvier (*Erpét. génér.*, t. III, p. 79).
Cayenne : *Poiteau*, *Cl. Richard.* Bahia : *M. Lemelle-Deville.*
Ages divers. *Vélins* n° 50.

4. C. CYNOCÉPHALE. *A. cynocephalus* Dum. Bib. (*Erpét. génér.*, t. III, p. 86).
Buénos-Ayres : *M. d'Orbigny.* Cayenne : *M. Banon.* La Mana : *M. Rivoire.* Brésil : *M. Aug. Saint-Hilaire.* Guadeloupe : *M. Lherminier.* Origine inconnue.

5. C. A POINTS NOIRS. *A. punctulatus* Spix (*Erpét. génér.*, t. III, p. 91).
Ile de la Trinité (Antilles) : *M. Robin.* Martinique : *Plée.* Côte-Ferme : *M. Bauperthuis.* Lac de Valencia (Venezuela) : *M. Manuel Tovar.* Cayenne : *M. Poiteau*, *M. Mélinon.* La Mana : *M. Rivoire.* Brésil : MM. *de Castelnau et Em. Deville.*
Amér. méridionale.
Ages divers.

CROCODILIENS.

IIᵉ sous-genre. — Crocodile. *Crocodilus* Cuvier. Quatrièmes dents inférieures passant dans les échancrures latérales de la mandibule et visibles au dehors lorsque la bouche est fermée.

(10 *espèces.*)

1. C. rhombifère. *Rhombifer* Cuvier (*Erpét. génér.*, t. III, p. 97).
Cocteau, *Rept.* in *Hist. de l'île de Cuba*, par Ramon de la Sagra, p. 55, pl. 4. Cuba, Type du Cr. a losange, *rhombifer* Cuv., *Ann. Mus. Hist. nat.*, t. X, p. 51. Cuba : *M. Ramon de la Sagra.* OEuf. — Ages divers V. V.

2. C. de Graves. *Gravesii* Bory de Saint-Vincent (*Erpét. génér.*, t. III, p. 101).
Manque.

3. C. vulgaire. *Vulgaris* Cuv. (*Erpét. génér.*, t. III, p. 104).
Variété A. Nil : *M. Geoffroy Saint-Hilaire*, Type du Cr. vulgaire, *Cr. vulgaris* Cuv. (*Ann. Mus. Hist. nat.*, t. X, p. 40, pl. 1, fig. 5 et 12, et pl. 2, fig. 7), et du Cr. vulgaire, *Cr. vulgaris* Geoffr. (*Ann. Mus. Hist. nat.*, t. X, p. 67). Momies d'Égypte : *M. Chabrand, M. Caillau.* Égypte : *MM. de Joannis et Jaurès,* jeune âge. Nil Blanc : *M. d'Arnaud.* Sénégal : *MM. Perrotet et Leprieur, M. Brongniart, M. Kéraudren.*
Adultes et jeune âge. V. V. *Vélins* n° 54.
Les auteurs de l'*Erpét. génér.* ont reconnu, depuis la publication du t. III, que les individus appartenant aux *variétés* B et C et peut-être même à la *variété* D constituent autant d'espèces particulières et distinctes du Croc. vulgaire. Nous conservons cependant à ces espèces les dénominations de variétés, les noms spécifiques sous lesquels elles ont été désignées par les auteurs qui les ont créées n'étant mentionnés dans l'*Erpét.* que parmi les synonymies.
Variété B ou Croc. des marais. *Palustris* Lesson (*Erpét. génér.*, t. III, p. 108). Gange : *M. Houssard, M. Brossard, M. Wallich, Duvaucel, Dussumier.* Côte de Malabar : *id.* Seychelles : *MM. Lesson et Garnot.* Trinkomali (île de Ceylan).
Variété C ou Croc. marginaire. *Marginatus* Geoffroy (*Erpét. génér.*, t. III, p. 110).
Momie de Thèbes : *M. Caillau.* Fleuve Orange (Afr. australe) : *M. J. Verreaux.* Nil : *M. Thédenat-Dudevant.*
Vélins n° 52.
Variété D (*Erpét. génér.*, t. III, p. 111).
Sénégal : *Adanson*, Croc. vert d'Adanson, Type du Croc. sacré. *Cr. suchus* Geoffr. Id. : *Banon, M. Delcambre, Heudelot.* Madagascar : *M. Sganzin, Havet, M. Goudot, MM. Quoy et Gaimard.* Malabar : *Dussumier.*

4. C. a casque. *Galeatus* Cuvier (*Erpét. génér.*, t. III, p. 113).
Manque.

5. C. a deux arêtes. *Biporcatus* Cuvier (*Erpét. génér.*, t. III, p. 115). Schlegel, *Abbild. neuer Amphib.*, p. 1, tab. 1.
Pondichéry : *Leschenault.* Gange : *M. Houssard.* Indes orient. : *Dussumier.* Batavia : *M. Reynaud.* Célèbes : par le Musée de Leyde. Ile de France : *M. Mathieu.* Origine inconnue. Seychelles : *Péron*, et 2 individus à demi sortis de l'œuf, du *Cabin. du stathouder*, dont l'un a servi de modèle à la fig. 1 de la pl. 103 du t. I de Séba (*Thesaurus*). OEuf non ouvert conservé dans l'alcool. — Ages divers.

5 bis. C. DE MORELET. *Moreletii*. Dum. Bib.

Museau un peu effilé; 4 écussons sur la nuque, 6 sur le cou disposés en 2 rangées transversales; la première de 4, et la postérieure de 2; carènes dorsales de hauteur à peu près égale sur les rangs médians et latéraux; une crête dentelée le long du bord externe des pattes de derrière, dont les 3 doigts externes sont réunis par une palmure peu étendue.

Le chanfrein est légèrement bombé; sur le front deux carènes forment une figure assez analogue à celle qui se voit chez le Cr. rhombifère; les carènes dorsales constituent 16 bandes transversales, dont la 1re et les 6 dernières sont composées de 4 plaques et les autres de 6 ou de 4; crête caudale haute; écailles du cou, des flancs et des membres plates, sans tubercules ni carènes; jusqu'à son 5e cercle écailleux seulement, le dessus de la queue offre 4 rangs longitudinaux d'arêtes dont les médians diminuent rapidement d'élévation; il n'en conserve que les 2 latéraux jusqu'au 18e cercle, ensuite il n'en a plus qu'un seul jusqu'au 34e ou 35e et dernier. Cette arête caudale, d'abord quadruple, puis double, enfin simple, augmente notablement de hauteur à mesure qu'elle s'éloigne du tronc, ainsi que cela se voit chez la plupart des Crocodiliens. Sur les flancs quelques écailles saillantes, mais moins nombreuses que chez le Cr. rhombifère et ne formant pas comme chez celui-ci deux lignes parallèles à droite et à gauche du bouclier dorsal; les doigts antérieurs sont libres à l'exception du 2e et du 3e, qui sont réunis par une petite membrane. La teinte générale est un brun-noirâtre avec quelques vermiculations d'un brun verdâtre; le dessous est d'un gris tirant un peu sur le vert.

— Les caractères qui distinguent le Cr. DE Morelet du Cr. A MUSEAU AIGU sont les différences dans la forme de la tête, qui, quoique proportionnellement plus courte, a cependant plus de largeur; la hauteur presque égale des carènes dorsales sur les rangs externes et sur les rangs médians et le défaut de bosselures ou de carènes sur les écailles de la partie supérieure des quatre membres. Les caractères qui le différencient du Cr. rhombifère, dont il se rapproche assez par la forme de la tête et des lignes saillantes du crâne, par l'ensemble de sa conformation, quoique ce dernier soit plus trapu, sont la disposition des rangs d'écailles du bouclier dorsal, l'élévation de la crête caudale, la présence d'une crête au bord postérieur des membres de derrière et l'absence complète de tubercules ou de carènes sur les écailles de la peau des flancs et des membres.

Lac Florès (Yucatan) : *M. Morelet*.

6. C. A MUSEAU EFFILÉ. *Acutus* Geoffroy (*Erpét. génér.*, t. III, p. 119).

Cocteau, *Rept.* in *Hist. de l'île de Cuba*, par Ramon de la Sagra, p. 56, pl. 5. Haïti : *M. A. Ricord*. Cuba : *M. Rosemond de Beauvallon*, *M. Genty*. Martinique : *Plée*. Carthagène (Colombie) : *M. Ad. Barrot*. Origine inconnue. Individu à plaques sus-collaires irrégulièrement développées, provenant de l'ancienne Collect. de l'Acad. des Sciences, Type du *Cr. biscutatus* Cuvier (*Ann. du Mus.*, t. X, p. 53).

Variété à dix écussons cervicaux.

Les plaques composant le bouclier cervical sont disposées sur 4 rangs; il y en a 2 au premier, 4 au deuxième et 2 aux deux derniers. — Malgré l'extrême analogie qui existe entre cette variété et le Cr. A MUSEAU AIGU, le nombre des plaques du cou autorisera peut-être plus tard à établir une espèce nouvelle, quand la comparaison pourra porter non plus sur un seul individu, mais sur plusieurs.

Tampico (Mexique) : *M. Montluc*, consul de France.
Unique.

7. **C. A NUQUE CUIRASSÉE.** *Cataphractus* Cuvier (*Erpét. génér.*, t. III, p. 126). *Mecistops cataph.* Gray, *Cat. of Croc.*, p. 58.
Rivière Grand-Galbar, près de Sierra-Leone (Afrique occidentale) : *M. Sandré*, jeune âge. — *Unique.*

Le Muséum ne possédant pas d'adulte de cette espèce, et un examen comparatif entre elle et la suivante étant impossible, il peut rester quelque doute sur la valeur réelle de leurs caractères distinctifs.

7 bis. **C. BEC-ÉTROIT.** *Leptorhyncus* Bennett (*Proceed. of the zool. Soc.*, 1835, p. 128). BENNET'S FALSE GAVIAL, *Mecistops Bennetii* Gray (*Cat. of the Tortoises Crocod.*, etc., of the Brit. Mus.*, 1844, p. 57).

Museau allongé, formant une sorte de bec; largeur de la tête égale seulement au tiers de sa longueur; 2 petites plaques nuchales ovales; 4 paires de plaques cervicales formant comme un bouclier, et dont la première se compose de deux petites scutelles, la dernière formée par des plaques beaucoup moins volumineuses que celles des deux paires qui la précèdent; bouclier dorsal faisant suite à celui du cou, composé de plaques d'égale hauteur.

Il y a sur le dos 18 bandes, dont les deux premières ne sont constituées que par 4 plaques, comme les trois dernières, et dont toutes les autres ont 6 pièces; on compte 32 anneaux à la queue, les plaques médianes s'effacent à partir du 10e jusqu'au 18e, où la crête devient unique; 34 dents à la mâchoire supérieure et 30 à l'inférieure; teinte générale d'un brun-fauve relevé par de petits dessins noirs sur les plaques des parties postérieures et par de grandes taches de la même nuance sur la queue.

Le prolongement des mâchoires et l'étendue du cou que recouvrent les plaques osseuses établissent un peu d'analogie entre ce CROCOD. et le GAVIAL; il en diffère cependant par ce caractère que le bec offre, jusqu'à un certain point, la forme d'un cône dont la base se confond avec le crâne, au lieu d'être, comme dans le GAVIAL, une partie presque distincte du crâne, lequel, dans ce dernier genre, est court, et représente un hexaèdre déprimé plus élargi en arrière qu'en avant.

Le principal caractère qui le distingue du CR. A NUQUE CUIRASSÉE, dont il paraît fort voisin, est la plus grande longueur proportionnelle de la tête qui, dans ce dernier, est à sa largeur dans le rapport de 2 1/2 à 1 seulement, et non pas, comme dans le CR. LEPT., de 3 à 1. Celui-ci, en outre, n'a pas la seconde série de 4 petites plaques post-occipitales représentées par Cuvier (*Cr. cataphr., Oss. foss.*, t. V, part. 2, pl. 5, fig. 1-2).

Afrique occident.? Fernando-Po? : donné par le *Mus. britannique*.
Unique.

8. **C. DE JOURNE.** *Journei* Bory de Saint-Vincent (*Erpét. génér.*, t. III, p. 129). *Mecistops Jour.* Gray, *Cat. of Croc.*, p. 58.
Origine inconnue : donné par le Musée de Marseille. — *Vélins* n° 53. — *Unique.*

SAURIENS.

III° SOUS-GENRE. — GAVIAL. *Gavialis* Geoffroy. Mâchoires très-étroites, fort allongées, formant une sorte de bec subcylindrique; quatre échancrures à la mandibule dans lesquelles sont reçues les premières et les quatrièmes dents d'en bas.

(1 *espèce.*)

1. G. DU GANGE. *Gangeticus* (*Erpét. génér.*, t. III, p. 134, pl. 26, fig. 4).
Gange : *Diard et Duvaucel, Wallich, Eydoux, M. J. Verreaux.*
♂ ♀ Adulte, âge moyen, jeune âge.

IIe FAMILLE. — CAMÉLÉONIENS ou CHÉLOPODES.

Corps comprimé ; peau chagrinée sans écailles ; queue conique et prenante ; 5 doigts à chaque patte, réunis jusqu'aux ongles en 2 paquets inégaux ; langue protractile, vermiforme, avec un tubercule terminal ; yeux gros, saillants, recouverts par la peau d'une paupière unique, ne laissant au centre qu'un petit trou arrondi, dilatable, correspondant à la pupille. (*Erpét. génér.*, t. III, p. 153 et 203.)

(1 GENRE, 17 *espèces*.)

GENRE UNIQUE. — CAMÉLÉON. *CHAMÆLEO*
de tous les auteurs.

1. C. ORDINAIRE. *Vulgaris* Cuvier.

Variété A. Dentelures de la partie inférieure du corps fort courtes et serrées. (*Erpét génér.*, t. III, p. 204.)

Perse : *Aucher-Éloy*. Abyssinie : *M. Alex. Lefebvre*. Alexandrie : *M. L. Gouin*. Égypte : *M. Montcabrié*. Levant : du voyage d'*Olivier*. De l'expédit. scientif. au Nil Blanc : *M. d'Arnaud*. Algérie : *M. Larrey, M. Dureau de la Malle*. Oran : *M. Guyon*. Tripoli : *M. Maréchal*. Espagne : *M. Letellieux*. Origine inconnue : *M. Lignivrille, M. Latour-Mézeray*.

V. V. *Vélins* n° 60, 61, 62 et 63.

Variété B ou *indienne*. Dentelures de la partie infér. du corps assez longues et écartées. (*Erpét. génér.*, t. III, p. 208). Vict. Jacquemont, *Voy. dans l'Inde ; zool.*, pl. 12. — Pondichéry : *Dussumier*, *M. Reynaud*. Indes orient. : *Vict. Jacquemont*.

1 bis. C. A CAPE. *Calyptratus* Dum. Bib.

Saillie du dos dentelée, ainsi que le ventre ; casque très-relevé et à carène fort saillante ; peau parsemée de tubercules.

La crête que ce CAM. porte sur le dos et sur le ventre, où les dentelures sont plus profondes qu'à la région dorsale, et la saillie formée en arrière par le prolongement de l'occiput le rapprochent du VULGAIRE. Il ne porte pas, comme le VERRUQUEUX, une rangée longitudinale d'écailles circulaires le long de chaque flanc ; mais, ainsi que chez ce dernier, au milieu des petits grains dont ses téguments sont revêtus, il y en a quelques-uns plus gros qui s'y trouvent entremêlés. C'est donc avant celui-ci et après le VULGAIRE que cette espèce doit être rangée. Le caractère essentiel, qui est propre à cette espèce et ne permet de la confondre avec aucune autre, se tire des dimensions considérables de la région occipitale, dont la longueur est égale à celle de la tête et dont la carène est curviligne. Il en résulte que le crâne semble surmonté d'un haut capuchon terminé en pointe, dont les faces latérales sont couvertes de grandes écailles plates et circulaires ou polyédriques. Le front est excavé au milieu et bordé par des crêtes sourcilières assez hautes qui ne se prolongent pas tout à fait jusqu'à l'extrémité du museau et ne se réunissent pas. Le système de coloration est une teinte grisâtre assez uniforme, sur laquelle se détache quelquefois une bande latérale jaunâtre. Il atteint presque la taille des plus grandes espèces du genre.

2. C. VERRUQUEUX. *Verrucosus* Cuvier (*Erpét. génér.*, t. III, p. 210, pl. 27, fig. 1).
Ile Bourbon : *Milius*, TYPE du *Cham. verrucosus* Cuv. (*R. anim.*, t, II, p. 60).
Madagascar : *M. Foissac*, *MM. Quoy et Gaimard.*

3. C. TIGRE. *Tigris* Cuvier (*Erpét. génér.*, t. III, p. 212).
Orig. inconnue. Iles Seychelles? TYPE du *Cham. tigris* Cuv. (Mus. de Paris.) et du *Cham. tigris* Kuhl (*Beitr. zool.*, p. 105). Iles Seychelles : *Péron et Lesueur*, Indiv. sans taches, TYPE du *Cham. seychellensis* Kuhl (*loc. cit.*). Id. *Dussum.*, *Eydoux*, *M. Louis Rousseau.*

3 bis. C. NAMAQUOIS. *Namaquensis* Smith (*South Afric. quarterly journ.*, n° 5, p. 17, Oct. 1832, et *Illustr. of the zool. of south Afr.* append., p. 3; *Cham. tuberculiferus* Gray (*Cat. of the Liz.*, p. 267).

Sur le dos une rangée de grands tubercules granulés, pointus et saillants, au nombre de 13; ligne ventrale médiane non dentelée; museau court, sans prolongements; casque occipital proéminent, triangulaire, divisé le long de la ligne médiane par une quille élevée et comme dentelée, bordé de chaque côté par une ligne proéminente, élevée, presque semi-circulaire et également dentelée.

Pays des Namaquois (Afr. austr.) : *M. Smith*. — Unique.

4. C. NASU. *Nasutus* Dum. Bib. (*Erpét. génér.*, t. III, p. 216).
Madagascar ♂,♀ : *M. Bernier*, TYPES. Id. *Envoi anonyme.*

5. C. NAIN. *Pumilus* Latreille (*Erpét. génér.*, t. III, p. 217).
Cap de B.-Espér. ♂,♀ : *Delalande*, *M. Reynaud*, *M. J. Verreaux*, *MM. Quoy et Gaimard*. Afrique : *envoi anonyme*. Iles Seychelles : *Péron et Lesueur.*

6. C. A BANDES LATÉRALES. *Lateralis* Gray (*Erpét. génér.*, t. III, p. 220).
Ile Bourbon : *Milius*. Madagascar : *M. Goudot*. — Vélins n° 64.

6 bis. C. A BAUDRIER. *Balteatus* Dum. Bib.

Casque plat, sans carène, arrondi en arrière, à bords saillants et continus avec les arêtes surciliaires qui ne sont point réunies à leur extrémité antérieure et ne se prolongent pas jusqu'au bout du museau; grains de la peau nombreux, petits et égaux.

Tels sont les caractères par lesquels cette espèce se rapprocherait surtout du CAM. DU SÉNÉGAL, si, contrairement à ce qui se voit chez ce dernier, la ligne médiane inférieure n'était dépourvue de dentelures. La région supérieure porte seule une crête à divisions peu profondes et presque nulles sur la queue.

La teinte générale est un gris-uniforme élégamment relevé par un jaune-pur sur plusieurs régions, d'abord aux angles de la bouche et sous la gorge, puis sur toute la ligne médiane inférieure, depuis le menton jusqu'à l'extrémité de la queue, et enfin sur les flancs, qui portent chacun, de l'épaule à la hanche, une large ligne jaune, semi-lunaire, à concavité supérieure et simulant une sorte d'écharpe ou de baudrier. Par ce dernier caractère, ce CAM. a quelque analogie avec le CAM. A BANDES LATÉRALES; mais le casque de celui-ci, d'une forme un peu différente, porte une carène légèrement arquée, et cette ligne saillante manque complètement chez le CAM. A BAUDRIER, dont la taille est d'ailleurs beaucoup plus grande.

Madagascar : *Envoi anonyme.*
Unique.

CAMÉLÉONIENS.

7. C. DU SÉNÉGAL. *Senegalensis* Cuvier (*Erpét. génér.*, t. III, p. 221, pl. 27, fig. 2).
Sénégal ♂♀, sans noms de donateurs, adultes et jeunes; un de ces derniers est le TYPE du C. A CASQUE ET A VENTRE DENTELÉ EN SCIE DU SÉNÉGAL Daudin (*Hist. Rept.*, t. IV, p. 209). Sénégal ♀ : *M. Delcambre.* Afrique australe (Cap de B.-Espér.)? : *M. Delgorgue.*

8. C. BILOBÉ. *Dilepis* Leach (*Erpét. génér.*, t. III, p. 225).
Typhlis (Géorgie) : *M. Fontanier.* Sénégal. Intér. de l'Afr. aust. : *M. Delgorgue.*

9. C. A CAPUCHON. *Cucullatus* Gray (*Erpét. génér.*, t. III, p. 227).
Madagascar : donné par la *Soc. zool. de Londres.*
Unique.

Les détails suivants doivent être ajoutés à la description trop incomplète donnée par les auteurs de l'*Erpét. génér.*, qui n'avaient pas à leur disposition l'échantillon qui a été donné ultérieurement au Muséum.

Sur toute la longueur du dos, il y a une série de dentelures coniques, inclinées en arrière, peu élevées, mais un peu plus hautes à la partie antérieure que dans les autres points, à peine apparentes sur la première moitié de la queue; en dessous, depuis le menton jusqu'à l'anus, il règne une suite de pointes également coniques du double plus grandes sous la gorge que sous le ventre, où elles ont une apparence tuberculiforme. Au bord postérieur de la tête, la peau est prolongée et semble former de grandes oreilles ayant quelque analogie avec celles de l'Éléphant d'Afrique. Ces appendices cutanés sont couchés sur le cou qu'ils recouvrent; en arrière, ils présentent, au niveau de leur réunion, une petite échancrure angulaire. Sur ces lobes, il y a un pavé de grandes écailles circulaires, convexes, entourées de petits grains squameux. Sur le reste de la peau, des tubercules sont semés au milieu de grains fins, comme dans les CAM. A BANDES LATÉRALES et PANTHÈRE, ce qui le distingue d'ailleurs aisément du CAM. BILOBÉ, auquel il ressemble, jusqu'à un certain point, par les prolongements cutanés du crâne, lesquels sont beaucoup plus courts dans cette dernière espèce. Arêtes surciliaires prolongées jusqu'au bout du museau, mais ne s'y réunissant pas.

10. C. A TROIS CORNES. *Tricornis* Gray (*Erpét. génér.*, t. III, p. 227). — *Manque.*

11. C. PANTHÈRE. *Pardalis* Cuvier (*Erpét. génér.*, t. III, p. 228).
Ile de France : *Lesson* et *Garnot*, *M. Desjardins.* Ile Bourbon : *M. Nivoy.* Madagascar : *M. Bernier*, *M. Cloué;* de la collection de *Bosc*, sans indication de pays. Origine inconnue : *M. Jaurès.*

12. C. DE PARSON. *Parsonii* Cuvier (*Erpét. génér.*, t. III, p. 231).
Madagascar : MM. *Quoy* et *Gaimard*, *M. Sganzin* ♂♀, *M. Hérail.* Nossi-Bé (côte N.-O. de Madagascar) : *M. L. Rousseau.*
Les mâles seuls ont le bout du museau surmonté d'une protubérance tuberculeuse, verticale et comprimée.

13. C. A NEZ FOURCHU. *Bifidus* Brongniart (*Erpét. génér.*, t. III, p. 233, pl. 27, fig. 3).
Indes orient : *Riche*, donné par *M. Brongniart*, TYPE du *Cham. bifidus* décrit par lui dans le *Bullet. Soc. philomat.*, n° 36, pl. VI, fig. 2. Ile de la Sonde : *Lesson* et *Garnot*. Bourbon : *M. Milius.* Madagascar : *M. Goudot.* Nouvelle-Hollande : *M. Busseuil.*

14. C. DE BROOKES. *Brookesii* Gray (*Erpét. génér.*, t. III, p. 235).
Madagascar : *M. Goudot.* — *Unique.* Vélins n° 63.

N. B. Le C. A CAPE est orig. de l'Afr. (rég. du Nil) : *M. Botta.* Ad.

IIIᵉ FAMILLE. — GECKOTIENS ou ASCALABOTES.

Corps trapu, déprimé, bas sur jambes, plat en dessous, dos sans crête; tête large, plate, à bouche très-fendue; yeux gros, à paupières courtes; dents petites, comprimées, tranchantes; langue courte, plate; queue variable; doigts courts, égaux, plats en dessous et garnis de lames transversales; peau granuleuse ou tuberculeuse. (*Erpét. génér.*, t. III, p. 237.)

(7 GENRES, 73 *espèces*.)

Iᵉʳ GENRE. — PLATYDACTYLE. *PLATYDACTYLUS* Cuvier.

Doigts élargis sur toute leur longueur, garnis en dessous de lamelles transversales, imbriquées, simples ou doubles.

(2 DIVISIONS, 20 *espèces*.)

Iʳᵉ DIVISION. — PLATYDACTYLES HOMOLÉPIDOTES. Peau à grains égaux entre eux.
Iʳᵉ *subdivision.* — *Homolépidotes fissipèdes.* Point de membranes inter-digitales ni de plis ou franges sur les côtés du corps.

1. P. OCELLÉ. *Ocellatus* Oppel (*Erpét. génér.*, t. III, p. 298).
Cap de B.-Espér. : *Delalande* Parmi ces individus se trouvent ceux à taches blanches peu ou point marquées et qui ont servi de TYPE au *Gecko inunguis* Cuvier (*R. anim.*, t. II, p. 46, pl. 5, fig. 4, 1ʳᵉ édit., et t. II, p. 52, pl. 5, fig. 4, 2ᵉ édit.). Origine inconnue : donné par le *Musée britannique.*.

2. P. CÉPÉDIEN. *Cepedianus* Cuvier (*Erpét. génér.*, t. III, p. 301).
LACEPEDE'S PHELSUMA. *Ph. cepedianus* Gray (*Catal. of the Lizards*, 1845, p. 166).
Ile de France : *Péron*, TYPE du GECKO CÉPÉDIEN Péron, MSS., *Bosc, M. Mathieu, MM. Garnot et Lesson.* Bourbon : *Leschenault, M. de Vaugrignouse, Eydoux, M. L. Rousseau.*

Variété madécasse.
Madagascar : *M. Petit* et *envoi anonyme.*
L'extrême analogie qui existe, sous presque tous les rapports, entre les individus originaires de cette île et ceux provenant des îles de France et Bourbon, laisse dans le doute sur la nécessité d'en faire, avec M. Gray, une espèce distincte qu'il regarde, au reste, comme très-voisine du P. CÉPÉDIEN qui la précède immédiatement dans son *Catal.*

Les caractères assignés par ce savant au *Phesulma madagascariensis* Griffith (*An. kingd.* et *Cat. of the Lizards*, 1845, p. 166) ne paraissent pas suffisants pour motiver cette distinction. Elle n'avait d'ailleurs pas été faite par les auteurs de l'*Erpét. génér.*, qui connaissaient, quand ils ont décrit le PL. CÉPÉD., un individu de grande taille originaire de Madagascar, celui dont M. Petit a fait présent. Parmi les échantillons reçus de cette île, depuis cette époque, il y en a deux de même dimension que le précédent et qui lui sont semblables; tous les autres de ce dernier envoi paraissent être plus jeunes.

Leur museau, il est vrai, est un peu plus conique, les plaques gulaires médianes ont plus de largeur, leur système de coloration est plus généralement uniforme, et chez les jeunes sujets il existe une bande latérale blanc-jaunâtre. Ce ne sont cependant pas des caractères spécifiques suffisants ; mais ils autorisent à établir dans cette espèce une *Variété de climat.*

3. P. DEMI-DEUIL. *Lugubris* Dum. Bib. (*Erpét. génér.*, t. III, p. 304).
   Amydosaurus lugubris Gray, *Catal. of the Liz.*, p. 162.
   Ile d'Otaïti : *MM. Lesson et Garnot*, TYPE. Orig. inconnue : *M. Dupetit-Thouars.*

4. P. THÉCONYX. *Theconyx* Dum. Bib. (*Erpét. génér.*, t. III, p. 306, pl. 33, fig. 2).
   Martinique : *M. Goudot*, *Plée*, *M. Moreau de Jonnès*. Guadeloupe : *M. Lherminier*, *M. Bauperthuis.* Marie-Galante : *M. Hotessier.* Antilles : donné par *M. Cuvier.*
   Carthagène (Colombie) : *M. Ad. Barrot.*

5. P. DES SEYCHELLES. *Seychellensis* Dum. Bib. (*Erpét. génér.*, t. III, p. 310, pl. 28, fig. 1). *Theconyx Seychell.* Gray, *Catal. of the Liz.*, p. 159.
   Iles Seychelles : *Péron et Lesueur*, TYPE. Id. : *Envoi anonyme.*

5 bis. P. A VENTRE RUDE. *Trachygaster* Dum. Bib.

Par sa conformation générale et par les caractères tirés tant de la granulation de ses téguments que de la disposition de ses membres, cette espèce appartient à la division des PL. HOMOLÉPIDOTES FISSIPÈDES PENTONYX, c'est-à-dire à grains de la peau égaux entre eux, à doigts non réunis par des membranes et portant chacun un ongle.
Grains de la peau des régions supérieures arrondis ; pas de sillon le long du dos ; écailles du ventre portant chacune une petite granulation arrondie ; légèrement saillante, d'où il résulte que la région abdominale est un peu rude au toucher ; un pli cutané, peu considérable mais très-apparent, de chaque côté du corps, depuis l'angle de la mâchoire jusqu'à l'aine.

Les particularités suivantes : doigts élargis sur toute leur longueur, à lamelles inférieures transversales, entières ; ouverture de la gaine renfermant l'ongle située sous le doigt, tout à fait à l'extrémité et un peu de côté, établissent la plus grande analogie entre cet animal et le PL. DES SEYCHELLES ; mais le museau, moins pointu, est mousse et obtus ; les grains de la peau des régions supérieures ne sont pas coniques, mais arrondis et moins saillants ; au lieu d'un seul rang de plaques en arrière de celles qui garnissent la lèvre inférieure, il y en a trois, et le dos ne porte pas de sillon médian.

La teinte générale est un brun-fauve plus clair en dessus qu'en dessous, où elle est plus foncée sur la ligne médiane que partout ailleurs.
Madagascar.
Unique.

6. P. DE DUVAUCEL. *Duvaucelii* Dum. Bib. (*Erpét. génér.*, t. III, p. 312).
   Pentadactylus Duv. Gray, *Cat. of the Liz.*, p. 160.
   Bengale : *Duvaucel*, TYPE.

6 bis. P. DE L'OCÉAN PACIFIQUE. *Pacificus* Dum. Bib.; *Naultinus pacif.* Gray, *Dieffenbach New-Zeal.*, t. II, p. 203, et *Cat. of the Liz.*, p. 169.

Cette espèce appartient à la division des PLAT. HOMOLÉPIDOTES FISSIPÈDES à 5 ongles à chaque patte, à doigts peu dilatés et en travers et seulement jusqu'à la pénultième phalange, sans sillon à leur face inférieure.

Par tout cet ensemble de caractères, ce PL., non décrit dans l'*Erpét. génér.*, se rapproche surtout de celui DE DUVAUCEL, dont il diffère cependant par son origine, puisqu'il habite l'Océanie et non le Continent Indien, comme le précédent, et par les particularités suivantes :

Museau un peu court, avec un élargissement assez notable en arrière de l'angle de la bouche, ce qui fait paraître le cou plus étroit; à la lèvre supérieure, 10 plaques de chaque côté de la rostrale, dont le sommet tronqué est surmonté d'une plaque circulaire; les inféro-labiales, au nombre de 9 à droite comme à gauche, séparées par la plaque mentonnière.

Chez les mâles, il y a, au devant de l'anus, trois rangées d'écailles cryptcuses en chevrons, et à la base de la queue deux ou trois petites épines latérales, beaucoup moins apparentes chez les femelles, où elles sont tout à fait rudimentaires et manquent même souvent.

La teinte générale est un brun-pâle plus clair en dessous qu'en dessus, marbré et pointillé de brun plus foncé : celui-ci forme en travers du dos 4 larges taches irrégulières, quelquefois confluentes, et souvent, sur les côtés du tronc, il règne une bande de même nuance. Du pourtour de l'œil, il part des lignes foncées dont l'une se dirige en arrière et en bas et l'autre directement en arrière, et va passer au-dessus du tympan.

Nouvelle-Zélande : *M. de Belligny*, *M. Arnoux*. Iles Marquises et Tasmanie : *idem*.

IIe *subdivision*. — *Homolépidotes palmipèdes*. Des membranes inter-digitales et un large pli de la peau bordant le contour horizontal du corps.

7. P. DE LEACH. *Leachianus* Cuvier (*Erpét. génér.*, t. III, p. 315).

Origine inconnue : *Leach*, TYPE du Pl. *leachianus* Cuvier (*R. anim.*, 2e édit., t. II, p. 54).

Unique.

II^a DIVISION. — PLATYDACTYLES HÉTÉROLÉPIDOTES. Peau à grains inégaux.

Ire *subdivision*. — *Hétérolépidotes fissipèdes*. Point de membranes inter-digitales sans membranes sur les côtés du corps, de la queue et sur les bords des membres.

8. P. DES MURAILLES. *Muralis* Dum. Bib. (*Erpét. génér.*, t. III, p. 319). Guichenot, *Rept. de l'Algérie*, p. 4. *Tarentola mauritanica* Gray, *Cat. of the Liz.*, p. 164.

Égypte : *Olivier*. Alger : *MM. Guichenot, Levaillant, Bové*. Bone : *M. Steinhel*. Biscara : *M. Guyon*. Sicile : *Bibron*. Rome : *M. Bailly*. Menton (principauté de Monaco) : *M. Hollard*. Espagne : *M. Duméril*. Roussillon : *M. Michaud*. Marseille : *M. Sivart*. Toulon : *M. L. Kiener*.

Ages divers V. V.

9. P. D'ÉGYPTE. *Ægyptiacus* Cuvier (*Erpét. génér.*, t. III, p. 322).

Tarentola ægypt. Gray, *Cat. of the Liz.*, p. 165.

Égypte : *MM. de Joannis et Jaurès*. Abyssinie : *M. Rüppel*, *MM. Petit et Quantin-Dillon*. Sennaar : *envoi anonyme*. Vélins n° 70.

10. P. DE DELALANDE. *Delalandii* Dum. Bib. (*Erpét. génér.*, t. III, p. 324). *Tarentola Delal.* Gray, *Cat. of the Liz.*, p. 165. — *Plat. de Del.* Gervais, *Rept. in Hist. des îles Canaries*, par Webb et Berthelot, p. 5, pl. unique, fig. 8-10.

Ile de Ténériffe : *Delalande*, TYPE. Id. : *M. Gallot*. Madère : *Delalande*. Sénégal : *M. Lelièvre, M. Petit de la Saussaye*. Manille : *M. Lieutaud*.

11. P. DE MILBERT. *Milbertii* Dum. Bib. (*Erpét. génér.*, t. III, p. 325). *Tarentola amer.* Gray, *Cat. of the Liz.*, p. 165.

New-York : *Milbert*.

Unique.

12. P. A GOUTTELETTES. *Guttatus* Cuvier (*Erpét. génér.*, t. III, p. 328, pl. 28, fig. 4).

Manille : *Bougainville*, *Eydoux*. Timor : *Péron et Lesueur*, *MM. Quoy et Gaimard*. Bengale : *M. Bélanger*. Java : *Diard*, *Bosc*, *MM. Lesson et Garnot*. Ages divers. Vélins n° 68 et 69.

12 *bis*. P. de Reeves. *Reevesii* Dum. Bib.; *Gecko Reevesii* Gray Griffith, *An. kingd.*, IX, 48, et *Cat. of the Liz.*, p. 161.

De nombreuses ressemblances rapprochent ce Pl. du précédent. Les différences qui les distinguent sont, au contraire, en petit nombre. Ainsi les granulations sur la peau de la tête et les écailles du dos sont proportionnellement plus petites chez le Pl. de R., tandis que c'est le contraire pour les pièces de l'écaillure ventrale. La teinte générale des parties supérieures n'est pas non plus tout à fait la même, car elle est d'un gris, non roussâtre, mais rougeâtre, comme vineux. Il faut noter, en outre, la grande blancheur des taches irrégulières qui forment des lignes transversales sur le dos.

Les échantillons de cette espèce dans le Mus. britannique et dans celui de Paris étant originaires de Chine, on pourrait considérer le Pl. de R., comme ne constituant qu'une variété de climat. Cette manière de voir serait confirmée par ce fait qu'aucun des Pl. a gouttelettes de la collection française ne provient de cette contrée; le *Catal.* de M. Gray mentionne cependant des individus d'origine chinoise.

Il reste donc du doute sur le rang que ce Pl. doit occuper, soit comme espèce distincte, soit comme *variété* de la précédente.

13. P. a bande. *Vittatus* Cuvier (*Erpét. génér.*, t. III, p. 331).

Ile Bourou (groupe d'Amboine, arch. des Moluques) : *MM. Quoy et Gaymard*. Ile Vanikoro ou de la Recherche (arch. de La Pérouse) : *Id.* Port-Praslin (Nouvelle-Zélande) : *MM. Lesson et Garnot*. Océanie : *envoi anonyme*. Origine inconnue.

14. P. a deux bandes. *Bivittatus* Dum. Bib. (*Erpét. génér.*, t. III, p. 334).

Gecko bivit. Gray, *Cat. of the Liz.*, p. 162.

Nouvelle-Guinée, île Waigiou (groupe de la Papouasie) : *MM. Quoy et Gaymard*. Types.

15. P. monarque. *Monarchus* Schlegel (*Erpét. génér.*, t. III, p. 335).

Gecko mon. Gray. *Cat. of the Liz.*, p. 161.

Amboine : donné par *le Musée de Leyde*. Sumatra : *M. Bourdas*. Orig. inconnue.

16. P. du Japon. *Japonicus* Schlegel (*Erpét. génér.*, t. III, p. 337).

Gecko chinensis Gray, *Br. Mus.*, 1837, et *Cat. of the Liz.*, p. 161.

Japon : donné par *le Musée de Leyde* ♂ ♀.

IIe *subdivision.* — *Hétérolépidotes palmipèdes*. Membranes inter-digitales, une frange sur le contour horizontal du corps et le long des bords externe et interne des membres.

17. P. homalocéphale. *Homalocephalus* Cuvier (*Erpét. génér.*, t. III, p. 339, pl. 28, fig. 6, et pl. 29, fig. 1 et 2). *Ptychozoon homal.* Gray, *Cat. of the Liz.*, p. 164.

Java : donné par *le Musée de Leyde* ♂ ♀, *MM. Kuhl et Van-Hasselt*. Sumatra : *M. Kunhardt* ♀. Indes orient. : ♀.

IIᵉ GENRE. — HÉMIDACTYLE. *HEMIDACTYLUS* Cuvier, Gray, Wagler, Wiegmann.

Base des doigts élargie en un disque du milieu duquel s'élèvent les deux dernières phalanges, qui sont grêles. Face inférieure de ce disque revêtue de feuillets entuilés, le plus souvent échancrés en chevron; queue garnie en dessous de grandes plaques.

(2 sections, 16 espèces.)

Iʳᵉ SECTION. — HÉMIDACTYLES DACTYLOPÈRES ou à pouces comme tronqués.

1. H. DE L'ILE OUALAN. *Oualensis* Dum. Bib. (*Erpét. génér.*, t. III, p. 350, pl. 28, fig. 7).
Ile Oualan (Arch. des Carolines) : MM. Lesson et Garnot. Ile Tongatabou (arch. des Amis) : *id*. Ile Vanikoro (arch. de La Pérouse) : MM. Quoy et Gaimard. Iles Gallapagos : M. Dupetit-Thouars.

2. H. DE PÉRON. *Peronii* Dum. Bib. (*Erpét. génér.*, t. III, p. 352, pl. 30, fig. 1).
Peripia Per. Gray, *Cat. of the Liz.*, p. 159.
Ile de France : *Péron et Lesueur*, Adulte et jeune âge, TYPES. Id. MM. Quoy et Gaimard.

3. H. VARIÉ. *Variegatus* Dum. Bib. (*Erpét. génér.*, t. III, p. 353).
Peripia variegata Gray, *Cat. of the Liz.*, p. 159.
Terre de Van-Diémen : *Péron et Lesueur* ♂ ♀, TYPES. Baie des Chiens marins (Australie occid.) : MM. Quoy et Gaimard ♂, TYPE.

4. H. MUTILÉ. *Mutilatus* Wiegmann (*Erpét. génér.*, t. III, p. 354).
Peropus mutilatus Gray, *Cat. of the Liz.*, p. 159.

4 bis. H. TACHES-ROUSSES. *Baliolus* A. Dum.
Cette espèce inédite est de la division des HÉMIDACTYLES dactylopères ou à pouces sans ongles.

Lames sous-digitales échancrées en chevrons; doigts médians des pattes postérieures réunis à leur base; écailles rachidiennes un peu plus petites que celles des côtés du tronc; peau des membres postérieurs lâche et formant un pli au niveau des jarrets; plaque rostrale, recourbée sur son bord supérieur, comme un fer à cheval dont chacune des branches est contiguë, par son extrémité libre, à l'une des nasales; queue déprimée et très-légèrement denticulée.

Plusieurs de ces particularités rapprochent beaucoup cet HÉMIDACTYLE du MUTILÉ. Il en diffère cependant d'une façon très-notable : ainsi, outre le caractère tiré de la configuration singulière de la plaque rostrale, il faut mentionner la forme plus conique de la tête, qui, n'étant pas renflée en arrière des yeux, n'est pas aussi distincte du cou, puis la longueur proportionnelle des plaques sous-maxillaires, semblables pour le nombre et la forme à celles de la quatrième espèce, est beaucoup plus considérable.

Les granulations de la tête et du dos sont un peu moins fines et moins serrées que dans le MUTILÉ où elles ne sont pas, comme ici, disposées en anneaux à la face supérieure de la queue, dont l'inférieure est garnie de grandes plaques à la manière de tous les Hémidactyles.

Le système de coloration est un gris-brunâtre; toute la partie antérieure de la tête est de couleur rousse. Une ligne assez large de cette nuance, partant du bord postérieur de l'œil, passe au-dessus de l'oreille et va rejoindre des taches confluentes de la même teinte dont l'ensemble constitue une bande irrégulière sur chaque flanc. La queue et les membres sont tachetés de la même façon. Inférieurement l'animal est d'un gris-brunâtre-uniforme assez foncé.

Nouvelle-Guinée.

Unique. Type.

IIe SECTION. — HÉMIDACTYLES DACTYLOTÈLES ou à 5 doigts complets et rétrécis à la pointe.

Subdivision A. — *Dactylotèles fissipèdes.*

5. H. A TUBERCULES TRIÈDRES. *Triedrus* Daudin (*Erpét. génér.*, t. III, p. 356).

Origine inconnue : donné par *le Cab. de Vienne*, TYPE du *Gecko triedrus* Daud. (*Hist. nat. des Rept.*, t. IV, p. 155). Ceylan : *Leschenault* ♂. Côte du Malabar, jeune âge.

6. H. TACHETÉ. *Maculatus* Dum. Bib. (*Erpét. génér.*, t. III, p. 358).

Bombay : *Polyd. Roux*, adultes et jeune âge ♂ ♀. Pondichéry : *Leschenault*, jeune âge. Bengale : *Duvaucel*, jeune âge. Iles Philippines, jeune âge. Ile de France : *MM. Quoy et Gaimard*, jeune âge. Ces individus sont les TYPES. Côte de Malabar : *Dussumier.*

7. H. VERRUCULEUX. *Verruculatus* Cuvier (*Erpét. génér.*, t. III, p. 359).

Guichenot, *Rept. de l'Algérie*, p. 4.

Sénégal : *M. Leprieur*. Morée : *Commiss. scient.*, adulte et jeune âge. Arch. grec : *M. Virlet*. Rome : *M. Bailly*. Messine : *Bibron*, adulte et jeune âge. Alger : *M. Guichenot*, *M. Nizoy*. Toulon : *M. Reynaud*. Perse : *Aucher-Éloy*. Trébizonde (Asie min.) : *M. Fontanier*. Levant : du voyage *d'Olivier*. Vera-Cruz (Chili) : *M. d'Orbigny*.

8. H. MABOUIA. *Mabouia* Cuvier (*Erpét. génér.*, t. III, p. 362).

Antilles : *M. Moreau de Jonnès*, TYPE du *Gecko mabouia* Mor. de J. (*Monogr.*). Ile Saint-Vincent : *Lesueur*. Martinique : *MM. Plée, Droz, Alex. Rousseau*. Ile Saint-Jean : *Cl. Richard*. Spanish-Town (Jamaïque) : *id*. Cayenne : *MM. Poiteau, Leprieur*. Carthagène (Colombie) : *M. Ad. Barrot*. Bahia : *M. Lemelle-Deville*. Brésil : *M. Vautier*, jeune âge et œufs, *M. Gallot*. Madagascar : *envoi anonyme*.

9. H. DE LESCHENAULT. *Leschenaultii* Dum. Bib. (*Erpét. génér.*, t. III, p. 364).

Ceylan : *Leschenault*. Origine inconnue, TYPES.

10. H. DE COCTEAU. *Coctæi* Dum. Bib. (*Erpét. génér.*, t. III, p. 365).

Boltalia sublævis Gray, *Zool. M.*, 58, et *Cat. of the Liz.*, p. 158.

Bombay : *Dussumier*, TYPE. Bengale : *id*. Côte du Malabar : *id*.

11. H. BRIDÉ. *Frenatus* Schlegel (*Erpét. génér.*, t. III, p. 366).

Java : donné par *le Musée de Leyde*. Sumatra : *M. Bourdas*. Bengale : *Duvaucel*. Ceylan : *M. Reynaud*. Amboine : *MM. Lesson et Garnot*, Ad. et jeune âge. Iles Mariannes : *M. Gaudichaud*. Manille : *M. Ad. Barrot*. Cochinchine : *Diard*. Madagascar : *Péron et Lesueur*. Cap de B.-Espér. : *MM. Quoy et Gaim*. Ile de France : *M. Desjardins.*

12. H. DE GARNOT. *Garnotii* Dum. Bib. (*Erpét. génér.*, t. III, p. 368).

Doryura Garn., Gray, *Cat. of the Liz.*, p. 157.

Tahiti (îles de la Société) : *Lesson et Garnot*, TYPES. Origine inconnue : *M. Dupetit-Thouars.*

13. H. PÉRUVIEN. *Peruvianus* Wiegmann (*Erpét. génér.*, t. III, p. 369). — *Manque.*

Subdivision B. — *Dactylotèles palmipèdes.*

14. H. bordé. *Marginatus* Cuvier (*Erpét., génér.*, t. III, p. 370, pl. 30, fig. 2).
Platyurus Schneiderianus Gray, *Cat. of the Liz.*, p. 157.
 Java, Manille : *M. Ad. Barrot.* Macao : *M. Léclancher.*
15. H. de Séba. Dum. Bib. (*Erpét. génér.*, t. III, p. 373).
Crossurus caudiverbera Gray, *Cat. of the Liz.*, p. 158.
Manque.

III° GENRE. — PTYODACTYLE. *PTYODACTYLUS* Cuvier.

Bout des doigts en disque échancré en avant; 5 ongles à toutes les pattes dans la fissure moyenne de l'élargissement, lamelles sous-digitales entuilées et disposées comme les touches d'un éventail ouvert.

(2 divisions, 4 *espèces.*)

Ire division. — Les Urotornes. Doigts libres, queue arrondie.
1. Pt. d'Hasselquist. *Hasselquistii* Dum. Bib. (*Erpét. génér.*, t. III, p. 378, pl. 33, fig. 3).
 Égypte : *M. Bové.* Afr. septentr. : *M. Rüppel.*

IIe division. — Les Uroplates. Doigts palmés, queue très-élargie.

Le genre Uroplate Duméril (*Zool. analyt.*, 1805, p. 81) comprenait, à l'époque où il a été créé, toutes les espèces qu'on nommait auparavant Geckos a queue plate.
2. Pt. frangé. *Fimbriatus* Cuvier (*Erpét. génér.*, t. III, p. 381, pl. 33, fig. 4).
Uroplates fimbr. Gray, *Cat. of Liz.*, p. 151.
 Madagascar : *Bosc, MM. Quoy et Gaimard, M. Goudot, M. Cloué,* Envoi anonyme.
3. Pt. rayé. *Lineatus* Dum. Bib. (*Erpét. génér.*, t. III, p. 384, pl. 31, fig. 1-3).
Uroplates lin. Gray, *Cat. of Liz.*, p. 152.
 Origine inconnue, Type; Madagascar : *M. Goudot.*
4. Pt. de Feuillée. *Feuillæi* Dum. Bib. (*Erpét génér.*, t. III, p. 386).
 Guichenot, *Rept.* in *Hist. de Chile*, par Cl. Gay, p. 12. — *Manque.*

IV° GENRE. — PHYLLODACTYLE. *PHYLLODACTYLUS* Gray.

Tous les doigts garnis d'ongles, dilatés à leur extrémité libre en un disque sub-triangulaire, offrant en dessus une surface unie, plane ou convexe, mais toujours creusée sur la longueur par un sillon médian au fond duquel l'ongle est logé et paraît être enfoncé.

(10 *espèces.*)

1. Ph. de Lesueur. *Lesueurii* Dum. Bib. (*Erpét. génér.*, t. III, p. 392).
OEdura rhombifer? Gray, *Cat. of Liz.*, p. 147.
 Nouvelle-Guinée. Ile Decrès (Océanie) : *Péron et Lesueur.* Ports Jackson et du Roi-Georges (Nouvelle-Hollande) : *MM. Quoy et Gaimard, M. J. Verreaux.*
2. Ph. porphyré. *Porphyreus* Dum. Bib. (*Erpét. génér.*, t. III, p. 393, pl. 33, n° 5).
Diplodactylus marmoratus Gray, *Cat. of Liz*, p. 149.
 Cap de B.-Espér. : *Delalande.* Madagascar : *MM. Quoy et Gaimard.* Ile Decrès

(Océanie) : *Péron et Lesueur.* Colonie de la Riv. des Cygnes, Port du Roi-Georges (Nouv.-Holl.) : *M. J. Verreaux*, donné par *M. L. Rousseau*.

2 *bis*. Ph. d'Europe. *Europæus* Gené (*Synops. Rept. Sardin. indigeni.*, p. 9, t. I, f. 1). Ch. Bonaparte, *Amphib. Europea*, p. 29.

Disques des doigts plats en dessous, portant une rainure médiane profonde où se cache un ongle court; lames sous-digitales entières; écailles dorsales petites, circulaires, un peu coniques, granuliformes, égales entre elles; les abdominales un peu plus larges, planes et un peu imbriquées; celles des régions gulaire et inter-maxillaire beaucoup plus petites; tête déprimée, un peu pointue, élargie en arrière des yeux, assez distincte du cou; queue épaisse, resserrée à sa base, portant, de chaque côté, un tubercule allongé, comme tranchant à son bord libre et très-apparent, déprimée, entourée d'écailles verticillées, subquadrangulaires.

Les parties supérieures sont d'un brun noirâtre relevé soit par de petites lignes, soit par des taches cendrées, d'un blanc jaunâtre en dessous.

Ce Ph. diffère du précédent par ses petites dimensions, par son système de coloration et par son origine, qui d'ailleurs le distingue de ses congénères : tous, en effet, proviennent ou de l'Afrique, ou de l'Amérique, ou de l'Océanie; il est le seul qui vive en Europe.

Sardaigne : *M. Gené*, *M. Ch. Bonaparte*. Adulte et jeune âge.

3. Ph. gymnopyge. *Gymnopygus* Dum. Bib. (*Erpét. génér.*, t. III, p. 394). D'Orbigny, *Voy. Amér. mérid.*, t. V, p. 7, pl. 2, fig. 6-11.

Guichenot, *Rept.* in *Hist. de Chile* de C. Gay, p. 14.

Sables d'Arica (côte du Pérou) : *M. d'Orbigny*. Type. — *Unique*.

4. Ph. tuberculeux. *Tuberculosus* Wiegmann (*Erpét. génér.*, t. III, p. 396). Californie : donné par la *Soc. zool. de Lond.* — *Unique*. Individu sans queue.

5. Ph. gentil. *Pulcher* Gray (*Erpét. génér.*, t. III, p. 397, pl. 33, n° 7). Origine inconnue : donné par le *Mus. britannique*.

Unique. Individu sans queue.

6. Ph. strophure. *Strophurus* Dum. Bib. (*Erpét. génér.*, t. III, p. 397, pl. 32, fig. 1). *Manque*.

6 *bis*. Ph. spinigère. *Spinigerus* Dum. Bib. (*Diplodactylus spinig.* Gray, *Zool. misc.*, p. 53).

Corps à écailles inégales, les côtés du dos et de la queue portant chacun une série de tubercules pointus et constituant des épines plus longues à la région caudale que sur les flancs.

Ce caractère très-remarquable ne permet de confondre cette espèce avec aucune autre du même genre. Elle est surtout voisine du Ph. strophure, car, outre que les disques des doigts sont plats inférieurement, à lames entières et que les écailles ne sont pas toutes de dimensions semblables, l'extrémité de la queue, sans se recourber autant, offre cependant une conformation un peu analogue par sa tendance à s'enrouler en dessous. La plaque rostrale est divisée longitudinalement sur la ligne médiane, de sorte qu'elle a, dans son entier, la forme de deux pentagones placés l'un à côté de l'autre. Les parties supérieures sont d'un brun-fauve piqueté de noirâtre ainsi que le dessous, dont la teinte générale est plus claire. La région antérieure du dos est, sur certains sujets, parcourue par deux lignes flexueuses longitudinales qui se réunissent promptement.

SAURIENS.

Province de la Riv. des Cygnes (N.-Holl.) : *M. J. Verreaux.*
7. Ph. gerrhopyge. *Gerrhopygus* Wiegmann (*Erpét. génér.*, t. III, p. 399).
Diplodactylus gerrhopyg. Gray, *Cat. of Liz.*, p. 150.
Manque.
8. Ph. a bande. *Vittatus* Dum. Bib. (*Erpét. génér.*, t. III, p. 400).
Diplodactylus vitt. Gray, *Cat. of Liz.*, p. 148.
Manque.

V^e genre. — SPHÉRIODACTYLE. *SPHÆRIODACTYLUS* Cuvier.

Doigts subcylindriques, sans ongles, offrant sous leur extrémité antérieure un petit disque circulaire entier.

(3 *espèces.*)

1. Sph. sputateur. *Sputator* Cuvier (*Erpét. génér.*, t. III, p. 402); Cocteau et Bibron, *Rept.* in *Hist. de l'île de Cuba* de Ramon de la Sagra, p. 160, pl. 17.
Haïti : *M. Ricord.* Cuba : *M. Ramon de la Sagra.*
2. Sph. a très-petits points. *Punctatissimus* Dum. Bib. (*Erpét. génér.*, t. III, p. 405).
Sph. cendré, *Cinereus* Cocteau et Bibron, *Rept.* in *Hist. de l'île de Cuba* de Ramon de la Sagra, p. 166, pl. 18.
Haïti : *M. Ricord.* Cuba : *M. Ramon de la Sagra.* Id. : *M. Morelet* (2 individus dont le système de coloration est un peu différent en ce que le pointillé y est à peine apparent).
3. Sph. bizarre. *Fantasticus* Cuv. (*Erpét. génér.*, t. III, p. 406).
Martinique : *Plée.* Sainte-Lucie : *M. de Bonnecourt.* Variété à taches noires.
Variété à tête non vermiculée de blanc, mais offrant de chaque côté, en arrière des yeux, une bande blonde qui va se terminer à l'occiput et sur le crâne, où l'on voit un dessin cordiforme également de couleur blonde.
Martinique : *Plée.*

VIe genre. — GYMNODACTYLE. *GYMNODACTYLUS* Spix.

5 ongles non rétractiles à tous les pieds; doigts non dilatés en travers ni dentelés sur les bords, le cinquième des pattes postérieures versatile ou pouvant s'écarter des autres à angle droit.

(2 divisions, 16 *espèces.*)

Ire division. — Gymnodactyles homoxotes. Écailles du dos égales entre elles; pupille arrondie; paupière entière, c'est-à-dire formant un cercle complet autour de l'œil; point de pores sous les cuisses ni au-devant du cloaque; pas de plis de la peau le long des flancs.

1. G. de Timor. *Timoriensis* Dum. Bib. (*Erpét. génér.*, t. III, p. 411).
Goniodactylus timor. Gray *Cat. of Liz.*, p. 172.
Timor : *M. Gaudichaud,* Type.
Unique.

2. G. DE GAUDICHAUD. *Gaudichaudii* Dum. Bib. (*Erpét. génér.*, t. III, p. 413); Bell, *Zool. Beagle*, p. 26, t. XIII, fig. 1; Guichenot, *Rept.* in *Hist. de Chile* de Cl. Gay, p. 17. *Homonota Gaudichaudii* Gray, *Cat. of Liz.*, p. 171.

Coquimbo (Prov. du Chili) : *M. Gaudichaud*. TYPE. Amér. mérid. : *MM. de Castelnau et Em. Deville*. Il y a, chez ces derniers, une légère différence dans l'écaillure due à ce que les granulations sont un peu plus petites et plus distinctes les unes des autres. On remarque aussi, au-devant de chaque épaule, une petite bande verticale jaunâtre, et sur les flancs des taches noires; mais ce ne sont pas des caractères assez importants pour éloigner ces individus de l'espèce à laquelle ils semblent appartenir par tout le reste de leur organisation et qui a été fondée sur l'examen d'un spécimen dont le système de coloration est peut-être un peu altéré.

3. G. MAURITANIQUE. *Mauritanicus* Dum. Bib. (*Erpét. génér.*, t. III, p. 414).

Alger : donné par *M. Flourens*. — *Unique*. TYPE.

4. G. A GORGE BLANCHE. *Albogularis* Dum. Bib. (*Erpét. génér.*, t. III, p. 415). *G. alb.* Cocteau et Bibron, *Rept.* in *Hist. de l'île de Cuba* de Ramon de la Sagra, p. 174, pl. 19. *Goniodactylus alb.* Gray, *Cat. of Liz.*, p. 172.

Martinique : *Plée*, TYPES. Santa-Martha (N.-Grenade) : *M. J. Goudot*, Individu à plaques sous-gulaires un peu irrégulières.

5. G. A POINTS JAUNES. *Flavipunctatus* Rüppel (*Erpét. génér.*, t. III, p. 417).

Abyssinie : *M. Rüppel*, TYPE du *Pristurus flavipunct.* Rüpp., *Neue Wirbelth. zu der faun. von Abyss. Rept.*, tab. 6, f. 3. — *Unique*.

5 bis. G. ÉLÉGANT. *Elegans* Dum. Bib.; *Naultinus elegans* Gray, *Zool. misc.*, 72, *Dieffenbach New-Zeal.*, t. II, p. 203, et *Cat. of Liz.*, p. 169; *Natica elegans* Gray.

Cette espèce appartient à la division des GYMN. HOMONOTES à queue ronde, et elle ne peut être confondue avec aucune de celles qui la précèdent.

Tête haute à sa base, offrant assez exactement la forme d'une pyramide quadrangulaire; museau obtus; plaque rostrale dilatée en travers, le plus souvent double; plaques labiales presque constamment au nombre de 12 en haut et de 10 en bas; queue longue, arrondie surtout à sa pointe, portant à sa base de petits tubercules.

Il y a, chez les mâles, sur la région pubienne, un espace assez considérable couvert d'écailles percées chacune d'un pore; on en voit également sur la face interne des cuisses.

Les écailles qui recouvrent le museau sont plus grandes que celles du reste de la tête; le dessus et les côtés du cou et du tronc, ainsi que la face supérieure des membres, sont protégés par des grains squameux assez fins, serrés, égaux entre eux; un pavé granuliforme se voit sous la tête et à la région gulaire; des écailles à surface convexe, polygonales, un peu moins petites que celles du dos et faiblement imbriquées, couvrent la poitrine et le ventre. Il y a un indice de pli le long des flancs.

La teinte générale des adultes est d'un beau vert-pré, plus pâle en dessous; sur la tête, de chaque côté, il y a une bande longitudinale arquée, à convexité externe, puis sur le dos et sur la face supérieure des membres des taches oblongues analogues et de même couleur. Chacun des côtés du corps de l'individu mâle et adulte est orné d'une ligne blanche, interrompue et bordée de noir.

Deux échantillons d'âge moyen sont d'un vert plus foncé et les taches sont d'une teinte fauve; sur le dos, elles ont la forme d'une losange entourée d'un mince filet noir et dont l'un des angles est dirigé en avant et l'autre en arrière : celles de la tête sont seules en arc. Un jeune sujet, comme cela se voit aussi au Mus. britann., est, en dessus, d'une nuance tirant sur le pourpre, avec le dessous couleur de chair; sur les côtés de la tête, sont deux petites lignes courbes blanches. A tous les âges, la lèvre inférieure est blanchâtre.

Van-Diémen : adulte, femelle? donné par la *Soc. zool. de Londres*. Nouvelle-Zélande? adulte et âge moyen. Van-Diémen : jeune âge donné par la *Soc. zool. de Londres*. Haute-Californie : *M. Dupetit-Thouars*, Individu décoloré, mais portant sur la tête des traces de lignes arquées, avec la lèvre inférieure blanche.

IIe DIVISION. — GYMNODACTYLES HÉTÉRONOTES. Écailles du dos entremêlées de tubercules plus ou moins développés; pupille elliptique; paupière incomplète, c'est-à-dire dont le bord inférieur ne fait point de saillie au dehors de l'orbite.

6. G. DE D'ORBIGNY. *D'Orbignii* Dum. Bib. (*Erpét. génér.*, t. III, p. 418). Guichenot, *Rept. in Hist. de Chile*, p. 18. *Cubina D'Orb.* Gray, *Cat. of Liz.*, p. 175; d'Orbigny, *Voy. Amér. mérid.*, t. V, p. 7, pl. 2, fig. 1-5.

Entre Santa-Cruz de la Sierra et Chuquisaca (rép. de Bolivia) sur les coteaux couverts de cactus du Rio-Grande, entre Valle-Grande et le Pescado, sous un monticule de pierres : *M. d'Orbigny*, TYPE. Valparaiso (Chili) : *M. Gaudichaud*.

6 bis. G. D'ARNOUX. *Arnouxii* A. Dum.

Au milieu d'une granulation serrée, de petits tubercules à surface convexe, sans carène, un peu plus larges que longs, tous parfaitement semblables entre eux pour la forme et pour le volume, disposés en séries longitudinales, au nombre de 16, d'une régularité parfaite; les médianes ne se prolongeant pas sur la tête, quelques-unes des latérales s'étendant jusqu'au bord postérieur des yeux; toutes cessant en arrière à l'origine de la queue, et se continuant sur la face supérieure des pattes de derrière, mais non sur celles de devant.

Les régions sous-maxillaire et gulaire sont couvertes de fines granulations qui augmentent un peu de volume à l'abdomen et prennent l'apparence de petites écailles légèrement imbriquées; elles y sont d'ailleurs rangées en séries obliques régulières.

La queue, qui est arrondie, est couverte, en dessous comme en dessus, d'écailles semblables aux précédentes, qui l'entourent comme de petits verticilles. La lèvre supérieure porte neuf paires de plaques de chaque côté de la rostrale, qui est quadrilatère et dont le bord supérieur est en contact avec les deux nasales. A la lèvre inférieure il y a sept paires de plaques; la mentonnière représente un triangle dont le sommet allongé et dirigé en arrière tient à deux petites plaques ovalaires.

Il n'y a point de pores soit préanaux soit fémoraux.

L'animal est d'un brun plus clair en dessous qu'à la face supérieure, où l'on voit, depuis l'occiput jusqu'à la terminaison de la queue, des bandes transversales ondulées d'un brun noirâtre. Quelques lignes de la même nuance se remarquent sur la tête : une, en particulier, très-évidente, part du bord postérieur de l'orbite, pour se perdre sur les côtés du cou.

La forme et la disposition tout à fait remarquable des tubercules ne permettent de confondre cette jolie espèce avec aucune de celles de la division des Hétéronotes à queue ronde. C'est cependant auprès du G. DE D'ORBIGNY qu'il doit être placé, parce que ce dernier est le seul, dans ce groupe, dont les tubercules ne soient pas triangulaires ou carénés; mais l'irrégularité avec laquelle les petits tubercules arrondis sont semés au milieu des grains de la peau s'oppose à toute confusion.

Nouvelle-Zélande : *M. Arnoux.* TYPE.
Unique.

7. G. A BANDES. *Fasciatus* Dum. Bib. (*Erpét. génér.*, t. III, p. 420).
   Cubina fasciata Gray, *Cat. of Liz.*, p. 175.
   Martinique : *Plée.* TYPE.
   Unique.

8. G. RUDE. *Scaber* Dum. Bib. (*Erpét. génér.*, t. III, p. 421).
   Égypte : *M. Rüppel*, TYPES du *Stenodactylus scab.* Rüpp., *Atl. zu Reise in nördl. Afric.*, p. 15, tab. 4, fig. 2. Levant : *Olivier.* Perse : *Aucher-Éloy.* Morée : *Commiss. scientif.*

8 bis. G. CASPIEN. *Caspius* Eichwald, *Zool. spec. Rossiæ et Polon. pars poster.*, p. 181; et *Fauna caspio-caucasia* (1841), p. 91, t. XV, fig. 1-2; *Uromastix fasciatus* Ménestriés, *Catal. raisonné*, n° 220.

Dos couvert de petites écailles granuleuses, au milieu desquelles se voient des tubercules plus grands, saillants, fortement carénés et représentant de petites pyramides triangulaires, disposées régulièrement en séries longitudinales, au nombre de 6 à 10, étendues de l'occiput jusque sur le tiers supérieur de la queue, qui est arrondie, et où ils forment des verticilles; sur la région supérieure des membres, des tubercules; 27 pores préanaux et fémoraux.

Ces différents caractères font de ce GYMN. une espèce très-voisine du RUDE, avec lequel il a les plus grands rapports.

Il s'en distingue cependant par des caractères importants : ainsi, chez le CASPIEN, les tubercules du dos et des membres sont plus volumineux, plus saillants; les écailles planes et arrondies de l'abdomen sont disposées en séries obliques plus régulières et ont des dimensions notablement moindres; les pores des mâles, au nombre de vingt-sept, se voient non pas seulement au-devant du cloaque, mais aussi le long de la face inférieure des cuisses, de sorte qu'ils forment une ligne courbe continue.

La plaque mentonnière forme un triangle dont le sommet se prolonge plus loin en arrière, entre les quatre grandes plaques qui occupent la région sous-maxillaire.

En outre, ce GYMN. a les formes moins sveltes et moins élancées que celles du précédent; ses membres sont moins longs et plus robustes; sa tête est plus large, plus déprimée, le museau plus obtus; le bord supérieur de la paupière est couvert de squames.

Le système de coloration enfin offre cette différence que sur le cou et toute la longueur du dos, qui sont d'un brun grisâtre, il porte non pas, comme le RUDE, des lignes longitudinales plus foncées, mais des bandes transversales noires ou violacées.

Saint-Pétersbourg : *M. Ménestriés.*
Unique.

8 ter. G. A SCAPULAIRE. *Scapularis* A. Dum.
Cette espèce inédite appartient à la division des GYMN. HÉTÉRONOTES; la queue manque

presque complétement, mais la forme de sa base ne permet guère de douter qu'elle ne soit arrondie et non déprimée, comme dans les G. phyllure et de Milius; au-devant du cloaque, il y a une rangée angulaire d'écailles percées chacune d'un pore. Ces différents caractères rapprochent ce G. du Rude et du Gentil; c'est surtout à ce dernier qu'il ressemble par sa conformation générale et par la forme de sa tête. Il y a aussi quelques rapports par la disposition des bandes dorsales; mais, outre la différence d'origine, il y en a d'autres très-importantes. La principale se tire de la structure toute spéciale des doigts, qui nécessiterait presque l'établissement d'un sous-genre, si elle était observée dans plusieurs espèces. Ainsi : *doigts, quoique semblables à ceux des* Gymn., *munis d'ongles non pas saillants, mais logés dans une petite rainure, et paraissant être rétractiles; bord supérieur de la paupière sans grandes écailles.*

Sur un fond brun-grisâtre, trois larges bandes d'un brun noir occupent en dessus presque toute la longueur du tronc, car elles ne laissent entre elles que des intervalles étroits où reparaît la teinte du fond. Sur le cou, il y a une grande tache de la même nuance : elle se termine en arrière par un prolongement sur chacune des épaules et en envoie deux autres en avant qui se portent sur les côtés de la tête, dont le dessus est orné d'une bande noirâtre en fer à cheval et de plusieurs autres maculatures formant des dessins irréguliers. A la naissance de la queue, dont il ne reste qu'un tronçon, il y a également une tache de même couleur; les parties inférieures sont d'un gris uniforme.

Province du Peten (Guatimala) : *M. Morelet*. Type.

Unique.

9. G. gentil. *Pulchellus* Dum. Bib. (*Erpét. génér.*, t. III, p. 423).

Bengale : *M. Bell.*

Il faut peut-être rapporter à cette espèce l'animal décrit sous le nom de *G. marmoratus*, var. *Novæ Guineæ*, par M. Schlegel in *Abbild. neuer Amphib.*, p. 11, tab. 2, fig. 1 et 3.

10. G. marbré. *Marmoratus* Dum. Bib. (*Erpét. génér.*, t. III, p. 426).

Schlegel, *Abbild. neuer Amphib.*, p. 11, tab. 2, fig. 2 et 4-8.

Java : adulte et j. âge donnés par le *Musée de Leyde*. Iles d'Arrou (groupe de la Papouasie) : *M. Leguillou*.

11. G. phyllure. *Phyllurus* Dum. Bib. (*Erpét. génér.*, t. III, p. 428).

N.-Holl. : *Péron et Lesueur, M. Busseuil, M. J. Verreaux* (port du Roi-Georges). Tasmanie : *M. Douglas*. Adultes et j. âge.

12. G. de Milius. *Miliusii* Dum. Bib. (*Erpét. génér.*, t. III, p. 430, pl. 33, fig. 1).

N.-Hollande : *M. Guillot*, MM. *Quoy et Gaimard* (Port Jakson). Tasmanie : *M. J. Verreaux*. Adultes et j. âge.

VIIe GENRE. — STÉNODACTYLE. *STENODACTYLUS* Fitzinger.

Doigts cylindriques pointus au bout, à bords dentelés et à face inférieure granuleuse.

(4 espèces.)

1. St. TACHETÉ. *Guttatus* Cuvier (*Erpét. génér.*, t. III, p. 434, pl. 34, n° 2).
Égypte. Baie des Chiens-Marins (Nouvelle-Hollande) : *MM. Quoy et Gaimard*.
Aucune différence essentielle ne permet d'éloigner ces derniers individus de l'échantillon égyptien.

1 bis. St. MAURITANIQUE. *Mauritanicus* Guichenot, *Explor. scientif. de l'Algérie, Rept.*, p. 5, pl. 1, fig. 1 et a, b, c, d).
La similitude entre cette espèce et le St. TACHETÉ, comme le reconnaît l'auteur, est très-grande; elle est telle même que, malgré de légères différences dans la conformation générale du St. MAURITANIQUE, qui est un peu moins élancé et un peu moins volumineux, et dans la forme plus ramassée et renflée de la tête, c'est au système de coloration qu'il faut avoir recours pour le distinguer de son congénère, qui est ainsi décrit dans l'ouvrage cité : « Le dessus de la tête est d'un gris-ardoisé marqué de points pâles et de traits diversement disposés sur le crâne; son corps et sa queue présentent un gris-foncé qui passe au vert-fauve sur la région dorsale, avec de très-larges bandes transversales brunes et des gouttelettes jaunes apparaissant sur la ligne médiane de la queue, sous la forme de grandes taches rondes et séparées, de cette dernière couleur. Une teinte d'un gris fauve règne sur les régions inférieures; et les membres, dans toute leur étendue, sont semés, sur un fond grisâtre, de taches ou traits d'un bleu pur. »
Oran : *M. Guichenot, M. Levaillant, M. Bravais*. Algérie : *M. Pélissier*.
Il faut rapprocher de ces individus un échantillon rapporté d'Afrique (région du Nil) par *M. Botta*. Par la disposition de ses couleurs et par l'ensemble de sa conformation, il leur ressemble beaucoup et a moins de rapports avec le St. TACHETÉ.

1 ter. St. BABILLARD. *Garrulus* Smith (*Illust. of the zool. of south Afr.*, Append., p. 6).
Tête assez volumineuse, légèrement ovale, courte et épaisse, beaucoup plus large que le cou, à museau un peu obtus; côtés du corps un peu renflés; écailles de la tête et du corps petites, presque circulaires, et celles de cette dernière partie disposées en rangées transversales; doigts, et particulièrement ceux des pattes de derrière, allongés, à frange plus longue du côté externe que de l'interne; sur les côtés du col, peau lâche et se gonflant à la volonté de l'animal.
Les parties supérieures et latérales, le dos, les flancs et la queue sont d'une couleur orange-pâle; près du cou, le dos est varié de lignes transversales, étroites et ondulées, d'un rouge brunâtre; le reste du dos est bigarré de petites taches irrégulières de la même nuance; la queue est irrégulièrement tachetée de rouge-brun; les régions inférieures sont d'un blanc jaunâtre.

Longueur totale : 0^m,07 à 0^m,08.
Cap de B.-Espér. : *M. J. Verreaux.*
Unique.

M. Smith donne les détails suivants sur les mœurs bizarres de cette jolie petite espèce : « Le St. babillard, dit-il, habite les contrées sablonneuses de l'Afrique australe. Il vit en troupes et habite de petits terriers presque perpendiculaires. Il cherche probablement sa nourriture pendant la nuit; du moins, pendant le jour, je n'ai jamais vu que sa tête au-dessus du sol; on peut alors, dans les localités où on le rencontre, en voir un grand nombre d'individus qui regardent, réfugiés dans leur cachette, en produisant chacun un cri aigu, comme *chik-chik;* et la multitude d'animaux se livrant ensemble à cette occupation est telle, et le bruit qui en résulte est si désagréable, que le voyageur est forcé de changer ses quartiers. »

1 *quater.* St. queue-cerclée. *Caudicinctus* A. Dum.

Tubercules nombreux et ovalaires semés avec régularité au milieu de la granulation générale des parties supérieures, réunis trois à trois, un gros et deux plus petits sur les parties latérales du dos et du cou et isolés sur la ligne médiane; queue robuste, entourée, dans toute sa longueur, de larges anneaux très-réguliers sur la face supérieure desquels les tubercules, augmentant de volume, prennent la forme de petits cônes à sommet un peu obtus : cette armature, qui rappelle celle des Fouette-queue, est surtout apparente dans son tiers moyen.

Les écailles des régions inférieures sont hexagonales, mais à angles si peu saillants, qu'elles paraissent presque circulaires; sur le ventre, où leur diamètre est un peu moindre que sur les flancs, elles sont légèrement imbriquées.

De chaque côté de la plaque rostrale, qui est dilatée en travers et dont le bord supérieur est un peu ondulé, il y a 12 labiales. La mentonnière a la forme d'un triangle dont le sommet, dirigé en arrière, est enclavé entre deux plaques hexagonales, suivies l'une et l'autre, le long des branches de la mâchoire inférieure, de plaques semblables bientôt confondues avec celles du pavé granuliforme de la région sous-gulaire.

La teinte générale est un brun-grisâtre, orné en-dessus de 3 grandes taches d'un brun foncé, dont la 1re, en forme de fer à cheval, commence de chaque côté derrière l'œil et s'arrondit sur l'occiput; la 2e, à peu près quadrilatérale, couvre les épaules, et la troisième a la forme d'un large triangle dont la base concave se termine en avant par deux prolongements pointus qui remontent sur les flancs, et dont le sommet très-aigu s'arrête, sur la ligne médiane, au niveau de la naissance des membres postérieurs. Sur la queue, il y a 4 demi-anneaux de la même nuance et le dernier se confond en partie avec le 3e. La couleur est partout, en dessous, d'un brun grisâtre uniforme.

Longueur de la tête, 0^m,025; du tronc, 0^m,070, et de la queue, 0^m,060; long. tot., 0^m,155. — Sénégal. — *Unique.* Type.

IVᵉ FAMILLE. — VARANIENS ou PLATYNOTES.

Corps fort allongé, arrondi et sans crête dorsale; doigts distincts, très-longs, inégaux, tous armés d'ongles forts; queue deux fois au moins aussi longue que le tronc; peau garnie d'écailles enchâssées, tuberculeuses, saillantes, arrondies tant sur la tête que sur le dos et les flancs, distribuées par anneaux ou bandes circulaires, parallèles sous le ventre et autour de la queue; langue protractile, charnue, semblable à celle des Serpents, c'est-à-dire allongeable, rentrant dans un fourreau, étroite et aplatie à la base, profondément fendue et séparée en deux pointes (*Erpét. génér.*, t. III, p. 437).

(2 GENRES, 15 *espèces*.)

Iᵉʳ GENRE. — VARAN. *VARANUS* Merrem.

Écailles enchâssées les unes à côté des autres dans la peau, et entourées d'une série annulaire de très-petits tubercules; queue plus ou moins tranchante en dessus; un pli sous le col en avant de la poitrine.

(2 SECTIONS, 14 *espèces*.)

Iʳᵉ SECTION. — VARANS TERRESTRES. Queue arrondie.
(3 espèces.)

1. V. DU DÉSERT. *Arenarius* Dum. Bib. (*Erpét. génér.*, t. III, p. 471).
Guichenot, *Explor. scientif. de l'Algérie*, *Rept.*, p. 6, pl. 1 *bis*.
Égypte : *M. Rüppel*. Tripoli; Algérie : *M. Liebert*. Perse : *Aucher-Eloy*, j. âge d'un brun-jaunâtre clair, sur lequel se détachent, d'une façon beaucoup plus apparente que chez les adultes, les bandes transversales d'un brun noirâtre dont sont ornés la tête, le dos et la queue.
Ages divers V. V. *Vélins* nᵒˢ 76 et 77.

2. V. DE TIMOR. *Timoriensis* Dum. Bib. (*Erpét. génér.*, t. III, p. 473).
Odatria timor. Gray, *Cat. of Liz.*, p. 8.
Timor : donné par le *Musée de Leyde*. Ad., âge moyen et j. âge. Id. : *M. Leguillou* Individu à points jaunes plus nombreux dans chaque ocelle. Timor? : *Péron et Lesueur*. Age moyen.

2 *bis*. V. PONCTUÉ. *Punctatus* Dum. Bib.
Odatria punctata Gray *Ann. nat. hist.*, t. II, p. 394, *Grey's trav. Austr.*, t. II, p. 422, *Cat. of Liz.*, p. 7, et *Zool. of the voy. of Erebus and Terror*, p. 2, pl. 1.
Mon. tristis? Schlegel, *Abbild. neuer Amph.*, p. 73.
Tête petite; museau légèrement obtus; ouverture des narines située, quoique un peu en avant, presque au milieu de l'espace qui sépare son extrémité de l'angle antérieur de l'œil; queue à peine comprimée et, par conséquent, presque cylindrique, couverte d'écailles disposées en verticilles et épineuses; mais il n'y a pas une véritable crête double comme chez les VAR. AQUATIQUES. *A sa base, à droite, comme à gauche, un petit amas d'écailles épineuses, peut-être chez les mâles seulement.*

b.

Les écailles sus-orbitaires sont granuleuses, égales entre elles; à la gorge et au thorax, elles sont plus petites qu'au ventre, où elles sont deux fois aussi longues que larges. La couleur générale est une teinte noirâtre sur laquelle se détachent à peine quelques traces jaunâtres, ce qui tient sans doute à ce que l'individu qui sert à cette description a été pris au moment où la mue allait s'opérer. Aussi faut-il s'en rapporter aux détails suivants donnés par M. Gray sur le système de coloration : d'un vert olive avec des lignes noires, étroites, réticulées, et de larges taches hexagonales; tête, membres et queue noirâtres, portant des lignes transversales foncées et un petit nombre de taches d'une nuance plus claire.

Tasmanie : *M. J. Verreaux* ♂ ?

Unique.

IIe SECTION. — VARANS AQUATIQUES. Queue comprimée.

(11 espèces.)

3. V. DU NIL. *Niloticus* Dum. Bib. (*Erpét. génér.*, t. III, p. 476).

Monitor elegans Schlegel, *Abbild. neuer Amphib.*, p. 75. *Monitor nilot.* Ranzani *de Tupinambidibus*, t. I, fig. 1-11. — *Vélins* n° 75.

Orig. inconnue. Afrique : *M. Rodrigue*, et, en particulier, Cap de B.-Espér. : *M. J. Verreaux*. Sénégal : *M. Heudelot*. Riv. Grand-Galbar, près Sierra-Leone (Afr. occident.) : *M. Sandré*. Ile du Prince (golfe de Guinée) : *M. Rang*. Égypte : MM. *de Joannis et Jaurès*, *M. Rüppel*. Nil Blanc : *M. d'Arnaud*.

Ages divers V. V.

4. V. DU BENGALE. *Bengalensis* Dum. Bib. (*Erpét. génér.*, t. III, p. 480).

Monitor Cepedianus Schlegel, *Abbild. neuer Amphib.*, p. 74; *Mon. dracæna* Gray, *Cat. of Liz.*, p. 11.

Il y a, dans le système de coloration, des variétés qui paraissent le plus généralement dues à des différences d'âge. Les individus ainsi diversement colorés ont été regardés par Daudin, mais à tort, comme appartenant à plusieurs espèces.

Ces différences permettent d'établir trois groupes.

Ier groupe, correspondant au TUPINAMBIS INDIEN Daudin, *Rept.*, t. III, p. 46, pl. 30.

Il comprend les adultes et des individus d'âge moyen. Parties supérieures d'un brun grisâtre ou d'une couleur roussâtre, piquetées de noir; parties inférieures d'une teinte plus claire, tantôt uniforme, tantôt relevée à la région gulaire par des points noirs souvent très-dilatés; un trait noir derrière chaque œil et une ligne jaune en long sur tous les doigts.

Bengale : indiv. qui a servi de modèle à la fig. de la pl. 101 de Séba, t. I, et TYPE du *Lacerta dracæna*. Lin., Syst. nat., p. 360, n° 3. Côte de Malabar : *Dussumier*. Bengale : *M. Reynaud*, *M. Bélanger*. Pondichéry : *M. Perrotet*. Ad. et âge moyen.

IIe groupe, correspondant au TUP. PIQUETÉ DU BENGALE Daud., *Rept.*, t. III, p. 67.

Il comprend des individus plus jeunes que les précédents et dont les parties supérieures sont grisâtres et semées de petites taches noires marquées d'un point blanc au milieu; ils ont quelques lignes noires en chevrons sur la nuque, le ventre est uniformément blanchâtre; le dessous du cou piqueté de brun et, sous la tête, il y a trois ou quatre raies transversales d'un brun très-pâle :

Bengale : *Duvaucel, Dussumier*. Côte de Coromandel : *Leschenault*. Age moyen.
Bengale : *Duvaucel* Individu étiqueté de la main de Cuvier *Tup. heraldicus*, mais paraissant tout à fait semblable aux précédents.

IIIe *groupe*, correspondant au Tup. Cépédien Daud., *Rept.*, t. III, p. 43, pl. 29.
Il faut y rapporter les individus les plus jeunes, à dos couvert de petites taches jaunes entourées d'un cercle noir et particulièrement ceux où ces maculatures sont disposées sous forme de bandes plus ou moins régulières. Chez tous, les membres sont piquetés de jaune, les régions inférieures, depuis le menton jusqu'à l'origine de la queue, sont ornées de bandes transversales brunes, assez dilatées et fort rapprochées les unes des autres, et les tempes sont marquées de noir.

Origine inconnue : individu provenant du *Cab. de Séba*. Orig. inconnue : Type du Tup. Cépédien Daud. Côte de Malabar : *Dussumier*. Bengale, Calcutta : *Duvaucel*.

5. V. nébuleux. *Nebulosus* Dum. Bib. (*Erpét. génér.*, t. III, p. 483, pl. 35, n°s 2 et 3). *Monitor nebulatus* Schlegel, *Abbild. neuer Amphib.*, p. 75.

Siam : *Diard*. Java : *Id.*, *Leschenault*. Bengale : *M. Bélanger*. Indes orient. : *M. Jaurès*.

6. V. de Picquot. *Picquotii* Dum. Bib. (*Erpét. génér.*, t. III, pl. 35, n° 5). *Monitor exanthematicus* var. *indica* B Schlegel, *Abbild. neuer Amphib.*, p. 71. *Empagusia flavescens* Gray, *Cat. of Liz.*, p. 9.

Bengale : *M. Lamarre-Picquot* Ad., âge moyen. Id. : *Duvaucel*.

7. V. a deux bandes. *Bivittatus* Dum. Bib. (*Erpét. génér.*, t. III, p. 486). *Hydrosaurus salvator* Gray, *Cat. of Liz.*, p. 13; *Monitor bivittatus* Schlegel, *Abbild. neuer Amphib.*, p, 76, tab. 21 et 22, fig. 1-2 *Crâne vu en dessus et de profil*.

Indes orient. : *G. Cuvier*. Côte de Malabar : *Dussumier*. Cochinchine : *Diard*. Manille : *M. de Busseuil*, *Eydoux*. Iles Philippines. Sumatra : *M. Kunhardt*. Java : MM. *Quoy et Gaimard*, id. : donné par le *Mus. de Leyde*, et, en particulier, Batavia : *M. Méder*, et Samarang : MM. *Hombron et Jacquinot*. Amboine : MM. *Lesson et Garnot*.

Variété noire Java : *Diard* Type du *Mon. nigricans* Cuvier, *R. anim.*, 2e édit., t. II, p. 27.

Manille : *M. le cap. Philibert* Ad. et âge moyen Types du *Mon. marmoratus* Cuvier : *R. anim.*, 2e édit., t. II, p. 26, où il est seulement indiqué. Il a depuis été décrit par Wiegmann in *Nova Acta Acad. curios. nat.*, t. XVII, pars 1, p. 196, tab. 14. Cette espèce ne paraît pas suffisamment distincte du Var. a deux bandes pour pouvoir être conservée.

8. V. chlorostigme. *Chlorostigma* Dum. Bib. (*Erpét. génér.*, t. III, p. 489). Schlegel, *Abbild. neuer Amphib.*, p. 75, tab. 22, fig. 6, *représent. la tête*.

Nouv.-Irlande (Arch. de la Nouv.-Bretagne, Océanie) : MM. *Quoy et Gaimard*, Ile Waigiou (gr. de la Papouasie) : *id*. Ile Rawack (Océanie) : *id*. Nouv.-Guinée : *id.*, MM. *Hombron et Jacquinot*, *M. Leguillou*.
Ages divers.

9. V. bigarré. *Varius* Merrem (*Erpét. génér.*, t. III, p. 491).

Nouv.-Hollande : *Péron et Lesueur* Type du Tup. bigarré de la Nouv.-Holl., *Tup. variegatus* Daudin, *Rept.*, t. III, p. 76. Nouv.-Hollande : MM. *Quoy et Gaimard*, *M. le Cap. Bertille*, *M. J. Verreaux*. Ages divers. Origine inconnue, Océanie? : *M. Nibou*. — Ages divers.

4.

9 bis. V. DE GOULD. *Gouldii* Dum. Bib. — *Mon. G.* Schlegel, *Abbild. neuer Amph.*, p. 78; *Hydrosaurus G.* Gray, *Ann. nat. hist.*, t. I, p. 394, et *Grey's trav. Austr.*, t. II, p. 422; *Mon. G.* Gray, *Cat. of Liz.*, p. 12, et *Zool. of the voy. of Erebus and Terror*, p. 3, pl. 3. *Mon. tristis?* Schlegel, *Abbild. neuer Amph.*, p. 73.

Narines situées près de l'extrémité du museau; écailles sus-orbitaires plus petites que les autres écailles de la tête; celles de toutes les régions supérieures petites; doigts allongés; dents comprimées.

Ce VARAN se distingue du précédent par la forme un peu plus effilée du museau, par le volume proportionnel plus considérable des pièces de l'écaillure sus-céphalique et la finesse beaucoup plus grande des granulations sus-orbitaires. En outre, toutes les écailles qui revêtent les parties inférieures sont un peu moins petites.

Le système de coloration enfin établit une différence bien tranchée : on ne trouve plus ici, en effet, cette alternance presque constante de bandes transversales nettement tracées, d'un noir profond, formant sur le cou des raies anguleuses, et de bandes plus irrégulières formées par un pointillé jaune, comme dans le V. BIGARRÉ.

Les parties supérieures, sombres sur deux de nos individus et à peine relevées par quelques traces jaunes sur la queue et sur les membres postérieurs, sont, sur les deux autres individus, d'un noir-brun entremêlé d'un grand nombre de petites taches jaunes qui, sur un animal d'âge moyen, constituent des bandes irrégulières sur le dos, mais d'une régularité parfaite sur la queue, où, contrairement à ce qui a lieu chez le V. BIGARRÉ, elles ont, sur tous les échantillons, des dimensions parfaitement égales.

L'une des particularités constantes de ce système de coloration consiste dans la présence d'un trait jaune sur le bord saillant de l'orbite et se prolongeant plus ou moins sur le cou, d'une tache noire allongée, derrière l'œil, d'une large bande jaune qui, partant du bout du museau, passe sur le bord supérieur de l'ouverture de l'oreille et va se perdre sur les côtés du cou, puis enfin d'une bande noire qui, après avoir longé la lèvre supérieure, se continue dans une direction parallèle à la précédente. Les flancs sont tachetés de noir et les parties inférieures sont d'un brun-jaunâtre uniforme.

Nouv.-Hollande : M. *Gory*, M. J. *Verreaux* : Adulte à teintes sombres. Tasmanie : M. *Arnoux*.

10. V. DE BELL. *Bellii* Dum. Bib. (*Erpét. génér.*, t. III, p. 493, pl. 35, n° 1). *Monitor varius*, VAR., Schlegel, *Abbild. neuer Amphib.*, p. 78; *Hydrosaurus Bellii* Gray, *Cat. of Liz.*, p. 13.

Nouv.-Hollande : M. J. *Verreaux*. Id. : M. *Gory* TYPE.

11. V. A GORGE BLANCHE. *Albogularis* Dum. Bib. (*Erpét. génér.*, t. III, p. 495). *Monitor exanthematicus* VAR. *capensis* Schlegel, *Abbild. neuer Amphib.*, p. 71, tab. 22, fig. 3-4 (crâne). *Regenia albogul.* Gray, *Cat. of Liz.*, p. 8; *Var. albogul.* Smith, *Illustr. of the zool. of south Afr.*, p. sans n°, pl. 2.

Cap de B.-Espér.? TYPE du TUP. A GORGE BLANCHE, *Tup. albigularis* Daud., *Rept.*, t. III, p. 72, pl. 3. Cap de B.-Espér. : M. J. *Verreaux*. Arabie : M. *Arnaud* J. âge.

12. V. OCELLÉ. *Ocellatus* Rüppel (*Erpét. génér.*, t. III, p. 496).

VARANIENS.

Monitor exanthematicus, var. de l'Afr. sept., Schlegel, *Abbild. neuer Amphib.*, p. 70; *Regenia ocellatus* Gray, *Cat. of Liz.*, p. 9.

Sénégal : M. Flor. Prévost. Nil-Blanc : M. d'Arnaud, comm. de l'expéd. scientif.

II° GENRE. — HELODERME. *HELODERMA* Wiegmann.

Écailles ou tubercules du corps simples, c'est-à-dire non entourées de petits grains squameux; queue arrondie dans toute son étendue; cinquième doigt des pieds postérieurs inséré sur la même ligne que les quatre autres.

(1 espèce.)

1. H. HÉRISSÉ. *Horridum* Wiegmann (*Erpét. génér.*, t. III, p. 499, pl. 36).
Manque.

SAURIENS.

Ve FAMILLE. — IGUANIENS ou EUNOTES.

Corps allongé, couvert de lames ou écailles cornées, sans écussons osseux, ni tubercules enchâssés, ni disposés par anneaux verticillés ou circulairement entuilés; sans grandes plaques carrées sous le ventre; le plus souvent une crête ou ligne saillante sur le dos ou sur la queue; tête sans grandes plaques polygonales; langue plate, libre à sa pointe et sans fourreau dans lequel elle puisse rentrer; dents tantôt dans une alvéole commune, tantôt soudées au bord libre des os, mais non enchâssées; paupières mobiles; doigts libres, distincts, tous onguiculés. (*Erpét. génér.*, t. IV, p. 1.)

(DEUX SOUS-FAMILLES : PLEURODONTES ET ACRODONTES.)

Ire SOUS-FAMILLE. — *PLEURODONTES*.

Dents insérées sur le bord interne d'un sillon creusé dans les mâchoires.

(33 GENRES, 107 *espèces*.)

Ier GENRE. — POLYCHRE. *POLYCHRUS* Cuvier.

Peau de la région inférieure du cou formant un pli longitudinal ou une sorte de petit fanon dentelé en avant; des dents palatines; des pores fémoraux; 4e doigt des pieds de même longueur que le 3e; écailles du corps toutes ou en partie imbriquées et carénées; queue non préhensile; pas de crête sur le dos ni sur la queue

(2 *espèces*.)

1. P. MARBRÉ. *Marmoratus* Cuvier (*Erpét. génér.*, t. IV, p. 65).
Surinam, Cayenne, La Mana (île Cayenne) : *Leschenault et Doumerc*, *M. Poiteau*, *M. Banon*. Brésil, e*, en particulier, Rio-Janeiro : *Lesson*, *M. Langsdorff*. Ages divers.
Brésil : *M. Claussen*. Dos brun-mordoré; flancs ornés de bandes verticales fauves sur un fond vert; tête, mains, pieds, coudes et genoux d'une teinte verte : individu semblable à celui qui a servi de modèle à la fig. du *Pol. virescens* Neuwied, *pl. color. Anim. Brésil.*, sans numéro, et reproduite par Wagler, *Icon. et Descript. amphib.*, tab. 12, fig. 1.

2. P. ANOMAL. *Anomalus* Wiegmann (*Erpét. génér.*, t. IV, p. 69).
Sphærops anomalus Gray, *Cat. of Liz.*, p. 184.
Brésil : *M. Claussen*. Id. : donnés par M. *Séraphin Braconnier*.

IIe GENRE. — LAIMANCTE. *LÆMANCTUS* Wiegmann.

Peau de la région inférieure du cou formant un pli transversal en avant de la poitrine; des dents palatines; pas de pores fémoraux; quatrième doigt des pieds plus long que le troisième; écailles du corps imbriquées et carénées en tout ou en partie; queue non préhensile; ni le dos ni la queue crêtés.

(*5 espèces.*)

LAIMANCTES A QUEUE ARRONDIE.

1. L. LONGIPÈDE. *Longipes* Wiegmann (*Erpét. génér.*, t. IV, p. 72).
Oaxaca (Mexique) : *M. Ghuisbreght.*
Unique.

2. L. DE FITZINGER. *Fitzingerii* Wiegmann (*Erpét. génér.*, t. IV, p. 74).
Ecphymotes Fitz. Gray, *Cat. of Liz.*, p. 184.
C'est au genre ECPH. de Fitz., et non au genre très-différent nommé de même par Cuv., que M. Gray rapporte cette espèce et les suivantes.
Manque.

3. L. ONDULÉ. *Undulatus* Wiegmann (*Erpét. génér.*, t. IV, p. 75).
Ecphymotes undul. Gray, *Cat. of Liz.*, p. 185.
Manque.

4. L. A MUSEAU OBTUS. *Obtusirostris* Wiegmann (*Erpét. génér.*, t. IV, p. 75).
Ecphymotes obtusirostris Gray, *Cat. of Liz.*, p. 185.
Manque.

LAIMANCTES A QUEUE COMPRIMÉE.

5. L. A MUSEAU POINTU. *Acutirostris* Wiegmann (*Erpét. génér.*, t. IV, p. 75).
TYPE du genre ECPHYMOTE Fitz., *Verzeich. zool. mus. Wien.*, p. 49.
Manque.

IIIe GENRE. — UROSTROPHE. *UROSTROPHUS* Dum. Bib.

Peau de la région inférieure du cou formant un pli transversal en avant de la poitrine; des dents palatines; pas de pores fémoraux; quatrième doigt des pieds plus long que les autres; toutes les écailles du corps lisses; celles du ventre, plates, imbriquées; les autres bombées, juxtaposées; queue préhensile.

(*1 espèce.*)

1. U. DE VAUTIER. *Vautierii* Dum. et Bib. (*Erpét. génér.*, t. IV, p. 78, pl. 37, f. 1).
Rio-Janeiro : *M. Vautier, M. Gaudichaud* TYPES. Brésil : *M. Claussen.*

IVe GENRE. — NOROPS. *NOROPS* Wagler.

Peau du dessous du cou formant un pli saillant, une sorte de petit fanon non dentelé; ni dents palatines, ni pores fémoraux; quatrième doigt des pieds plus long que le troisième; écailles du corps carénées, en partie imbriquées; celles des flancs beaucoup plus petites que celles du dos et du ventre; queue médiocre, non préhensile, privée de crête comme le dos.

(*1 espèce.*)

1. N. DORÉ. *Auratus* Wagler (*Erpét. génér.*, t. IV, p. 82, pl. 37, f. 2).
Surinam : donné par le *Musée de Leyde.* Cayenne : *M. Leprieur.* Guyane : *Leschenault.*

V⁰ GENRE. — ANOLIS. *ANOLIS* Daudin.

Doigts dilatés sous l'antépénultième phalange, formant un disque sub-ovale plus ou moins élargi, garni de lamelles écailleuses, imbriquées. Sous le cou, un goître qui, lorsqu'il n'est pas gonflé, prend la forme d'un fanon plus ou moins développé; des dents palatines; pas de pores aux cuisses.

(27 *espèces*.)

ANOLIS A DOIGTS PEU DILATÉS.

1. A. RESPLENDISSANT. *Refulgens* Schlegel (*Erpét. génér.*, t. IV, p. 91).
Surinam : donné par le *Musée de Leyde* ♂. Cuba? : *M. Morelet*, deux individus dont la tête est un peu plus allongée et un peu moins haute à la base que chez le précédent; la disposition des grandes écailles sus-orbitaires n'est pas non plus tout à fait la même; mais, par tous les autres caractères, ils appartiennent à la présente espèce.

2. A. CHRYSOLÉPIDE. *Chrysolepis* Dum. Bib. (*Erpét. génér.*, t. IV, p. 94).
La Mana (île Cayenne) : *Leschenault et Doumerc*. Guyane : *M. Emm. Rousseau* ♂, ♀. Caracas (Colombie); province du Para (Brésil), près le fleuve des Amazones : *MM. de Castelnau et Em. Déville*.

ANOLIS A DOIGTS DISTINCTEMENT DILATÉS.

I. ESPÈCES DONT LE VENTRE EST GARNI D'ÉCAILLES APLATIES, LISSES OU CARÉNÉES ET LE PLUS SOUVENT IMBRIQUÉES

1° *Espèces à écailles des flancs beaucoup plus petites que celles du dos et du ventre.*

3. A. GENTIL. *Pulchellus* Dum. Bib. (*Erpét. génér.*, t. IV, p. 97).
Martinique : *Plée*. TYPES.

2° *Espèces à écailles des flancs presque aussi grandes que celles du dos et du ventre.*

A. Écailles des parties supérieures et latérales du corps entremêlées de tubercules.

4. A. LOYSIANA. *Loysiana* Dum. Bib. (*Erpét. génér.*, t. IV, p. 100).
Cuba : *M. Ramon de la Sagra* TYPE de l'*Acantholis loysiana* Cocteau, C. rendus de l'Ac. des Sc., 1836, t. III, p. 226, et Rept., p. 141, pl. 14, in Hist. de l'île de Cuba par Ramon de la Sagra.
Unique.

B. Écailles du dessus et des côtés du tronc homogènes ou non entremêlées de tubercules.

5. A. A MUSEAU DE BROCHET. *Lucius* Dum. Bib. (*Erpét. génér.*, t. IV, p. 105).
Cocteau, *Rept. in Hist. de l'île de Cuba* par Ramon de la Sagra, p. 136, pl. 12.

6. A. DE GOUDOT. *Goudotii* Dum. Bib. (*Erpét. génér.*, t. IV, p. 108).
Martinique : *M. Goudot*. TYPE. — *Unique*.

7. A. BRUN DORÉ. *Fusco-auratus* d'Orbigny (*Erpét. génér.*, t. IV, p. 110).
D'Orbigny, *Voy. Amér. mérid.*, Rept., p. 7, pl. 3, fig. 1-3.
Guichenot *Rept. in Hist. de Chile* de Cl. Gay, p. 21.

IGUANIENS PLEURODONTES.

Prov. de Moxos (rép. de Bolivia), sur les bords de la Marmoré, entre Loreto et le confluent du Rio-Sara : *M. d'Orbigny* TYPE. Cayenne : *M. Leprieur*. Amérique mérid. Ad. et âge moyen.

8. A. PONCTUÉ. *Punctatus* Daudin (*Erpét. génér.*, t. IV, p. 112).

Amér. mérid. Brésil? TYPE de Daudin, *Rept.*, t. IV, p. 84, où il a été figuré pl. 66, fig. 2. Rio-Janeiro : *M. Gaudichaud*. Brésil : *MM. de Castelnau et Em. Deville*.

9. A. NASIQUE. *Nasicus* Dum. Bib. (*Erpét. génér.*, t. IV, p. 115).

Rhinosaurus gracilis Gray, *Cat. of Liz.*, p. 199.

Rio-Janeiro : *M. Gallot*. Bahia : *M. de Castelnau*. Origine inconnue, Amér. mérid.? : donné par le *Musée de Toulouse*.

10. A. VERTUBLEU. *Chloro-cyanus* Dum. Bib. (*Erpét. génér.*, t. IV, p. 117).

An. bullaris Gray, *Cat. of Liz.*, p. 206.

Haïti : *M. Ricord*. Martinique.

11. A. DE LA CAROLINE. *Carolinensis* Cuvier (*Erpét. génér.*, t. IV, p. 120).

Holbrook, *North Americ. Herpet.*, t. II, p. 67, pl. 8; Cocteau, *Rept. in Hist. de l'île de Cuba*, par Ramon de la Sagra, p. 125, pl. 11.

Nouv.-Orléans : *M. Barabino*. Savannah : *M. Delaruc-Villaret, M. Harpert*. N.-York : *Milbert*. Charlestown : *Noisette*. Caroline du Sud : *M. Lherminier*. Pensylvanie : *Lesueur*. Géorgie : *M. Leconte*. Cuba : *M. Ricord, M. Ramon de la Sagra*.

Ages divers. *Vélins* n° 85.

12. A. VERMICULÉ. *Vermiculatus* Th. Cocteau (*Erpét. génér.*, t. IV, p. 128).

Cocteau, *Rept. in Hist. de l'île de Cuba*, par Ramon de la Sagra, p. 120, pl. 10. Cuba : *M. Ramon de la Sagra*. TYPES.

13. A. DE VALENCIENNES. *Valencienni* Dum. Bib. (*Erpét. génér.*, t. IV, p. 131). Origine inconnue : *M. Leach*. TYPE.

Unique.

14. A. A TÊTE DE CAÏMAN. *Alligator* Dum. Bib. (*Erpét. génér.*, t. IV, p. 134).

Martinique : *M. de Walkenaër, M. Droz, Plée*. Cuba? : *M. Desmarest*. New-York : *Milbert*. Amér. sept. : *Lesueur*.

14 bis. A. A BANDES TRANSVERSALES. *Transversalis* A. Dum.

Écailles ventrales plates, imbriquées, plus grandes que celles des flancs, qui sont aussi dilatées que les autres; cou et dos surmontés d'un petit pli de la peau sans dentelures; point de carènes en avant du front; de larges bandes brunes sur le tronc et sur la queue.

Par l'ensemble de ces caractères, cette espèce se rapproche surtout de la précédente, dont elle a la taille. Elle s'en distingue par des formes plus élancées et par plusieurs autres particularités. La tête est à peu près plate, ou du moins elle n'offre qu'une légère cavité sub-rhomboïdale sur le front, où elle est recouverte d'écailles un peu plus grandes que sur le museau : ces écailles ne sont pas carénées. La scutelle occipitale est grande, irrégulièrement campanuliforme; par son bord antérieur, qui est le plus large, elle est en contact avec les demi-cercles squameux des bords orbitaires supérieurs qui se touchent, sur le vertex, par leur convexité. Sur les côtés de cette plaque, il y en a de dimensions assez grandes, tandis que les postérieures sont beaucoup plus petites; celles-ci sont bordées, à droite et à gauche, par des crêtes médiocrement saillantes qui, partant du bord postérieur de l'orbite, viennent se réunir sur l'occiput en formant un petit triangle ouvert en avant, et du sommet duquel part le pli cutané de la ligne médiane supérieure. Chaque région sus-oculaire supporte un disque de 10 à 12 scutelles plates, entouré par de fines granulations. Toutes les pièces de l'écaillure sont généralement petites. La queue, assez forte à sa base, où elle est un peu déprimée, est environ une fois et demie aussi longue que le tronc et la tête; elle est très-effilée. Le fanon est peu développé.

La teinte générale est un gris-violacé; sur la tête, il y a de nombreuses vermiculations brunes; les épaules sont couvertes par une grande tache de la même nuance, qui se prolonge en une pointe sur le cou et s'étend en arrière et en bas jusque sur les bras; trois autres taches larges de $0^m,01$ au milieu et de même forme que la précédente, c'est-à-dire irrégulièrement angulaires, se voient sur le tronc; leurs angles postérieurs descendent le long des flancs dans une direction oblique d'avant en arrière et se rejoignent presque sur le ventre, dont la couleur est un peu plus claire qu'en dessus. A la région sous-maxillaire, il y a, tout à fait en avant, une petite tache transversale brune; au milieu on en voit une plus large et plus marquée, et enfin, au niveau de l'angle de la mâchoire, un large ruban de la même teinte occupe tout l'espace qui sépare le bord inférieur d'une orbite du bord correspondant de l'autre orbite; la région gulaire et le fanon sont ornés d'un collier brun; à la queue, il y a de larges anneaux semblables, et les membres ne sont qu'à demi annelés, leur face interne ne portant aucune tache.

Amérique méridionale : *MM. de Castelnau* et *Em. Deville*.

Unique.

15. A. A TÊTE MARBRÉE. *Marmoratus* Dum. Bib. (*Erpét. génér.*, t. IV, p. 139).
Martinique : *Plée* ♂. TYPES.

16. A. DE RICHARD. *Richardii* Dum. Bib. (*Erpét. génér.*, t. IV, p. 141).
Ile Tortola (Antilles) : *Cl. Richard* TYPE. Ile Saint-Vincent (Ant.) : *M. Th. Bell*.

17. A. A CRÊTE (LE PETIT). *Cristatellus* Dum. Bib. (*Erpét. génér.*, t. IV, p. 143).
Xiphosurus cristatellus Gray, *Cat. of Liz.*, p. 197.
Martinique : individu ♀ étiqueté de la main d'Oppel, *Anolis porphyreus*. Saint-Jean (Ant.) : *Cl. Richard*. Marie-Galante (Ant.) : *M. Hotessier*. Guadeloupe : *M. Bauperthuis*. Guyane? : *Milbert*. Orig. inconnue : donné par le *Musée de Marseille*. ♂ ♀.

18. A. RAYÉ. *Lineatus* Daudin (*Erpét. génér.*, t. IV, p. 146).
Origine inconnue : du *Cab. de Séba?* TYPE de l'*Anolis lineatus* Daudin (*Rept.*, t. IV, p. 66, pl. 48). Martinique.

19. A. DE LA SAGRA. *Sagrei* Cocteau (*Erpét. génér.*, t. IV, p. 149).
Coct. *Rept. in Hist. de l'île de Cuba*, par Ramon de la Sagra, p. 131, p. 13.
An. nebulosus Gray, *Cat. of Liz.*, p. 203.
Cuba : *M. Ramon de la Sagra*, *M. Ricord*, TYPES; *M. Henri Delaroche*, *M. Morelet*.
Ages divers.

20. A. DE LEACH. *Leachii* Dum. Bib. (*Erpét. génér.*, t. IV, p. 152).
Antilles : sans noms de donateurs et *M. Bell*. Guadeloupe : *M. Bauperthuis*.
Ages divers. Les individus jeunes n'offrent pas de renflements en arrière de la mâchoire inférieure.

21. A. A ÉCHARPE. *Equestris* Merrem (*Erpét. génér.*, t. IV, p. 157).

Cocteau, *Rept.* in *Hist. de l'île de Cuba*, par Ramon de la Sagra, p. 114, pl. 9.
Dactyloa equestr. Gray, *Cat. of Liz.*, p. 198.
Cuba : *M. Poey*, *M. Ramon de la Sagra.* Caroline du Sud : *M. Smith.*

22. A. D'EDWARDS. *Edwardsii* Merrem (*Erpét. génér.*, t. IV, p. 161).
Dactyloa Edwardsii Gray, *Cat. of Liz.*, p. 198.

Le système de coloration semble variable, comme cela arrive dans quelques autres espèces. Cet ANOLIS, ainsi que le montre un échantillon conservé dans le Musée de la Soc. zool. de Londres, peut être brun en dessus, avec 8 ou 9 séries transversales de taches blanchâtres ou jaunâtres très-rapprochées les unes des autres, celles qui recouvrent les épaules ayant la forme de chevrons. En dessous, ce spécimen est d'un blanc-grisâtre lavé de verdâtre; sous la tête, sous les bras et sous les cuisses, on voit une série de petits points brunâtres, très-serrés sous le menton, qui paraît brun dans toute son étendue.

22 bis. A. HÉTÉRODERME. *Heterodermus* A. Dum.

Squames ventrales lisses; une petite carène dentelée sur le cou, le dos et la queue; sur les régions supérieures et latérales du tronc, des squames irrégulièrement polygonales, aplaties, lisses, entremêlées d'écailles beaucoup plus petites et comme granuleuses; plateau crânien bordé dans tout son pourtour, ainsi que le museau, de grandes écailles bombées.

La particularité remarquable offerte par cet AN. dans son écaillure devrait le rapprocher surtout de l'AN. CAMÉLÉONIDE, le seul qui, comme celui-ci, ait le dos et les flancs revêtus d'écailles entremêlées de petits grains; il s'en éloigne cependant parce que les écailles ventrales ne sont pas granuleuses. Par l'ensemble de ses caractères, il doit donc prendre rang parmi les espèces dont les régions inférieures sont revêtues de pièces plates et imbriquées, et immédiatement avant les deux espèces suivantes (nos 23 et 24), bien distinctes par la crête à rayons osseux qui orne la première moitié de leur queue. Aux indications données dans la diagnose, il faut ajouter les suivantes : la tête est assez effilée, la cavité frontale, peu profonde, est revêtue d'écailles plates qui se prolongent, en se rétrécissant beaucoup, entre les demi-cercles squameux des bords orbitaires supérieurs dont les écailles volumineuses contribuent, par leur réunion avec celles du pourtour de l'occiput, dont elles semblent être la continuation, et avec celles qui bordent le museau, à former l'entourage granuleux de la tête. La plaque occipitale irrégulièrement polygonale est entourée de squames beaucoup plus petites. Le fanon est très-peu développé; la queue médiocrement longue est assez robuste et revêtue, dans toute sa longueur, d'écailles assez fortement carénées.

La teinte générale est un vert olive et quelquefois grisâtre, élégamment relevé sur la tête par le blanc assez pur des grosses écailles qui la bordent comme une sorte de couronne, et sur les parties latérales de la tête et du cou, ornées chacune d'une bande blanche quelquefois prolongée sur les flancs, selon la direction d'une ligne longitudinale de grandes écailles régulièrement disposées. Les parties inférieures sont un peu plus claires que les supérieures, surtout à la gorge.

Sa taille est celle du plus grand nombre des espèces d'Anolis.

Nouvelle-Grenade. Échantillons nombreux.

23. A. A CRÊTE (LE GRAND). *Velifer* Cuvier (*Erpét. génér.*, t. IV, p. 164).
Xiphosurus velifer Gray, *Cat. of Liz.*, p. 197.
Antilles? — *Unique.*

24. A. DE RICORD. *Ricordii* Dum. Bib. (*Erpét. génér.*, t. IV, p. 167).
Xiphosurus Ric. Gray, *Cat. of Liz.*, p. 197.
Haïti : *M. Ricord*. Saint-Vincent (Antilles) : *M. Bell.*

II. ESPÈCES DONT LE VENTRE EST GARNI D'ÉCAILLES GRANULEUSES.

25. A. CAMÉLÉONIDE. *Chamæleonides* Dum. Bib. (*Erpét. génér.*, t. IV, p. 168).
Chamæleolis fernandina Cocteau, *Rept.* in *Hist. de l'île de Cuba*, par Ramon de la Sagra, p. 145, pl. 15.
Cuba : *M. Ramon de la Sagra* Type.
Unique.

VIᵉ GENRE. — CORYTHOPHANE. *CORYTHOPHANES* Boié.

Doigts non dilatés en travers, ni frangés sur leur bord externe; partie postérieure du crâne plus ou moins relevée en une sorte de casque; des dents palatines; queue longue, subarrondie ou très-faiblement comprimée, dépourvue de crête; le dos et quelquefois aussi la nuque crêtés; sous le cou, un pli transversal, en avant duquel est un rudiment de fanon parfois denticulé; point de pores fémoraux.

(2 *espèces*.)

1. C. A CRÊTE. *Cristatus* Boié (*Erpét. génér.*, t. IV, p. 174).
Prov. du Peten (Amér. centrale) : *M. Morelet*. Trois individus.
Le Muséum ne possédait pas cette espèce lors de la publication de l'*Erpét. génér.*; les détails suivants peuvent maintenant être donnés d'après l'étude des animaux eux-mêmes.
Les écailles du dos ne sont pas égales entre elles, contrairement à ce que dit la diagnose; dans toute la longueur du tronc, de l'un et de l'autre côté, des écailles irrégulièrement polygonales, plus grandes que les autres, forment, à intervalles assez rapprochés, des bandes transversales analogues à celles que porte l'espèce suivante, mais dont elles diffèrent en ce qu'elles ne sont pas carénées.
M. Morelet a ainsi représenté le système de coloration jusqu'alors inconnu, dans un dessin fait par lui d'après le vivant :
La teinte générale du tronc est un mélange de blanc pur et de brun-rougeâtre plus abondant sur le dos où il forme de fines bandes transversales, que sur les flancs. Le blanc est sans mélange sur le ventre. La gorge et le capuchon sont d'un vert-clair uniforme. Sur la queue et sur les membres qui sont de la même couleur verte, il y a des anneaux d'un brun violacé. Des lignes noires, partant de l'orbite, rayonnent en avant, en bas et en arrière.

2. C. CAMÉLÉOPSIDE. *Chamæleopsis* Dum. Bib. (*Erpét. génér.*, t. IV, p. 176).
Chamæleopsis Hermandesii Gray, *Rept.* in *Zool. of the C. Beechey's, voy.* p. 94, t. XXX fig. 1, jeune âge.
Ascuintla (prov. de Guatemala, Amér. centr.).
Unique.
Cet échantillon acquis postérieurement à la publication de l'*Erpét. génér.* permet de constater, contrairement à ce qui y est dit d'après des dessins et non d'après nature, que le fanon est manifestement denticulé, comme dans l'espèce précédente.

IGUANIENS PLEURODONTES.

VIIe GENRE. — BASILIC. *BASILISCUS* Laurenti.

Un lambeau de peau triangulaire s'élevant verticalement au-dessus de l'occiput; bord externe des doigts postérieurs garni d'une frange écailleuse dentelée; dos et queue surmontés parfois (chez les mâles) d'une crête élevée, soutenue dans son épaisseur par les apophyses épineuses ou supérieures des vertèbres; sous le cou, un rudiment de fanon, suivi d'un pli transversal bien marqué; des dents palatines; pas de pores fémoraux.

(3 *espèces.*)

1. B. A CAPUCHON. *Mitratus* Daudin (*Erpét. génér.*, t. IV, p. 181).

Origine inconnue : du *Cab. de Séba* Adulte ♂ à queue surmontée d'une haute crête représenté in *Thesaur.*, t. I, tab. 100, fig. 1, sous le nom de *Draco arboreus volans Americanus amphibius sive Basiliscus*. Martinique : Plée ♂ avec une crête caudale et ♀ sans crête. Mexique : *M. de Castelnau*, et, en particulier, Vera-Cruz. Cuba : *M. Ramon de la Sagra.* — Ages divers.

1 *bis.* B. A BONNET. *Galeritus* A. Dum.

Écailles ventrales lisses; tête surmontée d'un capuchon élevé, large et épais à sa base, où il est aussi long qu'à son sommet, qui est mince et arrondi; sur le dos et sur le premier tiers de la queue, une crête dentelée peu élevée; écailles des régions sus-oculaires petites, comme tuberculeuses et en très-grand nombre; parties supérieures d'un vert-olive uniforme, plus clair en dessous; la gorge et la région sous-maxillaire d'un blanc pur.

L'absence de carènes sur les squames ventrales rapproche surtout cette espèce de la précédente; elle en diffère cependant beaucoup par la forme du repli cutané de la tête, lequel a des dimensions proportionnelles bien plus considérables et une forme tout à fait différente. On ne saurait, en effet, mieux le comparer qu'à un capuchon de camail relevé et ramené sur la tête. Il en diffère, en outre, par un peu plus de brièveté de la tête et plus de longueur des membres postérieurs, car, placés le long des flancs, ils dépassent le museau de presque toute l'étendue des doigts; par la largeur des écailles qui revêtent le capuchon, et qui sont presque toutes légèrement carénées; par l'aspect comme bosselé des pièces de l'écaillure temporale et par des dimensions proportionnelles un peu plus considérables que dans le B. A CAPUCHON, des écailles des parties supérieures du tronc et de toutes celles des membres et de la queue, dont la crête, de même que la dorsale, est un peu moins élevée. Taille presque égale à celle du B. A BANDES.

N.-Grenade : ♀ plus grande que le ♂, à capuchon moins arrondi et plus rejeté en arrière.

2. B. A BANDES. *Vittatus* Wiegmann (*Erpét. génér.*, t. IV, p. 187).

Corythæolus vitt. Kaup, *Isis*, 1828, p. 373; *Ophyessa bilineata?* Gray, *Zool. Beechey's Voy., Rept.*, p. 94; *Thysanodactylus bilineat.?* Gray, *Cat. of Liz.*, p. 194.

Mexique. Parmi les individus de ce pays, il s'en trouve un donné par le *Mus. britann.* sous le nom d'*Ophyessa bilin.* Prov. du Peten (Amér. centr.) : *M. Morelet*. D'un vert clair vermiculé de noir; taches noires sur le cou; une bande jaune de l'œil à la cuisse, une autre semblable au-dessous sur le cou; tête et capuchon bruns; lèvres et gorge d'un blanc pur : d'après un dessin de M. Morelet. — Ages divers.

VIII° GENRE. — ALOPONOTE. *ALOPONOTUS* Dum. Bib.

Peau des parties supérieures du tronc dépourvue d'écailles; un petit fanon sans dentelures; queue comprimée, garnie de grandes écailles carénées, verticillées; deux rangées de pores fémoraux; des dents palatines; dents maxillaires à sommet trilobé; une crête dorsale et caudale fort basse; plaques céphaliques petites, égales, plates, polygones.

(1 *espèce.*)

1. A. DE RICORD. *Ricordii* Dum. Bib. (*Erpét. génér.*, t. IV, p. 190, pl. 38).
Saint-Domingue : *M. Ricord.*
Unique.

IX° GENRE. — AMBLYRINQUE. *AMBLYRHINCUS* Bell.

Corps couvert d'écailles relevées en tubercules; gorge dilatable, mais sans fanon; queue comprimée vers son extrémité et garnie de grandes écailles verticillées; une seule rangée de pores sous chaque cuisse; des dents palatines; dents maxillaires latérales à sommet trilobé; une crête assez haute sur le dos et sur la queue; tête couverte de tubercules inégaux à base polygone; doigts gros et courts.

(3 *espèces.*)

1. A. A CRÊTE. *Cristatus* Bell (*Erpét. génér.*, t. IV, p. 193).
Oreocephalus crist. Gray, *Cat. of Liz.*, p. 189.
Crête moins haute sur les épaules que sur le dos et le cou; doigts presque égaux entre eux, un peu palmés; queue comprimée.

Telle est la diagnose que M. Th. Bell (*Zool. of the voy. of Beagle, Rept.*, p. 23) a mise en tête d'une description récente de cette espèce faite d'après un nouveau spécimen originaire des îles Galapagos. Elle est assez différente de celle qu'il avait précédemment présentée (*Zool. journ.*, 1825, p. 193) et de celle de l'*Erpét. génér.*, pour qu'il soit nécessaire d'en reproduire ici les principales particularités.

Il résulte en effet de l'étude de cet individu en parfait état et conservé dans l'alcool la preuve que les doigts courts et presque égaux sont, contrairement à ce qu'on en avait dit, en partie réunis aux pattes de devant, comme à celles de derrière, par un repli de la peau, et que la queue, au lieu d'être arrondie dans presque toute sa longueur, est, au contraire, comprimée d'un bout à l'autre. Cet AMBL. est donc un animal essentiellement aquatique.

Californie : *M. Nibou.*

Les deux individus rapportés par ce voyageur deux ans après la publication du t. IV de l'*Erpét. génér.*, portent une crête plus basse aux régions scapulaire et lombaire que dans le reste de son étendue; leurs doigts sont palmés; ils offrent donc exactement tous les caractères indiqués dans la nouvelle description de M. Bell.

2. A. NOIR. *Ater* Gray (*Erpét. génér.*, t. IV, p. 196).
M. Gray (*Cat. of Liz.*, p. 189) réunit à la précédente *Oreoceph. crist.* cette espèce, qu'il avait le premier établie (*Griff. An. Kind.*, t. IX, p. 37).

Manque.
Il reste du doute sur la réalité de cette espèce.
3. A. DE DEMARLE. *Demarlii* Dum. Bib. (*Erpét. génér.*, t. IV, p. 197).
Ambl. subcristatus Gray, *Zool. misc.*, p. 6, et *Zool. Beechey's voy.*, *Rept.*, p. 93; Darwin, *Journ.*, p. 469; *Trachycephalus subcristatus* Gray, *Cat. of Liz.*, p. 188.
Ambl. Demarlii Bell, *Zool. of the voy. of Beagle*, *Rept.*, p. 22, tab. 12.
Ce zoologiste fait observer que les particularités les plus remarquables de cette espèce, comparée à la première, sont relatives à son genre de vie, qui est essentiellement terrestre, comme le prouvent la forme arrondie de sa queue et la longueur des doigts, qui sont inégaux et non réunis par des membranes.
Manque.

Xe GENRE. — IGUANE. *IGUANA* Laurenti.

Un très-grand fanon mince sous le cou; plaques céphaliques polygones, inégales en diamètre, plates ou carénées; un double rang de dents palatines; dents maxillaires à bords finement dentelés; une crête sur le dos et la queue; doigts longs, inégaux; un seul rang de pores fémoraux; queue très-longue, grêle, comprimée, revêtue de petites écailles égales, imbriquées, carénées.

(3 espèces.)

1. I. TUBERCULEUX. *Tuberculata* Laurenti (*Erpét. génér.*, t. IV, p. 203).
Amér. mérid. : *M. Cousin*, M. *d'Orbigny*, et, en particulier, Carthagène (Colombie) : *M. A. Barrot*. Côte-Ferme : *M. Bauperthuis*. Prov. de Venezuela : *Id.* Surinam : *Levaillant.* Cayenne : *Banon*, *M. Robert*, *Leschenault et Doumerc*. La Mana : *id.* Brésil. Ile la Puna (côte du Pérou) : *Expéd. de la Bonite Eydoux et M. Souleyet.* Martinique : *Plée.*
Ages divers.

2. I. RHINOLOPHE. *Rhinolopha* Wiegmann (*Erpét. génér.*, t. IV, p. 207).
Mexique; île Sainte-Lucie (Antilles) : *M. de Bonnecourt.*

3. I. A COU NU. *Nudicollis* Cuvier (*Erpét. génér.*, t. IV, p. 208).
Iguana delicatissima Laurenti.
Antilles : *M. Couder*, et, en particulier, Guadeloupe : *M. Lherminier*, *M. Bauperthuis.* Martinique : *M. Garnot.* Brésil : *M. Freycinet.*

XIe GENRE. — MÉTOPOCEROS. *METOPOCEROS* Wagler.

Gorge dilatable, mais dépourvue de fanon; quelques plaques tuberculeuses sur le museau; des dents palatines; dents maxillaires à sommet tricuspide; dos et queue crêtés; un double rang de pores-fémoraux; queue longue, comprimée, revêtue d'écailles égales, imbriquées, carénées, mais non épineuses.

(1 espèce.)

1. MÉT. CORNU. *Cornutus* Wagler (*Erpét. génér.*, t. IV, p. 211).
Saint-Domingue : TYPE du LÉZARD CORNU Lacép., *Quadr. ovip.*, t. II, p. 493. Id. : *M. V. Schœlcher.*

XIIᵉ GENRE. — CYCLURE. *CYCLURA* Harlan.

Peau de la gorge lâche, plissée en travers, mais dépourvue du véritable fanon des Iguanes; plaques céphaliques anguleuses, plates ou bombées; des dents palatines; les maxillaires à sommet trilobé; un seul rang de pores fémoraux; dos et queue crêtés, cette dernière plus ou moins comprimée, garnie de verticilles d'écailles alternant avec des anneaux d'épines.

(3 espèces.)

1. C. DE HARLAN. *Harlani* Dum. Bib. (*Erpét. génér.*, t. IV, p. 218).
Iguana (Cyclura) Harl. Coct., Rept. in Hist. de l'île de Cuba, par Ramon de la Sagra, p. 96, pl. 8.
Cuba : M. *Ramon de la Sagra*, adulte. Caroline : M. *Lherminier*, âge moyen. Origine inconnue : donné par le *Mus. brit.* sous le nom de *Cyclura nubila* Gray Synops. in Griff. anim. Kingd., t. IX, p. 39, pl. sans n° Jeune âge.

2. C. PECTINÉ. *Pectinata* Wiegmann (*Erpét. génér.*, t. IV, p. 221).
Ctenosaura pectin. Gray, Cat. of Liz., p. 194.
Manque.

3. C. ACANTHURE. *Acanthura* Gray (*Erpét. génér.*, t. IV, p. 222).
Ctenosaura acanth. Gray, Cat. of Liz., p. 194.
Prov. du Peten (Amér. centr.) : M. *Morelet*. Mexique : M. *Ghuisbreght*, M. de *Castelnau*. Californie : M. *Botta*.
Ages divers.

XIIIᵉ GENRE. — BRACHYLOPHE. *BRACHYLOPHUS* Cuvier.

Peau de la gorge lâche, un peu pendante longitudinalement, mais ne formant pas un véritable fanon; plaques céphaliques très-petites, polygones, égales, aplaties; écailles de la partie supérieure du tronc granuleuses; des dents palatines; dents maxillaires dentelées sur les côtés; une seule série de pores sous chaque cuisse; une crête très-basse tout le long du dos; queue très-longue, très-grêle, comprimée à sa base, arrondie dans le reste de son étendue, garnie de petites écailles égales, carénées, imbriquées et sans crête.

(1 espèce.)

1. B. A BANDES, *Fasciatus* Cuvier (*Erpét. génér.*, t. IV, p. 226).
Ile Wallis (arch. Oua-Horn, Océanie) : M. *Arnoux*. Origine inconnue, Océanie? : M. *Lequillou*. Tongatabou (arch. des Amis ou de Tonga, Océanie) : MM. *Quoy et Gaimard* : ad. et âge moyen ♂♂. Id. : id. Id. : M. *Arnoux*, et orig. inconnue, Océanie? : ad. ♀♀.

Ces derniers individus, dont le sexe est indiqué par la présence, sur la face interne de chaque cuisse, de 8 ou 9 écailles sub-ovales munies d'une petite fente près de leur bord postérieur, portent seuls des bandes transversales bleues sur le dos et de gros points de la même couleur sur le cou et les épaules.

Les mâles, au contraire, qui ont de véritables pores aux cuisses, sont d'un brun-bleuâtre uniforme, sans bandes, et les points bleus de la région cervicale sont à peine apparents.

XIVᵉ GENRE. — ÉNYALE. *ENYALUS* Wagler.

Tête courte, couverte de petites plaques polygonales, égales entre elles; une crête dorsale; des dents palatines; pas de pores fémoraux; queue arrondie, dépourvue de crête.

(2 espèces.)

Écailles ventrales lisses.

1. EN. RHOMBIFÈRE. *Rhombifer* Wagler (*Erpét. génér.*, t. IV, p. 231).
Uraniscodon margaritaceus Kaup, *Isis*, 1826, p. 90?.
Cayenne : *M. Leprieur, M. de Joannis.* Rio-Janeiro : *M. Gaudichaud.*

Écailles ventrales carénées.

2. EN. A DEUX RAIES. *Bilineatus* Dum. Bib. (*Erpét. génér.*, t. IV, p. 234).
Brésil : *M. Vautier* TYPE. Id. : ad. et j. âge. Id. : sans noms de donateurs, et, en particulier, Bahia : *M. de Castelnau.*

Un individu dont la taille dépasse d'un tiers au moins les dimensions des autres échantillons ne porte pas de taches noires en travers, mais seulement un pointillé blanc qui, par la disposition des petites maculatures dont il est formé, représente le liséré blanc dont chaque tache dorsale est entourée dans les autres individus.

Il y a quelquefois, sur la ligne médiane du dos, une série de taches ovalaires noires, rapprochées les unes des autres, et le Muséum possède, entre autres, un individu, tout récemment adressé de Bahia par M. de Castelnau, qui est tellement semblable à l'animal figuré par Spix, pl. 11, sous le nom de *Lophyrus rhombifer*, et rapporté par les auteurs de l'*Erpét. génér.* à l'EN. RHOMBIFÈRE, qu'il y a tout lieu de penser que cette planche doit être considérée comme représentant plutôt l'EN. A DEUX RAIES, dont cet échantillon nouveau a le caractère principal, c'est-à-dire les écailles ventrales carénées, tandis que chez l'EN. RHOMB. elles sont lisses. Ce qui confirmerait encore l'opportunité de cette modification à la synonymie donnée dans l'*Erpét. génér.*, c'est que le texte de Spix dit, à propos du *Loph. rhomb.* : *Corpus subtus annulatim squamulosum*, SUB-HISPIDUM. Il faudrait également rattacher à l'EN. A DEUX RAIES l'animal représenté dans Spix, pl. 13, fig. 2, sous le nom de *Lophyrus albomaxillaris*, qui ressemble trop à son *Loph. rhombifer* pour ne pas être un jeune de la même espèce, et par conséquent de l'EN. A DEUX RAIES.

XVᵉ GENRE. — OPHRYESSE. *OPHRYOESSA* Boié.

Tête courte, couverte en dessus de petites plaques polygonales assez semblables entre elles pour la figure et le diamètre; narines latérales; plaque occipitale petite; des dents palatines; pas de pores fémoraux; queue comprimée dans toute sa longueur et surmontée, ainsi que le dos, d'une crête dentelée; peau de la gorge formant un pli longitudinal peu apparent, derrière lequel il y en a un transversal très-marqué.

(1 espèce.)

1. O. SOURCILLEUX. *Superciliosa* Boié (*Erpét. génér.*, t. IV, p. 238).
Amér. mérid. : *MM. Lesson et Garnot, M. Leach.*

XV° bis GENRE. — OPHRYESSOIDE. *OPHRYOESSOIDES* A. Dum.

(Ce nom indique l'analogie remarquable qui existe entre ce nouveau genre inédit et le précédent.)

Tête petite, en forme de pyramide quadrangulaire, couverte d'écailles assez semblables entre elles pour la configuration et pour le diamètre, bordée, de chaque côté, par une crête surciliaire ; narines latérales ; plaque occipitale petite ; des dents palatines ; pas de pores fémoraux ; toutes les pièces de l'écaillure carénées et imbriquées ; queue un peu comprimée à sa base, presque arrondie dans le reste de son étendue, effilée et pointue à son extrémité, surmontée, dans son premier tiers seulement, d'une crête continue avec celle peu élevée qui règne sur toute la longueur du dos ; peau de la gorge sans pli ni longitudinal ni transversal.

(1 *espèce.*)

La place assignée dans ce *Catalogue* à ce genre inédit fait connaître non-seulement qu'il doit être rangé dans la division des IGUANIENS PLEURODONTES à doigts non élargis, contrairement à ce qui se voit chez les Anolis, sans pores aux cuisses, à crête distincte sur le cou, le dos et une partie de la queue ; mais, en outre, que parmi les genres auxquels ces mêmes caractères appartiennent, c'est du genre OPHRYESSE qu'il se rapproche le plus.

Après les analogies déjà signalées par la diagnose, il faut encore mentionner les suivantes : Dents antérieures des mâchoires simples, les postérieures trilobées à leur sommet ; doigts finement dentelés sur leurs bords ; les quatre premiers étagés aux deux paires de pattes, c'est-à-dire que le quatrième est le plus long de tous et le premier le plus court.

Il s'en éloigne cependant par la forme et les dimensions bien moindres de sa queue, par le peu de hauteur de la crête dont elle est surmontée à sa base seulement, par l'absence de plis sous la gorge, et enfin par le volume proportionnellement plus considérable de toutes les écailles, et, en particulier, de celles de la tête.

1. O. TROIS CRÊTES. *Tricristatus* A. Dum.

Tête assez courte, épaisse, à face supérieure triangulaire, obliquement dirigée d'arrière en avant et de haut en bas dans la plus grande partie de son étendue, brusquement inclinée dans sa portion postérieure, immédiatement derrière deux saillies formées de chaque côté par la dernière écaille de la crête surciliaire, laquelle est proéminente ; et, par suite, région occipitale plus basse et presque perpendiculaire ; sur le dos, comme sur la queue, à droite et à gauche, et à une petite distance de la crête médiane, une autre crête parallèle à celle-ci : d'où le nom par lequel cette espèce est désignée.

La forme bizarre de la tête donne à cet animal une physionomie toute particulière. Le corps est un peu comprimé et les membres sont médiocrement développés ; toutes les carènes sont saillantes, mais surtout celles des écailles plus grandes que les autres, qui forment les crêtes médiane et latérales. Parmi celles de la tête, dont aucune n'est dilatée en travers et qui sont toutes carénées, celles qui constituent les arêtes surciliaires sont les plus saillantes.

Les parties supérieures sont d'un brun fauve sur lequel se dessinent des taches

transversales également brunes, mais plus foncées, finement lisérées de blanc-jaunâtre. On en voit une sur la tête, entre les yeux, formant un triangle à sommet postérieur fort ouvert et à bord antérieur très-légèrement saillant à sa partie moyenne; peu apparentes sur le dos, ces taches le sont beaucoup plus sur la queue, où elles sont très-rapprochées, et dont elles occupent les faces supérieure et latérales. Sur les flancs il y a des bandes verticales un peu ondulées de la même nuance et bordées de noir. Les parties inférieures sont d'un brun clair.
Brésil : *M. Claussen.* Type.
Unique.

XVIe GENRE. — LÉIOSAURE. *LEIOSAURUS* Dum. Bib.

Tête courte et déprimée, revêtue de très-petites écailles plates ou convexes; point de crête sur la partie supérieure du corps; des dents palatines; pas de pores fémoraux; queue courte, arrondie; doigts antérieurs courts, gros, subcylindriques, garnis en dessous d'une rangée d'écailles lisses ou carénées.

(2 *espèces.*)

1. L. DE BELL. *Bellii* Dum. Bib. (*Erpét. génér.*, t. IV, p. 242).
Mexique : *M. Bell.* Type.
Unique.

2. L. A BANDES. *Fasciatus* d'Orbigny (*Erpét. génér.*, t. IV, p. 244).
Bords du Rio-Negro (Patagonie septentr.) : *M. d'Orbigny.* Type.
Unique.

M. d'Orbigny, qui l'a conservé assez longtemps en captivité, dit (*Voy. Amér. mérid.*, p. 8) qu'il courait avec une extrême vitesse et sautait à une assez grande distance. Il décrit ainsi le système de coloration reproduit pl. 3, fig. 5-7 : Tout le corps d'un jaune vif, le dessus de la tête brun, 2 larges bandes noires transversales sur le derrière de la tête et 6 sur le dos, toutes interrompues sur les flancs. La partie supérieure de la queue est également annelée de noir, ainsi que les jambes.

XVIe bis GENRE. — DIPLOLÈME. *DIPLOLÆMUS* Bell (1) (*Zool. of the Voyage of Beagle, Rept.*, p. 19).

Tête courte, large, subtriangulaire; oreilles petites, ovales, à bords lisses; narines grandes, rondes; un pli transversal sous le cou, qui en porte un autre longitudinal de chaque côté; corps un peu déprimé, sans crête; queue ronde, de longueur médiocre, lisse; pieds courts, robustes; écailles de la tête nombreuses, petites, arrondies, non imbriquées; celles du tronc et de la queue très-petites en dessus, lisses, convexes, un peu imbriquées; en dessous lisses et planes; point de pores fémoraux ou pré-anaux ni dans l'un ni dans l'autre sexe; pas de dents palatines.

L'analogie entre ce genre et le précédent est très-grande; il n'en diffère même que par deux caractères : le premier consiste dans la forme des écailles sus-orbitaires qui, dans les LÉIOSAURES, sont toutes distinctes et d'égale grandeur, tandis qu'ici on en voit trois plus grandes réunies entre elles pour n'en former en quelque sorte

---

(1) M. Bibron, qui avait vu à Londres les animaux appartenant à ce genre, avait admis la nécessité de cette nouvelle coupe générique, comme le déclare M. Bell.

qu'une; le second caractère, beaucoup plus important, se tire de l'absence des dents palatines.

(1 espèce.)

1. D. DE BIBRON. *Bibronii* Bell (*loc. cit.*, p. 21, pl. 10).
Écailles de la tête planes; queue plus courte que le tronc et la tête réunis.
La tête est épaisse, rude, plus longue que large; le museau est obtus; le cou porte un pli en travers et deux plis longitudinaux sur les côtés; le corps est large, déprimé, sans aucune crête ou saillie médiane; la queue, légèrement triangulaire à sa base, est conique à son extrémité; elle a, chez les deux individus adultes de la Collection, 0^m,013 de moins que le tronc et la tête réunis; chez un jeune sujet, elle est à peu près de la même longueur. Les membres ont des dimensions médiocres, car les postérieurs, placés le long des flancs, ne vont que jusqu'à l'aisselle.

La tête est d'un brun sombre avec quelques taches plus foncées; la teinte générale du dos est un bleu-gris taché de rouille orné de cinq bandes transversales, comme dentelées à leur bord postérieur et formées par la réunion de petites taches rapprochées les unes des autres; ces bandes sont entourées de blanc-jaunâtre ou de jaune-clair; elles se continuent sur la queue, où elles forment des demi-anneaux.
Port-Desire (Patagonie) : donnés par M. Bell. — Adulte et jeune âge.

M. Bell a décrit une autre espèce dans ce genre, D. DE DARWIN, *Darwinii* Bell, que le Muséum ne possède pas. Il la caractérise ainsi, par opposition avec la précédente :
Écailles de la tête convexes; queue plus longue que le tronc et la tête réunis.
Il l'a représentée (*Voy. of Beagle*, pl. 11).

XVIIe GENRE. — UPÉRANODONTE. *UPERANODON* Dum. Bib.

Tête courte, arrondie en avant, couverte de plaques inégales en diamètre; une grande écaille occipitale; de grandes scutelles sus-oculaires; narines latérales; pas de dents palatines; un pli transversal bien marqué précédé d'un autre longitudinal peu apparent; tronc sub-triangulaire, non plissé latéralement, surmonté d'une petite crête et revêtu d'écailles imbriquées, carénées; queue médiocrement longue, arrondie, dépourvue de crête; pas de pores fémoraux.

(2 espèces.)

Écailles du corps carénées.

1. U. A COLLIER. *Ochrocollare* Dum. Bib. (*Erpét. génér.*, t. IV, p. 248).
Uraniscodon umbra Kaup, Isis 1827, et Gray, *Cat. of Liz.*, p. 223.
Cayenne : *Banon, M. Poiteau, M. Th. Bell, M. Leprieur.* La Mana : *Leschenault et Doumerc.* Origine inconnue : donnés par la *Fac. de Méd. de Paris.*

Écailles du corps lisses.

2. U. PEINT. *Pictum.* Dum. Bib. (*Erpét. génér.*, t. IV, p. 251).
Uraniscodon pict. Kaup, Isis 1827, et Gray, *Cat. of Liz.*, p. 223.
Manque.

IGUANIENS PLEURODONTES.

XVIIIe GENRE. — HYPSIBATE. *HYPSIBATUS* Wagler.

Tête déprimée, arrondie en avant, couverte de plaques inégales entre elles; une grande écaille occipitale; de grandes plaques sus-oculaires; narines latérales; des dents palatines; un pli longitudinal sous la gorge, un autre transversal en avant de la poitrine; tronc peu déprimé, avec deux plis longitudinaux de chaque côté du dos; des bouquets d'épines sur la nuque et autour des oreilles; une crête dorsale; écailles du corps carénées, imbriquées; queue arrondie ou comprimée; pas de pores fémoraux.

(2 espèces.)

Queue arrondie.

1. H. AGAMOÏDE. *Agamoides* Wiegmann (*Erpét. génér.*, t. IV, p. 254).
Surinam : *Levaillant* TYPE? de l'AGAME OMBRE Daud. (*Rept.*, t. III, p. 275).
Guyane : *Leschenault et Doumerc*, et, en particulier, La Mana : *id. id.* Amér. mérid. : *Lesueur.*

Queue comprimée.

2. H. PONCTUÉ. *Punctatus* Dum. Bib. (*Erpét. génér.*, t. IV, p. 258).
Plica punct., Gray, *Cat. of Liz.*, p. 224.
Origine inconnue : du *Cab. d'Ajuda.* TYPE.
Unique.

XIXe GENRE. — HOLOTROPIDE. *HOLOTROPIS* Dum. Bib.

Tête en pyramide quadrangulaire; plaques céphaliques médiocres, anguleuses, presque égales; une occipitale très-petite; des scutelles sus-oculaires, dilatées en travers; des dents palatines; cou lisse en dessous, plissé irrégulièrement sur les côtés; un repli oblique de la peau devant chaque épaule; bord antérieur de l'oreille dentelé; écailles du tronc surmontées de carènes, finissant en pointe aiguë et formant des lignes obliques convergentes vers la région moyenne du dos; une crête dentelée, étendue de la nuque à l'extrémité de la queue; celle-ci longue, comprimée; bord externe des deux ou trois premiers doigts postérieurs dentelé; pas de pores au cloaque ni aux cuisses.

(4 espèces.)

Écailles ventrales carénées.

1. H. DE LHERMINIER. *Herminieri* Dum. Bib (*Erpét. génér.*, t. IV, p. 261, pl. 44).
Leiocephalus Herm. Gray *Cat. of Liz.*, p. 217, où cette espèce est distinguée du *Leioceph. carinatus*, qui a les écailles ventrales lisses, tandis que les auteurs de l'*Erpét. génér.* les avaient considérés comme identiques.
Antilles (Trinité) : *M. Lherminier.* Martinique : *Plée, M. Guyon.*

Écailles ventrales lisses.

2. H. A PETITE CRÊTE. *Microlophus* Cocteau (*Erpét. génér.*, t. IV, p. 264).
Cocteau, *Rept.* in *Hist. de l'île de Cuba,* par Ramon de la Sagra, p. 82, pl. 7.
Leiocephalus Schreibersii Gray, *Cat. of Liz.*, p. 218.
Cuba : *M. Ramon de la Sagra.* Saint-Domingue : *M. Ricord.* Id. : donné par le Musée de Leyde sous le nom de *Tropidurus Schreibersii.*

2 bis. H. DE GRAY. *Grayii* Dum. Bib. *Leiocephalus Grayii* Bell, *Zool. of the Voy. of Beagle*, Rept., p. 24, tab. 14, fig. 1, et Gray, *Cat. of Liz.*, p. 218.

Crête dorsale élevée; queue un peu comprimée à sa base; écailles du ventre rhomboïdales, lisses; bord antérieur de l'ouverture de l'oreille garni de quatre dentelures; plaque occipitale grande.

Telle est la diagnose caractéristique de cette espèce donnée par M. Bell, et dont l'exactitude, ainsi que celle de sa description, peut être constatée sur les trois individus d'âges différents que possède le Muséum. Voici cette description abrégée, avec quelques additions propres à montrer les différences avec l'espèce précédente.

Elles consistent dans l'élévation de la crête surtout chez les adultes, dans la présence, sur les régions sus-orbitaires, de larges plaques précédées d'écailles beaucoup plus petites et imbriquées : ce qui établit aussi une distinction marquée avec l'H. TÊTE RUDE. Un autre caractère également propre à séparer nettement cette espèce des deux autres se tire de la grandeur et de la forme de la plaque occipitale, qui est pentagonale, un peu creuse à son centre et fendue à son bord postérieur. Les autres plaques de la tête sont irrégulières, légèrement bombées. Les écailles du dos, surmontées chacune d'une forte carène pointue à son extrémité, sont disposées en séries longitudinales nombreuses, convergentes vers la crête dorsale, qui est élevée, formée d'écailles plates, verticales, et prolongée de la nuque à l'extrémité de la queue. Le système de coloration, dont on ne retrouve plus que des traces sur les échantillons du Muséum, par suite de la chute de l'épiderme, est ainsi décrit dans les notes de M. Darwin citées par M. Bell : Les parties supérieures sont d'un brun clou de girofle passant au noir-brun, avec des taches noires souvent disposées en bandes transversales ou longitudinales. Les flancs sont légèrement nuancés d'une teinte orangée; quelques-unes des écailles de la crête, près de la tête, sont blanches; le ventre est presque blanc et toute la gorge d'un noir éclatant.

La longueur totale du plus grand individu est de 0^m,23, et celle de la queue seule de 0^m,14.

C'est dans les îles Galapagos qu'ont été pris les échantillons rapportés à Londres par M. Darwin. C'est sans doute aussi de cet Archipel que proviennent ceux dont le Muséum est redevable à M. Nibou.

2 ter. H. TÊTE-RUDE. *Trachycephalus* A. Dum.

Crête dorsale petite; écailles ventrales non carénées; queue comprimée; écailles de la tête petites, inégales, carénées et un peu rugueuses, excepté sur le museau; d'un vert olive plus ou moins uniforme, avec des bandes longitudinales plus apparentes chez les femelles que chez les mâles, qui ont la région abdominale noire et portent un collier de la même couleur.

Les caractères qui distinguent cette espèce inédite de l'H. A PETITE CRÊTE sont ses formes un peu plus élancées, la compression plus évidente de sa queue et surtout le plus grand nombre de ses plaques céphaliques et, en particulier, de celles des régions supra-orbitaires, où l'on ne voit plus en effet, comme dans l'autre espèce, six larges plaques transversales placées parallèlement les unes à la suite des autres, mais un nombre au moins triple d'écailles plus petites, carénées, disposées assez irrégulièrement et dont les plus grandes occupent le centre. C'est surtout à la région occipitale que la différence est très-marquée. La plaque centrale, à peine distincte et d'une forme irrégulière, est entourée de petites plaques anguleuses, carénées, serrées les unes contre les autres et bordées latéralement par quelques autres plus grandes et également munies d'une saillie médiane. Il y a, de chaque côté du cou, un pli peu apparent et un autre, moins apparent encore, à la région moyenne et résultant de la réunion des deux précédents. La crête dorsale, peu élevée, se continue, en diminuant progressivement de hauteur, sur toute la queue, dont les dimensions sont assez considérables et qui est robuste. Les particularités les plus remarquables de la coloration, outre celles qui sont indiquées dans la diagnose, sont un piqueté d'un vert plus clair sur les flancs et des teintes vertes et jaune-rougeâtre à reflets métalliques à la région gulaire.

Le plus grand individu a une longueur totale de 0^m,23, dans laquelle la queue entre pour 0^m,14.

Nouvelle-Grenade, et en particulier Santa-Fé de Bogota : *M. J. Goudot* ♂ ♀.

XXe GENRE. — PROCTOTRÈTE. *PROCTOTRETUS* Dum. Bib.

Tête sub-pyramido-quadrangulaire plus ou moins déprimée; plaques céphaliques médiocres, polygonales; occipitale en général peu distincte; dents palatines; cou plissé sur les côtés ou tout à fait uni; membrane du tympan un peu enfoncée; écailles du tronc imbriquées, carénées en dessus, lisses en dessous; pas de crête sur le dos ni sur la queue; pas de pores fémoraux; des pores anaux chez les individus mâles.

(13 espèces.)

A. LÉIODÈRES. *Espèces à peau du cou unie ou parfaitement tendue.*

1. P. DU CHILI. *Chilensis* Dum. Bib. (*Erpét génér.*, t. IV, p. 269).

Proct. chil. Bell, *Zool. of the Beagle*, *Rept.*, p. 2, pl. 1, fig. 1, représentant la variété A. — *Leiodera chil.* Gray, *Cat. of Liz.*, p. 210.

Proct. chil. Guichenot, *Rept.* in *Hist. de Chile*, par Cl. Gay, p. 24, pl. 2, fig. 1, var. B.

Variété A. Teinte bronzée uniforme, quelquefois ondulée de brun en travers ou jaspée de jaune; des lignes brunes sous la gorge.

Duméril *Zool. Rept. du Voy. de la Vénus* sous le command. du Cap. Dupetit-Thouars en 1836-39, publié en 1846, fig. 1 et 1 *a, b, c, d.*

Chili : *M. Gay, M. d'Orbigny, M. Gaudichaud, Eydoux.*

Ages divers ♂ ♀.

Individus de j. âge semblables à l'animal représenté par Wiegmann (*Nova Acta Acad. Cæs. Leop.*, t. XVII, p. 234, tab. 17, fig. 2) sous le nom de *Tropidurus nitidus.*

Variété B. Teinte olivâtre ou fauve avec des bandes longitudinales brunes sur le tronc, sur les tempes et sur la nuque, où elles forment un angle; point de lignes brunes sous la gorge.

Duméril. *Voy. de la Vénus, Rept.*, pl. 1, fig. 2 et 2 *a, b, c, d.*

Chili : *M. Gay, M. d'Orbigny.* Talcahuano (prov. de la Conception, Chili) : MM. Hombron et Jacquinot (*Voy. de la Zélée*).

Ages divers ♂ ♀.

B. Ptychodères. *Espèces à cou plissé de chaque côté.*

1 bis. P. mosaïque. *Mosaicus* Hombr. et Jacquinot.

Proct. (espèce intermédiaire au P. du Chili et au P. a ventre bleu) : telle est la désignation sous laquelle cette espèce a été désignée dans l'*Atlas du voy. de la Vénus*, pl. 2, fig. 1 et fig. 1 *a*, montrant le cou plissé sur les côtés, puis 1 *b*, *c*, *d* pour les détails du cloaque et de la tête, où l'on voit le bord antérieur de l'oreille bi-tuberculé.

Proct. mosaïque Hombron et Jacquinot, *Atlas du Voy. au pôle Sud et dans l'Océanie sur les corvettes l'Astrolabe et la Zélée sous le comm. du Cap. Dumont-d'Urville*, de 1837-1840, Rept. Sauriens, pl. 2, fig. 1 et A, *a*, *a* pour les détails de la tête et du cloaque. — Guichenot, *Rept.* in *Hist. de Chile*, par Cl. Gay, p. 26.

Tête petite, à plaques lisses, non imbriquées; museau obtus; bord antérieur de l'ouverture de l'oreille bi-tuberculé; une seule rangée d'écailles au-dessus de la série des plaques labiales supérieures; face postérieure des cuisses entièrement granuleuse; une large bande brune sur le milieu du dos, deux raies jaunâtres sur chaque flanc, séparées l'une de l'autre et de la bande médiane par de petites taches transversales noires très-rapprochées entre elles.

Les plaques dont le museau est recouvert sont grandes et régulières; celles qui viennent immédiatement après la rostrale sont les plus petites de toutes; puis au delà, il y en a six autres, trois de chaque côté, entre lesquelles il s'en trouve une ou deux placées l'une au-devant de l'autre. Derrière ce groupe on en voit ordinairement une autre médiane qui semble réunir les deux régions supra-orbitaires, dont l'écaillure est formée par trois ou quatre grandes plaques plus larges que longues et précédées d'un certain nombre d'écailles beaucoup plus petites; de grandes plaques achèvent d'entourer ces régions supra-orbitaires, qui sont, en outre, bordées par un cercle intérieur de petites squames. La plaque occipitale est petite, un peu creuse à son centre et se termine, en arrière, par un angle prolongé entre deux grandes écailles; la mentonnière est suivie de quatre ou cinq paires de plaques de moins en moins grandes.

Il n'y a rien à ajouter à ce qui est dit du système de coloration dans la diagnose. La présence, de chaque côté du cou, d'un pli qui se bifurque au niveau du trou de l'oreille, sur les bords duquel il se perd, doit faire placer ce Proct. parmi les Ptychodères, mais en tête de cette division, à cause du peu de saillie de ce pli. Il se distingue de l'espèce suivante en ce que celle-ci, outre le défaut de tubercules ou dentelures aux oreilles, offre, dans son système de coloration indiqué par son nom de Pr. a ventre bleu, une particularité très-remarquable qui s'oppose à toute confusion.

L'espèce actuelle est une des plus petites du genre.

Chili : *M. Gay*, *M. Gaudichaud*, *M. Darwin*, et, en particulier, Talcahuano : *MM. Hombron et Jacquinot*, et Valparaiso : *M. Dubois*.

2. P. ventre bleu. *Cyanogaster* Dum. Bib. (*Erpét. génér.*, t. IV, p. 273).

Bell, *Rept.* in *Voy. of Beagle*, p. 12, pl. 5, fig. 2. Guichenot, *Rept.* in *Hist. de Chile*, par Cl. Gay, p. 28, pl. 2, fig. 2, avec les détails de la tête et du cloaque.

Chili : *M. Gay*. Types.

3. P. peint. *Pictus* Dum. Bib. (*Erpét. génér.*, t. IV, p. 276).

Bell, *Rept.* in *Zool. of Beagle*, p. 5, pl. 2, fig. 1 et 2, 1 *a* et 1 *b*.

Hombron et Jacquinot, *Voy. au pôle Sud et dans l'Océanie*, *Rept. Sauriens*, var. C, pl. 2 *bis*, fig. 1 et A *a a'*, sans texte.

Guichenot, *Rept.* in *Hist. de Chile* de Cl. Gay, p. 30, pl. 1, fig. 2, *var.* C et *a, b, c*.

Leiolæmus pictus Gray, *Cat. of Liz.*, p. 213.

Variété A. Bronze en dessus avec deux bandes vertes bordées en dedans d'une série de points noirs.

Chili : *M. Gay* Type, *M. Bell*.

Variété B. Dos brun offrant de chaque côté deux rangs de grandes taches anguleuses noires séparées par une bande jaunâtre.

Chili : *M. Gay* Types.

Variété C. D'un brun-foncé piqueté de jaune avec des taches anguleuses noires, mais sans bande jaunâtre.

Chili : *M. Gay* Types, et, en particulier, Talcahuano : *MM. Hombron et Jacquinot*.

4. P. svelte. *Tenuis* Dum. Bib. (*Erpét. génér.*, t. IV, p. 279).

Bell, *Rept.* in *Zool. of Beagle*, p. 7, pl. 3, fig. 2, 2 *a* et 2 *b*.

Hombron et Jacquinot, *Voy. au pôle Sud et dans l'Océanie*, pl. 2 *bis*, fig. 2 ♀ et A *a a'*, sans texte.

Guichenot, *Rept.* in *Hist. de Chile* de Cl. Gay, p. 32, pl. 1, fig. 1 ♀ et *a, b, c*.

Leiolæmus tenuis Gray, *Cat. of Liz.*, p. 214.

♂ ♂ Vermiculés de noir sur un fond brun tacheté soit de bleuâtre, soit de verdâtre, ou bien de jaunâtre. Chili : *M. Gay* Types.

♀ ♀ d'un gris-brun fauve avec deux séries de demi-cercles noirs bordés de blanc. Chili : *M. Gay* Types, et, en particulier, Talcahuano : *MM. Hombron et Jacquinot*, Valparaiso : *M. Dubois*.

4 *bis*. P. grêle. *Gracilis* Bell (*Rept.* in *Zool. of Beagle*, p. 4, pl. 1, fig. 2).

Leiodera gracilis Gray, *Cat. of Liz.*, p. 211.

Corps grêle; écailles de la tête lisses, non imbriquées; bord antérieur de l'oreille portant deux ou trois petits tubercules; cou à écailles imbriquées et plis latéraux très-peu apparents; une seule série d'écailles au-dessus des plaques labiales, face postérieure des cuisses entièrement granuleuse.

Telle est la diagnose donnée par M. Bell, qui a, le premier, décrit cette espèce. Les formes élancées et l'ensemble de sa conformation générale la rapprochent beaucoup du Pr. svelte. Elle en diffère cependant par la présence, sur les côtés du cou, d'écailles imbriquées et non pas granuleuses et par son système de coloration, dont les parties les plus caractéristiques consistent en une bande longitudinale jaune s'étendant, de chaque côté, depuis l'angle postérieur de l'œil jusqu'à une certaine distance sur la queue et en une autre bande qui commence au-dessous de l'œil et se prolonge jusqu'à l'aine seulement. Or, on ne voit aucune ligne longitudinale dans l'espèce précédente.

Le P. grêle a la tête plutôt courte, chacune de ses faces latérales formant à peu près un triangle équilatéral; elle est recouverte de plaques assez larges rangées derrière les narines en quatre séries transversales, la première et la dernière de deux pièces et les deux autres de trois pièces chacune. Les écailles du dos sont petites, à carène basse et non terminées en pointe en arrière; celles de l'aisselle sont granuleuses.

La queue a une longueur presque double de celle de la tête et du tronc réunis, et les membres sont longs aussi.

Chili : M. Darwin.

Unique.

5. P. A TACHES NOIRES. *Nigro-maculatus* Dum. Bib. (*Erpét. génér.*, t. IV, p. 281).

Bell, *Rept.* in *Zool. of Beagle*, p. 10, pl. 4, fig. 2 et 2 a.

Duméril, *Voy. autour du monde de la frégate la Vénus*, Rept., pl. 3, fig. 1 et 1 a, b, c, d, e montrant les détails de la tête, du cloaque et de l'écaillure postérieure des cuisses.

Guichenot, *Rept.* in *Hist. de Chile* de Cl. Gay, p. 34.

Chili : M. *Gay*, et, en particulier, province de Coquimbo : M. *Gaudichaud*.

Ages divers.

6. P. DE WIEGMANN. *Wiegmannii* Dum. Bib. (*Erpét. génér.*, t. IV, p. 284).

Bell, *Rept.* in *Zool. of Beagle*, p. 15, pl. 8, fig. 1 et 2 et 1 a, 2 a, montrant les détails de la tête et de la granulation incomplète de la face postérieure des cuisses.

Duméril, *Voy. autour du monde de la frégate la Vénus*, pl. 3, fig. 2 et 2 a, b, c, d, e pour les détails de la tête, du cloaque et de la face postérieure des cuisses.

Guichenot, *Rept.* in *Hist. de Chile* de Cl. Gay, p. 36.

Leiolæmus Wiegmannii Gray, *Cat. of Liz.*, p. 216.

Chili : M. *d'Orbigny*, M. *Gay*, TYPES; M. *Liautaud*, M. *Darwin*.

Ages divers.

7. P. DE FITZINGER. *Fitzingerii* Dum. Bib. (*Erpét. génér.*, t. IV, p. 286).

Bell, *Rept.* in *Zool. of Beagle*, p. 11, pl. 5, fig. 1, 1 a et b, montrant les détails de la tête et de la face postérieure des cuisses incomplétement granuleuse.

Guichenot, *Rept.* in *Hist. de Chile* de Cl. Gay, p. 38.

Leiolæmus Fitzingerii Gray, *Cat. of Liz.*, p. 215.

Variété A. Parties supérieures grises ou d'un brun marron plus ou moins clair; le long du cou et du dos quatre séries de taches noires, bordées de blanc en arrière; sur la queue et sur les membres, des bandes transversales anguleuses, d'une teinte marron-noirâtre, alternant avec d'autres bandes semblables mais blanches; sous la gorge, des raies confluentes brunes.

Chili : M. *d'Orbigny*, TYPES; M. *Gay*. Guasacona (Pérou) : M. *Pentland*.

Variété B. Parties supérieures d'un fauve jaunâtre; membres ponctués de noirâtre; gorge verdâtre; ventre noir marbré de blanc.

Chili : M. *Bell* TYPES. Cusco et Guasacona (Pérou) : M. *Pentland*.

Le Muséum ne possédant pas d'échantillons de l'espèce décrite pour la première fois par M. Bell sous le nom de *Pr. Kingii* (*Rept.* in *Zool. of Beagle*, p. 13, pl. 6, fig. 1, 2), il n'est pas possible de se prononcer sur la question de savoir si ce PR. ne serait pas, ainsi que se le demande lui-même cet erpétologiste, un des animaux décrits dans l'*Erpét. génér.* comme *variétés* A et B du PR. DE FITZINGER. S'il en était ainsi, le PR. DE KING ne pourrait pas constituer une espèce nouvelle.

Variété C. Parties supérieures d'un vert-olive uniforme; le dessous du cou, le milieu de la poitrine et du ventre d'un noir profond.

Chili : M. *Bell* TYPE. — Unique.

8. P. SIGNIFÈRE. *Signifer* Dum. Bib. (*Erpét. génér.*, t. IV, p. 288).

Bell, *Rept.* in *Zool. of Beagle*, p. 8, pl. 4, fig. 1.

Guichenot, *Rept.* in *Hist. de Chile* de Cl. Gay, p. 40.
Leiolæmus signifer Gray, *Cat. of Liz.*, p. 214.
Manque.

8 bis. P. DE MAGELLAN. *Magellanicus* Hombr. et Jacquinot (*Voy. au pôle Sud et dans l'Océanie, Rept. Saur.*, pl. 2, fig. 2 et B *b b'* pour les détails de la tête et du cloaque; sans texte).

M. Gray, *Cat. of Liz.*, p. 215, rapporte cette espèce, établie, selon lui, d'après un sujet de jeune âge, à celle que M. Bell (*Rept.* in *Zool. of the Voy. of Beagle*) a, pour la première fois, décrite sous le nom de *Pr. Kingii*, p. 13, pl. 6, fig. 1 et 2. Mais la présence, chez ce dernier, d'un certain nombre d'écailles imbriquées sur la face postérieure des cuisses, en avant des granulations, du côté de l'aine, et le dessin des parties supérieures, représentées dans la figure 1, ne semblent pas autoriser cette fusion des deux espèces, autant qu'on peut en juger sans avoir le P. DE KING sous les yeux, car le Muséum ne le possède pas. Il est vrai que l'autre animal, figuré sur cette pl. 6 au n° 2 comme variété, offre, dans son système de coloration, une grande analogie avec le Pa. DE MAGELLAN, et il diffère tellement du Pr. DE KING, que M. Bell lui-même se demande s'il n'appartiendrait pas à une espèce distincte.

Quoi qu'il en soit de cette difficulté qu'il n'est pas possible de résoudre quant à présent, les animaux ne pouvant pas être comparés, voici la description sommaire du PR. DE MAGELLAN:

Tête petite, à museau court, obtus, un peu incliné en bas, couverte de plaques non imbriquées ni carénées, mais légèrement bombées et saillantes; deux tubercules sur le bord antérieur de l'oreille, qui est petite; une seule rangée d'écailles au-dessus de la série des plaques labiales; entre l'extrémité antérieure de la grande plaque sous-oculaire et la nasale, six ou sept petites écailles inégales, irrégulières; face postérieure des cuisses entièrement granuleuse; sur les régions supérieures, cinq bandes longitudinales blanches entre lesquelles se voient des taches irrégulièrement quadrilatères bordées de blanc et assez peu distantes les unes des autres.

Par ses formes peu sveltes, par la brièveté de sa tête et de son museau, cette espèce doit se ranger parmi les dernières du genre, qui sont moins élancées et plus déprimées que les autres. Il faut donc la placer à la suite du PR. SIGNIFÈRE, le seul, à la fin du groupe, qui ait, comme l'espèce dont il s'agit, deux tubercules au bord antérieur de l'oreille. Elle s'en distingue d'ailleurs par la présence, non de deux rangs d'écailles au-dessus des plaques labiales, mais d'un seul rang et par une disposition des taches qui n'a aucune analogie avec les quatre séries de figures noires imitant des caractères arabes que porte son congénère. En outre, par son origine, elle en diffère comme des autres PR., qui sont tous originaires du Chili.

Longueur totale, 0^m,12; long. de la tête, 0^m,012; du tronc, 0^m,048; de la queue, 0^m,06.

Havre Pecket (détroit de Magellan) : MM. Hombron et Jacquinot ♂.

TYPE. — *Unique.*

9. P. A TACHES NOMBREUSES. *Multimaculatus* Dum. Bib. (*Erpét. génér.*, t. IV, p. 290).
Bell, *Rept.* in *Zool. of Beagle*, p. 17, pl. 9, fig. 1, 1 *a* et 1 *b*.
Guichenot, *Rept.* in *Hist. de Chile* de Cl. Gay, p. 42.
Gray, *Cat. of Liz.*, p. 217.

Chili : *M. d'Orbigny* Type. — *Unique.*

M. Bell rapporte les remarques suivantes de M. Darwin sur les habitudes de ce Proctotrète :

« Par sa forme déprimée et son aspect général, il participe des caractères des Geckos ; il vit sur le sable sec du rivage à quelque distance de la végétation, et sa couleur ressemble à celle de ce sable. Quand il est effrayé, il aplatit son corps, étend ses jambes et espère, en fermant les yeux, n'être pas découvert. Quand il est poursuivi, il met une grande rapidité à s'enterrer dans le sable ; mais il ne peut pas courir vite, parce que ses jambes sont courtes. »

10. P. pectiné. *Pectinatus* Dum. Bib. (*Erpét. génér.*, t. IV, p. 292).

Bell, *Rept.* in *Zool. of Beagle*, p. 18, pl. 9, fig. 2 et 2 *a*, pour montrer la disposition des écailles carénées de la tête.

Guichenot, *Rept.* in *Hist. de Chile* de Cl. Gay, p. 42.

Ptygoderus pectinatus Gray, *Cat. of Liz.*, p. 216.

Chili : *M. d'Orbigny* Types.

XXIe genre. — TROPIDOLÉPIDE. *TROPIDOLEPIS* Cuvier.

Tête courte, aplatie, arrondie en avant ; une grande écaille occipitale ; de grandes plaques sus-oculaires ; pas de dents palatines ; dessous du cou uni ; de chaque côté, une sorte de fente oblique produite par un repli de la peau ; tronc court, déprimé, à écaillure imbriquée, carénée sur le dos, lisse sous le ventre ; pas de crête sur le dos ; queue grosse, peu allongée, déprimée à sa base, arrondie ensuite, non crêtée ; des pores fémoraux ; pas de pores anaux.

(10 *espèces.*)

1. Tr. ondulé. *Undulatus* Cuvier (*Erpét. génér.*, t. IV, p. 298).

Holbrook, *North Amer. Herpetology*, t. II, p. 73, pl. 9. L'animal vu en dessus et en dessous.

Amér. sept. : *Lesueur*, et, en particulier, Carolines : *M. Lherminier, M. Holbrook.* New-York : *Milbert.* Savannah : *M. Désormeaux, M. Delarue-Villaret.* Martinique : *Plée.*

♂ ♂ : une tache bleue de chaque côté de la gorge, qui est noire ; ventre blanc au milieu, orné, à droite et à gauche, d'une grande tache bleue bordée de noir.

♀ ♀ : une petite tache bleue de chaque côté de la gorge ; parties inférieures uniformément blanches ou soit tachetées, soit linéolées de noir.

Jeune âge : régions inférieures entièrement blanches en dessous.

M. Holbrook donne les détails suivants sur les habitudes et la distribution géographique de cet animal :

« Le *Tropidolepis undulatus* habite principalement les forêts de pins de notre pays, et on le trouve souvent sous l'écorce d'arbres morts ; il choisit aussi assez ordinairement de vieilles haies bien exposées pour s'y établir. Ses mouvements ont une rapidité remarquable ; il grimpe avec une extrême facilité au sommet des arbres, où il est très-difficile de le prendre vivant. Il se nourrit d'insectes, principalement de ceux qui vivent sous les bois morts.

» Il habite une zone géographique très-étendue ; il est très-abondant dans les forêts du New-Jersey et on le trouve encore jusqu'au 43° latitude nord et, de là, il retourne jusqu'au golfe du Mexique, le long des États atlantiques; il est commun aussi dans l'ouest des montagnes Alleghany, car j'en ai vu venant du Mississipi, de la Louisiane et de l'Arkansas, et Say en a observé au cantonnement d'Ergineer sur le Missouri. »

2 Tr. a collier. *Torquatus* Wiegmann (*Erpét. génér.*, t. IV, p. 301).
Gray, *Rept.* in *the Zool. of capt. Beechey's Voy.*, p. 95, tab. 30, fig. 2.
Mexique : donné par le *Musée de Berlin*. *Id.* : sans nom de donateur.
♂ à ventre d'un beau bleu foncé sur les côtés et d'une couleur claire au milieu.
♀ ♀ à ventre sans taches bleues.

3. Tr. beau. *Formosus* Dum. Bib. (*Erpét. génér.*, t. IV, p. 303).
Coban (Haute Vera-Paz, Républ. de Guatemala) : *M. Morelet.*
♂ ♂ : collier noir interrompu entre les épaules; jeune ♂ semblable aux précédents.
♀ ♀ plus vertes que les mâles, des taches brunes sur le dos; bande noire peu marquée sous le cou.

4. Tr. épineux. *Spinosus* Gray (*Erpét. génér.*, t. IV, p. 304).
Texas (province du Mexique) : *M. Trécul.* Nouvelle-Orléans : *id.*
Adulte et jeune âge.

5. Tr. hérissé. *Horridus* Dum. Bib. (*Erpét. génér.*, t. IV, p. 306).
Manque.

6. Tr. linéolé. *Grammicus* Gray (*Erpét. génér.*, t. IV, p. 306).
Manque.

7. Tr. a petites écailles. *Microlepidotus* Dum. Bib. (*Erpét. génér.*, t. IV, p. 308).
Oaxaca (Mexique) : *M. Ghuisbreght.*

8. T. changeant. *Variabilis* Dum. Bib. (*Erpét. génér.*, t. IV, p. 308).
Mexique : *M. de Castelnau*, et, en particulier, Oaxaca : *M. Ghuisbreght.* Savannah : *M. Harpert.*
♂ ♂ : parties supérieures d'un cendré-olivâtre uniforme, avec une bande latérale blanchâtre.
♀ ♀ : de plus, des taches brunes transversales disposées en double série au milieu du dos. Jeunes ♀ semblables aux adultes.

9. Tr. cuivreux. *Æneus* Dum. Bib. (*Erpét. génér.*, t. IV, p. 309).
Manque.

10. Tr. a échelons. *Scalaris* Gray (*Erpét. génér.*, t. IV, p. 310).
Gray, *Rept.* in *the Zool. of capt. Beechey's Voy.*, p. 95, pl. 30, fig. 3, où l'animal est décrit et représenté vert avec une ligne blanche de chaque côté du dos et deux séries de larges taches irrégulières bordées en arrière par une ligne claire ; ce qui diffère notablement du système de coloration indiqué et reproduit par Wiegmann (*Herpet. mexic.*, p. 52, tab. 8, fig. 2), et qui est celui des échantillons du Muséum : lequel consiste, pour la teinte générale des parties supérieures, en un brun-cendré orné de taches transversales d'un noir brunâtre plus ou moins nettement bordées de blanc et placées entre deux lignes, un peu comme les barreaux d'une échelle.

Mexique. Californie : *M. le doct. Douglass* (donnés par la *Soc. zool. de Londres*).
Chez ces deux derniers individus, les plaques de la tête ne sont pas rugueuses ; mais par tous leurs autres caractères ils appartiennent à cette espèce.

XXII° GENRE. — PHRYNOSOME. *PHRYNOSOMA* Wiegmann.

Tête courte, arrondie en avant, bordée postérieurement et latéralement par de grands et forts piquants; plaques céphaliques polygones, égales; une petite plaque occipitale subcirculaire; pas de dents palatines; dessous du cou plissé en travers; bord de l'oreille simple; tronc court, ovale, très-déprimé, offrant, de chaque côté, une arête squameuse dentelée; parties supérieures hérissées de tubercules trièdres mêlés à de petites écailles imbriquées; pas de crête sur le dos ni sur la queue; membres très-courts; doigts peu développés, dentelés sur leurs bords; queue à peine de la longueur du tronc, aplatie, très-large à sa racine; une ligne de pores sous chaque cuisse.

(4 espèces.)

A. *Espèces à écailles ventrales carénées et à narines percées en dedans de l'extrémité antérieure de la crête surciliaire.*

1. P. DE HARLAN. *Harlanii* Wiegmann (*Erpét. génér.*, t. IV, p. 314).

 Phryn. cornuta Harl., Holbrook, *North Amer. Herpet.*, t. II, p. 87, pl. 11.

 Amér. sept., et, en particulier, État du Missouri : *M. Harlan.* Charlestown (État de Massachussets) : *M. Holbrook.* Nouvelle-Orléans : *M. Trécul.* Texas : *M. Eug. Boivin.*

 Ages divers. V. V.

B. *Espèces à écailles ventrales lisses et à narines ouvertes à l'extrémité antérieure de la crête surciliaire.*

2. P. COURONNÉ. *Coronatum* Blainville (*Erpét. génér.*, t. IV, p. 318).

 Phryn. Blainvillii Gray, *Rept. in the Zool. of capt. Beechey's Voy.*, p. 96, pl. 29, fig. 1, avec les détails de la tête.

 Phryn. coronata Holbrook, *North Amer. Herpet.*, t. II, p. 97, pl. 13.

 Californie : *M. Botta*, l'un des TYPES de l'*Agama* (*Phrynos. coronata* Blainville, *Nouv. Ann. du Mus.*, t. IV, p. 284, pl. 25, fig. 1 *a b c.* Id. : *M. Nutall*, individu donné par M. de Castelnau.

 M. Holbrook rapporte, d'après M. Nutall, que ce PHRYNOSOME ressemble beaucoup, pour son genre de vie, à celui de HARLAN, qu'il se nourrit invariablement d'insectes. Il en a conservé pendant plusieurs mois en captivité; ils se cachaient soit sur sa personne même, soit dans quelque endroit de son appartement; mais ils se montraient, à certaines heures, pour recevoir leur nourriture, qu'ils prenaient de sa main. Lorsqu'ils sont à l'état sauvage, ils courent, dit-il, avec une grande rapidité autour des buissons, mais quand ils craignent de ne pas pouvoir s'échapper par leur agilité, ils restent parfaitement tranquilles et se laissent faire prisonniers sans aucune résistance.

3. P. ORBICULAIRE. *Orbiculare* Wiegmann (*Erpét. génér.*, t. IV, p. 321).

 Holbrook, *North Amer. Herpet.*, t. II, p. 93, pl. 12.

 Vera-Cruz (Mexique) : un individu a été donné par *M. Arago.*

3 bis. P. DE DOUGLASS. *Douglassii* Bell.

 Agama Douglassii Bell, *Linn. Soc. Transact.*, t. XVI, p. 105, pl. 10.

 Phr. Dougl. Wagler, *Syst. der Amphib.*, p. 146.

 Phr. Dougl. Wiegmann, *Herpet. mexic.*, pars 1, p. 54.

Ag. Dougl. Harlan, *Med. and Phys. researches*, p. 141.
Phr. Dougl. Holbrook, *North Amer. Herpet.*, t. II, p. 101, pl. 14.

Écailles ventrales lisses ; tête courte, triangulaire, pointue, recouverte de tubercules et non d'épines à sa partie postérieure ; narines ouvertes à l'extrémité antérieure de la crête surciliaire ; corps ovale et aplati, couvert en dessus d'écailles et de tubercules peu élevés et peu pointus ; 18 pores fémoraux de chaque côté.

La tête, qui est aplatie, est complétement recouverte d'écailles polygonales serrées et imbriquées ; à l'occiput, on ne voit que deux tubercules très-peu élevés. La crête surciliaire s'avance horizontalement au-dessus de l'œil plus que chez aucun autre Phryn. ; il est bordé de six plaques et se termine en arrière par un petit tubercule très-peu pointu. Il y a dix plaques labiales supérieures presque toutes égales entre elles, et sept inférieures plus grandes que dans les autres espèces ; en arrière de ces plaques labiales, et sur le même plan, se trouvent quatre tubercules comprimés et pointus, le dernier est le plus grand. Le long de chaque branche sous-maxillaire, il règne une série de tubercules petits et lisses en avant et plus saillants au-dessous de l'angle de la bouche, où ils ne rejoignent pas les plaques labiales, dont ils sont séparés par quatre ou cinq rangées d'écailles granuleuses. L'occiput, en arrière et en haut, est bordé de neuf petits tubercules formant une ligne courbe qui s'étend d'une oreille à l'autre, disposés comme chez le Phr. de Harlan, mais si peu développés qu'ils ne méritent pas la dénomination d'épines ; le central est même si petit, qu'il est difficile de le distinguer, de sorte que la partie postérieure de la tête n'a pas cette apparence épineuse si remarquable dans les autres espèces. Le cou est court, un peu rétréci derrière la tête ; sous la gorge, la peau forme un pli transversal au-dessous duquel il y a, au-devant de chaque épaule, un enfoncement dont il constitue le bord supérieur et où il est armé d'épines pointues. Les écailles des parties supérieures du tronc sont petites et entremêlées de tubercules triangulaires aigus, moins élevés que dans les espèces précédentes, formant quatre bandes irrégulières de chaque côté de la ligne médiane, et entourés, à leur base, de plus petits tubercules de même forme. Cette ligne médiane présente aussi quelques tubercules interposés aux cinq ou six rangées transversales d'écailles qui la recouvrent. Il y a un seul rang d'épines sur les flancs. Les écailles des régions inférieures sont lisses et rhomboïdales ; la queue est large et déprimée à sa base, qui est épaisse, mais s'amincit promptement pour se terminer en pointe. Les membres sont recouverts en dessus d'écailles carénées et de quelques tubercules ; le bord antérieur des avant-bras porte une rangée d'épines.

L'animal est en dessus d'un gris clair avec des taches foncées transversales ; la ligne médiane porte une large bande d'un blanc jaunâtre ; en dessous, la teinte générale est un blanc d'argent presque uniforme.

Parmi les détails que M. Bell donne sur les habitudes de cette espèce il est à remarquer que ces animaux cherchent à s'abriter du froid de la nuit, même en se réfugiant sous les couvertures des voyageurs. M. Nutall s'est positivement assuré, comme le rapporte M. Holbrook, qu'ils se nourrissent exclusivement d'insectes.

Californie : *M. Douglass.* 2 individus.

XXIIIᵉ GENRE. — CALLISAURE. *CALLISAURUS* Blainville.

Tête courte, déprimée, arrondie en avant, couverte de plaques inégales; une écaille occipitale très-dilatée, de grandes scutelles sus-oculaires presque carrées; narines situées sur le museau; pas de dents palatines, toutes les maxillaires simples, coniques; un pli longitudinal sous la gorge suivi d'un autre transversal; des plissures sur les côtés du cou; bords des trous auditifs simples; tronc peu allongé, comprimé, élargi de chaque côté par un développement de la peau; écailles du corps petites, nombreuses, serrées, imbriquées, unies; pas de crête sur le dos ni sur la queue; celle-ci longue, aplatie, large à sa naissance, rétrécie dans le reste de son étendue; membres bien développés; doigts très-longs, fort grêles; ongles très-effilés; une longue série de pores sous chaque cuisse.

(1 *espèce*.)

1. C. DRAGONOÏDE. *Draconoides* Blainville (*Erpét. génér.*, t. IV, p. 326).
Californie : *M. Botta* Adulte TYPE Blainville, *Nouvelles Annales du Muséum*, t. IV, p. 286, pl. 24, fig. 2 et *a*. Mexique : *M. Trécul* plusieurs individus de jeune âge portant comme les adultes deux taches bleues sur chaque flanc.

XXIVᵉ GENRE. — TROPIDOGASTRE. *TROPIDOGASTER* Dum. Bib.

Tête courte, triangulaire, obtuse en avant; régions sus-oculaires revêtues d'un grand nombre de plaques polygones beaucoup plus petites que les autres écailles céphaliques et carénées comme elles; scutelle occipitale médiocre; narines latérales tubuleuses; pas de dents palatines; deux ou trois plis transversaux dans la gorge; un ou deux plis en long sur les côtés du cou et un sur chaque flanc; écailles du dos petites, unicarénées et à bords renflés; celles du ventre à trois carènes; une petite crête dentelée, depuis l'occiput jusqu'au bout de la queue, qui est longue, subconique, très-faiblement déprimée et entourée de verticilles d'écailles carénées; doigts et ongles grêles, très-effilés; pas de pores fémoraux.

(1 *espèce*.)

1. T. DE BLAINVILLE. *Blainvillii* Dum. Bib. (*Erpét. génér.*, t. IV, p. 330).
Origine inconnue. TYPE.
Unique.

XXVᵉ GENRE. — MICROLOPHE. *MICROLOPHUS* Dum. Bib.

Tête sub-pyramido-quadrangulaire, déprimée, à plaques de dimensions inégales; écaille occipitale très-dilatée; de grandes scutelles sus-oculaires; narines latérales et un peu tubulées; des dents palatines; plusieurs plis en travers sous le cou, et un au-devant de chaque épaule; bord de l'oreille dentelé; écailles du tronc sub-imbriquées, faiblement carénées ou unies sur le dos, entuilées et lisses sous le ventre; un pli sur chaque flanc; une crête dentelée ou tuberculeuse fort basse, étendue de

IGUANIENS PLEURODONTES.

a nuque à l'extrémité de la queue dont l'écaillure est carénée, subverticillée; pas de pores fémoraux.

(1 espèce.)

1. M. DE LESSON. *Lessonii* Dum. Bib. (*Erpét. génér.*, t. IV, p. 336).
Guichenot, *Rept.* in *Hist. de Chile* de Cl. Gay, p. 48.

Variété A. Dessus du corps d'un brun foncé avec une bande noire de chaque côté du dos. — *Tropidurus microlophus* Wiegmann, *Nova Acta phys. medica Acad. Cæsar. Leop.*, t. XVII, p. 223, tab. 16.

Cobija maintenant Puerto-de-Lamar (Bolivia) : *M. d'Orbigny, M. Gaudichaud.*

Variété B. Dos d'un cendré olivâtre, offrant des bandes transversales d'une teinte plus foncée. — *Lophyrus araucanus* Lesson, *Voyage de la Coquille, Zool., Rept.*, pl. 2, fig. 1.

Cobija (Bolivia) : *M. d'Orbigny, M. Gaudichaud.* Chili : *MM. de Joannis et Jaurès.*

Ages divers.

Les jeunes sujets donnés par M. Gaudichaud sont couverts en dessus d'un très-grand nombre de taches les unes blanches, les autres noires, semées avec assez de régularité, chez l'un des individus, pour former des lignes transversales ponctuées, soit noires, soit blanches et alternes; sur la tête, il y a quelques bandes brunes, peu apparentes, qui manquent complétement chez les adultes.

Variété C. Tronc d'un gris olivâtre, ponctué de blanc et ayant, de chaque côté, des lignes verticales onduleuses noires. *Stellio peruvianus* Lesson, *loc. cit.*, pl. 2, fig. 2.

Lima et Callao (Pérou) : *MM. Lesson et Garnot, M. Gaudichaud.*

Variété D. Uniformément olivâtre, et le long de chaque flanc, une bandelette, noire dans les trois premiers quarts de son étendue, et blanche dans le dernier quart. — *Tropidurus heterolepis?* Wiegmann, *loc. cit.*, p. 225, tab. 17, fig. 1.

Chili : donnés par *M. Kiener.*

Age moyen.

XXVIe GENRE. — ECPHYMOTE. *ECPHYMOTES* Cuvier.

Tête triangulaire, déprimée, revêtue de plaques inégales; écaille occipitale assez dilatée; scutelles sus-oculaires médiocres; narines un peu latérales, légèrement tubulées et dirigées en arrière; un seul pli transversal sous le cou et deux très-prononcés de chaque côté; des dents palatines; tronc peu allongé, déprimé, à écailles petites, imbriquées; celles du dessous lisses, les supérieures surmontées de carènes formant des lignes convergentes vers la région médio-longitudinale du corps; pas de crête; queue assez longue, forte, conique, à écailles subverticillées, imbriquées, carénées; pas de pores fémoraux.

(1 espèce.)

1. E. A COLLIER. *Torquatus* Dum. Bib. (*Erpét. génér.*, t. IV, p. 344).
Taraguira torq. Gray, *Cat. of Liz.*, p. 220.

Brésil : *Delalande, Freycinet, MM. Quoy et Gaimard, M. Aug. Saint-Hilaire, M. Gallot*, et, en particulier, Bahia : *M. Lemelle-Deville, M. de Castelnau.* Cayenne : *M. Leprieur.*

XXVIIᵉ GENRE. — STÉNOCERQUE. *STENOCERCUS* Dum. Bib.

Tête déprimée, triangulaire, allongée, couverte de petites plaques égales; écaille occipitale à peine distincte; scutelles sus-oculaires formant plusieurs rangées longitudinales; des dents palatines; un pli cutané curviligne devant chaque épaule; pas de plis transversaux sous le cou, dont les côtés sont plissés en longueur; une très-petite crête dentelée, étendue de la nuque à la queue; tronc un peu allongé, subtrièdre, à écaillure imbriquée, lisse en dessous, offrant, en dessus, des carènes disposées par lignes obliques; queue assez longue, comprimée, entourée de verticilles formés par de grandes écailles épineuses; pas de pores fémoraux.

(1 espèce.)

1. STÉN. A VENTRE ROSE. *Rosci-ventris* d'Orbigny (*Erpét. génér.*, t. IV, p. 350).
D'Orbigny, *Voy. dans l'Amér. mérid.*, t. V, *Rept.*, p. 8, pl. 4, fig. 1-3.

« Nous avons aperçu cet animal, dit le naturaliste qui vient d'être cité, en descendant des crêtes élevées des montagnes d'Irupana dans la province de Yungas (Bolivia), vers la profonde vallée où coule le Rio de la Paz, après avoir franchi la Cordillière orientale. *M. D'Orbigny*, TYPE. — *Unique*.

Il donne les détails suivants sur son système de coloration : « Toutes les parties supérieures sont d'un brun-vert varié de vert-pâle; la gorge est grise; le dessous du ventre est d'un beau rouge, la queue noirâtre en dessus, rosée en dessous. »

XXVIIIᵉ GENRE. — STROBILURE. *STROBILURUS* Wiegmann.

Tête déprimée; une grande plaque occipitale, entourée de beaucoup de petites scutelles; pas de dents palatines; membrane du tympan un peu enfoncée; bord antérieur de l'oreille dentelé; un pli oblique au-devant de chaque épaule; des plissures comme ramifiées sur les parties latérales du cou; tronc subtrièdre, à écailles médiocres, imbriquées, lisses sous le ventre, portant, sur le dos, des carènes en lignes obliques convergentes vers la région rachidienne; une carène dentelée s'étendant du cou à la base de la queue, qui est médiocre, un peu comprimée, revêtue de grandes squames spinifères; pas de pores fémoraux.

(1 espèce.)

1. STR. A COLLIER. *Torquatus* Wiegmann (*Erpet. génér.*, t. IV, p. 354).
Manque.

XXIXᵉ GENRE. — TRACHYCYCLE. *TRACHYCYCLUS* Dum. Bib.

Tête en pyramide quadrangulaire, aplatie, couverte de plaques presque égales; écaille occipitale fort petite; narines un peu latérales; pas de dents au palais; un pli arqué devant chaque épaule; peau du dessous du cou tendue, celle des côtés plissée en longueur; régions cervicale, dorsale, et caudale dépourvues de crête; tronc à peu près rond, à écaillure assez grande, imbriquée, carénée en dessus,

IGUANIENS PLEURODONTES.   83

lisse en dessous; doigts dentelés latéralement; queue de longueur moyenne, subconique, très-faiblement déprimée à sa base, entourée de verticilles et d'épines; pas de pores fémoraux.

(1 espèce.)

1. T. MARBRÉ. *Marmoratus* d'Orbigny (*Erpét. génér.*, t. IV, p. 356).
D'Orbigny, *Voy. dans l'Amér. mérid.*, t. V, *Rept.*, p. 8, pl. 4, fig. 4-8.

« Nous avons rencontré cette espèce, dit ce naturaliste, à la Pampa-Ruiz, entre Valle-Grande et le Pescado, province de la Laguna, à l'est de Chuquisaca, en Bolivia. Elle se trouvait sous les pierres et dans les buissons des coteaux escarpés et rocailleux. »

M. *d'Orbigny*. TYPE. — *Unique.*

XXXᵉ GENRE. — OPLURE. *OPLURUS* Cuvier.

Tête triangulaire, peu allongée, épaisse, garnie de plaques de moyenne grandeur; l'occipitale médiocre; les sus-oculaires plus petites que les autres et disposées sur plusieurs rangs; narines un peu latérales et tubuleuses; des dents palatines; membrane du tympan enfoncée dans l'oreille; bord antérieur de celle-ci dentelé; un pli transversal à la naissance de la poitrine, remontant sur chaque épaule, et quelquefois précédé de deux autres; tronc court, large, à écaillure lisse ou carénée; queue grosse, de longueur moyenne, légèrement en cône, entourée de verticilles formés par de grandes et fortes écailles épineuses; pas de pores fémoraux.

(4 espèces.)

A. *Espèces à écailles carénées.*

1. O. DE SÉBA. *Sebœ* Dum. Bib. (*Erpét. génér.*, t. IV, p. 361).
Opl. brasiliensis Gray, *Cat. of Liz.*, p. 222.
Brésil? Madagascar : *M. Pervillé.* 2 individus.

B. *Espèces à écailles lisses.*

2. O. DE MAXIMILIEN. *Maximiliani* Dum. Bib. (*Erpét. génér.*, t. IV, p. 365).
Tropidurus cyclurus Gray, *Cat. of Liz.*, p. 225.
Brésil. — *Unique.*

2 bis. O. A QUATRE TACHES. *Quadrimaculatus* Dum. Bib. MSS.
Ecailles dorsales petites, lisses, convexes, non imbriquées; pas de crête sur le cou, ni sur le dos, ni sur la queue; écailles des tempes plates; au bord antérieur de l'oreille, cinq ou six dentelures; deux taches rondes, d'un noir profond, derrière chaque épaule.

Par l'ensemble de sa conformation, cette espèce a du rapport avec la précédente; mais elle s'en distingue très-facilement par l'absence d'une crête cervicale. La plaque occipitale est petite et ne diffère des plaques dont elle est entourée que par sa concavité; les pièces de l'écaillure de la tête ont des dimensions médiocres; elles sont irrégulièrement hexagonales. Les régions sus-oculaires offrent un pavé de petites écailles assez nombreuses, plates, lisses; elles sont bordées par une sorte de crête surciliaire formée de plaques oblongues, un peu obliques de haut en bas et d'arrière en avant, légèrement imbriquées, disposées parallèlement les unes aux autres.

La peau, sous le cou, offre un pli transversal prolongé au-dessus de chaque épaule, et sur les côtés, elle est plissée. Il y a également un pli cutané le long des flancs; la gorge ne porte pas de fanon, mais les téguments, dans cette région, sont un peu lâches.

Les membres, qui sont robustes, sont couverts d'écailles plus grandes que celles du tronc, carénées et imbriquées.

La queue est reproduite dans la plus grande partie de son étendue sur l'exemplaire du Muséum; mais Bibron, à un manuscrit duquel est empruntée cette description faite sur deux exemplaires observés par lui dans le Musée de la Société zoologique de Londres, dit : « Autour de la queue, qui est ronde, mais néanmoins un peu déprimée à la base, il y a des verticilles de grandes écailles quadrilatérales surmontées chacune d'une grande carène qui les coupe obliquement, de sorte que l'extrémité de cette carène, terminée en pointe, aboutit non au milieu du bord postérieur de l'écaille, mais à l'un de ses angles. »

Il n'y a pas de pores à la région pré-anale, ni le long de la face interne des cuisses. En dessus, l'animal est brun; des gouttelettes jaunâtres sont semées sur ce fond et y forment des lignes longitudinales et, de chaque côté, derrière l'épaule, on voit deux grandes taches noires, rondes, placées l'une au-devant de l'autre : d'où le nom spécifique de cet OPLURE. Le dessus de la tête, des membres et de la queue est d'un brun olivâtre, comme les régions gulaire et sous-maxillaire, qui sont ornées de taches arrondies, jaunâtres; les parties inférieures, dans le reste de leur étendue, ont une teinte claire.

La taille de cette espèce est presque semblable à celle de l'OPL. DE SÉBA.

Madagascar : rapporté par le colonel Lyoll et donné par la *Société zool. de Londres*. TYPE.

Unique.

2 ter. O. DE BIBRON. *Bibronii* Cl. Gay.

Guichenot, *Rept.* in *Hist. de Chile*, par Cl. Gay, p. 53, pl. 3, fig. 2.

Écailles dorsales petites, lisses, convexes, granuleuses; pas de crête sur le cou, ni sur le dos, ni sur la queue; sur toute la tête, un pavé d'écailles granuliformes, semblables à celles du tronc, dont elles ne diffèrent que par leurs dimensions plus considérables; celles des tempes, surtout les postérieures, un peu coniques et pointues; bord antérieur de l'oreille dentelé.

L'absence d'une carène sur les écailles des régions supérieures et d'une crête sur le cou rapproche cette espèce de la précédente, à laquelle elle ressemble aussi par l'ensemble de sa conformation.

Elle s'en éloigne cependant beaucoup par l'aspect granuleux de l'écaillure du dos, des flancs et de la tête; on ne remarque pas, comme dans l'O. A QUATRE TACHES, une différence marquée dans la dimension des écailles céphaliques et de celles des régions sus-oculaires. C'est aussi dans la forme conique et pointue des écailles des tempes que réside l'un des principaux caractères différentiels, et enfin les quatre individus de cette nouvelle espèce sont plus petits que l'OPL. auquel ils sont comparés : leur taille est semblable à celle de l'OPL. DE MAXIMILIEN.

La plaque occipitale est très-peu apparente; il n'y a pas de fanon sous le cou, dont la peau forme deux ou trois plis transversaux irréguliers; le plus inférieur, qui est le plus apparent, se porte sur les côtés du cou et se continue un peu derrière les épaules; il y a également un pli peu marqué le long de chaque flanc.

Les membres sont robustes et recouverts d'écailles un peu plus grandes que celles du tronc, légèrement imbriquées, non carénées, mais celles des faces externe et supérieure des jambes sont coniques.

La queue est forte, ronde, quoique un peu déprimée à sa base, plus longue que la tête et le tronc réunis, et entourée, dans toute son étendue, d'écailles verticillées, toutes terminées en une pointe épineuse.

Il n'y a pas de pores à la région pré-anale, ni le long de la face interne des cuisses.

La couleur générale est un brun-verdâtre presque noir sur deux individus. Aucune tache, ni aucune bande ne se remarquent soit sur le tronc, soit sur la tête.

Chili : *M. Gay*. TYPES.

XXXIe GENRE. — DORYPHORE. *DORYPHURUS* Cuvier.

Tête courte, triangulaire, aplatie en avant; une grande plaque occipitale; des écailles polygones, petites, presque égales, sur le reste du crâne; pas de dents au palais; sous le cou, un double pli transversal entier; oreilles non dentelées; plaques nasales presque latérales et bombées; point de crête sur le dessus du corps: tronc court, déprimé, convexe en dessus, plissé longitudinalement sur les flancs, à écaillure petite, imbriquée, lisse; queue peu allongée, grosse, aplatie, entourée de fortes écailles épineuses, verticillées; pas de pores fémoraux.

(1 espèce.)

1. D. AZURÉ. *Azureus* Cuvier (*Erpét. génér.*, t. IV, p. 371, pl. 42, fig. 2).

Cayenne : *Cl. Richard, M. Poiteau*. Surinam : *Levaillant*. Bahia : *M. de Castelnau*. Ages divers.

Variété noire sans bandes transversales.

Province du Para (Brésil) : *MM. de Castelnau et Em. Deville*. TYPE. — Unique.

Cet individu, plus grand que tous ceux à bandes transversales sur un fond bleu plus ou moins foncé, semblerait, au premier abord, devoir être distingué de l'espèce dont il s'agit, à cause de la teinte noire uniforme du tronc et de la queue et de la couleur d'un brun clair de la tête, qui est ornée en dessus, ainsi que la région supérieure du cou, de nombreuses maculatures noires irrégulières.

Le volume des écailles de la tête et leur rugosité sont cependant la seule différence qui puisse être constatée dans cette région. La perte complète de l'épiderme sur la queue, comme il manque, au reste, sur le tronc, et le desséchement auquel l'animal a été exposé avant d'être placé dans l'alcool, font, il est vrai, paraître moins saillantes que dans les autres échantillons les écailles épineuses verticillées dont elle est armée; mais on les retrouve et l'on voit que cet organe, qui est très-aplati, est proportionnellement plus long que dans l'âge moyen, tout en conservant la même forme. On voit mieux aussi, en raison de la taille, la disposition ainsi indiquée dans l'*Erpét. génér.* : « L'écaillure du dos et des flancs se compose de petites pièces transverso-losangiques, un peu imbriquées et légèrement renflées dans leur partie moyenne » : ce qui ferait même croire à l'existence de carènes.

Par tout l'ensemble de ses caractères, ce Doryphore paraît donc évidemment appartenir à l'espèce jusqu'ici unique dans ce genre.

IIe SOUS-FAMILLE. — *ACRODONTES.*

Dents solidement fixées sur le bord saillant et plein des mâchoires.

(17 genres, 66 espèces (1).)

XXXIIe GENRE. — ISTIURE. *ISTIURUS* Cuvier.

Tête pyramido-quadrangulaire, couverte de plaques petites, polygones, égales, carénées; bord surciliaire continu avec l'angle latéral du museau; narines latérales; membrane du tympan grande, tendue à l'entrée du trou auriculaire; quatre dents incisives et six laniaires à la mâchoire supérieure; langue fongueuse, légèrement rétrécie et échancrée à son extrémité; un fanon peu développé; un pli en V devant la poitrine; cou, tronc et queue comprimés; crête étendue de la nuque à la première portion de la queue; écaillure du tronc égale ou inégale; des pores fémoraux.

(3 espèces.)

A. *Espèces à écaillure du corps hétérogène.*

1. Ist. d'Amboine ou porte-crête. *Amboinensis* Cuvier (*Erpét. génér.*, t. IV, p. 380).
Amboine : donné par le *Musée de Leyde*. Iles Salomon (Océan Pacifique) : *MM. Hombron et Jacquinot.*

2. Ist. de Lesueur. *Lesueurii* Dum. Bib. (*Erpét. génér.*, t. IV, p. 384, pl. 40, n° 1 et 1 *a*).
Physignathus Les. Gray, *Cat. of Liz.*, p. 248.
Port-Jackson (N.-Hollande) : *Péron et Lesueur* Type; *M. J. Verreaux.*

B. *Espèces à écaillure du corps homogène.*

3 Ist. physignathe. *Physignathus* Dum. Bib. (*Erpét. génér.*, t. IV, p. 387).
Physignathus Cuvieri seu *Cocincinus* Gray, *Cat. of Liz.*, p. 248.
Cochinchine : *Diard*. — Ages divers. — Le plus grand indiv. est le type du *Physignathus Cocincinus* Cuvier, *R. anim.*, t. II, p. 41, pl. 6, fig. 1.

XXXIIIe GENRE. — GALÉOTE. *CALOTES* Cuvier.

Tête en pyramide quadrangulaire plus ou moins allongée, couverte de petites plaques anguleuses, toutes à peu près de même diamètre; écaille occipitale fort petite; langue épaisse, fongueuse, arrondie et très-faiblement échancrée au bout; cinq incisives et deux laniaires à la mâchoire supérieure; narines latérales; point de pli transversal sous le cou, qui est quelquefois plissé sur les côtés; fanon plus ou moins développé; une crête depuis la nuque jusque sur la queue; écailles des côtés du tronc homogènes, imbriquées, disposées par bandes obliques ou longitudinales; pas de pores fémoraux.

(3 sous-genres, 10 espèces.)

Ier sous-genre. — Bronchocèle. *Bronchocela* Kaup.

Écailles du tronc formant des bandes obliques inclinées en arrière, de sorte que leur extrémité libre se dirige vers le ventre.

---

(1) Sous-Famille des *Pleurodontes* : 33 genres, 107 espèces.
Sous-Famille des *Acrodontes* : 17 genres, 66 espèces.
La Famille entière des Iguaniens comprend donc 50 genres et 173 espèces.

IGUANIENS ACRODONTES.

1. B. CRISTATELLE. *Cristatella* Kaup. (*Erpét. génér.*, t. IV, p. 395).
Ile Poulo-Pinang ou du Prince de Galles (côte occid. de la pénins. de Malacca) : *Eydoux*. Arch. des Moluques (Amboine et Bourou) : *MM. Quoy et Gaim.*, et donné par le *Mus. de Leyde*. Sumatra : *M. Bourdas* et *M. Kuuhardt*. Java? : *Leschenault*.
2. B. A CRINIÈRE. *Jubata* Dum. Bib. (*Erpét. génér.*, t. IV, p. 397).
Java : ad. et j. âge donnés par le *Musée de Leyde*, sous le nom de *Calotes gutturosus* Schlegel. Java : *Bosc, Diard, MM. Quoy et Gaimard*. Batavia : *M. Méder*. Pondichéry : *Leschenault*.
3. B. TYMPAN STRIÉ. *Tympanistriga* Gray (*Erpét. génér.*, t. IV, p. 399).
Java : donné par le *Musée de Leyde*, jeune âge? — *Unique*.

IIe SOUS-GENRE. — GALÉOTE (proprement dit). *Calotes* Kaup.

Écailles du tronc formant des bandes obliques inclinées en avant, de sorte que leur extrémité libre se dirige vers la ligne médiane du dos.

4. G. OPHIOMAQUE. *Ophiomachus* Merrem (*Erpét. génér.*, t. IV, p. 402).
Archip. des Philippines; Ceylan : *Leschenault*, et, en particulier, Trinkomaly : *M. Reynaud*. Pondichéry : *Leschenault*. Côte de Malabar : *Dussumier*.
5. G. VERSICOLORE. *Versicolor* Dum. Bib. (*Erpét. génér.*, t. IV, p. 405).
Vict. Jacquemont, *Voy. dans l'Inde*, t. IV, *Rept.*, pl. 11, sous le nom de GAL. A CRÊTE, *Cal. cristatus*.
Indes orient. : 2 individus jeunes de la *Collect. de Séba*. Id. : sans nom de donateur TYPES? de l'AGAME ARLEQUINÉ A DEUX RAIES, *Ag. versicolor* Daudin, *Hist. Rept.*, t. III, p. 395, pl. 44. Id. : Vict. *Jacquemont, Eydoux, Polyd. Roux*. Bengale : *Duvaucel, Dussumier*. Côte de Coromandel, et, en particulier, Pondichéry : *Leschenault*. Côte de Malabar : *Dussumier*. Trinkomaly (île de Ceylan) : *M. Reynaud*.
6. G. DE ROUX. *Rouxii* Dum. Bib. (*Erpét. génér.*, t. IV, p. 407).
Indes orient : *Polyd. Roux*. TYPES.
7. G. A MOUSTACHES. *Mystaceus* Dum. Bib. (*Erpét. génér.*, t. IV, p. 408).
Pays des Birmans : *M. Tennant*. TYPE.
Unique.

Le Muséum possède des Sauriens Iguaniens qui, par tout l'ensemble de leur organisation, appartiennent au genre GALÉOTE ; mais, par la disposition des pièces de leur écaillure, ils ne peuvent rentrer ni dans l'un ni dans l'autre des deux sous-genres établis par M. Kaup. Les écailles du tronc, en effet, au lieu d'avoir leur extrémité libre dirigée soit vers le ventre, comme dans les BRONCHOCÈLES, soit vers le dos, comme dans les GALÉOTES, forment des bandes non pas obliques, mais longitudinales, de sorte que leur pointe se porte directement en arrière.

Ce caractère a une assez grande importance pour motiver l'établissement d'un nouveau sous-genre.

IIIe SOUS-GENRE. — MÉCOLÉPIDE. *Mecolepis* A. Dum. (1).

Écailles du tronc formant des bandes longitudinales et parallèles entre elles et à la ligne médiane, de sorte que leur extrémité libre est tournée directement en arrière.

---

(1) De μῆκος, longueur, et de λεπίς, écaille : *écaille en long*, par opposition à ce qui se voit dans les deux autres sous-genres, où les écailles sont en bandes obliques.

8. M. TRI-ÉPINEUX. *Trispinosus.* A. Dum.

Depuis la nuque jusqu'à la base de la queue, une crête formée par trois rangs parallèles d'épines dont le médian est beaucoup plus développé que les deux latéraux, interrompue au-dessus des épaules, se continuant en un seul rang sur la première moitié de la queue, au delà de laquelle elle cesse presque complétement; de fines bandes noires longitudinales sur le dos et sur les flancs.

La tête a surtout de l'analogie avec celle des Galéotes par sa conformation et par un léger renflement qu'elle offre en arrière des mâchoires; sa face supérieure est couverte, à sa partie antérieure, de plaques un peu bosselées et de dimensions médiocres; sur les régions sus-oculaires elles sont moins grandes, et enfin sur l'occiput, et particulièrement autour de la plaque occipitale qui est à peine apparente, elles sont beaucoup plus petites, tuberculeuses et serrées les unes contre les autres. La carène des plaques nuchales est saillante, elle l'est surtout, de chaque côté, sur deux d'entre elles plus grandes que les autres, qui constituent deux tubercules saillants, placés l'un au-devant de l'autre, à droite comme à gauche; le bord surciliaire est terminé par une écaille à carène relevée; les pièces de l'écaillure sont grandes et toutes carénées.

La peau du cou ne forme qu'un petit fanon; l'ouverture de l'oreille est médiocre; la queue, comprimée à sa base et dans une grande partie de son étendue, est presque arrondie au bout.

La couleur générale est un brun-fauve plus clair en dessous qu'en dessus, où il est relevé, sur les flancs et sur le dos, par de fines rayures noires tracées sur la ligne médiane de chaque rang d'écailles. Les plus longues épines de la crête dorsale portent aussi de petites taches noires; du bord inférieur de l'œil, il part une bande formée de petites lignes noires et brunes parallèles qui, traversant le tympan, se porte en bas et en avant sur l'épaule et se continue sur la face externe des membres antérieurs, où, par suite d'interruptions régulières, elle simule une suite de demi-anneaux. Il en est de même sur les membres postérieurs. La queue, dans toute sa longueur, est entourée d'anneaux d'un brun foncé de largeur inégale.

Longueur totale, 0^m,29; tête, 0^m,03; tronc, 0^m,06; queue, 0^m,20.

Monts Nilgherry (Indes orient.) : *M. Perrotet.* TYPE.

Unique.

9. M. HÉRISSÉ. *Hirsutus* A. Dum.

De la nuque à la base de la queue, une crête assez élevée, formée par un seul rang d'épines fortes et espacées, interrompue au-dessus des épaules; des bandes noires transversales sur le dos.

Cette espèce se distingue facilement de la précédente par sa crête unique et par son système de coloration. La tête a quelque rapport avec celles des Galéotes par un léger renflement en arrière des mâchoires. La face supérieure est couverte, dans toute son étendue, de plaques à fines rugosités, non imbriquées, toutes égales entre elles, excepté les plus externes des régions sus-oculaires qui sont beaucoup plus petites; la plaque occipitale est à peine apparente; à la région nuchale, au-devant de l'origine de la crête, à droite et à gauche, il existe un petit tubercule à pointe mousse, et à peu de distance il y en a une autre paire faiblement apparente; un tubercule qui termine en arrière le bord surciliaire se distingue difficilement; toutes les pièces de l'écaillure sont carénées. Il y n, sous le cou, un fanon peu développé; l'ouverture de l'oreille est médiocre. La queue, comprimée d'abord, se termine en une pointe très-effilée.

La couleur générale est un brun-fauve plus clair en dessous qu'en dessus, où l'on voit six à sept bandes noires transversales, irrégulières, un peu interrompues. Les tempes sont ornées d'une large bande noire qui s'étend du bord inférieur de l'œil au bord antérieur de l'épaule en passant sur le tympan. Quelques petites taches noires peu apparentes ornent la tête. Les membres portent des taches d'une couleur d'un brun foncé qui forme sur la queue des anneaux irréguliers.

Longueur totale, 0^m,248; tête, 0^m,026; tronc, 0^m,052; queue, 0^m,170.

Bengale : donnés par la *Société zoolog. de Londres*. Types. 2 individus.

10. M. SILLONNÉ. *Sulcatus* A. Dum.

Sur la nuque, depuis l'occiput jusqu'au-dessus des épaules, une petite crête peu développée, formée par deux rangs d'épines très-rapprochés ; depuis les épaules, sur la ligne moyenne du tronc et des deux premiers tiers de la queue, un sillon étroit, très-peu profond, résultant du fort petit intervalle qui sépare l'un de l'autre les deux rangs médians de carènes dont l'élévation est plus considérable que partout ailleurs; sur le dos, des taches noires, irrégulières, formant des bandes obliques.

Cette espèce a du rapport avec la précédente pour la conformation générale; mais elle s'en distingue facilement par les caractères énoncés dans la diagnose et par les dimensions des écailles des flancs, qui sont plus grandes que celles du dos. Toutes les pièces de l'écaillure sont carénées; les plaques de la tête, très-légèrement rugueuses, sont assez grandes et de dimensions à peu près égales. La plaque occipitale, bien distincte des autres quoique peu développée, est plus longue que large; sur la nuque, on voit, plus ou moins nettement, deux paires de tubercules placées l'une au-devant de l'autre; une écaille, également tuberculeuse, termine en arrière le bord surciliaire. Il n'y a, au-devant du cou, qu'un petit pli longitudinal; l'ouverture de l'oreille est assez grande; la queue, comprimée à sa base, s'arrondit ensuite et se termine en une pointe très-effilée.

La couleur générale est un brun plus foncé sur le dos que sur les parties latérales, où il offre une nuance verdâtre; elle est plus claire en dessous que partout ailleurs. La région moyenne porte en dessus une large bande ondulée noire qui, se réunissant sur un des individus adultes, à des taches latérales anguleuses, également noires, forme une bande oblique en zigzag dont les angles atteignent le bas des flancs. Chez l'autre sujet adulte, la bande médiane et les taches angulaires des flancs sont séparées par la teinte brune du fond, qui se présente sous l'apparence de deux raies longitudinales; sur les lèvres, il y a de petites lignes verticales noires; les tempes, comme dans les espèces précédentes, sont ornées d'une large rayure noire qui, partant du bord inférieur de l'œil, descend vers l'épaule; les membres portent sur leurs faces supérieure et externe des lignes transversales alternes, d'un brun clair et d'un brun foncé. Il y a, sur la queue, des anneaux irréguliers bordés de noir.

Les jeunes sujets, d'une teinte générale verdâtre, sont, sur le dos, d'un brun-fauve assez éclatant et les dessins de couleur noire sont peu apparents.

Long. totale d'un indiv. ad., 0^m,26; tête, 0^m,025; tronc, 0^m,045; queue, 0^m,190.

Monts Nilgherry (Indes orient.) : *M. Perrotet*. Types. — Adultes et jeune âge.

XXXIV° GENRE. LOPHYRE. *LOPHYRUS* Dum.

Tête triangulaire, plus ou moins allongée, brusquement inclinée en avant, à bords surciliaires arqués ou anguleux; narines latérales; langue papilleuse, arrondie et fort peu échancrée en avant; cinq incisives et deux laniaires à la mâchoire supérieure; membrane du tympan tendue à l'entrée du trou auriculaire; fanon plus ou moins développé: un pli en V en avant de la poitrine; cou, tronc et queue comprimés; surmontés d'une crête dont la hauteur est, en général, plus considérable sur la nuque; écaillure du corps rhomboïdale, sub-imbriquée, inégale; pas de pores fémoraux.

(6 espèces.)

A. *Espèces à bords surciliaires curvilignes.*

1. L. ARMÉ. *Armatus* Dum. Bib. (*Erpét. génér.*, t. IV, p. 413).

Cochinchine : *Diard.* Adulte et j. âge : ce dernier étiqueté de la main de Cuvier *Calotes tropidogaster*, et indiqué, par erreur, sous le nom de *Cal. lepidogaster* Cuv., *R. anim.*, 2° édit., t. II, p. 39.

1 *bis*. L. SPINIPÈDE. *Spinipes* A. Dum.

Bord surciliaire à peine anguleux, sans épine à son extrémité postérieure; queue faiblement comprimée; une paire de très-petits tubercules mousses sur l'occiput; point de faisceaux d'épines sur la nuque; sur le cou, une crête formée par une seule rangée d'épines droites, médiocrement hautes, ne se continuant pas sur le dos, qui ne porte, comme la première moitié de la queue, qu'une petite carène dentelée; sur les membres, mais plus particulièrement sur les jambes, des écailles, plus grandes que les autres, disposées par rangées obliques, régulières et munies d'une carène légèrement épineuse.

La forme de la tête, autant qu'on peut en juger, malgré la fracture des os du crâne chez le sujet unique de la Collection, a le plus grand rapport avec ce qui se voit chez le L. DILOPHE, dont il diffère d'ailleurs beaucoup, puisqu'il n'a pas, comme lui, la queue fortement comprimée, tranchante et crêtée en dessus.

Par tout l'ensemble de sa conformation, cette espèce inédite se rapprocherait surtout du L. ARMÉ; mais elle s'en distingue facilement par l'absence d'une épine à l'extrémité postérieure du bord surciliaire et d'une paire de faisceaux d'épines sur la nuque, où l'on ne voit qu'un petit nombre de tubercules mousses, épars; les carènes des écailles du tronc ne sont bien apparentes que sur les plus grosses, qui constituent de petits tubercules, assez rares, moins cependant vers la ligne médiane que partout ailleurs. Le caractère le plus remarquable de l'écaillure consiste dans l'apparence épineuse des membres, mais surtout des postérieurs, qui portent à leur face externe des rangs obliques, réguliers, de grandes écailles surmontées d'une carène terminée en pointe, et plus nombreux sur le haut de la cuisse et particulièrement sur le bas de la jambe.

Sous la gorge, il n'y a qu'un très-petit fanon; mais les plis latéraux du cou, réunis en pointe à la partie antérieure et supérieure de la poitrine, sont très-apparents.

On voit à la mâchoire supérieure, comme chez les autres LOPHYRES, cinq dents incisives et deux canines, qui ont moins de longueur que dans les autres espèces.

La membrane du tympan est épaisse, mais néanmoins distincte.

IGUANIENS ACRODONTES.

La teinte générale est un brun moins foncé en dessous qu'en dessus, où sa plus grande intensité se remarque à la région dorsale; sur les parties supérieures et latérales du cou, la nuance est plus claire. On ne distingue que confusément, sur la ligne médiane, des taches transversales d'un brun très-foncé. Immédiatement derrière les hanches, à la base de la queue, il y a, de chaque côté, une tache noire; la queue est irrégulièrement annelée de brun-noirâtre, des bandes de même couleur ornent les membres.

Long. totale, 0^m,34; tête, 0^m,035; tronc, 0^m,075; queue mutilée, 0^m,230.

Nouvelle-Hollande : *M. J. Verreaux.* Type.

Unique.

1 ter. L. ÉPINEUX. *Spinosus* Hombron et Jacquinot (*Voy. au pôle sud et dans l'Océanie sur les corvettes l'Astrolabe et la Zélée*, Rept., pl. 3, sans texte).

Bronchocela marmorata Gray, *Cat. of Liz.*, p. 242.

Bord surciliaire curviligne, sans épine à son extrémité postérieure; queue faiblement comprimée; point de tubercules sur l'occiput, ni de faisceaux d'épines sur la nuque; sur le cou, une crête formée par un seul rang d'épines médiocrement longues, mais plus hautes que sur le dos, où, après une petite interruption au-dessus des épaules, cette crête se continue, en diminuant graduellement de hauteur, jusqu'à la base de la queue, dont le bord supérieur porte, dans son premier tiers, une carène dentelée.

Cette espèce nouvelle se distingue de ses congénères par la forme assez allongée et étroite de la tête; par celle des arcades orbitaires, qui sont bordées par un repli saillant, mais mousse, de la peau : ces replis représentent deux arcs de cercle à convexité interne, peu éloignés l'un de l'autre sur le vertex; de chacun d'eux, il part un pli dont la réunion, sur l'occiput, avec celui du côté opposé, forme un angle ouvert en avant et à sommet prolongé en arrière jusqu'à la crête sous la forme d'une saillie médiane.

Comme le Diloph. a, ce Loph. a, sur le dos, une crête presque égale en hauteur à celle du cou, dont elle est également séparée par un espace nu au-dessus des épaules, et il porte aussi un très-grand fanon; mais la confusion est impossible, car, contrairement à ce qui s'observe chez le Loph. avec lequel nous comparons celui-ci, ce fanon n'a pas de dentelures à son bord libre, ni de tubercules sur ses faces latérales; de plus, enfin, les pièces de l'écaillure du tronc sont toutes semblables entre elles, plus petites seulement sur le dos et sur les flancs que sur le ventre, et assez petites aussi sous les cuisses. Toutes portent une carène ou plutôt un petit tubercule mousse.

Sur la tempe, en arrière des grandes écailles plates situées derrière l'œil, il existe une surface elliptique, granuleuse, longue de 0^m,02 environ et large de 0^m,01 à la partie antérieure de laquelle se voit le tympan; elle est bordée par un double rang d'écailles beaucoup plus considérables et semblables à celles de la région post-oculaire.

Exceptionnellement à ce qui se remarque dans le genre auquel cependant cette espèce appartient complètement, il y a deux canines de chaque côté des cinq dents incisives de la mâchoire supérieure. La destruction d'une partie de la mâchoire inférieure s'oppose à ce que la disposition des dents qu'elle supportait puisse être indiquée.

La membrane du tympan est bien apparente.

La teinte générale est un gris uniforme en dessous, rougeâtre sur le dos et les flancs; les parties latérales de la tête et du cou sont presque d'un rouge brique, de même que les larges anneaux qui entourent la queue, en alternant avec d'autres anneaux gris, irréguliers comme eux. Les doigts et le bord libre du fanon sont nuancés de vert-jaunâtre.

Longueur totale, 0m,565; tête, 0m,035; tronc, 0m,105; queue, 0m,425.

Samboangan (île Mindanao, arch. des Philippines) : *MM. Hombron et Jacquinot*. TYPE.

Unique.

2. L. DE BELL. *Bellii* Dum. Bib. (*Erpét. génér.*, t. IV, p. 416).

Tiaris Bellii Gray, *Cat. of Liz.*, p. 239.

Bengale : *M. Bell*. TYPE.

Unique.

3. L. DILOPHE. *Dilophus* Dum. Bib. (*Erpét. génér.*, t. IV, p. 419, pl. 46 *Tiaris*).

Tiaris megapogon Gray. *Cat. of Liz.*, p. 239.

Nouvelle-Guinée : *MM. Quoy et Gaimard*. TYPE.

Unique.

     B. *Espèces à bords surciliaires anguleux.*

4. L. TIGRÉ. *Tigrinus* Dum. Bib. (*Erpét. génér.*, t. IV, p. 421, pl. 41).

Galeotes lophyrus Schlegel, *Abbild. neuer Amphib.*, p. 79, tab. 23. Age moyen, j. âge, crâne vu en dessous et de profil et dents incisives et canines.

Gonyocephalus chamæleontina Gray, *Cat. of Liz.*, p. 238.

Java ? : du *cabinet du Stathouder* TYPE du genre LOPHYRE Duméril, *Zool. analytique*, 1806, p. 81.

Java et non Amboine : donné par le *Musée de Leyde*. Ad. et âge moyen.

Les figures publiées par M. Schlegel d'après des dessins faits sur les animaux vivants montrent que, dans le jeune âge, ils sont d'un vert d'herbe uniforme et que, dans l'âge moyen, la teinte générale n'est pas fauve, comme il est dit dans l'*Erpét. génér.*, mais d'un vert différemment nuancé, plus sombre sur le dessus de la tête que partout ailleurs, et que les membres sont ornés de bandes transversales foncées, bordées de blanc. Il paraît qu'à Sumatra cette espèce atteint une plus grande taille et offre des couleurs moins claires.

XXXIVe bis GENRE. — ARPÉPHORE *ARPEPHORUS* (1) A. Dum.

Museau terminé par un prolongement membraneux, comprimé, mince, plus long que la tête, en forme de lame de sabre ou de faux à deux tranchants, dont le supérieur est légèrement concave et l'inférieur convexe; plus large à sa base, où il est entouré de quelques grandes écailles molles, qu'à sa pointe, qui se relève; queue comprimée, surmontée dans toute sa longueur d'une crête qui est moins haute sur le dos et sur le cou; tympan petit, mais apparent.

La place assignée dans ce *Catalogue* à ce nouveau genre inédit montre que le curieux IGUANIEN pour lequel il est créé appartient à la division des ACRODONTES à tympan distinct, sans pores aux cuisses, à cinq doigts postérieurs, à écailles de la queue

---

(1) De ἅρπη, faux, cimeterre, et de φορός, qui porte, à cause du prolongement falciforme du museau.

eutuilées, à flancs sans membranes aliformes et sans pli transversal sous le cou, à moins que la dessiccation à laquelle l'individu unique de la Collection du Muséum a été soumis ne l'ait fait disparaître. C'est donc après le genre GALÉOTE, mais surtout après le genre LOPHYRE, et avant les genres LYRIOCÉPHALE, OTOCRYPTE et CÉRATOPHORE, qu'il doit prendre rang.

Le prolongement membraneux du nez est un caractère tellement distinctif qu'il ne permet la confusion avec aucun des genres de la famille des Iguaniens. Le genre CÉRATOPHORE offre, il est vrai, quelques analogies; mais M. Gray, qui a décrit et figuré ce dernier, dit que le tympan est caché, la queue arrondie et la corne qui surmonte le museau en forme de cône.

Ces deux genres sont donc très-différents l'un de l'autre.

(1 espèce.)

1. A. TROIS-BANDES. *Tricinctus* A. Dum.

Teinte générale brune; sur le dos, trois larges bandes transversales d'un jaune vif.
La dessiccation des téguments qui sont adhérents aux os du crâne a un peu altéré la configuration de la tête; on voit cependant qu'elle est assez allongée et qu'elle va en se rétrécissant vers son extrémité antérieure, d'où part le prolongement falciforme dont la base est entourée, comme une fleur dans son calice, par quatre écailles. La supérieure et l'inférieure sont pliées sur elles-mêmes et la reçoivent dans l'écartement de leurs deux lames qui, s'appliquant sur les faces latérales, y rejoignent par leurs bords une large écaille située de chaque côté.

Derrière la grande écaille supérieure, il y en a trois petites, également anguleuses, dont le sommet assez aigu est tourné en haut; elles subissent une diminution graduelle dans leur élévation et sont suivies par une autre grande plaque offrant la forme d'une lame triangulaire à sommet supérieur et appliquée par sa base sur la ligne médiane. Celle-ci porte, à partir de ce point jusqu'à la plaque occipitale, une rangée d'écailles plus grandes que les autres pièces de l'écaillure de la tête, mais de plus en plus petites et toutes surmontées d'un petit tubercule. Une légère élévation analogue, mais moins considérable, se remarque sur presque toutes les autres plaques céphaliques, dont les dimensions sont à peu près égales.

Les carènes pointues des écailles qui occupent l'angle du museau, depuis l'œil jusqu'à la narine, forment une petite crête dont les dentelures se portent en dehors.

Les écailles des parties supérieures du tronc sont sans carènes, presque quadrilatères et disposées en rangées transversales régulières. Sous la gorge elles sont tuberculeuses, et carénées sous la poitrine, sous le ventre, sur les membres et particulièrement à leur face inférieure, ainsi que sur la queue, dont la face inférieure porte un double rang d'épines.

Des trois bandes transversales jaunes des parties supérieures, la première, qui occupe la région sus-scapulaire, est la plus étroite et la moins longue; les deux autres, au contraire, ont une largeur de 0^m,01 environ et descendent sur les flancs et sur le ventre, où elles se terminent sans se rejoindre par leurs extrémités.

Longueur totale, y compris le prolongement falciforme du museau, 0^m,168; tête, 0^m,019; son prolongement, 0^m,021; tronc, 0^m,045; queue, 0^m,083.

Java. — TYPE.
Unique.

XXXV° GENRE. — LYRIOCÉPHALE, *LYRIOCEPHALUS* Merrem.

Tête courte, triangulaire, à crêtes surciliaires prolongées en pointe en arrière; bout du museau surmonté d'une protubérance arrondie; tympan caché; fanon peu développé; un pli en V devant la poitrine; cou, tronc, queue, surmontés d'une petite crête dentelée; sur les côtés du cou, de grandes scutelles éparses au milieu de petites écailles lisses, sub-imbriquées; pas de pores fémoraux.

(1 *espèce*.)

1. L. PERLÉ. *Margaritaceus* Merrem (*Erpét. génér.*, t. IV, p. 427).
Indes-Orientales.
Unique.

XXXVI° GENRE. — OTOCRYPTE. *OTOCRYPTIS* Wiegmann.

Tête courte, en pyramide à quatre faces; museau plan, obtus, non renflé, mais concave entre les orbites et aplati vers l'occiput; saillies surciliaires non soutenues sur des portions osseuses et se terminant en angle obtus; oreilles cachées sous la peau et à peine indiquées par un rang de petites écailles en cercle concentrique; membres postérieurs une fois plus longs que les antérieurs; pas de pores fémoraux.

(1 *espèce*.)

1. O. A DEUX BANDES. *Bivittata* Wiegmann (*Erpét. génér.*, t. IV, p. 432).
Manque.

XXXVII° GENRE. — CÉRATOPHORE. *CERATOPHORA* Gray.

Museau prolongé en une sorte de corne courte, conique, molle, écailleuse; tympan caché; peau du cou lâche, pendante en fanon; une petite crête sur le cou et sur les épaules; queue arrondie; écailles du tronc rhomboïdales, disposées par bandes obliques; pas de pores fémoraux.

(1 *espèce*.)

1. C. DE STODART. *Stodartii* Gray (*Erpét. génér.*, t. IV, p. 434). — *Manque.*

XXXVIII° GENRE. — SITANE. *SITANA* Cuvier.

Quatre doigts seulement aux pattes postérieures; tête courte, couverte de petites plaques carénées; tympan apparent; sept dents antérieures à la mâchoire d'en haut; langue fongueuse, entière; pas de pli de la peau en travers ou sur les côtés du cou, excepté chez les individus mâles, qui ont un très-grand fanon; un rudiment de crête sur le cou; écaillure du tronc égale, imbriquée, carénée; queue longue, conique, sans crête; pas de pores fémoraux.

(1 *espèce*.)

1. S. DE PONDICHÉRY. *Ponticeriana* Cuvier (*Erpét. génér.*, t. IV, p. 437).
Vict. Jacquemont, *Voy. dans l'Inde*, t. IV, Rept., pl. 10 ♂ et ♀.
Pondichéry : Leschenault ♂ TYPE de Cuvier *R. anim.* 2° édit., t. II, p: 43, pl. 6, fig. 2. — Indes-Orient. : *Vict. Jacquemont* ♂♂♀♀, *M. Hope* ♂.

XXXIXe GENRE. — CHLAMYDOSAURE. *CHLAMYDOSAURUS* Gray.

Tête pyramido-quadrangulaire, à petites plaques presque égales, carénées; membrane du tympan tendue à l'entrée du trou auriculaire; trois incisives et quatre canines à la mâchoire supérieure; de chaque côté du cou, une grande membrane ou large lame de peau écailleuse, plissée et dentelée en forme de collerette; un rudiment de crête sur le cou; écailles du tronc imbriquées et carénées, plus grandes sur le dos que sur les flancs; cinq doigts à toutes les pattes; des pores fémoraux; queue très-longue, conique, dépourvue de crête, ainsi que le dos.

(1 *espèce*.)

1. C. DE KING. *Kingii* Gray (*Erpét. génér.*, t. IV, p. 441, pl. 45).
Hombron et Jacquinot, *Voy. au pôle sud et dans l'Océanie*, *Rept.*, pl. 6, sans texte.
Nouvelle-Hollande, 3 individus dont un rapporté par MM. *Hombron et Jacquinot.*
La belle exécution de la figure citée plus haut, et faite d'après un dessin pris au moment de la mort de l'animal, permet de constater le vif éclat des nuances fauves et brunes qui ornent la collerette, dont la face antérieure, ainsi que le dessous de la tête, porte de nombreuses petites taches d'un rouge de sang.

XLe GENRE. — DRAGON. *DRACO* Linné.

Tête triangulaire, obtuse en avant, un peu déprimée, couverte de plaques de grandeur inégale; trois ou quatre incisives et deux laniaires à la mâchoire supérieure; langue fongueuse, épaisse, arrondie, entière; membrane du tympan parfois cachée, souvent visible, et alors tendue à l'ouverture du trou auriculaire; sous le cou, un long fanon; de chaque côté, un pli cutané triangulaire situé horizontalement; le plus habituellement une petite crête cervicale; tronc déprimé, élargi latéralement par une membrane aliforme, soutenue dans son épaisseur par les côtes asternales; pas de pores fémoraux; queue très-longue, grêle, anguleuse, un peu déprimée à sa base.

I. ESPÈCES A MEMBRANE DU TYMPAN DISTINCTE.

DRAGONS PROPREMENT DITS *DRACO*.

(8 *espèces*.)

a. Espèces à narines percées d'arrière en avant et un peu inclinées en dehors.

1. D. FRANGÉ. *Fimbriatus* Kuhl (*Erpét génér.*, t. IV, p. 448).
Schlegel, *Abbild. neuer Amphib.*, p. 92, pl. 24, fig. 2, 3 et 4 pour les détails du crâne et des dents antérieures.
Java : *Diard et Duvaucel.* Id. : donnés par le *Musée de Leyde.*

2. D. DE DAUDIN. *Daudinii* Dum. Bib. (*Erpét. génér.*, t. IV, p. 451).
Draco viridis Schlegel, *Abbild. neuer Amphib.*, p. 89, pl. 24, fig. 1.
Cette espèce est formée par la réunion des deux espèces que Daudin avait nommées *Draco viridis*, *Hist. Rept.*, t. III, p. 301, et *Draco fuscus*, *id.*, p. 307, entre lesquelles il n'y a pas de différences spécifiques réelles, la distinction n'ayant été

établie que d'après des particularités du système de coloration qui peuvent être exprimées ainsi :

a. Dans le DRAGON BRUN, sur les ailes, vers la partie supérieure de leur bord libre, de grandes marbrures noires.

b. Dans le DRAGON VERT, une teinte verdâtre, uniforme ou tachetée de brun; à la partie supérieure de la moitié longitudinale externe de chaque aile, trois ou quatre bandes noires, obliques.

Ces différences ne sont cependant pas assez tranchées pour que les échantillons de la Collection puissent être tous rapportés, d'une façon absolue, soit à l'un, soit à l'autre de ces deux DRAGONS décrits par Daudin.

Les teintes vives dont ces animaux sont ornés s'altérant dans l'alcool, et M. Schlegel ayant eu à sa disposition des dessins faits d'après le vivant, dont l'un d'eux a été reproduit *in Abbild.*, pl. 24, fig. 1, il est utile de rappeler les détails suivants donnés par cet erpétologiste.

A. *Variété javanaise* du DRAGON VERT Schlegel.

« Le jabot, qui est long chez le mâle, est coloré en jaune-citron; il est plus court et plus pâle chez la femelle, où il est parsemé, ainsi que le cou, de fines marbrures noires.

» Le fond de la couleur est un brun-jaunâtre plus ou moins sombre, tirant tantôt sur le verdâtre, tantôt sur le rougeâtre, et recouvert de marbrures foncées qui, sur la queue, forment des anneaux peu distincts. Le long du dos, on voit souvent trois ou quatre taches d'un brun-foncé pointillé, le plus ordinairement disposées par paires; un point de même couleur occupe le milieu du sommet de la tête, d'où part, à droite et à gauche, une bande transversale allant rejoindre la paupière. L'aile est presque toujours d'une nuance orange qui passe au jaune vers les bords, quelquefois cependant elle est rougeâtre et même d'un rouge de cinabre; cette teinte générale, au reste, disparaît presque chez certains individus, tant sont abondantes les taches noires irrégulières dont les ailes sont ornées. Leur bord est ourlé de stries blanches et noires, on voit partir de leur base, et dans les points où les côtes se projettent en dehors, de longues lignes blanches à concavité interne

» Les variétés accidentelles sont d'ailleurs très-nombreuses. »

B. *Variété de Sumatra.* Schlegel.

Malgré sa très-grande analogie avec la précédente, elle s'en distingue par les particularités suivantes : « Le fond de la couleur est le plus souvent brunâtre et les grandes taches foncées des ailes sont plus fondues et souvent confluentes. Les écailles du dos sont très-régulières et généralement un peu moins grandes que dans la variété précédente. »

Deux échantillons de Sumatra que le Muséum possède ne montrent pas distinctement ces différences.

C. *Variété de Timor.* Schlegel.

Cette variété, caractérisée par M. Schlegel à peu près de la même façon que le DR. DE TIMOR de l'*Erpét. génér.*, semble devoir continuer à former une véritable espèce distincte, en raison de la rangée d'écailles carénées plus grandes que les autres qui se voit de chaque côté de la région médio-longitudinale du tronc.

D. *Variété de Samarang.* Schlegel.

La Collection ne renferme pas d'échantillons originaires de cette contrée.

La *variété* B n'est pas suffisamment distincte. La *variété* D est inconnue au Muséum

IGUANIENS ACRODONTES.

de Paris, et la *variété* C constitue une espèce particulière. Il ne reste donc que la *variété* A, à laquelle se rapportent non-seulement les individus recueillis à Java, mais ceux qui ont été adressés de pays différents.

Il convient encore, par conséquent, de ranger sous le nom de Dr. de Daudin, et sans désignation de variétés, tous les échantillons suivants :

Java : *Diard*, *Kuhl* et *Van-Hasselt*. Id. : donnés par le *Musée de Leyde*, et d'autres sans noms de donateurs. Sumatra : *M. Kunhardt*. Bengale : *Duvaucel*. Environs de Mahé (côte de Malabar) : *M. Louis Rousseau*.

3. D. de Timor. *Timoriensis* Péron (*Erpét. génér.*, t. IV, p. 454).
   Draco hæmatopogon. Variété. Schlegel, *Abbild. neuer Amphib.*, p. 95.
   Timor : MM. *Quoy et Gaimard*, et un individu donné par le *Musée de Leyde*.
   Ces Dr. appartiennent à une espèce particulière, comme il a été dit plus haut, et ne paraissent devoir rentrer ni dans l'espèce dite Dr. de Daudin, ni dans celle que Boié a nommée Dr. barbe-rouge.

4. D. a cinq bandes. *Quinquefasciatus* Gray (*Erpét. génér.*, t. IV, p. 455).
   Dracunculus quinquefasciatus Gray, *Cat. of Liz.*, p. 235.
   Cette espèce est fondée sur un seul échantillon rapporté de Pinang par le général Hardwick et conservé au *Mus. britann*. Elle est inconnue au *Musée de Leyde*.
   Manque.

B. *Espèces à narines percées verticalement de haut en bas.*

5. D. de Dussumier. *Dussumieri* Dum. Bib. (*Erpét. génér.*, t. IV, p. 456).
   Schlegel, *Abbild. neuer Amphib.*, p. 95.
   Dracocella Dussum. Gray, *Cat. of Liz.*, p. 234.
   Bengale : *Dussumier*, et 2 individus donnés, l'un par *Cuvier*, et l'autre par *M. Bell*.

6. D. barbe-rouge. *Hæmatopogon* Boié (*Erpét. génér.*, t. IV, p. 458).
   Dr. hæmat. Schlegel, *Abbild. neuer Amphib.*, p. 95, tab. 24, fig. 6-9.
   Dracocela hæmatopogon Gray, *Cat. of Liz.*, p. 234.
   Java : deux individus donnés par le *Musée de Leyde*.

Les détails indiqués par M. Schlegel, d'après des notes et des dessins des voyageurs du Musée de Leyde, font mieux connaître le système de coloration que la description contenue dans l'*Erpét. génér*.

« Le fond de la couleur, dit-il, est un vert-jaune foncé, marbré de taches d'un rouge pâle et d'un brun noirâtre. Les ailes sont noires, avec des lignes longitudinales, claires et des taches rondes, jaune-citron; elles portent, à leur base, des lignes transversales de la même nuance qui se retrouvent sur les bords.

» ♀♀ : jabot rouge, bordé de noir (pl. 24, fig. 8 et 9).

» ♂♂ : jabot plus long, d'un jaune citron à sa pointe et rouge à sa base, avec une grande tache noire, latérale (fig. 7), qui s'étend quelquefois, plus ou moins, sur le sac, au point même de le couvrir en entier. »

II. ESPÈCES A TYMPAN CACHÉ.

DRAGONEAUX. *dracunculus* Wiegmann.

7. D. rayé. *Lineatus* Daudin (*Erpét. génér.*, t. IV, p. 459).
   Schlegel, *Abbild. neuer Amphib.*, p. 93, pl. 24, fig. 5.
   Célèbes : MM. *Quoy et Gaimard*, 2 individus dont l'un a la gorge blanche, piquetée de noir, *Draco Reinwardtii* Boié? selon M. Schlegel. Amboine : donnés par

le *Musée de Leyde*. Archipel des Indes : MM. *Kuhl et Van-Hasselt.* Chine : M. *Gernaert.*

Pendant la vie, ainsi que le montre un dessin fait sur les lieux par M. Van-Oort et reproduit dans la planche citée, et comme le rapporte M. Schlegel, la couleur claire tire sur le bleu et le vert ; elle domine sur les parties supérieures qui sont ornées de bandes transversales, dentelées, mais très-irrégulières. Les ailes sont brunes, rayées, dans le sens de la longueur, de lignes arquées, de nuance claire.

8. D. SPILOPTÈRE. *Spilopterus* Wiegmann (*Erpét. génér.*, t. IV, p. 461).

Gervais et Eydoux, *Zool. du voyage de la Favorite sous le commandement de M. Laplace*, pl. 27, où l'animal porte le nom de *Draco pardalis* imposé par eux à cette espèce avant la publication du travail de Wiegmann, mais auquel ils ont substitué, dans le texte, celui que ce dernier avait choisi.

Schlegel, *Abbild. neuer Amphib.*, p. 92.

Manille : *Eydoux et Souleyet*, M. *Marc*, M. *Ad. Barrot*. Chine : M. *Gernaert*.

M. Schlegel insiste sur l'analogie qui existe entre ce Dn. et le *Dr. viridis*, malgré la différence due à ce que, chez ce dernier, le tympan est visible, tandis qu'il est caché dans le DR. SPILOPTÈRE.

XLIᵉ GENRE. — LÉIOLÉPIDE. *LEIOLEPIS* Cuvier.

Tête sub-pyramido-quadrangulaire, couverte de très-petites plaques polygones ; membrane du tympan un peu enfoncée ; quatre incisives et deux canines à la mâchoire supérieure ; langue en fer de flèche, écailleuse en avant, papilleuse en arrière ; cou sans fanon, à simple pli transversal ; tronc sans crête, à écaillure granuleuse en dessus, imbriquée et lisse en dessous ; queue très-longue et fort grêle à sa pointe.

(1 *espèce.*)

1. L. A GOUTTELETTES. *Guttatus* Cuvier (*Erpét. génér.*, t. IV, p. 465, pl. 43, fig. 1).
Leiolepis Bellii Gray, *Cat. of Liz.*, p. 263.

Cochinchine : *Diard*. Adultes et j. âge. TYPES du *Leiolepis gutt.* Cuvier, *R. anim.*, 2ᵉ édit., t. II, p. 37. Chine ?

XLIIᵉ GENRE. — GRAMMATOPHORE. *GRAMMATOPHORA* Kaup.

Tête triangulaire, aplatie ; museau sub-aigu ; plaques céphaliques, petites, inégales, anguleuses, carénées ; narines situées sous l'arête anguleuse du museau, un peu plus près de son extrémité que du bord orbitaire antérieur ; langue fongueuse, rétrécie et échancrée au bout ; membrane du tympan grande, tendue en dedans du bord auriculaire ; cinq dents incisives et quatre laniaires à la mâchoire supérieure ; pas de fanon ; un pli transversal en avant de la poitrine ; écaillure dorsale imbriquée, carénée, parfois hérissée d'épines ; queue longue, conique, mais déprimée à sa base et garnie d'écailles entuilées ; des pores fémoraux.

(5 *espèces.*)

A. *Espèces à écaillure dorsale homogène.*

1. G. DE GAIMARD. *Gaimardii* Dum. Bib. (*Erpét. génér.*, t. IV, p. 470).
Gr. *maculata* Gray, *Cat. of Liz.*, p. 253.

IGUANIENS ACRODONTES.

Baie des Chiens-Marins (Nouv.-Hollande) : *MM. Quoy et Gaimard.* Type. Unique.

2. G. DE DECRÈS. *Decresii* Dum. Bib. (*Erpét. génér.*, t. IV, p. 472).

M. Gray, qui admet cette espèce, avait précédemment donné le même nom à un autre Gr. désigné maintenant dans son *Cat.* sous le nom de *Gr. reticulata* et que le Muséum ne possède pas.

Ile Decrès (Australie) : *Péron et Lesueur.* Ad. et âge moyen. Types. 2 individus.

bis. G. ORNÉ. *Ornatus* Gray (*Cat. of Liz.*, p. 253).

Écaillure dorsale homogène; sur la ligne médiane, après la petite crête très-peu saillante de la nuque, une rangée d'écailles plus grandes que les autres; de chaque côté du cou, trois ou quatre petits groupes d'écailles tuberculeuses; squames des régions sus-orbitaires et postérieures de la tête très-petites et semblables à de petits grains.

Cette espèce, n'ayant ni des épines, ni des tubercules entremêlés aux pièces de son écaillure dorsale, appartient au premier groupe du genre GRAMMATOPHORE où elle doit prendre rang après celui DE DECRÈS, dont elle se rapproche plus que de la première espèce.

Cette analogie consiste dans l'ensemble de la conformation, dans la disposition des écailles, qui sont petites et carénées sur le dos et lisses sur le ventre et sur les flancs, où elles sont, comme chez ce dernier, parsemées de fort petits tubercules.

Les différences se rapportent surtout à l'écaillure de la tête qui, au lieu d'être composée de pièces toutes de diamètre à peu près semblable, est formée par des squames très-fines et très-serrées sur les régions sus-orbitaires et occipitale, et beaucoup plus petites que celles de la portion antérieure de la tête; toutes sont carénées, particulièrement celles du museau, qui sont comme tuberculeuses. En outre, au bord antérieur de l'oreille, il y a deux épines saillantes, et le repli formé par la peau, de chaque côté du cou, a une forme anguleuse et non semi-circulaire.

La mâchoire supérieure porte, de même que dans les deux premières espèces et dans la suivante, quatre incisives, quatre laniaires, et treize paires de molaires.

Le système de coloration du spécimen unique du Muséum n'est pas tout à fait semblable à celui de l'échantillon, également unique, d'après lequel M. Gray a fondé l'espèce actuelle. Malgré ces différences dues à l'absence des taches jaunes du dos et des flancs dont parle ce naturaliste, tous les caractères spécifiques étant, d'ailleurs, les mêmes, et tous les deux provenant de l'Australie, il est tout à fait probable cependant que l'individu dont la description précède est bien réellement le G. ORNÉ du *Catal. of Liz.*

La teinte générale, autant qu'on peut en juger par la tête, la queue et les membres, seules parties de l'animal qui soient encore recouvertes de leur épiderme, est un brun-jaunâtre relevé, sur la tête, par des lignes noires, courbes sur le museau, obliques d'avant en arrière et parallèles entre elles sur les régions sus-oculaires. Sur la ligne dorsale, on voit une série de 6 à 7 taches noires dont le centre devait laisser paraître la couleur du fond ou peut-être une nuance plus claire. Sur la face externe des membres, il y a des bandes transversales noires, et enfin une série très-régulière de demi-anneaux, également noirs et alternes, occupe la première moitié de la queue, dont l'autre portion porte des anneaux parallèles complets.

7.

Les parties inférieures sont d'un brun jaunâtre plus clair que les supérieures; une grande tache noire couvre la poitrine.

Longueur totale, 0m,24; tête, 0m,025; tronc, 0m,055; queue, 0m,16.

Nouvelle-Hollande : donné par M. le docteur N. *Guillot.*

Unique.

B. *Espèces à écaillure dorsale hétérogène.*

3. G. muriqué. *Muricata* Kaup (*Erpét. génér.*, t. IV, p. 475).

Nouvelle-Hollande (Port-Jackson : *Péron et Lesueur, MM. Quoy et Gaimard,* Anambas : *M. Busseuil,* environs de Sidney, Moreton-Bay et Port-Essington : *M. J. Verreaux.*)

Ages divers.

4. G. barbu. *Barbata* Kaup (*Erpét. génér.*, t. IV, p. 478).

Port-Jackson (Nouv.-Hollande) : *Péron et Lesueur, MM. Quoy et Gaimard.* Terre de Van-Diémen : *Péron et Lesueur.* Tasmanie : *M. J. Verreaux.*

Ages divers.

XLIIIᵉ GENRE. — AGAME. *AGAMA* Daudin.

Tête triangulaire, généralement courte, le plus souvent fort renflée en arrière de la bouche; nuque fréquemment hérissée d'épines; langue fongueuse, rétrécie et échancrée en avant; membrane du tympan plus ou moins grande et enfoncée; sous la gorge, un pli en long et un autre transversal souvent double; queue comprimée ou conique, à écaillure non distinctement verticillée; des pores anaux; pas de pores fémoraux.

(12 *espèces.*)

AGAMES INDIENS.

1. A. dos a bandes. *Dorsalis* Gray (*Erpét. génér.*, t. IV, p. 486).

Charasia dorsalis Gray, *Cat. of Liz*, p. 246.

Côte de Coromandel : *Leschenault,* et Montagnes des Gates (Inde).

Ages divers.

2. A. tuberculeux. *Tuberculata* Gray (*Erpét. génér.*, t. IV, p. 488).

Laudakia tuberculata Gray, *of Cat. Liz.*, p. 254.

Manque.

AGAMES AFRICAINS.

3. A. des colons. *Colonorum* Daudin (*Erpét. génér.*, t. IV, p. 489).

Guichenot, *Rept. in Explor. scientif. de l'Algérie*, p. 7.

Smith, *Illustr. of the Zool. of south Afr.*, Append., p. 13. Il habite, dit-il, la côte occidentale de l'Afrique australe et particulièrement les montagnes rocailleuses du pays des Grands et des Petits Namaquois.

Sénégal : *M. Perrotet.* Côte de Guinée. Algérie (désert de l'Ouest, Saïda, Constantine) : *M. Schousboé, M. Guichenot, M. Guyon.* Perse : *Aucher-Éloy.*

♂♂ : une bande transversale de dix ou douze écailles crypteuses sur le bord antérieur du cloaque.

♀♀ : sans écailles crypteuses.

Ages divers.

bis. A. DE BIBRON. *Bibronii* A. Dum.

Cette espèce nouvelle, décrite par Bibron, postérieurement à la publication de l'*Erpét. génér.*, d'après deux individus qu'il avait vus à Londres, est représentée au Muséum par un échantillon que la *Société zoologique* a donné.

La description manuscrite de Bibron, à laquelle il manquait une dénomination spécifique, est en partie reproduite ici:

Quatrième doigt des membres postérieurs presque égal en longueur au troisième, ou même un peu plus court; dos à écaillure homogène; une petite crête sur le cou seulement; écailles du dos et des flancs carénées, celles des régions inférieures lisses et très-légèrement échancrées à leur bord postérieur; sur le chanfrein, une ligne longitudinale de quatre ou cinq écailles convexes, mais non carénées, plus grandes que toutes les autres plaques de la tête.

Par les dimensions proportionnelles des troisième et quatrième doigts postérieurs et par l'absence de tubercules ou d'épines au milieu de ses écailles, cet AGAME doit prendre rang dans le tableau analytique de l'*Erpét. génér.* après l'A. DU SINAÏ, mais sous le n° 3 *bis*, à cause de ses analogies avec l'A. DES COLONS, auquel il ressemble par la présence d'une petite crête sur le cou, par la conformation de la tête et par la disposition générale de l'écaillure. Il s'en éloigne cependant beaucoup à cause de la conicité de la queue, des petites échancrures, bien visibles à la loupe, du bord postérieur des écailles gulaires et ventrales, et enfin à cause de la série longitudinale des plaques renflées du chanfrein, qui n'est recouvert, chez l'A. DES COLONS, que d'une plaque allongée, étroite et tectiforme.

La plaque occipitale est médiocre, entourée d'un cercle d'écailles non pointues, ni tuberculeuses. L'oreille est grande, bien découverte; son bord antérieur est épineux, le supérieur et l'inférieur portent chacun un bouquet d'épines, et un peu en arrière du bord postérieur il y en a deux. On en voit un de chaque côté de la nuque, au-dessus de l'oreille, et deux paires sur le cou, l'une à droite et l'autre à gauche.

Sous le cou, la peau forme deux plis transversaux, réunis sur la ligne médiane par un pli longitudinal; à cette région, les écailles sont moitié plus petites qu'au cou et au ventre; les écailles des membres sont carénées et les sous-digitales sont munies chacune de deux carènes.

La queue est arrondie et assez grêle dans la seconde moitié de sa longueur.

Toutes les parties supérieures sont fauves, avec cinq ou six bandes brunes, anguleuses, transversales, peu distinctement marquées, surtout les antérieures; chez un des deux individus étudiés à Londres par Bibron, elles sont couleur de brique mêlé de brun. Des demi-anneaux bruns, peu réguliers, règnent sur toute la longueur de la queue, et les membres portent des bandes en travers de même nuance. Le dessous de l'animal est d'un blanc jaunâtre; la gorge, sur un des échantillons de Londres, est parcourue par sept à huit bandes longitudinales brunes.

Longueur totale, 0^m,22; tête, 0^m,025; tronc, 0^m,065; queue, 0^m,130.

Les types de cette espèce avaient été rapportés du Maroc par le docteur *Hay*.

L'origine du spécimen du Muséum est inconnue; peut-être vient-il du même pays.

4. A. SOMBRE. *Atra* Daudin (*Erpét. génér.*, t. IV, p. 493).

Cap de B.-Espér. : *Delalande, MM. Quoy et Gaimard, M. J. Verreaux.*

♂ ♂ : deux rangées d'écailles crypteuses, circulaires, près du bord antérieur du cloaque.

♀ ♀ : pas d'écailles crypteuses.

Ages divers.

Cet AG., dit M. Smith (*Illustr. of the Zool. of south Afr.*, App., p. 14), se rencontre dans presque toute l'Afrique australe, et spécialement dans les lieux où il y a de grandes pierres et des rochers; on l'y voit se tenir, pendant l'ardeur du soleil, couché sur le ventre ou soulevé sur ses jambes de devant.

5. A. AGILE. *Agilis* Olivier (*Erpét. génér.*, t. IV, p. 496).

Environs de Bagdad (Irak-Araby Asie ottomane) : *Olivier*, adultes et j. âge, TYPES de l'*Ag. agilis* Olivier, *Voy. dans l'Emp. ottoman*, t. II, p. 438, pl. 29, fig. 2. Perse : *Aucher-Éloy*. Algérie : *M. Guyon*.

5 bis. A. SANGUINOLENT. *Sanguinolenta* Dum. Bib.

Lacerta agama Güldenstaedt (J.-A.), Note M. S. que Pallas cite en entier.

Lac. sanguinol. Pallas, *Zoogr. Rosso-Asiatica*, t. III, p. 23, tab. 4, fig. 2.

Agama aralensis Lichtenstein, *Verzeichnis der doublett. des Zool. Mus. zu Berlin*, p. 101, n° 29.

Ag. oxiana Eichwald, *Zoolog. specialis Rossiæ et Poloniæ*, 1829-30, t. III, p. 185.

Trapelus aralensis Eversmann, *Addenda ad celeberr. Pallasii Zoograph. Rosso-Asiaticam*, 1835.

Trapelus sanguinol. Eichwald, *Fauna Caspio-Caucasia*, 1841, p. 89, tab. 14, fig. 3 et 4.

Quatrième doigt des membres postérieurs plus long que le troisième ; queue conique ; point de crête ; écailles dorsales, égales entre elles, et non semées d'épines ou de tubercules, toutes carénées, ainsi que celles des flancs et du ventre.

Par l'ensemble de ses caractères, cet AGAME doit venir immédiatement après l'espèce précédente à laquelle il ressemble plus qu'à toute autre, mais dont il diffère, de la façon la plus notable, par la présence de carènes sur les écailles des flancs et du ventre, tandis que l'écaillure de ces régions est lisse, comme dans l'A. AGILE; chez ce dernier, d'ailleurs, elle se compose de squames dont le diamètre, comparativement à celles du dos, est beaucoup plus petit que chez l'A. SANG.

La tête, à museau moins obtus que dans d'autres espèces du même genre, est recouverte, en avant des yeux, de plaques épaisses, calleuses, non carénées, inégales, dont les médianes sont les plus grandes. Les régions sus-orbitaires sont bordées en dehors d'écailles un peu saillantes, allongées et imbriquées dont l'ensemble forme une crête surciliaire. La membrane du tympan est peu apparente, à cause des épines du bord supérieur de l'ouverture de l'oreille. Il n'y a point de groupes d'épines sur la nuque, mais toutes les carènes de cette région et celles du dos sont saillantes et aiguës.

Le pli transversal du cou est fort apparent, et il forme un triangle à sommet dirigé en arrière.

La queue est très-longue et effilée.

On compte à la mâchoire supérieure 2 canines, 4 incisives, 32 molaires.

Les couleurs varient suivant l'âge. L'échantillon unique de la Collection, qui est adulte, a les parties supérieures d'un brun olivâtre, plus clair en dessous; sur les membres, il y a des bandes transversales foncées, et sur la queue, des demi-anneaux semblables.

IGUANIENS ACRODONTES.

Le passage suivant de M. Eichwald, qui a fait représenter un individu non adulte, est relatif au système de coloration du jeune âge.

« Les jeunes sont, en dessus, d'un brun jaune et jaunâtres en dessous; il y a, sur le dos, trois séries régulières de taches : celles du milieu sont bleues et bordées de brun, les deux latérales sont jaunâtres et également à bords bruns. Les flancs sont noirâtres et portent, çà et là, des taches jaunes de dimensions inégales. La tête a une teinte brun-clair uniforme; les lèvres sont bleues, la gorge est violacée ou parcourue par des lignes longitudinales violettes.

Longueur totale, $0^m,285$; tête, $0^m,033$; tronc, $0^m,077$; queue, $0^m,175$.

Cet Agame, dit M. Eichwald, habite la côte orientale de la mer Caspienne, dans le voisinage du golfe Balkan, ou dans les îles baignées par les eaux de ce golfe, et, entre autres, dans l'île de Tschelekan. On le trouve aussi près du lac Aral et du fleuve Oxus ou Amou-Daria, dont les eaux se perdent dans ce lac. Il a également été vu sur les rivages septentrional et occidental de la mer Caspienne et sur les bords du Terek.

C'est d'une de ces contrées que provient le spécimen donné au Muséum par M. Ménestriés.

Unique.

6. A. AIGUILLONNÉ. *Aculeata* Merrem (*Erpét. génér.*, t. IV, p. 499).

Cap de B.-Espér. : *Delalande.*

Adulte ♂ : une rangée transversale d'une douzaine d'écailles crypteuses.

Unique.

M. Smith (*loc. cit.*, p. 14) dit qu'on rencontre cette espèce dans les localités rocailleuses de la plus grande partie de l'Afr. australe et qu'elle est surtout abondante dans les montagnes rocheuses du pays des Petits-Namaquois.

7. A. ÉPINEUX. *Spinosa* Dum. Bib. (*Erpét. génér.*, t. IV, p. 502).

Cap de B.-Espér. : sans nom de donateur, Type de l'Agame rude Daudin, *Hist. des Rept.*, t. III, p. 402. Id. : *Delalande*, M. J. *Verreaux.*

♂ ♂ : sur le bord antérieur du cloaque, deux rangées transversales d'écailles crypteuses, composées chacune de quinze ou seize de ces écailles.

♀ : sans écailles crypteuses.

Ages divers.

Cette espèce, au rapport de M. Smith (*loc. cit.*, p. 14), est répandue dans la plus grande partie de l'Afr. australe, et elle est surtout abondante dans les districts sablonneux où la végétation est rare.

8. A. VARIABLE OU CHANGEANT. *Mutabilis* Merrem (*Erpét. génér.*, t. IV, p. 505).

Trapelus ruderatus Gray, *Cat. of Liz.*, p. 258.

Arabie : *Olivier.* Égypte : M. *Bové.* Syrie : M. *Botta.* Perse : *Aucher-Éloy.* Algérie septentrionale (déserts de l'Ouest) : M. *Schousboé.* Nubie : donné par le Musée de Berlin sous le nom d'*Agama deserti.*

9. A. DE SAVIGNY. *Savignii* Dum. Bib. (*Erpét. génér.*, t. IV, p. 508).

Trapelus Savignii Gray *Cat. of Liz.*, p. 258.

Manque.

10. A. DU SINAÏ. *Sinaita* Heyden (*Erpét. génér.*, t. IV, p. 509).

Trapelus sinaitus Gray, *Cat. of Liz.*, p. 259.

Syrie : M. *Bové*, M. *Botta.* Perse : *Aucher-Éloy.* Roches de Mascate (Arabie).

M. Smith (*loc. cit.*) décrit deux nouvelles espèces d'Agames que le Muséum ne possède pas : l'une, sous le nom d'*Agama cœlaticeps*, figurée pl. 74, p. sans numéro, et l'autre, sous le nom d'*Agama atricollis*, Appendix, p. 14.

XLIVe GENRE. — PHRYNOCÉPHALE. *PRHYNOCEPHALUS* Kaup.

Tête presque circulaire, aplatie; langue triangulaire, non échancrée; tympan caché; un pli transversal sous le cou; tronc déprimé, élargi, sans crête; queue aplatie à sa base et quelquefois dans toute son étendue, à écailles non épineuses ni verticillées; bords des doigts dentelés; point de pores au cloaque ni aux cuisses.

(4 *espèces*.)

1. P. D'OLIVIER. *Olivierii* Dum. Bib. (*Erpét. génér.*, t. IV, p. 517).
Levant (Perse?) : *Olivier*, TYPES. Perse : *Aucher-Éloy*.

2. P. HÉLIOSCOPE. *Helioscopus* Kaup (*Erpét. génér.*, t. IV, p. 519).
Eversmann, *Lacert. imp. Ross.* in *Nouv. Mém. Soc. imp. nat. Moscou*, t. III, p. 350, et p. 364, pl. 32, fig. 3.
Eichwald, *Fauna Caspio-Caucasia*, p. 87.
Les couleurs varient, comme le prouve la description de M. Eichwald :
« Le cou porte deux taches très-rouges et le dos plusieurs paires de taches bleuâtres et noirâtres; la queue est noire à sa pointe, rouge en dessous; l'abdomen est blanc et orné, çà et là, de quelques points rouges. Chez quelques-uns, la coloration est uniforme; chez d'autres, les marques du cou sont remplacées par une ligne transversale rouge, et le dos est brun, maculé de noir, avec quatre taches bleues, formant par leur disposition un quadrilatère. »
Ce PHR., ajoute M. Eichwald, habite toute la côte orientale de la mer Caspienne, et, en particulier, près de Tjukkaragau et vers le golfe Balkan, ainsi que dans les environs du lac Aral. On le rencontre également dans tout le désert voisin de la rivière Aras, et enfin sur le rivage occidental de la mer Caspienne.
Les échantillons du Muséum proviennent de l'un des points de cette région Caspio-Caucasienne et de la Boukharie : ils sont dus à *M. Ménestriés* et au *Musée de Berlin*.

3. P. CAUDIVOLVULE. *Caudivolvulus* Fitzinger (*Erpét. génér.*, t. IV, p. 522).
Agama ocellata Lichtenstein, *loc. cit.*, p. 102, n° 31.
Phryn. caudivolv. Eichwald, *Fauna Casp.-Cauc.*, p. 85, tab. 12, fig. 6-7, tab. 13, fig. 9-14.
Dans cet ouvrage, ce naturaliste donne, comme synonyme de l'espèce actuelle, son *Phryn. reticulatus* décrit par lui in *Zool. spec. Ross. et Polon.*, t. III, p. 186, n° 5.
Il ne présente pas de nouveaux détails importants sur le système de coloration; mais il donne à ce PHRYN. une zone d'habitation beaucoup plus étendue que celle qui est indiquée dans l'*Erpét. génér.* Il dit, en effet, qu'on le rencontre sur le rivage oriental de la mer Caspienne, vers le golfe de Balkan, dans le voisinage du lac Aral. On le trouve, en outre, dans tout le désert de la Tatarie, jusqu'aux confins de la Sibérie, ainsi que dans l'Arménie.
Boukharie : donné par le *Musée de Berlin*. Région Caspio-Caucasienne : *M. Ménestriés*.

4. P. A OREILLES. *Auritus* Lichtenstein (*Erpét. génér.*, t. IV, p. 524, pl. 40, fig. 1).
Ag. aurita. Lichtenstein, *loc. cit.*, p. 101, n° 30.
Eversmann, *loc. cit.*, t. III, p. 350.
Megalochilus auritus Eichwald, *Fauna Caspio-Caucasia*, p. 88, tab. 14, fig. 1, et 2 pour les détails des appendices de la tête.
Megal. aur. Gray, *Cat. of Liz.*, p. 261.

Les détails suivants, empruntés à M. Eichwald, font mieux connaître le système de coloration que la description de l'*Erpét. génér.*, faite d'après un individu conservé depuis longtemps dans l'alcool.

« La couleur, dit-il, varie suivant l'âge : les jeunes sont d'un jaune-brun plus foncé que les adultes, qui sont jaunâtres; les extrémités des membres ont toujours une nuance plus claire. Le dos est couvert de taches noires très-nombreuses et petites, quelquefois plus grandes et annulaires, ce qui le fait paraître, dans ce dernier cas, comme réticulé de noir, tandis que d'ordinaire il ne semble couvert que de petites lignes fort déliées. Des bandes, également très-foncées, se voient, chez les jeunes sujets, sur la face supérieure des membres et de la queue, dont l'extrémité libre est tout à fait noire chez les adultes. » Il dit, en outre, que les appendices cutanés des angles de la bouche peuvent être, comme des fanons, remplis d'air à la volonté de l'animal.

Boukharie : donné par le *Musée de Berlin*.
Unique.

XLVe GENRE. — STELLION. *STELLIO* Daudin.

Tête triangulaire, médiocrement allongée, aplatie; écailles du dos beaucoup plus grandes que celles des flancs; troisième et quatrième doigts des mains égaux; pas de pores fémoraux, mais des écailles crypteuses sur la région pré-anale; queue entourée de verticilles d'écailles plus ou moins épineuses; un pli de chaque côté du dos.

(5 espèces.)

TABLEAU SYNOPTIQUE DES ESPÈCES DU GENRE STELLION.

Cou à crête	distincte; écaillure	dissemblable.		1 ter. S. DU CAP.
		semblable, écailles du dos	carénées .	2. S. CYANOGASTRE.
			lisses. . .	2 bis. S. CARÉNÉ.
	nulle; écaillure	très-dissemblable.		1. S. COMMUN.
		à peine dissemblable..		1 bis. S. DU CAUCASE.

(*Ce Tableau est destiné à remplacer celui de l'Erpét. génér., devenu insuffisant, puisqu'il ne comprend que deux espèces.*)

1. S. COMMUN. *Vulgaris* Daudin (*Erpét. génér.*, t. IV, p. 528).
Stellio cordylina Gray, *Cat. of Liz.*, p. 255.
Empire ottoman : *Olivier*. Morée : *Commiss. scientif.* — Ages divers.

1 bis. S. DU CAUCASE. *Caucasius* Eichwald (*Zool. spec. Ross. et Polon.*, t. III, p. 187).
Lacerta stellio Pallas et *Lacerta muricata* Pall. (non *Lac. muric.* Gmelin), *Zoogr. Rosso-asiatica*, t. III, p. 24 et p. 20, tab. 4, fig. 1 : ces deux dénominations se rapportant à l'espèce actuelle.
Stellio vulgaris Ménestriés, *Cat. raisonné*, p. 64, n° 219.
St. vulg. Eversmann *Lac. imp. Ross.* in *Mém. Soc. imp. Mosc.*, t. III.

St. caucasius Eichwald, *Fauna Caspio-Caucasia*, p. 80, tab. 13, fig. 1-8 pour les détails du squelette.

St. cauc. Gray, *Cat. of Liz.*, p. 255.

Point de crête sur le cou; écaillure presque semblable ou homogène, c'est-à-dire entremêlée d'un très-petit nombre de tubercules disséminés, çà et là, sans ordre, et mousses pour la plupart; écailles du milieu du dos à peine carénées, celles de la queue fortement épineuses et formant des verticilles disposés comme les degrés d'un escalier.

Malgré certaines analogies entre cette espèce et la précédente, tirées de la conformation générale et de la structure de la queue, la distinction est très-facile à établir. Ici, en effet, on ne trouve plus sur le dos ni sur les flancs des rangées longitudinales régulières de bouquets ou groupes de tubercules épineux. Quelques tubercules épars, très-peu proéminents, et dont un petit nombre seulement se termine en pointe : voilà tout ce qui constitue l'hétérogénéité de l'écaillure. En outre, les épines moins nombreuses et moins pointues qui garnissent la tête du St. du Caucase ; et les écailles de la région médiane du dos, souvent non carénées, ou surmontées d'une très-petite carène, sont beaucoup moins différentes les unes des autres que chez le St. commun, où elles ont une grande irrégularité. La queue de ce dernier, si ses verticilles n'avaient plus de hauteur, serait presque complétement semblable à celle de l'espèce actuelle.

On compte, à la mâchoire supérieure, 2 canines, 4 incisives, 26 molaires.

La teinte générale est un brun-olivâtre relevé de taches jaunes sur les flancs, mais particulièrement sur la région médiane du dos, dont les parties latérales portent, ainsi que les côtés du corps, de nombreuses petites taches ou lignes noires bordant quelques-unes des taches jaunes qui viennent d'être indiquées. Les couleurs sont plus claires en dessous, et à la gorge il y a des bandes noires, larges, souvent très-peu apparentes et parfois confondues les unes avec les autres.

La queue est jaunâtre, tachetée de noir et quelquefois de rouge, çà et là, à sa face inférieure.

Cette espèce, dit M. Eichwald, se rencontre dans la Géorgie, dans l'Albanie, jusqu'à la mer Caspienne, près de Bakou et dans tout le désert de Mogan, ainsi que sur les montagnes de Talyschen, où on la trouve par milliers.

Longueur totale, 0^m,211 ; tête, 0,033 ; tronc, 0^m,098 ; queue mutilée, 0^m,080.

Les échantillons du Muséum proviennent de Perse : *Aucher-Éloy*.

1 ter. S. du Cap. *Capensis.* A. Dum.

Cou surmonté d'une petite crête; écaillure des régions supérieures dissemblable, c'est-à-dire entremêlée de grandes écailles carénées, semblables à celles de la ligne médiane, et disposées en séries transversales, plus ou moins régulières; écailles caudales, de moyenne grandeur, formant des verticilles simplement imbriqués.

Par l'ensemble de la conformation, et particulièrement par la forme de la tête, mais surtout par l'aspect général de l'écaillure, ce Stellion se rapproche du précédent, dont il se distingue cependant par des caractères fort tranchés.

Ainsi la tête est beaucoup plus renflée en arrière des mâchoires, et elle n'est pas armée de groupes de tubercules épineux; elle ne porte que des épines formées par la carène saillante d'écailles plus grandes que les autres. Ce sont des écailles semblables à ces dernières et à celles de la ligne médiane qui forment les bandes transversales des côtés du dos et des flancs, tandis que ces mêmes régions, dans l'autre espèce, sont semées, comme la partie postérieure de la tête, de tubercules épineux, groupés de façon qu'un gros tubercule pointu est entouré de tubercules beaucoup plus petits. Le reste de l'écaillure diffère aussi; car, à part la similitude assez complète, dans les deux espèces, des grandes écailles carénées et irrégulièrement disposées de la ligne médiane du dos, on ne trouve aucune analogie entre celles, de grandeur moyenne, dont les côtés du dos, ainsi que les flancs, sont garnis chez le St. du Cap et les très-petites squames du St. commun.

Dans cette espèce inédite, il y a, sur le cou, une petite crête, assez apparente, constituée par des écailles carénées. La queue, au lieu d'être entourée de verticilles épineux, disposés avec une régularité parfaite, comme les degrés d'un escalier, pour rappeler les termes mêmes de l'*Erpétologie générale*, est revêtue d'écailles très-faiblement carénées et réunies en anneaux qui, à la face supérieure, sont beaucoup moins réguliers dans la première moitié que dans la seconde. Les membres enfin sont bien moins hérissés d'épines.

On compte à la mâchoire supérieure 2 canines, 3 incisives, 36 molaires.

Le système de coloration est assez uniforme : il consiste en une teinte brun-foncé en dessus, plus claire sur la ligne médiane, avec des nuances verdâtres assez marquées chez l'un des deux individus de la collection et principalement sur la tête; ce dernier a le dessous du cou noirâtre et la gorge bleue, ce qui se voit à peine sur l'autre échantillon; l'un et l'autre ont le ventre d'un brun jaunâtre.

Longueur totale, 0^m,317; tête, 0^m,042; tronc, 0^m,095; queue, 0^m,180.

Cap de B.-Espér. : *M. Delgorgue*, ♂ ♂ à écailles crypteuses sur le bord antérieur du cloaque Types.

2. S. CYANOGASTRE OU VENTRE-BLEU. *Cyanogaster* Rüppel (*Erpét. génér.*, t. IV, p. 532). Djetta (Arabie) : *M. Rüppel* Type du *St. cyanog.*, *Neue Wirbelth. zu der Faun. von Abyss. Amphib.*, p. 10, tab. 5. Arabie : *M. Botta*.

Adultes et âge moyen.

bis. S. CARÉNÉ. *Carinatus* A. Dum.

Cou surmonté d'une petite crête; écaillure semblable ou homogène, c'est-à-dire non entremêlée de tubercules ou d'épines; grandes écailles du milieu du dos à carènes disposées en rangées obliques, convergeant vers la ligne médiane; queue entourée d'écailles formant des verticilles simplement imbriqués et dont les épines sont médiocrement saillantes.

La petite crête cervicale de ce St. lui donne quelque ressemblance avec les deux espèces précédentes. Il s'éloigne cependant beaucoup du St. du Cap par l'aspect de son écaillure, puisqu'on ne voit point, au milieu des pièces qui la composent, des écailles épineuses. Par ce dernier caractère il aurait, à la vérité, une certaine analogie avec le St. CYANOGASTRE, si les grandes écailles de la région médiane du dos n'étaient, chez ce dernier, complètement lisses.

Les carènes de ces grandes écailles constituent donc un caractère essentiel, non pas tant par leur présence, car on les remarque aussi dans les deux espèces cataloguées sous les n°s 1 et 1 *ter*, que par leur disposition régulière : en effet, ces écailles carénées, au lieu d'être rangées comme au hasard sur la région dorsale, affectent, au contraire, dans l'espèce actuelle, un ordre symétrique tel que les carènes composent, par leur ensemble, des lignes longitudinales obliques d'une régularité parfaite qui, presque toutes, convergent par leur extrémité postérieure vers le milieu du dos.

Les verticilles de la queue ne portent pas des épines aussi fortes et aussi saillantes que dans le St. commun : le bord postérieur des squames qui les composent n'est pas rectiligne, comme chez ce dernier, mais faiblement cintré, particulièrement dans le premier tiers de cet appendice et à sa face supérieure ; aussi n'ont-ils pas ici la régularité qui a permis de les comparer, chez ce St. commun, aux degrés d'un escalier.

Les membres sont revêtus d'écailles carénées, toutes semblables entre elles, et sans épines saillantes.

Autour de l'oreille, on voit cinq groupes isolés d'épines longues et pointues ; il y a deux groupes semblables placés, l'un au-devant de l'autre, de chaque côté du cou, et un troisième plus bas et plus en dehors, précisément au-dessous des lèvres. Deux plis transversaux, réunis au milieu par un troisième pli vertical, occupent le dessous du cou, dont l'écaillure est granuleuse.

On compte à la mâchoire supérieure 4 dents incisives, 2 canines et 30 molaires. La couleur générale, autant qu'on peut en juger sur celui des trois individus du Muséum dont l'épiderme est le moins détruit, est une teinte olive à reflets jaunâtres, ornée de petites taches noires sur le dessus et les côtés du tronc. La queue, d'un brun jaune, assez clair à sa base, devient noire dans une grande partie de son étendue, puis reprend, au delà, son premier aspect.

Un individu, plus grand que les deux autres, et qui, à part quelques petites différences, offre tous les caractères de l'espèce nouvelle, dont il ne semble pas pouvoir être éloigné, a une teinte noirâtre générale.

Les dimensions suivantes sont celles du plus complet des deux exemplaires dont l'identité est parfaite.

Longueur totale, 0^m,395 ; tête, 0^m,038 ; tronc, 0^m,092 ; queue, 0^m,265.

Perse : *Aucher-Eloy* Types.

XLVIᵉ GENRE. — FOUETTE-QUEUE. *UROMASTIX* Merrem.

Tête aplatie, triangulaire, à museau court ; trou de l'oreille vertico-oblong, dentelé sur son bord antérieur ; trois ou quatre dents intermaxillaires se soudant ensemble avec l'âge ; tronc allongé, déprimé, sans crête, à petites écailles ; queue aplatie, entourée de verticilles d'épines ; pores fémoraux.

(5 espèces.)

I. *Espèces à écaillure caudale composée d'une suite d'anneaux formés de grandes scutelles dont les supérieures sont larges et épineuses, et les inférieures étroites et souvent sans pointes ni piquants.*

a. *Espèces dont les cercles écailleux de la queue ont la même largeur dans toute leur circonférence et ne sont pas séparés, en dessous, par des bandes transversales de plaques.*

1. F.-Q. ORNÉ. *U. ornatus* Rüppel (*Erpét. génér.*, t. IV, p. 538).
Égypte : M. Botta.

b. *Espèces dont les cercles écailleux de la queue sont plus larges en dessus qu'en dessous, où ils alternent avec une ou deux bandes transversales de plaques.*

2. F.-Q. SPINIPÈDE. *U. spinipes* Merrem (*Erpét. génér.*, t. IV, p. 541).
Égypte : *Geoffroy-Saint-Hilaire*, M. *Boré*, M. *le docteur Clot-Bey*.

IGUANIENS ACRODONTES.

Adultes et âge moyen. V. V.
3. F.-Q. ACANTHIXURE. *U. acanthinurus* Bell (*Erpét. génér.*, t. IV, p. 543).
Guichenot, *Rept.* in *Explor. scientif. de l'Algérie*, p. 8.
Égypte : *M. Rüppel.* Algérie : *M. Marloy*, *M. Levaillant*, *M. Kiener.* Tunis :
M. Barthélemy. — Ages divers. V. V.

II. *Espèces à écaillure caudale composée, en dessus, de tubercules coniques à sommet très-aigu, disposés en bandes transversales séparées par deux à cinq rangs d'écailles, et, en dessou, d'un grand nombre de squamelles carrées, lisses et imbriquées.*

4. F.-Q. D'HARDWICK. *U. Hardwickii* Gray (*Erpét. génér.*, t. IV, p. 546).
Saara Hardw. Gray, *Cat. of Liz.*, p. 262.
Bengale : *Duvaucel.* 2 individus.
5. F.-Q. GRIS. *U. griseus* Cuvier (*Erpét. génér.*, t. IV, p. 548).
Uromastix Hardw. (junior?) Gray, *Cat. of Liz.*, p. 262.
Nouv.-Hollande : *Péron et Lesueur.* 2 individus TYPES de l'*Ur. griseus* Cuv.,
R. anim., t. II, p. 34.

XLVIe bis GENRE. — MOLOCH. *MOLOCH* Gray.

Iguanien acrodonte à tympan distinct, sans pores fémoraux, à doigts postérieurs au nombre de cinq, à écailles de la queue épineuses.

Tête armée, au niveau des régions sus-oculaires, de deux grandes et fortes épines simulant une paire de cornes; cou entouré, en dessus et sur les côtés, d'un collier épineux et surmonté, au delà de ce collier, d'une volumineuse protubérance presque sphérique, couverte d'épines dont deux surtout l'emportent de beaucoup sur les autres par leurs grandes dimensions; tronc, queue et membres revêtus d'écailles granuleuses, entremêlées de longues épines disposées en séries longitudinales et régulières.

Si, par les caractères indiqués dans la première partie de cette diagnose, le singulier animal décrit, pour la première fois, par M. Gray doit prendre rang auprès des STELLIONS, la physionomie toute particulière que lui donne l'armure épineuse dont il est revêtu nécessite son classement tout à fait à la fin de la famille des Iguaniens. Il diffère, en effet, assez de tous les genres connus, pour qu'il soit inutile d'entrer ici dans les détails comparatifs ordinairement indispensables pour la détermination exacte de la place qu'un genre doit occuper dans un système de classification méthodique.

Les seuls Iguaniens avec lesquels le MOLOCH semble, au premier abord, avoir quelque ressemblance sont les PHRYNOSOMES; mais ces derniers font partie de la sous-famille des PLEURODONTES; ils sont, d'ailleurs, bien loin d'être armés comme le MOLOCH, et surtout ils n'ont pas ses cornes sus-oculaires, ni sa bizarre protubérance cervicale. La confusion serait donc impossible.

Les particularités suivantes doivent servir à compléter la description sommaire de ce nouveau genre :

Les écailles des régions supérieures, fort inégales entre elles, sont toutes légèrement bombées et granuleuses, de sorte que, examinées à la loupe, chacune offre un aspect un peu analogue à celui d'une mûre dont la partie la plus saillante est presque toujours surmontée d'une pointe épineuse plus ou moins aiguë, mais souvent très-développée sur les écailles, plus grandes que les autres, qui entourent la base des grandes épines. Ces dernières, y compris les deux de la région occipitale, au-devant du collier, forment, depuis la protubérance cervicale jusqu'à l'extrémité de la queue, deux rangées parallèles séparées par la ligne médiane. En dehors de chacune d'elles, il y en a quatre autres séries, également parallèles, de dimensions ainsi graduées : les deux plus inférieures garnissent les flancs; elles sont plus longues que celles des deux rangées latérales du dos, lesquelles ont, elles-mêmes plus de hauteur que les épines qui bordent la ligne médiane. De la régularité de leur arrangement, il résulte que le tronc est revêtu en dessus, non-seulement de rangs longitudinaux, mais encore de rangées transversales de grandes écailles épineuses dont les plus externes sont les plus longues. Les quatre séries dorsales se continuent sur chaque moitié des faces supérieure et latérales de la queue. Sur les membres, on compte, en dessus, trois ou quatre rangs réguliers d'épines semblables aux précédentes.

A leur face inférieure, le tronc, la queue et les membres sont moins bien protégés : on n'y voit plus, en effet, au milieu des écailles granuleuses, que des écailles à carènes saillantes et plus ou moins aiguës à leur extrémité postérieure, qui se relève en pointe sans jamais atteindre à l'acuité et aux dimensions infiniment plus considérables des longs aiguillons des régions supérieures.

Sous le cou, qui est étroit et bien distinct du tronc, la peau forme un pli garni à son bord de tubercules faiblement épineux. Les doigts sont courts et couverts, en dessus comme en dessous, d'écailles fortement carénées.

(1 espèce.)

1. M. hérissé. *Horridus* Gray.

D'un brun tirant sur le rouge, un peu moins foncé en dessous qu'en dessus, où il est orné de grandes taches noires; sur les régions inférieures, des taches rougeâtres à bordure sombre.

De chaque côté du cou, commence une tache étroite qui couvre la moitié correspondante de la protubérance cervicale et se continue plus bas que l'épaule; sur le dos, à une égale distance des membres antérieurs et des postérieurs, à droite comme à gauche, on en voit une large et irrégulière, puis deux allongées et beaucoup plus petites, au niveau du bassin; elles sont suivies, sur la base de la queue, de deux autres aussi étroites, mais plus longues. Quoique très-rapprochées au niveau de la ligne médiane, toutes ces taches, d'un noir profond, sont séparées par un très-petit espace où apparaît la teinte brune. Le milieu et les côtés de la queue, ainsi que les flancs, sont irrégulièrement tachetés de noir. Les membres portent de larges bandes obliques noirâtres. Sur la poitrine, il y a une tache d'une teinte rougeâtre foncé, divisée en arrière, entourée par une ligne sombre; d'autres taches, de couleur semblable, et bordées de même, mais d'une forme différente et irrégulière, se voient sous le ventre, l'une, en avant, beaucoup plus large que longue, l'autre, en arrière, de forme allongée, se prolonge sous la queue où elle en précède deux d'apparence semblable.

On compte, à la mâchoire supérieure, 4 incisives, 2 canines et 26 molaires inclinées en dedans.

Longueur totale, 0^m,165; tête, 0^m,016; tronc, 0^m,073; queue, 0^m,076.

Prov. de la Riv. des Cygnes (N.-Hollande) : *M. J. Verreaux*. 3 individus parfaitement semblables entre eux.

VIᵉ FAMILLE. — LACERTIENS ou AUTOSAURES.

Corps très-allongé, surtout dans la région de la queue; quatre pattes fortes, à doigts distincts, allongés, coniques, inégaux, onguiculés; tête rétrécie en avant, couverte de plaques polygones, à tympan visible; bouche très-fendue, bordée de grandes écailles labiales; langue libre, plate, plus ou moins extensible, mais dont la base se loge quelquefois dans un fourreau, toujours échancrée à la pointe ou fendue profondément; dos sans crête; cou sans goître ou sans fanon, mais le plus souvent à plis transversaux simulant une sorte de collier de grandes écailles; dessous du ventre protégé par de grandes plaques disposées en bandes régulières. (*Erpét. génér.*, t. V, p. 1.)

(DEUX SOUS-FAMILLES : PLÉODONTES ET COELODONTES.)

Iʳᵉ SOUS-FAMILLE. — *PLÉODONTES.*

Dents complétement solides, sans aucune cavité à l'intérieur et très-solidement fixées par leurs bords et par leur face externe dans une rainure creusée le long du bord interne des mâchoires, de sorte que leur extrémité libre semble toujours un peu jetée en dehors.

(10 GENRES, 22 *espèces.*)

1ᵉʳ GROUPE. — LACERTIENS PLÉODONTES A QUEUE COMPRIMÉE.

(COMPRESSICAUDES ou CATHÉTURES.)

(3 GENRES, 3 *espèces.*)

Iᵉʳ GENRE. — CROCODILURE. *CROCODILURUS* Dum. Bib.

Langue à base non engaînante, divisée assez profondément à sa pointe; palais non denté; dents intermaxillaires coniques, maxillaires comprimées, les antérieures simples, les postérieures tricuspides; narines ouvertes entre trois plaques ou entre deux seulement, au niveau de la suture transversale qui réunit ces deux plaques; deux plis transversaux simples sous le cou; plaques ventrales petites, quadrilatères, lisses, en quinconce; des pores fémoraux; deux des doigts postérieurs dentelés latéralement.

(1 *espèce.*)

1. C. LÉZARDET. *Lacertinus* Dum. Bib. (*Erpét. génér.*, t. V, p. 46).
Mission de Sarayacou, près de la rivière de l'Ucayali (Haut-Amazone, Pérou) : MM. de Castelnau et Em. Deville.

IIᵉ GENRE. — THORICTE. *THORICTES* Wagler.

Palais non denté; dents intermaxillaires coniques, maxillaires tuberculeuses chez les adultes; narines ouvertes entre deux plaques placées l'une sur le dessus, l'autre sur le côté du museau, au niveau de la suture longitudinale qui réunit ces deux plaques; sous le cou, un double pli non bordé de scutelles; plaques ventrales petites, quadrilatères, lisses, en bandes subobliques; des pores inguinaux; troisième et quatrième orteils dentelés à leur bord interne.

(1 espèce.)

1. T. DRAGONNE. *Dracæna* Dum. Bib. (*Erpét. génér.*, t. V, p. 56).
Ada guianensis Gray, *Cat. of Liz.*, p. 25.
Cayenne : *M. de Laborde.*
Unique.

III° GENRE. — NEUSTICURE.- *NEUSTICURUS* Dum. Bib.

Langue à base non engaînante, médiocrement allongée, assez profondément divisée à sa pointe; palais non denté; dents intermaxillaires coniques; dents maxillaires comprimées, tricuspides; narines ouvertes au centre d'une grande plaque ovale latérale; sous le cou, un simple pli transversal; plaques ventrales petites, quadrilatères, lisses, imbriquées, à bord libre arrondi, en séries longitudinales rectilignes; doigts non dentelés sur leurs bords; des pores fémoraux.

(1 espèce.)

1. N. A DEUX CARÈNES. *Bicarinatus* Dum. Bib. (*Erpét. génér.*, t. V, p. 64).
Amér. mérid. : donné par la *Faculté de Méd. de Paris*, et, en particulier, village de Naota, rive gauche du Bas-Amazone (Brésil) : *MM. de Castelnau et Em. Deville.* — Ages divers.

II° GROUPE. — LACERTIENS PLÉODONTES A QUEUE CONIQUE.
(CONICICAUDES OU STRONGYLURES.)

(7 GENRES, 19 *espèces.*)

IV° GENRE. — APOROMÈRE. *APOROMERA* Dum. Bib.
Callopistes Gravenhorst.

Langue à base non engaînante, échancrée au bout; palais denté, dents intermaxillaires coniques, simples; dents maxillaires comprimées, les premières simples, les suivantes échancrées au sommet de leur bord antérieur; narines percées entre trois plaques; sous le cou, deux plis transversaux simples; plaques ventrales petites, quadrilatères, lisses, en quinconce; pas de pores fémoraux; doigts postérieurs à bord interne tuberculeux; queue cyclo-tétragone.

(2 *espèces.*)

1. A. PIQUETÉ DE JAUNE. *Flavipunctata* Dum. Bib. (*Erpét. génér.*, t. V, p. 72).
Callopistes flavipunct. Gray, *Cat. of Liz.*, p. 17.
Amér. mérid. : 2 individus adultes.

2. A. ORNÉ. *Ornata* Dum. Bib. (*Erpét. génér.*, t. V, p. 76).
Callopistes cœlestis Gray, *Cat. of Liz.*, p. 17.
APOR. ORNÉ Guichenot, *Rept.* in *Hist. de Chile* de Cl. Gay, p. 58, pl. 3, fig. 1.
Chili : *M. Gay*, et, en particulier, Valparaiso : *M. Dubois.*
Ages divers.

LACERTIENS PLÉODONTES.

V° GENRE. — SAUVEGARDE. *SALVATOR* Dum. Bib.

Langue à base engaînante, fort longue, très-extensible, divisée à sa pointe en deux filets grêles; palais non denté; dents intermaxillaires crénelées; premières dents maxillaires en crocs; les suivantes droites, tricuspides dans le jeune âge, tuberculeuses chez les vieux sujets; narines ouvertes entre une naso-rostrale, une naso-frénale et la première labiale supérieure; sous le cou, deux ou trois plis transversaux simples; écailles du dos petites, lisses, non imbriquées; plaques ventrales également lisses et non imbriquées; des pores fémoraux; deux des doigts postérieurs dentelés à leur bord interne; queue cyclo-tétragone, un peu comprimée à son extrémité libre.

(2 espèces.)

1. S. DE MÉRIAN. *Merianæ* Dum. Bib. (*Erpét. génér.*, t. V, p. 85).
   Monitor teguixinus Ranzani, *De Tupinambidibus*, 1836, tab. 2, n° 1-11.
   Tejus Teguexim Gray, *Cat. of Liz.*, p. 16.
   Brésil : *Delalande, M. Aug. Saint-Hilaire, M. Poyer*. Montevideo : *M. d'Orbigny*.
   Ages divers. V. V. *Vélins*, n° 89.
2. S. PONCTUÉ DE NOIR. *Nigropunctatus* Dum. Bib. (*Erpét. génér.*, t. V, p. 90).
   Tejus nigropunct. Gray, *Cat. of Liz.*, p. 16.
   Amér. mérid., et, en particulier, Cayenne et La Mana : *Leschenault et Doumerc*.
   Ages divers. V. V.

VI° GENRE. — AMÉIVA. *AMEIVA* Cuvier.

Langue à base engaînante, longue, divisée à son extrémité en deux filets grêles; deux ou trois plis transversaux sous le cou; palais le plus souvent non denté; dents maxillaires comprimées, les postérieures tricuspides; des pores fémoraux; de grandes plaques élargies sous les jambes; doigts non carénés en dessous; bord interne de ceux de derrière tuberculeux; queue cyclo-tétragone.

(8 espèces.)

1. A. COMMUN. *Vulgaris* Lichtenstein (*Erpét. génér.*, t. V, p. 100).
   A. surinamensis Gray, *Cat. of Liz.*, p. 18.
   Surinam : donné par le *Musée de Leyde*. Cayenne : *M. de Saint-Amand*.
   La Mana : *Leschenault et Doumerc*. Brésil : *Delalande, M. Langsdorff*, et, en particulier, Rio-de-Janeiro : *M. Gaudichaud*. Buenos-Ayres : *M. d'Orbigny*.
   ♂♂ : taches et linéoles confluentes, d'un noir plus ou moins intense sur la tête, sur le cou et sur le dos.
   ♀♀ : point de taches ni de linéoles noires; une bande noire, quelquefois ponctuée ou bordée de blanc, étendue de l'œil à la queue.
   Ages divers.
1 bis. A. ONDULÉ. *Undulata* Dum. Bib.
   Am. undulata. Wiegmann, MSS. et in *Mus. Berol.*
   Cnemidophorus undulatus Wiegmann, *Herpet. mexic.*, p. 27.
   Ameiva vulgaris? Dum. Bib. (*Erpét. génér.*, t. IV, p. 100).
   Am. und. Gray, *Cat. of Liz.*, p. 20.
   b.

Talons non hérissés de tubercules; écailles caudales carénées; plaques ventrales disposées en huit séries longitudinales; écailles médianes du pli transversal du cou et celles du milieu de la région gulaire très-grandes, scutelliformes, à peine imbriquées : ces dernières formant, par leur réunion, une sorte de figure triangulaire à sommet antérieur; narines ouvertes dans la plaque naso-rostrale et un peu dans la naso-frénale; trois scutelles seulement, sur chaque région sus-oculaire.

L'analogie entre cette espèce et la précédente est assez grande : aussi les auteurs de l'*Erpét. génér.*, qui ne la connaissaient que par la description de M. Wiegmann, ne l'avaient-ils pas admise et l'inscrivaient-ils, avec un point de doute, il est vrai, parmi les synonymes de l'A. COMMUN. Maintenant que le Muséum doit à la générosité de M. Morelet un AMÉIVA en bon état de conservation qui, par tout l'ensemble de ses caractères, se rapporte exactement au type de l'*Erpét. mexicaine*, l'espèce dont il s'agit doit prendre rang dans ce genre, auquel elle appartient par la conformation de sa langue à base engaînante et par l'absence de dents au palais.

Si elle se rapproche de celle qui la précède immédiatement par sa forme générale, par les dimensions de certaines écailles de la gorge et du pli antéro-pectoral plus grandes que les autres et enfin par la manière dont les narines s'ouvrent entre deux plaques, elle s'en distingue cependant avec facilité. Ainsi le triangle que ces grandes plaques de la région gulaire forment, par leur ensemble, est une particularité tout à fait propre à cet AM. Il en est de même pour le nombre des scutelles sus-oculaires qui, dans cette espèce, comme dans la suivante, au reste, est moins considérable que chez leurs congénères : ici, en effet, il n'y en a que trois au lieu de cinq, et les écailles qui bordent cette région offrent une disposition spéciale consistant en ce que la première est petite, la seconde étroite et presque aussi longue que l'œil, tandis que les trois dernières, égales entre elles, ont de petites dimensions. Les plaques ventrales enfin sont disposées, non pas sur dix, mais seulement sur huit rangées longitudinales.

Par son système de coloration, l'AM. OXOULÉ se distingue des autres espèces.

Il est sur le dos d'un vert brun, relevé, à la région postérieure, par des lignes transversales noirâtres, irrégulières; ses flancs sont ornés de taches verticales, les unes d'un vert pâle, les autres foncées; plus bas, il y en a de rougeâtres, et toute la face inférieure de la tête et du cou est d'une belle nuance orangée, comme le montre un dessin fait sur le vivant par M. Morelet. La queue, de la même couleur que le tronc, porte aussi, en dessus, des linéoles d'une teinte sombre, mais plus nombreuses; elle est blanc verdâtre en dessous.

Longueur totale, $0^m,43$; tête, $0^m,035$; tronc, $0^m,090$; queue, $0^m,305$.

Province du Peten (Amér. centrale) : *M. Morelet. — Unique.*

Variété. Le Muséum possède un second individu de cette espèce, également originaire du Mexique. Il appartient à la variété établie par M. Wiegmann, et qu'il a caractérisée par la disposition des taches blanches et arrondies des flancs, lesquelles forment, de chaque côté, une sorte de bande longitudinale.

1 ter. A. A SEPT RAIES. *Septemlineata* A. Dum.

Talons non hérissés de tubercules; écailles caudales carénées; six rangées longitudinales de plaques ventrales; sur la région sus-oculaire, deux plaques seule=

ment; *les autres plaques céphaliques irrégulières; frontale divisée en quatre petites plaques, et, au-devant des cinq occipitales, une rangée transversale de cinq autres plaques semblables, précédées elles-mêmes de trois scutelles; une ligne jaunâtre médiane, étendue du bout du museau à l'extrémité de la queue et bordée, de chaque côté, par trois autres lignes également espacées.*

Si, par l'absence de tubercules aux talons, par le nombre des rangées de plaques ventrales, lequel ne dépasse pas dix, et enfin par la présence de carènes sur les écailles de la queue, cette espèce nouvelle s'éloigne forcément de celles qui, dans l'*Erpét. génér.*, portent les n°s 2, 3, 5 et 6, elle diffère aussi beaucoup de l'A. COMMUN et de l'A. DE PLÉE, par les caractères indiqués dans la diagnose et dont les plus remarquables sont : le petit nombre des scutelles abdominales, l'irrégularité de l'écaillure céphalique et surtout la disposition des plaques sus-oculaires. C'est, en effet, comme au milieu d'un semis de petites granulations que sont placées, l'une au-devant de l'autre, ces deux plaques. Cet AMÉIVA, en outre, se distingue de celui DE PLÉE par le mode d'ouverture des narines dont l'orifice est situé sur les plaques naso-rostrale et naso-frénale.

Les écailles de la gorge, surtout les médianes, sont un peu plus grandes que celles de la région sous-maxillaire, mais beaucoup plus petites que les scutelles du pli antéro-pectoral.

La carène des écailles latérales de la queue est assez développée pour former, de chaque côté, sur le premier tiers environ de cet organe, un rang de petites épines un peu saillantes.

La teinte générale des parties supérieures est un vert-bronze sur lequel se détachent sept lignes jaunes. Celle du milieu, partie du bout du museau, se prolonge, sans interruption, jusqu'à l'extrémité de la queue où elle a plus de largeur que sur le tronc. A droite et à gauche, il y a une raie semblable : elle commence derrière l'œil et se continue sur le côté de la queue. Une deuxième, née au-dessous de l'œil, occupe le flanc et va se perdre sur la queue, et la troisième enfin part du bord inférieur du tympan et, longeant la ligne de jonction du flanc et de l'abdomen, cesse au niveau des membres postérieurs, dont les faces supérieure et externe sont, comme celles des membres de devant, vermiculées de jaunâtre. L'animal est en dessous d'un vert uniforme plus clair qu'en dessus.

Longueur totale, 0m,12; tête, 0m,019; tronc, 0m,045; queue mutilée, 0m,056. Amérique mérid. TYPE. — Unique.

2. A. DE SLOANE. *Sloanei* Dum. Bib. (*Erpét. génér.*, t. V, p. 107).
A. *dorsalis* Gray *Cat. of Liz.*, p. 19.
Jamaïque : ad. et âge moyen, 2 individus.

3. A. D'AUBER. *Auberi* Cocteau (*Erpét. génér.*, t. V, p. 111).
Cuba : *M. Ramon de la Sagra*. Ad., âge moyen et j. âge. TYPES de Cocteau, *Rept.* in *Hist. de l'île de Cuba* de Ramon de la Sagra, p. 74, pl. 6.

4. A. DE PLÉE. *Pleii* Dum. Bib. (*Erpét. génér.*, t. V, p. 114).
Martinique : *Plée*, ad. et j. âge. Haïti : *M. Ricord*, âge moyen, TYPES.
Mexique : âge moyen.

5. A. (LE GRAND). *Major* Dum. Bib. (*Erpét. génér.*, t. V, p. 117).
Cayenne : *Milius*, ad. et âge moyen, et île de la Trinité (Antilles) : *M. Lherminier*, adulte, TYPES.

116   SAURIENS.

6. A. LINÉOLÉ. *Lineolata* Dum. Bib. (*Erpét. génér.*, t. V, p. 119).
    Haïti : *M. le docteur Bally*. TYPE.
    Unique.

VIIe GENRE. — CNÉMIDOPHORE. *CNEMIDOPHORUS* Wagler.

Langue à base non engaînante, médiocrement longue, divisée à son extrémité en deux filets; un double pli transversal sous le cou; palais denté; dents maxillaires comprimées, les postérieures tricuspides; des pores fémoraux; de grandes plaques élargies sous les jambes; doigts non carénés en dessous; queue cyclo-tétragone.

(4 *espèces*.)

1. C. MURIN. *Murinus* Dum. Bib. (*Erpét. génér.*, t. V, p. 126).
    Guyane. — *Unique*, ♂ avec un éperon de chaque côté de l'anus.

2. C. GALONNÉ. *Lemniscatus* Dum. Bib. (*Erpét. génér.*, t. V, p. 128).
    Amér. mérid. : donné par la *Société zool. de Londres*, et, en particulier, Côte-Ferme : *M. Bauperthuis*. Surinam : donné par le *Musée de Leyde*. Cayenne : *Cl. Richard*, *M. Banon*. Martinique : *M. Plée*.
    ♂♂ : un éperon de chaque côté de l'anus.
    ♀♀ : pas d'éperons.

3. C. A SIX RAIES. *Sexlineatus* Dum. Bib. (*Erpét. génér.*, t. V, p. 131).
    New-York : *Milbert*. Charleston (Caroline du Sud) : *MM. Noisette, Holbrook, Lherminier*. Savannah : *M. Villaret*. Nouv.-Orléans : *M. Barabino*. Vera-Cruz. La Havane : *M. Morelet*. Martinique : *Plée*.
    Ages divers.
    Variété (*Cnemidoph. guttatus* Wiegm., *Herpet. mexic.*, p. 29).
    Elle a pour TYPE un individu originaire de la Vera-Cruz.
    Son système de coloration est tout à fait conforme à la description suivante de M. Wiegmann : La couleur des parties supérieures est un vert-olive semé de taches d'un vert blanchâtre, disposées en séries longitudinales au nombre de quatre. La région supérieure des flancs est ornée d'une bande noire, liserée de blanc sur ses bords.
    Ces particularités, considérées par les auteurs de l'*Erpét. génér.* comme dues à l'âge, en raison de la grande taille de ce spécimen qu'ils ont signalé, puis ces dimensions, qui dépassent celles de tous les autres CN. A SIX RAIES, et enfin quelques différences dans l'écaillure du bord surciliaire motiveraient peut-être l'adoption de l'espèce fondée par M. Wiegmann. Ce qui semblerait, en outre, y autoriser, c'est que ce naturaliste a vu des sujets de différents âges et que les jeunes, dit-il, ont le même système de coloration, seulement avec des taches moins apparentes. Quoi qu'il en soit, l'échantillon du Muséum étant unique, il convient de le laisser dans l'espèce où il a été rangé, en le considérant provisoirement comme le représentant d'une *Variété*.

4. C. LACERTOÏDE *Lacertoides* Dum. Bib. (*Erpét. génér.*, t. V, p. 134).
    Monte-Video : *M. d'Orbigny*. TYPE. Id. : *M. Darwin*, adulte et j. âge.

VIII° GENRE. — DICRODONTE. *DICRODON* Dum. Bib.

Dents maxillaires légèrement aplaties d'avant en arrière, à couronne bifide; palais non denté; langue à base non engaînante, médiocrement longue, divisée en deux filets à son extrémité; de grandes scutelles sous les jambes; des pores fémoraux; cinq doigts à chaque patte; queue cyclo-tétragone.

(1 espèce.)

1. D. A GOUTTELETTES. *Guttulatum* Eydoux (*Erpét. génér.*, t. V, p. 138).
Pérou : *MM. Eydoux et Souleyet*. TYPE. — *Unique*.

IX° GENRE. — ACRANTE. *ACRANTUS* Wagler.

Cinq doigts en avant, quatre seulement en arrière; palais denté; dents maxillaires postérieures légèrement aplaties d'avant en arrière, à couronne bifide; langue à base non engaînante, divisée en deux filets à son extrémité; de grandes scutelles sous les jambes; des pores fémoraux; queue cyclo-tétragone.

(1 espèce.)

1. A. VERT. *Viridis* Wagler (*Erpét. génér.*, t. V, p. 143).
Acr. *Teyou* Gray, *Cat. of Liz.*, p. 23.
Prov. de Santa-Cruz de la Sierra (Bolivia) : *M. d'Orbigny*. Buenos-Ayres : *Id*. Monte-Video : *Id*. Brésil : *M. Liautaud* (expédit. de *la Danaïde*).

X° GENRE. — CENTROPYX. *CENTROPYX* Spix.

Plaques de la gorge et du ventre imbriquées et carénées; un seul pli transversal sous le cou; langue, quoique à base engaînante, beaucoup plus rétrécie en avant qu'en arrière, où le bord de la région couverte de papilles forme un angle rentrant, ce qui lui donne de la ressemblance avec un fer de flèche, comme dans les genres où elle n'est pas rétractile dans un fourreau; dents maxillaires comprimées, les premières simples, les postérieures tricuspides; narines ouvertes dans les plaques naso-rostrale et naso-frénale; cinq doigts à chaque patte; des pores fémoraux.

(2 espèces.)

1. C. ÉPERONNÉ. *Calcaratus* Wagler (*Erpét. génér.*, t. V, p. 149).
Amér. mérid. : donné par la *Faculté de Médecine de Paris*, et, en particulier, Cayenne : *M. Leprieur*. La Mana : *Leschenault et Doumerc*. Surinam : *Levaillant*. Brésil : *MM. de Castelnau et Em. Deville*, Individu chez lequel les écailles du pli sous-collaire forment une dentelure en scie, comme dans l'espèce suivante, mais qui appartient à celle-ci par tous les autres caractères.

♂♂ : de chaque côté de la région pré-anale, deux ergots d'une certaine longueur et dont la pointe, courbée vers le haut, est dirigée en dehors.
♀♀ : pas d'ergots.
Ages divers.

2. C. STRIÉ. *Striatus* Gray (*Erpét. génér.*, t. V, p. 151).
Surinam : *M. Roze*. La Mana : *Leschenault et Doumerc*.

IIe SOUS-FAMILLE. — *COELODONTES.*

Dents creusées par une sorte de canal et retenues peu solidement aux os maxillaires, contre lesquels elles sont appliquées dans une position verticale, comme une muraille droite placée dans la rainure pratiquée le long du bord interne de l'os, et au fond de laquelle elles n'adhèrent jamais complétement par leur base.

(9 GENRES, 44 *espèces.*)

1re TRIBU. — LACERTIENS COELODONTES A DOIGTS LISSES. (*LÉIODACTYLES.*)

Doigts non dentelés sur les bords, ni carénés sur la ligne médiane inférieure.

(3 GENRES, 21 *espèces.*)

XIe GENRE. — TACHYDROME. *TACHYDROMUS* Daudin.

Queue très-longue; des pores inguinaux; point de pores fémoraux; langue à base non engaînante, divisée à son extrémité en deux petits filets aplatis, couverte de papilles semblables à des plis en chevrons, à sommet antérieur; palais denté ou non denté; premières dents maxillaires simples, les suivantes tricuspides; narines ouvertes chacune dans une seule plaque, au sommet de la région frénale; un collier squameux, dentelé, peu marqué; squames ventrales imbriquées, lisses ou carénées.

(2 *espèces.*)

1. T. A SIX RAIES. *Sexlineatus* Daudin (*Erpét. génér.*, t. V, p. 158).
Chine : *M. Gernaert.* Cochinchine : *Diard.* Java : donnés par le *Musée de Leyde.* Indes or. : 4 individus parmi lesquels il s'en trouve un qui est « en dessus d'un beau brun très-foncé, avec une petite ligne blanche et longitudinale sur chaque flanc et avec une autre inférieure, assez semblable, comme effacée et d'un blanc légèrement jaunâtre en dessous. » C'est le TYPE du TAKYDROME BRUN A QUATRE RAIES Daudin, *Hist. Rept.*, t. III, p. 252, lequel ne diffère pas spécifiquement du TACH. A SIX RAIES, ainsi que l'ont établi les auteurs de l'*Erpét. génér.*

2. T. JAPONAIS. *Japonicus* Dum. Bib. (*Erpét. génér.*, t. V, p. 161).
Tachysaurus japon. Gray, *Cat. of Liz.*, p. 52.
Japon : 2 individus donnés par le *Musée de Leyde*, où ils ont servi de TYPES au *Lacerta tachydromoides* Schlegel, *Fauna japonica Saur. et Batr.*, tab. 1, fig. 5, 6, 7.

XIIe GENRE. — TROPIDOSAURE. *TROPIDOSAURA* Boié.

Écaillure des parties inférieures composée de petites lames minces, lisses, à bord libre un peu arrondi, imbriquées, offrant la plus grande analogie avec les écailles des Cyprins; langue à base non engaînante, échancrée à son extrémité libre, à papilles squamiformes, imbriquées; palais denté ou non denté; premières dents maxillaires simples, les suivantes tricuspides; narines ouvertes chacune dans une seule plaque,

LACERTIENS COELODONTES. 119

sous le sommet de la région frénale; pas de pli, ni de collier squameux sous le cou, mais un petit repli de la peau devant chaque épaule; des pores fémoraux.

(3 espèces.)

1. T. ALGIRE. *Algira* Fitzinger (*Erpét. génér.*, t. V, p. 168).
Guichenot, *Explor. scientif. de l'Algérie*, *Rept.*, p. 9.
Pyrénées : *M. Rambure.* Hyères : *M. L. Brisout de Barneville.* Espagne : *M. Teilleux*, et, en particulier, Algéziras (prov. de Cadix) : *MM. Quoy et Gaimard.* Algérie : *M. Guichenot*, *M. H. Lucas*, et, en particulier, Alger : *M. Nivoy.* Bone : *M. Steinhel*, *M. Guyon.*
Ages divers V. V.

2. T. DU CAP. *Capensis* Dum. Bib. (*Erpét. génér.*, t. V, p. 171).
Algira capensis Smith, *Magaz. of nat. hist. of Charlesworth* (new series), t. II, p. 94; et *Illustrat. of the Zool. of south Afr.*, *Rept.*, *Append.*, p. 7.
Manque.

3. T. MONTAGNARD. *Montana* Boié (*Erpét. génér.*, t. V, p. 172).
Cap de Bonne-Espér. : 2 individus, l'un tacheté de noir sous le ventre et sous la queue, l'autre, rapporté par *M. J. Verreaux*, à régions inférieures sans taches.
M. Smith (*loc. cit.*, p. 7) décrit, sans les figurer, et sous les noms de *Tropidosaura Dumerilii* et *Tropidosaura Burchelii*, deux espèces que le Muséum ne possède pas.

XIII° GENRE. — LÉZARD. *LACERTA* Cuvier.

Collier squameux sous le cou; scutelles ventrales quadrilatères, plates, lisses, en quinconce; des pores fémoraux; langue à base non engaînante, médiocrement longue, échancrée au bout, couverte de papilles squamiformes, imbriquées; premières dents maxillaires simples, les suivantes obtusément tricuspides; narines s'ouvrant latéralement, dans une seule plaque, sous le sommet de la région frénale.

(3 GROUPES, 16 espèces.)

Ier GROUPE. — *Espèces à écailles du dos grandes, rhomboïdales, carénées, très-distinctement entuilées.*

(3 espèces.)

1. L. PONCTUÉ DE NOIR. *Nigropunctata* Dum. Bib. (*Erpét. génér.*, t. V, p. 190).
Notopholis nigropunct. Gray, *Cat. of Liz.*, p. 35.
Corfou : *M. Soubeiran.* TYPE.
Unique.

2. L. MORÉOTIQUE. *Moreotica* Dum. Bib. (*Erpét. génér.*, t. V, p. 192).
Notopholis moreot. Gray, *Cat. of Liz.*, p. 35.
Morée : *Commiss. scientif.*, TYPE, et décrit sous le nom de *Algiroides moreot.* Bibr. et Bory de Saint-Vincent in *Expéd. scientif. de Mor.*, *Rept.*, p. 57, pl. 10, fig. 5 *a b c*, 3° série, genre qui n'a pas été adopté dans l'*Erpét. génér.*, parce qu'il ne présentait pas de véritables caractères génériques.

SAURIENS.

3. L. DE FITZINGER. *Fitzingerii* Dum. Bib. (*Erpét. génér.*, t. V, p. 194).
Sardaigne : *M. Ch. Bonaparte*, M. Gené.

IIe GROUPE. — *Espèces à écailles du dos plus ou moins oblongues, étroites, hexagones, tectiformes ou en dos d'âne, non imbriquées.*
(3 espèces.)

4. L. DES SOUCHES. *Stirpium* Daudin (*Erpét. génér.*, t. V, p. 196).
♂♂ (*Lacerta stirpium* Daudin, *Hist. Rept.*, t. III, p. 155, pl. 35, fig. 2).
Dos brun ou couleur de brique, soit uniformément, soit tacheté ou ocellé de noirâtre; flancs verts, ocellés de brun; ventre blanc ou piqueté de noir.
Environs de Paris.
♀♀ (*Lacerta arenicola* Daudin, *Hist. Rept.*, t. III, p. 230, pl. 38, fig. 2).
Dessus et côtés du corps d'un brun clair ou fauve; dos marqué d'une suite de taches noirâtres; le long des flancs, une ou deux séries de taches noires, pupillées de blanc.
Environs de Paris.
Jeune âge (*Seps argus* Laurenti, *Synops. Rept.*, p. 61 et 161, tab. 1, fig. 5 : *Lacerta Laurentii* Daudin, *Hist. Rept.*, t. III, p. 227).
Dessus et côtés du corps d'un cendré brunâtre, couverts de taches noires, ocellées de jaune.
Environs de Paris.
Variété à dos rouge. (*Seps ruber* Laurenti, *Synops. Rept.*, p. 62 et 169, tab. 3, fig. 3.)
Dessus du corps d'une belle couleur rouge de brique, parfois semé de petits points bruns, mais le plus souvent uniforme.
Environs de Paris.

5. L. VIVIPARE. *Vivipara* Jacquin (*Erpét. génér.*, t. V, p. 204).
Vienne (Autriche) : *M. Schreibers*, TYPE du *Lac. schreibersiana*, Milne Edwards, *Ann. Sciences nat.*, t. XVI, p. 83, pl. 5, fig. 5.
Mont-d'Or : *M. Isid. Geoffroy Saint-Hilaire*, *M. Em. Deville*. Forêt d'Eu (France) : *M. Guérin*. Pyrénées : *M. Rambure*. Angleterre : *M. Th. Bell*.
♂♂; ♀♀ avec des fœtus dans les oviductes.
Ages divers. V. V.

6. L. VERT. *Viridis* Daudin (*Erpét. génér.*, t. V, p. 210).
Lac. vir., Eichwald, *Faun. Casp.-Caucas.*, p. 66, *Zootoca exigua*, p. 71, tab. 10, f. 1, 2, 3, et *Lac. strigata*, p. 70, tab. 10, f. 4, 5, 6.
1° *Variété A* ou *concolore*. D'un beau vert pur ou jaunâtre en dessus, et d'un jaune serin ou légèrement verdâtre en dessous.
Tauride (Russie mérid.) : *M. Demidoff*. Perse : *Aucher-Eloy*. Oran : *M. le docteur Guyon*. Montpellier : *M. Raffeneau-Delile*. — Ages divers.
2° *Variété B* ou *tiquetée de noir*. Très-petits points noirs fort nombreux sur les régions supérieures, qui sont vertes ou d'un vert jaunâtre ou bleuâtre.
France (Morbihan) : *M. Lapylaie*, (Creuse) : *M. Génetoux*. Vélins, n° 90.
3° *Variété C* ou *tiquetée de jaune*. Points jaunes très-nombreux et très-petits sur les régions supérieures, qui ont une couleur vert clair ou très-foncé, et plus volumineux sur la tête.

France, département de la Creuse : *M. Génetoux*. Forêt de Fontainebleau et environs de Paris. Espagne : *MM. E.* et *A. Grandidier.*

4° *Variété* D ou *à tête bleue.* Système de coloration semblable à celui des *variétés* B, C et E, mais avec le dessous et les côtés de la tête d'une belle teinte bleue.

Presqu'île de Giens (dép. du Var) : *M. de Freycinet.* Montpellier : *M. Raffeneau-Delile.*

5° *Variété* E ou *tachetée.* Sur un fond brun ou vert, des taches quadrilatères noirâtres, en nombre variable, disposées régulièrement ou sans ordre, presque toujours accompagnées de taches blanchâtres ou jaunâtres.

Tauride (Russie mérid.) : *M. Demidoff.* Espagne : *M. Graëlls.*

6° *Variété* F ou *tiquetée et tachetée.* Sur un fond semblable à celui soit de la *variété* B, soit de la *variété* C, quatre raies longitudinales jaunes ou blanches plus ou moins apparentes.

Turin : *M. Bonelli.*

7° *Variété* G ou *tachetée et à quatre raies.* Sur un fond d'un vert plus ou moins clair, quatre raies longitudinales d'un blanc-jaunâtre liséré de noir, bordées de taches, le plus souvent quadrilatères, noirâtres ou d'un vert très-foncé.

France (départ. de la Creuse) : *M. Génetoux.* Montpellier : *M. Raffeneau-Delile*, *M. Daube.* Turin : *M. Bonelli.* Sicile : *Bibron.* Tauride : *M. Demidoff.*

8° *Variété* H ou *à cinq raies.* Sur un fond soit vert-clair uniforme ou tiqueté de brun, soit brunâtre ou roussâtre, cinq raies longitudinales, dont une médiane, blanches ou jaunes lisérées de noir.

Corfou : *M. Soubeiran.* Ile de Crète : *M. Raulin.* Morée : *Commiss. scientif.* Région caspio-caucasienne : *M. Ménestriés.*

Trois individus ne pouvant être rangés dans aucune de ces huit *variétés.*

Corfou : *M. Soubeiran.* Morée : *Commiss. scientif.*

Ages divers. V. V.

III° GROUPE. — *Espèces à écailles du dos distinctement granuleuses, juxtaposées.*

(10 espèces.)

1° *Espèces à paupière inférieure squameuse et opaque.*

7. L. OCELLÉ. *Ocellata* Daudin (*Erpét. génér.*, t. V, p. 218).

Guichenot, *Explor. scientif. de l'Algérie*, *Rept.*, p. 10.

Provence : adulte, TYPE du LÉZARD VERT Lacépède, *Quadrup. ovip.*, in-18, t. II, p. 19, pl. 1. Provence : j. âge. Montpellier : *Dugès.* Toulon : *M. de Freycinet.* Espagne : *M. Teilleux*, Adulte, *M. Duméril*, j. âge, et, en particulier, Gibraltar : *MM. Quoy et Gaimard.* Alger : *M. Nivoy.* Bone : *M. Gérard.* Id. : *M. le docteur Guyon*, 2 individus adultes, l'un d'un vert-clair uniforme, l'autre avec la livrée du jeune âge. Algérie : *M. Guichenot*, un individu semblable à ce dernier et un autre concolore, à deux queues. Dép. des Pyrénées-Orient. : un spécimen également à queue double.

Ages divers. V. V. *Vélins*, n° 91.

8. L. DU TAURUS. *Taurica* Pallas (*Erpét. génér.*, t. V, p. 225).

Zootoca taurica Gray, *Cat. of Liz.*, p. 29.

♂ ♂ d'un vert olivâtre en dessus; et sur les parties latérales du cou et du tronc, des taches noires, confluentes, en zigzags, quelquefois des raies latérales très-peu apparentes.

♀♀ d'un vert olivâtre en dessus, et de chaque côté du dos, deux raies blanchâtres ou jaunâtres, séparées par un semis de points noirs.

Morée : *Commiss. scientif.*, adultes ♂♂ et ♀♀ représentés, mais à tort, sous le nom de *Lacerta muralis* par Bibron et Bory de Saint-Vincent in *Expéd. scientif. de Morée*, *Rept.*, p. 66, 3ᵉ série, pl. 10, fig. 2, *a, b, c, d* (mâle) et fig. 3, *a, b, c, d* (femelle).

Id. : *id.*, jeune âge, individu unique d'un brun foncé en dessus, avec deux raies blanches sur le milieu du dos et deux autres semblables le long de chaque flanc, TYPE du *Lacerta peloponesiaca* Id. Id., *loc. cit.*, pl. 10, fig. 4, espèce qui n'a pas été conservée dans l'*Erpét. génér.*, parce qu'elle n'offrait pas des caractères suffisamment distinctifs.

Corfou : *M. Soubeiran.* Sicile : *Bibron.* Perse : *Aucher-Éloy*, ♀ et j. âge à cinq bandes dorsales.

Ages divers.

9. L. DES MURAILLES. *Muralis* Latreille (*Erpét. génér.*, t. V, p. 228).
Zootoca muralis Gray, *Cat. of Liz.*, p. 28.
Lac. agilis Eichwald, *Faun. Casp.-Cauc.*, p. 68.
Léz. DES MURAILLES Guichenot, *Rept.* in *Explor. scientif. de l'Algérie*, p. 11.

1° *Variété* A. D'un gris olivâtre en dessus, quelquefois relevé, de chaque côté du dos, par une raie longitudinale plus claire; sur le haut des flancs, qui sont bruns, de petites taches blanchâtres.

Sicile : *Bibron*, *M. Alex. Lefebvre*.

2° *Variété* B. Dessus de la tête olivâtre; dos d'un vert grisâtre, quelquefois doré, et offrant, à droite et à gauche, une raie blanchâtre placée entre deux séries de points noirs, et chez certains individus, une raie médiane semblable; régions inférieures blanches, ou d'un rouge de brique, ou d'un rose plus ou moins foncé.

Dalmatie : donné par le *Musée de Leyde*. Naples : *M. de Savigny*. Ile de Ténériffe : *Delalande*.

3° *Variété* C. Dessus de la tête d'un fauve-olivâtre irrégulièrement tacheté de noir; de chaque côté du dos, qui est roussâtre ou grisâtre, une large bande noire, longitudinale, coupée, dans toute sa longueur, par deux raies blanches; des gouttelettes blanchâtres sur les membres et deux séries de taches noires sur la queue.

France, et, en particulier, Marseille : *M. Roux.* Corse : *M. Rambure.* Ile de Crète : *M. Raulin.* Tauride : *M. Demidoff.* Algérie : *M. Guichenot*.

Ages divers.

4° *Variété* D. *Lacerta maculata* Daud., *Hist. Rept.*, t. III, p. 208, pl. 37, fig. 2. Ne diffère de la variété précédente que par la présence sur le dos de taches plus ou moins serrées les unes contre les autres, formant des séries transversales ondulées. Les bords des bandes noires latérales sont quelquefois crénelés ou comme déchiquetés.

France, et, en particulier, Marseille : *M. Sicard.* Toulon : *M. Banon*, *M. Laurent.* Hautes-Pyrénées (brèche de Roland) : *M. Isid. Geoffroy Saint-Hilaire.* Espagne : *M. Duméril.* Trébizonde.

Ages divers.

5° *Variété* E. Très-analogue à la précédente; seulement la ligne médiane du dos porte une bande noire un peu entrecoupée, formée par une série longitudinale de taches noires, séparées par de petits intervalles.

France : 2 individus à queue double, et, en particulier, Morbihan : *M. Lapylaie*. Marseille : *M. Roux*. Rome : *M. Ch. Bonaparte*. — Ages divers.

6° *Variété* F. Toutes les parties supérieures, à l'exception de la queue, piquetées de noir sur un fond gris-fauve, avec une bande latérale brune; régions inférieures d'un blanc jaunâtre; sous la gorge et sur la face externe des membres, de petits points noirs; quelquefois des taches bleues sur les flancs.

Cadix : *M. Rambure*.

7° *Variété* G. Dos gris-fauve ou tirant sur le vert, orné, sur la ligne médiane et latéralement, de trois séries de taches irrégulières noirâtres, entourées, chacune, plus ou moins complétement, d'une teinte très-claire; le plus souvent des taches bleues sur les flancs; régions inférieures d'un rouge brique chez certains individus.

France. Naples : *M. de Savigny*. Corse, et spécialement les régions septentrionales de cette île : *M. Rambure*. Sicile : *Bibron*.

8° *Variété* H. *Lacerta tiliguerta*? Cetti, *Amfib. e pesci di Sardegn.*, t. III, p. 15. Régions supérieures d'une belle couleur verte, devenant bleue ou ardoisée dans l'alcool; sur les flancs, des taches irrégulières brunes ou noirâtres, plus ou moins nombreuses; abdomen blanc glacé de verdâtre.

Rome : *M. Ch. Bonaparte*. Sicile : *Bibron*.

9° *Variété* I. Grisâtre en dessus, avec une bande médiane brune ou noire et ondulée; marbrures noirâtres sur les parties latérales du dos; régions inférieures blanches.

Corse : *M. Rambure*. Rome : *M. Ch. Bonaparte*, *M. Bailly*. Sicile : *Bibron*.

Ages divers.

10° *Variété* J. Régions supérieures d'un gris verdâtre, plus ou moins largement marbrées ou vermiculées de noir; les inférieures blanches.

Sud de la Corse : *M. Rambure*. Rome : *M. Ch. Bonaparte*. Naples : *M. de Savigny*. Sicile : *Bibron*, *M. Alex. Lefebvre*.

Ages divers.

11° *Variété* K. D'un noir profond en dessus, avec des marbrures ou un dessin vermiculaire formés par de nombreuses taches; régions inférieures blanches, avec des taches noires qui, quelquefois, les recouvrent presque en totalité.

Rome : *M. Ch. Bonaparte*. Naples : *M. de Savigny*.

10. L. OXYCÉPHALE. *Oxycephala* Schlegel (*Erpét génér.*, t. V, p. 235).
    Zootoca oxyceph. Gray, *Cat. of Liz.*, p. 29.
    Dalmatie : 2 individus donnés par le *Musée de Leyde*, où ils ont servi de TYPES au *Lac. oxyceph.* Schlegel (Musée de Leyde). Corse : *M. Rambure*.

11. L. DE DUGÈS. *Dugesii* Milne-Edwards (*Erpét. génér.*, t. V, p. 236).
    Teira Dugesii vel punctata Gray, *Cat. of Liz.*, p. 33.
    Podarcis Dug. Ch. Bonaparte.
    Madère : *Delalande*. Ile de Ténériffe : donné par le *Musée de Leyde*.

12. L. DE GALLOT. *Galloti* Dum. Bib. (*Erpét. génér.*, t. IV, p. 238).
    Lac. Gall. P. Gervais, *Hist. des Canaries* de Webb et Berthelot.
    Zootoca Gall. Gray, *Cat. of Liz.*, p. 30.
    Ile de Ténériffe : *Gallot*, *MM. Webb et Berthelot*. Origine inconnue.
    Ages divers.

13. L. DE DELALANDE. *Delalandii* Milne-Edwards (*Erpét. génér.*, t. V, p. 241, pl. 48).
Nucras Lalandii Gray, *Cat. of Liz.*, p. 33.

Variété A. Parties supérieures d'un gris-fauve roussâtre, semées d'un assez grand nombre de petites taches noires, pupillées de blanc; des gouttelettes noires sur les flancs et souvent aussi sur les régions inférieures.

Cap de B.-Espér. : *Delalande*, TYPES du *Lac. Delal.* Milne-Edwards, *Ann. des Sc. nat.*, t. XVI, p. 70 et 84, pl. 15, n° 6 et pl. 7, n° 5.

Le Muséum ne possède ni la *variété* B (*Lac. intertexta* Smith) ni la *variété* C.

14. L. MARQUETÉ. *Tessellata* Smith (*Erpét. génér.*, t. V, p. 244).
Nucras tessell. Gray, *Cat. of Liz.*, p. 33.

Variété A. Régions supérieures et latérales noirâtres, avec des raies blanches verticales sur les côtés du cou et du tronc, et avec quatre lignes longitudinales, d'un blanc pur, sur le premier tiers de l'étendue du dos.

Cap de B.-Espér. : *M. Smith.* — Unique.

Variété B. Régions supérieures et latérales noires; des linéoles blanches sur les côtés du cou, et des points de la même couleur sur les flancs; sur le cou et sur le tiers antérieur du dos, six raies longitudinales d'abord fort étroites et blanchâtres, mais qui s'élargissent et deviennent de plus en plus grises, à mesure qu'elles s'avancent vers la queue : de sorte que, sur la seconde moitié du dos, c'est le gris qui est le fond de la couleur et le noir, au contraire, qui se montre sous la forme de raies.

Cap de B.-Espér. : *M. Smith.* — *Unique*.

Le Muséum ne possède ni la *variété* C ni la *variété* D (*Lac. elegans* Smith).

15. L. A BANDELETTES. *Tæniolata* Smith (*Erpét. génér.*, t. V, p. 247).
Zootoca tæniolata Gray, *Cat. of Liz.*, p. 29.
Manque.

2° Espèce à paupière inférieure transparente ou perspicillée.

16. L. A LUNETTES. *Perspicillata* Dum. Bib. (*Erpét. génér.*, t. V, p. 249).
Thetia perspicillata Gray, *Cat. of Liz.*, p. 32.

LÉZ. A LUNETTES Guichenot, *Rept. in Explorat. scientif. de l'Algérie*, p. 12, pl. 1, fig. 3.

« On rencontre abondamment cette espèce, dit ce naturaliste, dans les endroits arides des environs d'Oran, seule contrée de la régence où nous l'ayons trouvée.

» Elle présente, ajoute-t-il, une *Variété* remarquable par un très-grand nombre de petites taches cuivrées répandues sur le corps et sur les membres. »

Algérie : jeune individu donné par *M le prof. Flourens*, TYPE, *M. Guichenot*, *M. Levaillant*.

LACERTIENS COELODONTES.

IIe TRIBU. — COELODONTES A DOIGTS CARÉNÉS OU DENTELÉS. (*PRISTIDACTYLES.*)

Doigts soit dentelés sur les bords, soit carénés sur la ligne médiane inférieure, ou bien tout à la fois carénés en dessous et dentelés latéralement.

(6 GENRES, 23 *espèces.*)

XIVᵉ GENRE. — PSAMMODROME. *PSAMMODROMUS* Fitz.

Une seule plaque naso-rostrale non renflée, dans laquelle la narine s'ouvre ; un pli transversal, à peine apparent, sous le cou et couvert d'écailles aussi petites que celles qui les précèdent ; un petit pli arqué devant chaque épaule ; doigts légèrement comprimés, carénés en dessous, mais sans dentelures latérales ; écailles du dos petites, rhomboïdales, carénées et entuilées ; langue à base non engainante, médiocrement longue, échancrée au bout, couverte de papilles squamiformes, imbriquées.

(1 *espèce.*)

1. P. D'EDWARDS. *Edwardsii* Dum. Bib. (*Erpét. génér.*, t. V, p. 253).
Marseille : *M. Roux.* Montpellier : *M. Raffen.-Delile.* Espagne : *M. Duméril*, *M. Teilleux.*
Ages divers.

XVᵉ GENRE. — OPHIOPS. *OPHIOPS* Ménestriés.

Pas de paupières ; pas de collier squameux sous le cou ; un petit pli au-devant de chaque épaule ; doigts carénés en dessous, mais non dentelés latéralement ; langue échancrée au bout, non engainante, couverte de papilles squamiformes, imbriquées ; pas de dents au palais ; narines percées dans deux plaques naso-rostrales et situées sur la ligne même du *Canthus rostralis ;* des pores fémoraux.

(1 *espèce.*)

1. O. ÉLÉGANT. *Elegans* Ménestriés (*Erpét. génér.*, t. V, p. 259).
Oph. elegans Eichwald, *Fauno Casp.-Cauc.*, p. 78, tab. 12, fig. 1-5.

Antérieurement à l'époque où M. Ménestriés a nommé et décrit le Lézard pour lequel il a créé les dénominations générique et spécifique adoptées dans l'*Erpét. génér.*, des échantillons, recueillis en Syrie par MM. Hemprich et Ehrenberg, auraient reçu de ces naturalistes, suivant M. Eichwald, le nom de *Lacerta nudipes.* C'est à cette même espèce, selon lui également, que conviendrait le *Lac. aspera* Schultze.

Environs de Bakou, sur les bords de la mer Caspienne (Chirvân, région caucasienne de l'Asie) : *M. Ménestriés*, l'un des TYPES de son *Ophiops elegans* (*Catal. raisonné*, p. 63, no 217). Smyrne : *M. Louis Rousseau.*

On trouve, dans la *Fauna Caspio-Caucasique*, les détails qui suivent sur les couleurs de l'animal pendant la vie : « Les teintes sont beaucoup plus belles qu'après la mort ; les régions supérieures, d'un gris verdâtre, portent, de chaque côté, une bande longitudinale plus claire, marquée de linéoles noires, séparées par de très-petites taches rougeâtres ; quelquefois, au-dessous de cette bande, on voit les vestiges d'une autre bande blanche ou jaunâtre.

Adultes et âge moyen.

XVIᵉ GENRE. — CALOSAURE. *CALOSAURA* Dum. Bib.

Tous les caractères des Ophiops, mais des paupières bien développées.

(1 *espèce.*)

1. C. DE LESCHENAULT. *Leschenaultii* Dum. Bib. (*Erpét. génér.*, t. V, p. 262).
Cabrita Leschen. Gray, *Cat. of Liz.*, p. 43.
Côte de Coromandel : *Leschenault,* TYPE du LÉZ. DE LESCHENAULT Milne-Edwards, *Ann. des Sc. nat.*, t. XVI, p. 80 et 86. pl. 6, fig. 9.
Indes orient. : *M. Th. Bell.*, 3 individus.

XVIIᵉ GENRE. — ACANTHODACTYLE. *ACANTHODACTYLUS* Fitzinger.

Doigts carénés en dessous et dentelés latéralement ; un collier squameux ; une seule plaque naso-rostrale et une seule naso-frénale ; narines ouvertes entre ces plaques et la première labiale ; dans le plus grand nombre des espèces, deux plaques seulement sur chaque région sus-oculaire.

(6 *espèces.*)

1. A. COMMUN. *Vulgaris* Dum. Bib. (*Erpét. génér.*, t. V, p. 268).
Acanth. velox Gray, *Cat. of Liz.*, p. 36.
ACANTH. COMMUN Guichenot, *Rept.* in *Explor. scientif. de l'Algérie*, p. 13.
Variété A. Régions supérieures noires, parcourues, depuis la tête jusqu'à la base de la queue, par huit raies blanchâtres non interrompues ; une neuvième occupe la ligne médiane du corps.
Espagne : *M. Rambure.* Algérie : *M. Levaillant, M. Guichenot, M. Brisout de Barneville.*
Ages divers.
Variété B. Sur un fond brun, plus clair que dans la variété précédente, neuf raies blanches dont la médiane est fort courte, le plus souvent interrompues et remplacées par des séries de taches ; dans toute l'étendue de chacun des intervalles qui séparent ces raies longitudinales, une suite de taches noires, irrégulièrement quadrilatères, alternant avec un nombre égal de maculatures blanchâtres.
Espagne : *M. Rambure.* Algérie : *M. Nivoy, M. Guichenot.*
Algérie (Désert de l'ouest) : *M. Schousboé,* individu avec un seul rang de taches noires de chaque côté du dos, et à raies longitudinales grises.
Un autre individu, originaire de l'Algérie et dû à *M. Guichenot,* appartient par tous ses caractères à la seconde *Variété,* si ce n'est qu'on compte six paires de plaques sous-maxillaires, au lieu de cinq, et que les quatre premières marchent parallèlement, tandis que l'écartement commence à partir de la troisième dans tous les autres échantillons dont la tête est d'ailleurs un peu moins allongée que celle de ce spécimen.

2. A. POMMELÉ. *Scutellatus* Dum. Bib. (*Erpét. génér.*, t. V, p. 272).
Égypte : *M. Alex. Lefebvre,* deux individus adultes.

2 bis. A. DU CAP. *Capensis* Smith (*Illustr. of the Zool. of south Afr.*, pl. 39 A mâle et B femelle, texte sans pagination).

Acanth. capensis Gray, *Cat. of Liz.*, p. 37.

Écailles du dos et des flancs petites, circulaires, serrées, très-légèrement convexes, mais ni renflées ni carénées; bord antérieur de l'oreille garni de quelques écailles épineuses; vingt-huit séries de lamelles ventrales.

Ce grand nombre de séries de plaques abdominales, qui est beaucoup plus considérable que dans toutes les autres espèces de ce genre, ne permet de confondre celle-ci avec aucune d'entre elles. C'est cependant de l'A. POMMELÉ qu'elle se rapproche le plus par l'absence de carènes sur les écailles dorsales et par la présence de petites épines sur le bord antérieur de l'oreille; mais, outre différentes particularités qui vont être indiquées, il y a des différences très-marquées dans le système de coloration et d'ailleurs cette espèce nouvelle n'a encore été rencontrée que dans l'Afrique australe.

Le mâle est un peu élancé; le corps et la base de la queue sont légèrement déprimés, cette dernière est assez longue et terminée en pointe.

La femelle est plus forte et semble construite sur une plus grande échelle.

La face supérieure de la tête est quadrangulaire en arrière, où elle est horizontale, tandis que le museau est un peu déclive. La région sus-oculaire porte un disque ovale formé par deux plaques, bordé, en avant et en arrière, par des écailles dont l'une des antérieures est assez grande. Tempes faiblement convexes et couvertes de petites squames granuleuses.

L'écaillure de la face supérieure de la queue est d'abord semblable à celle du dos; mais, à une petite distance de son origine et sur toute la longueur de ses faces latérales, elle se compose de pièces beaucoup plus grandes, carénées et disposées en verticilles.

Les squames du collier antéro-pectoral sont triangulaires ou semi-lunaires; les plaques ventrales sont quadrangulaires, les pré-anales forment deux ou trois rangées.

La coloration n'est pas semblable chez le mâle et chez la femelle.

Voici comment elle est décrite par M. Smith :

♂♂ : la face supérieure de la tête, le milieu du dos et le dessus de la queue sont d'une nuance intermédiaire entre le brun-jaunâtre et l'orangé tirant sur le rouge; la tête est bigarrée de linéoles d'un brun d'ombre; le dos est semé de petits points couleur de foie et orné d'une ligne noirâtre, mince et peu apparente, qui commence immédiatement après la tête; les côtés du corps et de la base de la queue, d'un brun de foie, portent deux bandes blanches longitudinales : la supérieure commence en arrière de la tête et se prolonge sur la première partie de la queue; l'inférieure, née de la région postérieure et inférieure de l'œil, est interrompue au niveau de l'ouverture du tympan et se termine à l'origine des membres postérieurs. Au-dessus de la première de ces deux bandes, il y a une rangée de petites taches arrondies, de la couleur du dos, mais plus claires. Entre les deux bandes, on voit une série longitudinale de taches d'un blanc rouillé; les régions inférieures sont d'un jaune-d'ocre pâle, les membres sont parsemés en dessus de taches irrégulières d'un blanc jaunâtre.

♀♀ : Le dessus de la tête est d'un jaune brunâtre. Le dos et le milieu de la queue ont une teinte orangé-rougeâtre foncé; les côtés du corps et de la base de la queue ont une nuance analogue à celle de la brique, ces deux teintes sont séparées par une étroite bande longitudinale blanchâtre, commençant en arrière de la tête et prolongée jusqu'au commencement du deuxième tiers de la queue. Cette bande est bordée, en haut et en bas, par une ligne ombrée d'un brun de foie, surtout apparente sur la queue, où elle s'étend bien au delà de la bande blanche. Au-dessous de la région des flancs, qui est rouge, il existe une seconde ligne longitudinale, d'un blanc jaunâtre, étendue de l'oreille à l'origine du membre postérieur. Les régions inférieures sont d'un jaune d'ocre, et sur les côtés du ventre, on voit, au-dessous de la seconde ligne claire latérale, un fin pointillé d'un brun de foie, entremêlé d'un grand nombre de taches de la couleur du dos.

Après ces détails, M. Smith ajoute : « On trouve cet ACANTHODACTYLE dans les districts sablonneux du pays des Grands-Namaquois et là où la surface du sol est inégale; on le rencontre généralement sur les points les plus élevés. Il préfère surtout les terrains accidentés par de petites collines de sable où, grâce à la bordure en scie de ses doigts, il court avec une grande rapidité sur le sable mouvant des pentes escarpées de ces monticules. Il se nourrit de petits insectes. »

Pays des Grands-Namaquois (Afrique australe) : *M. Smith.* ♀.

Unique.

3. A. DE SAVIGNY. *Savignyi* Dum. Bib. (*Erpét. génér.*, t. V, p. 273).

Guichenot, *Rept.* in *Explor. scientif. de l'Algérie*, p. 14.

Variété A. Régions supérieures blanchâtres, grisâtres ou verdâtres ornées d'une sorte de réseau brun à mailles arrondies; quelquefois une large bande fauve ou blanchâtre le long de la région du flanc la plus voisine du ventre.

Empire ottoman : du voyage d'*Olivier*, 2 individus adultes TYPES du LÉZARD DU DÉSERT Milne-Edwards, *Ann. des Sc. nat.*, t. XVI, p. 79 et 86, pl. 6, fig. 8.

Tripoli.

Variété B. Sur un fond semblable à celui de la variété précédente, quatre ou six lignes blanchâtres longitudinales sur le dessus et les côtés du tronc; souvent un semis de petites taches noirâtres sur la face supérieure de la queue.

Égypte : *M. Bové*, 2 individus adultes.

Variété C. Au milieu de nombreuses petites taches noires semées sur un fond semblable à celui des *variétés* A et B, une large bande blanchâtre, de chaque côté du corps; commençant derrière l'oreille et se terminant à l'aine.

Sénégal : *Adanson*. TYPE du LÉZARD DE DUMÉRIL Milne-Edwards, *loc. cit.*, p. 76 et 85, fig. 9, montrant les écailles abdominales.

Unique.

4. A. RAYÉ ET TACHETÉ. *Lineo-maculatus* Dum. Bib. (*Erpét génér.*, t. V, p. 276).

Mogador : *M. de Castelnau*. Égypte. Espagne : *M. Teilleux*. Algérie : *M. Guyon* (individu à deux queues dont l'une est bifurquée).

5. A. BOSQUIEN. *Bosquianus* Fitzinger (*Erpét. génér.*, t. V, p. 278).

Variété A. Parties supérieures d'un gris fauve; de chaque côté du dos, une raie noire, de plus en plus large, à mesure qu'elle s'avance vers la queue, où elle ne tarde pas à s'effacer; sur le haut de chaque flanc, une bande longitudinale noire; sur le milieu de la région cervicale, une ligne également noire, placée entre deux autres lignes semblables, prolongées jusqu'à la base de la queue.

Égypte : *Geoffroy Saint-Hilaire*, *M. Alex. Lefebvre*, adultes.

LACERTIENS COELODONTES.   129

Variété B. Sur le même fond de couleur que dans la *variété* A, six à huit séries longitudinales de taches irrégulières ou de très-petits points noirs.
Égypte : *M. Botta*, adultes et âge moyen.
Jeune âge. Sur les régions supérieures, sept lignes blanches longitudinales, séparées l'une de l'autre par une série de petites taches également blanches.
Origine inconnue (Égypte?). Type du Lézard bosquien Daudin, *Hist. Rept.*, t. III, p. 188, pl. 36, fig. 2 (jeune).
Empire ottoman : du voyage d'*Olivier*. Égypte : *M. Reynaud*.

XVIIIe GENRE. — SCAPTEIRE. *SCAPTEIRA* Fitzinger.

Doigts aplatis, non carénés en dessous, mais dentelés latéralement; narines latérales, circonscrites par trois plaques renflées : une naso-rostrale et deux naso-frénales; un pli antéro-pectoral; des pores fémoraux.

(1 espèce.)

1. S. grammique. *Grammica* Fitzinger (*Erpét. génér.*, t. V, p. 283, pl. 54, fig. 1). Manque.

XIXe GENRE. — EREMIAS. *EREMIAS* Fitzinger.

Doigts non aplatis, mais légèrement comprimés, fortement carénés en dessous et sans dentelures le long de leurs bords; une plaque naso-rostrale, avec deux naso-frénales, un renflement hémisphérique au sommet duquel on voit l'orifice externe de la narine; un repli de la peau transversal ou anguleux, en avant de la poitrine.

(13 espèces.)

1° *Espèces à paupière inférieure squameuse et opaque*.

1. E. variable. *Variabilis* Fitzinger (*Erpét. génér.*, t. V, p. 292).
Podarcis irritans? Ménestriés, *Catal. raisonné*, p. 62, n° 216.
Pod. deserti Eichwald, *Fauna Casp.-caucas.*, p. 77.
Eremias arguta Gray, *Cat. of Liz.*, p. 39.
1° *Variété* A. Régions supérieures d'un gris-fauve cendré ou olivâtre, quelquefois ardoisé, parsemées irrégulièrement d'ocelles noirs, pupillés de blanc.
Bakou : *Mr Ménestriés*. Ad. et âge moyen.
2° *Variété* B. Ocelles noirs, réunis en bandes transversales, souvent confluentes et sur lesquelles on distingue quelquefois des gouttelettes blanches.
Tatarie : donné par le *Musée de Berlin*. Tauride : *M. Demidoff*.
Variété C. Bandes noires, transversales, assez ordinairement divisées en grandes taches, sans gouttelettes blanches.
Tatarie : donné par le *Musée de Berlin*. — Unique.

2. E. a ocelles bleus. *Cæruleo-ocellata* Dum. Bib. (*Erpét. génér.*, t. V, p. 295).
Lacerta leucosticta? (var. β du *Lac. variabilis* Pallas) Lichtenstein, *loc. cit.*, p. 98, n° 16.
Podarces velox Eichwald, *loc. cit.*, p. 76.
Eremias velox Gray, *Cat. of Liz.*, p. 40.
b.   9

Bakou : M. Ménestriès.
Unique.

3. E. A POINTS ROUGES. *Rubro-punctata* Fitzinger (*Erpét. génér.*, t. V, p. 297).
Mesalina rubropunct. Gray, *Cat. of Liz.*, p. 43.
Égypte : M. Bové, M. Rüppell, M. Alex. Lefebvre, M. Botta.

4. E. DE KNOX. *Knoxii* Dum. Bib. (*Erpét. génér.*, t. V, p. 299).
Smith, *Illustr. of the Zool. of south Africa*, pl. 43, fig. 1, texte sans pagination et pl. 48, fig. 1 et 1 *a* pour les détails de la tête.

Les détails suivants, empruntés à ce zoologiste, font mieux connaître le système de coloration que la description de l'*Erpét. génér.* faite d'après d'anciens individus :
« Les régions supérieures sont d'un jaune d'ocre un peu sombre. La tête est bigarrée de petites taches d'un brun de foie; sur le dos et sur les flancs, il y a quatre bandes longitudinales de la même couleur et dans chacune desquelles est comprise, plus ou moins complétement, une série de petites taches jaune-citron. Chez quelques individus, on voit une ligne de plus sur chaque flanc, étendue de la patte de devant à celle de derrière et dépourvue de taches claires. Les extrémités sont d'un brun-jaunâtre clair, teinté de vert et bigarrées, en dessus et en arrière, de petites taches jaunes, entourées d'étroits anneaux d'un brun foncé ; en dessous, l'animal est d'un blanc jaunâtre. »

» Il habite l'aride province de Karoo et il est très-commun dans toute l'étendue de la colonie du Cap. »

Cap de B.-Espér. : M. Delalande, TYPES du *Lacerta Knoxii* Milne-Edwards, *Ann. Sc. nat.*, t. XVI, p. 76 et 85, pl. 6, fig. 6.
Adultes et âge moyen.

5. E. DU CAP. *Capensis* Dum. Bib. (*Erpét. génér.*, t. V, p. 302).
Smith, *loc. cit.*, pl. 43, fig. 2, texte sans pagination et pl. 48, fig. 7 et 7 *a* pour les détails de la tête.

Il faut ajouter, d'après cet ouvrage, quelques détails à ce qui est dit du système de coloration dans l'*Erpét. génér.* :

« La tête est, en dessus, d'un rouge-pourpre brunâtre, ainsi que la face externe des membres, où l'on voit de petites taches blanchâtres; la face supérieure de la queue est d'un gris-jaunâtre pâle, teinté, vers sa base, d'un vert d'asperge.

» Il habite les plaines arides du Karoo, dans la colonie du Cap, et dans les districts attenants. Il est très-agile, constamment aux aguets, et quand il est effrayé, il se cache sous les pierres ou sous les bois morts. »
Manque.

6. E. DE BURCHELL. *Burchelli* Dum. Bib. (*Erpét. génér.*, t. V, p. 303).
Smith, *loc. cit.*, pl. 45, fig. 1, texte sans pagination, et pl. 48, fig. 4 et 4 *a* pour les détails de la tête.

« Il y a sur le dos et sur les flancs, dit ce naturaliste, six bandes longitudinales, plus ou moins distinctes, selon les individus. La ligne latérale supérieure est ornée d'une série de taches blanches ou d'un brun jaunâtre ; la ligne inférieure du flanc est quelquefois plus apparente que la précédente et marquée comme elle, chez certains individus, de taches blanches.

» Il habite les plaines du Karoo, sur la côte austro-occident. de l'Afrique, et

particulièrement le pays des Petits-Namaquois, vers le fleuve Orange. Il est sauvage, toujours aux aguets et se meut avec une agilité remarquable. »
Manque.

7. E. A DOS RAYÉ. *Dorsalis* Dum. Bib. (*Erpét. génér.*, t. V, p. 305).
Cap de B.-Espér. : *M. Smith.* — *Unique.*

8. E. NAMAQUOIS. *Namaquensis* Dum. Bib. (*Erpét. génér.*, t. V, p. 307).
Smith, *loc. cit.*, pl. 44, fig. 2, texte sans pagination, et pl. 48, fig. 6 et 6 *a* pour les détails de la tête.

Les passages suivants de M. Smith complètent la description des couleurs :

« Des neuf ou onze bandes qui parcourent le dos et les flancs dans leur longueur, cinq sont brunes, généralement parsemées de points d'une teinte plus claire et les autres, qui sont placées entre les précédentes, sont étroites et d'un rouge-orange clair, mais presque blanches chez les jeunes sujets. »

Cap de B.-Espér. : *M. Catoire, M. J. Verreaux.*
Ages divers.

9. E. LUGUBRE. *Lugubris* Dum. Bib. (*Erpét. génér.*, t. V, p. 309).
Smith, *loc. cit.*, pl. 46, texte sans pagination et pl. 48, fig. 5 et 5 *a* pour les détails de la tête.
Manque.

10. E. A GOUTTELETTES. *Guttulata* Dum. Bib. (*Erpét. génér.*, t. V, p. 310).
Égypte : *M. Bové, M. Rüppell, M. Alex. Lefebvre.* Algérie : *M. Bravais.*
Ages divers.

2° *Espèces à paupière inférieure transparente.*

11. E. PANTHÈRE. *Pardalis* Dum. Bib. (*Erpét. génér.*, t. V, p. 312).
Mesalina pardalis Gray, *Cat. of Liz.*, p. 43.
Égypte : *M. Alex. Lefebvre.* Abyssinie : *MM. Petit et Quantin-Dillon.*
Perse : *Aucher-Eloy.*

12. E. LINÉO-OCELLÉ. *Lineo-ocellata* Dum. Bib. (*Erpét. génér.*, t. V, p. 314).
Smith, *loc. cit.*, pl. 43, texte sans pagination et pl. 48, fig. 10 et 10 *a* pour les détails de la tête.
Cap de B.-Espér. : *Delalande, M. Smith.*
Ages divers.

13. E. ONDÉ. *Undata* Dum. Bib. (*Erpét. génér.*, t. V, p. 316).
Smith, *loc. cit.*, pl. 44, fig. 1, texte sans pagination et pl. 48, fig. 11 et 11 *a* pour les détails de la tête.
Cap de B.-Espér. : *M. Smith.* — *Unique.*

M. Smith, *loc. cit.*, a représenté, pl. 46 et 47, et a décrit quatre espèces nouvelles d'ÉRÉMIAS sous les noms de *E. laticeps, E. annulifera, E. pulchra, E. formosa,* que le Muséum ne possède pas.

(Le relevé du nombre des genres et des espèces de la famille des LACERTIENS que renferme la Collection du Muséum donne les résultats suivants :
En tout 19 GENRES et 66 *espèces* ainsi répartis :
Sous-famille des PLÉODONTES : 10 genres, 22 espèces.
Sous-famille des COELODONTES : 9 genres, 44 espèces.)

VIIᵉ FAMILLE. — CHALCIDIENS ou CYCLOSAURES.

Tronc ordinairement cylindrique, allongé ou serpentiforme, presque toujours confondu avec la tête et avec la queue, nu ou couvert d'écailles en anneaux; le plus souvent, un sillon longitudinal sur le flanc; tête couverte de plaques polygones; dents non implantées dans les os maxillaires, mais appliquées contre leur bord interne; langue libre, peu extensible, échancrée à sa pointe et non engaînée dans un fourreau; pattes généralement peu développées, à doigts en nombre variable, et quelquefois nulles. (*Erpét. génér.*, t. V, p. 318.)

(Deux sous-familles : Ptychopleures et Glyptodermes.)

(18 genres, 51 *espèces*.)

Iʳᵉ SOUS-FAMILLE. — *PTYCHOPLEURES*.

Corps revêtu de véritables écailles peu ou point cuirlées et régulièrement distribuées en anneaux autour du corps, qui est comme cerclé; le plus souvent un sillon, dans toute la longueur du tronc, séparant, de chaque côté, le flanc de la région abdominale.

(14 genres, 34 *espèces*.)

1ᵉʳ genre (A). — PLATYSAURE. *PLATYSAURUS* Smith (*Illustr. of the Zool. of south Africa*).

Tronc très-déprimé, couvert en dessus d'écailles fort petites, et en dessous, de plaques carrées, disposées en séries régulières; narines arrondies, ouvertes chacune dans une seule plaque, la naso-rostrale; quatre plaques pariétales formant un écusson carré au centre duquel est située la plaque inter-pariétale; pores fémoraux petits, mais distincts.

A ces caractères essentiels, on peut joindre les suivants : une seule plaque frontale (c'est par erreur qu'elle a été représentée double dans la planche 40, *Illustr. of Zool. of S. Afr.*); plaques palpébrales bordées extérieurement d'une rangée d'écailles étroites, comme chez les Gerrhosaures; collier antéro-pectoral rudimentaire.

La place assignée à ce genre montre qu'il appartient à la sous-famille des Cyclosaures Ptychopleures. Sur l'échantillon unique du Muséum, la peau ayant été distendue par la mauvaise préparation à laquelle on l'avait soumise, le sillon des flancs a disparu; mais il est manifestement indiqué dans la figure jointe à la description de M. Smith, qui, au reste, ne mentionne pas ce caractère. Comme cependant c'est à d'autres genres de la même division que ce naturaliste compare celui-ci, et comme M. Gray l'y range, il a paru convenable, après un examen comparatif détaillé, de suivre cet exemple. D'un autre côté, sa conformation générale, le développement assez considérable des membres qui sont un peu grêles le rapprochent jusqu'à un certain point de la famille des Lacertiens; aussi a-t-il dû être placé en tête de la famille des Cyclosaures, et non pas entre les genres Zonure et Gerrhosaure, comme dans le *Cat. of Liz.*

L'analogie qui existe entre le premier de ces deux genres et le genre nouveau créé par M. Smith consiste surtout dans la disposition en quadrilatère des quatre plaques pariétales et dans le mode d'ouverture des narines qui sont percées chacune dans une seule plaque, la naso-rostrale. Les différences, au contraire, sont bien plus nombreuses : elles se tirent de l'apparence générale du Platysaure dont les écailles caudales ne sont pas surmontées d'épines et de la petitesse des écailles du dos et des flancs. Il ne pourrait avoir quelque analogie, sous ce rapport, qu'avec le Z. MICROLÉPIDOTE; mais la présence, chez celui-ci, d'écailles assez grandes, relevées en dos d'âne, au milieu de granules plus fins même que les pièces de l'écaillure du Platysaure, ne permet pas la confusion.

Les dissemblances avec les genres Tribolonote et Gerrhosaure sont trop manifestes pour qu'il soit nécessaire de les indiquer.

(1 espèce.)

1. P. DU CAP. *Capensis* Smith (*loc. cit.*, pl. 40, texte sans pagination).

Tête plate, carrée en arrière, à museau très-conique; corps comprimé, couvert, en dessus et latéralement, de très-petites écailles; plaques abdominales quadrangulaires, au nombre de vingt dans chaque rangée transversale; queue déprimée à sa base, pointue à son extrémité, revêtue d'écailles étroites, allongées, quadrangulaires et disposées en anneaux; dix-huit pores fémoraux de chaque côté.

L'écaillure de cette espèce est un de ses caractères les plus importants. A ce qui en est dit dans la diagnose, il faut ajouter que les écailles de la région médiane du dos sont très-rapprochées les unes des autres et obtusément polygonales ; les autres, au contraire, sont moins serrées, losangiques, et souvent un peu ovalaires. Sur les faces antérieure et externe des membres, elles sont quadrangulaires et beaucoup moins petites que celles de leurs faces interne et postérieure.

A la région sous-maxillaire, au milieu de l'espace compris entre les deux branches de la mâchoire, on remarque une rangée longitudinale de grandes écailles. Les plaques de la région pré-anale sont assez nombreuses; il y en a huit au rang le plus postérieur et aucune n'atteint les dimensions des deux médianes.

M. Smith, à qui sont empruntés les traits principaux de la description qui précède, indique ainsi le système de coloration : « La face supérieure du museau, la région médiane du reste de la tête et ses bords, jusqu'à l'extrémité antérieure des arcades sourcilaires, sont d'un jaune verdâtre qui contraste avec le vert-foncé dont cette teinte est entourée. Sur le dos, qui, ainsi que les flancs, est d'un brun verdâtre, il y a trois lignes longitudinales, une médiane et deux latérales, d'un jaune de crème, légèrement nuancées de vert, étendues depuis l'extrémité postérieure de la tête jusqu'à la base de la queue, où elles se réunissent en une seule bande qui occupe le milieu de sa face supérieure, dans toute son étendue. La couleur des régions inférieures est un jaune violacé. »

Ce PLAT., dit le même naturaliste, habite le pays des Grands-Namaquois, autour des précipices, au milieu des rochers qui les bordent et sous lesquels il se cache dès qu'il est poursuivi. Il y trouve une retraite sûre, à cause de la difficulté de l'en arracher, tant ses ongles sont crochus. Il se nourrit de petits insectes.

Longueur totale, 0^m,169; long. de la tête, 0^m,017; du tronc, 0^m,061; de la queue, 0^m,091.

Pays des Grands-Namaquois (Afr. australe) : *M. Smith.* — Unique.

Ier GENRE (B). ZONURE. *ZONURUS* Merrem.

Queue entourée de verticilles de grandes écailles rhomboïdales, le plus souvent fort épineuses; quatre grandes plaques pariétales formant un carré au centre duquel est l'inter-pariétale; narines latérales, percées chacune dans une seule plaque, la naso-rostrale; pas de dents au palais; pores fémoraux sur un, deux ou trois rangs.

(5 espèces.)

Ier GROUPE. *Cordylus* Merrem.

Écailles des flancs semblables à celles du dos, qui sont grandes, quadrilatères, en bandes transversales, serrées; des écailles épineuses sur les côtés du cou, un sillon sur toute la longueur du flanc.

a. Espèces à paupière inférieure squameuse, opaque.

1. Z. GRIS. *Griseus* Dum. Bib. (*Erpét. génér.*, t. V, p. 350).

Cordylus griseus Smith, *loc. cit.*, pl. 28, fig. 2 et 3, texte sans pagination, et pl. 30, fig. 8, pour la forme et la disposition de l'écaillure céphalique.

1° *Variété A. Cordylus griseus* Cuvier.

Régions supérieures d'une teinte orangée, quelquefois d'un jaune fauve, irrégulièrement tachetées de brun d'ombre; régions inférieures d'un jaune-verdâtre.

Cap de B.-Espér. : *Delalande, M. Catoire, M. J. Verreaux.* Sierra-Leone (Afr. occident.) : *M. Hope.* — Adultes et âge moyen.

2° *Variété B. Cordylus niger* Cuvier.

Régions supérieures pendant la vie, d'après M. Smith, d'un brun-rouge brillant et les inférieures orangées. Ces teintes s'assombrissent beaucoup dans l'alcool.

Cap de B.-Espér. : *Péron et Lesueur, Delalande.* — Adultes et âge moyen.

3° *Variété C. Cordylus dorsalis* Cuvier.

Régions supérieures d'un brun fauve; sur toute la longueur de la ligne médiane du dos, une raie jaune, bordée, de chaque côté, par une série de petites taches quadrilatères, noires.

Cap de B.-Espér. : *Péron et Lesueur, Delalande, M. Catoire.* — Ages divers.

« La zone d'habitation de cette espèce dans l'Afrique du sud, dit M. Smith, est très-étendue. Il n'y a en quelque sorte pas une pointe de rocher, un précipice ou une roche bien exposée où l'on n'en rencontre un ou plusieurs individus. Comme ses congénères, ce Zonure cherche une retraite sous les pierres ou dans leurs interstices et quand il y est logé il est difficile de l'en retirer. »

2. Z. CATAPHRACTE. *Cataphractus* Gray (*Erpét. génér.*, t. V, p. 355).

Cordylus cataphr. Smith, *loc. cit.*, pl. 29 et pl. 30, fig. 9 et 9 *a* pour les détails de la tête, texte sans pagination.

Les détails donnés par ce naturaliste, qui a observé l'animal vivant, font bien connaître son système de coloration : « Les faces supérieure et latérales de la tête et du tronc sont d'une couleur intermédiaire au jaune et à l'orange foncé; le milieu du dos a une teinte légèrement verdâtre. Les membres et la queue sont d'un brun-jaunâtre clair, et le ventre, ainsi que la face inférieure de la queue, d'un rouge-brun sombre, nuancé de jaune-clair terne; les régions sous-maxillaires et gulaire ont une couleur brune, relevée de jaune. »

« Ce Zonure, ajoute M. Smith, est assez rare dans l'Afrique australe. Il habite les précipices, au milieu des rochers. Quand on le poursuit, il s'efforce de se cacher sous les pierres ou dans les crevasses de rochers. Il s'accroche alors si fortement aux corps environnants, au moyen de ses écailles épineuses, que souvent il faut, pour pouvoir s'en emparer, déplacer les roches entre lesquelles il s'est glissé. »

Cap de B.-Espér. : *M. J. Verreaux.* 2 individus : l'un adulte, l'autre d'âge moyen.

b. Espèces à paupière inférieure transparente.

3. Z. POLYZONE. *Polyzonus* Dum. Bib. (*Erpét. génér.*, t. V, p. 357).

Cordylus polyz. Smith, *loc. cit.*, pl. 28 et pl. 30, fig. 7 et 7 *a* pour les détails de la tête, texte sans pagination. La description et la figure données par ce naturaliste montrent que la teinte générale est plus claire chez les animaux vivants que chez ceux qui sont conservés dans la liqueur; il en résulte que les taches d'un brun foncé du dos, dont la disposition en deux séries longitudinales est assez habituelle, sont plus apparentes qu'après la mort.

On trouve cette espèce le plus ordinairement au nord du fleuve Orange, et la région qu'il habite est, par conséquent, un peu plus septentrionale que celle du ZONURUS; comme celui-ci, il vit au milieu des rochers.

Afrique australe : *M. Smith.*

Unique.

IIe GROUPE. — *Hemicordylus* Smith.

Écailles des flancs granuleuses; celles du dos petites, quadrilatères, en bandes transversales, très-serrées les unes contre les autres.

4. Z. DU CAP. *Capensis* Dum. Bib. (*Erpét. génér.*, t. V, p. 360).

Cordylus (Hemicordylus) capensis Smith, *loc. cit.*, pl. 27, fig. 2, et pl. 30, fig. 6 et 6 *a* pour les détails de la tête, texte sans pagination.

Manque.

IIIe GROUPE. — *Pseudo-cordylus* Smith.

Écailles des flancs semblables à celles du dos sont petites, sub-ovales, relevées en dos d'âne, formant des séries séparées par des granules; au-devant de chaque épaule, un repli très-marqué, descendant jusque sur le milieu du bord antérieur de la poitrine; pas de pli le long des flancs.

5. Z. MICROLÉPIDOTE. *Microlepidotus* Gray (*Erpét. génér.*, t. V, p. 361).

Pseudocordylus microlepid. Gray, *Cat. of Liz.*, p. 49.

Cordylus microlepid. Smith, *loc. cit*, pl. 24, 25, 26 et pl. 30, fig. 1, 1 *a*, 1 *b*, fig. 2, 2 *a*, 2 *b*, fig. 3, 3 *a*, 3 *b*, fig. 4, 4 *a*, 4 *b* pour les détails de la tête et pour montrer la disposition des pores fémoraux; texte sans pagination.

Dans cet ouvrage, M. Smith n'emploie plus la dénomination de *Pseudocordylus*. Il admet maintenant pour cette espèce 4 *variétés* qu'il avait décrites, à une époque antérieure, comme des espèces particulières in *Magaz. of natur. Hist.*, new series by Charlesworth, t. II, p. 32.

Cette distinction mérite d'être adoptée, à cause des différences offertes par le système de coloration.

1re *variété.* — *Cordylus montanus* Smith, pl. 24, fig. 1.

Régions supérieures d'un rouge-brun très-foncé; sur le dos, de petites lignes ou des taches d'un jaune d'ocre non réunies sur la ligne médiane, représentant ainsi des bandes interrompues, qui quelquefois cependant ne le sont pas sur le cou; sur les flancs, qui sont jaunes, il y a des taches triangulaires; à sommet dirigé en bas, formées par des prolongements de la teinte sombre du dos; régions inférieures jaunâtres; sur les membres, des bandes transversales d'un brun-noir; de chaque côté du cou, deux taches verticales plus ou moins apparentes, presque noires; région sous-maxillaire d'un bleu foncé.

M. Smith fait observer que ces différentes variétés paraissent avoir chacune sa zone d'habitation bien circonscrite, où on la trouve toujours au milieu des rochers, près des précipices et dans les lieux dont l'accès est le plus difficile. Celle-ci a été rencontrée sur le mont de la Table, au pied duquel la ville du Cap est construite, et sur les collines voisines de cette ville.

Les échantillons des diverses variétés que le Muséum possède proviennent, sans indication plus précise, de l'Afrique australe, ou particulièrement de la colonie du Cap de B.-Espér.

Ceux de la 1re *variété* sont dus à *MM. Quoy et Gaimard.*

2e *variété.* — *Cordylus algoensis* Smith, pl. 24, fig. 2.

Régions supérieures d'un brun marron, ornées de taches quadrangulaires, jaunes, formant, par leur ensemble, des bandes transversales interrompues; sur la région inférieure des flancs, qui est d'un rouge-orangé foncé, il y a des prolongements de la teinte brune du dos; de chaque côté du cou, on voit trois taches verticales noires. La région sous-maxillaire est d'un bleu noirâtre; les régions inférieures, dans tout le reste de leur étendue, sont jaunes.

« Cette variété, dit M. Smith, se rencontre dans les rochers, près de la baie d'Algoa (colonie du Cap). »

L'échantillon *unique* du Muséum provient du Cap de B.-Espér. : *MM. Verreaux frères.*

3e *variété. Cordylus melanotus* Smith, pl. 25 ♂ et ♀.

♂♂ : Régions supérieures d'un brun plus foncé sur la tête que sur le dos, dont la teinte est un peu jaunâtre, si ce n'est cependant sur la ligne médiane, qui est noirâtre; on y voit des rangées longitudinales de petites taches presque noires; elles règnent aussi le long des flancs, qui sont d'une nuance plus claire; sur les côtés du cou, deux taches très-sombres; région sous-maxillaire d'un bleu obscur; régions inférieures d'un jaune verdâtre.

♀♀ : Face supérieure de la tête et tempes d'un brun verdâtre, relevé, au centre et sur les bords de chaque écaille, par une teinte plus claire; dos brun-foncé, orné de petites lignes longitudinales d'un vert jaunâtre qui est la nuance générale des flancs, où l'on remarque, d'avant en arrière, des rangées de petits points bruns, et çà et là, quelques taches de la même couleur; région sous-maxillaire d'un bleu foncé; régions inférieures nuancées de vert-clair.

« Cette variété, au rapport de M. Smith, se rencontre sur les collines, entre les différents bras du fleuve Orange, à l'est de Phillipolis.

Cap de B.-Espér. : *Delalande*, ♂ et ♀.

4° variété. — *Cordylus subviridis* Smith, pl. 26, ♂, ♀ et jeune âge.

♂♂ : différents des autres variétés par la belle nuance verte des flancs, où se prolonge, sous forme de grandes dents de feston, la teinte beaucoup plus sombre du dos.

♀♀ et jeune âge : grande ressemblance avec les individus ♀♀ de la variété précédente.

On trouve cette variété, selon les indications de M. Smith, sur les points les plus élevés de la haute chaîne de montagnes qui s'étend derrière la Cafrerie.

Manque.

Sous le nom de *Cordylus fasciatus*, M. Smith a fondé une espèce qui est considérée, dans l'*Erpét. génér.* comme identique au Zon. MICROLÉPIDOTE. Il admet lui-même une très-grande analogie, et il est disposé à ne faire de cette espèce qu'une variété.

Manque.

Le même naturaliste, *loc. cit.*, pl. 35 et 36, représente et décrit (texte sans pagination) un grand et remarquable ZONURE, qu'il désigne sous les noms de *Cordylus giganteus* et que le Muséum ne possède pas.

Ier bis GENRE. — LÉPIDOPHYME. *LEPIDOPHYMA* (1) A. Dum.

Tronc revêtu en dessus et sur les flancs d'écailles granuleuses, petites et très-serrées, entremêlées de tubercules coniques et pointus, beaucoup plus gros, disposés en séries transversales plus ou moins régulières; plaques abdominales quadrilatères; plaques sus-craniennes très-adhérentes aux os; pas de paupières; pas de dents au palais; pas de pores fémoraux, ni de sillons le long des flancs; narines ouvertes entre deux plaques, la naso-rostrale et la naso-frénale.

Quelques-uns de ces caractères établissent les différences les plus tranchées entre le genre inédit qui les présente et tous les autres genres de la famille des Cyclosaures, à laquelle il appartient par l'ensemble de son organisation. Des deux grandes divisions qu'elle comprend, c'est à celle des Ptychopleures qu'il doit être rapporté, puisqu'il n'a pas la peau nue, comme les Glyptodermes; mais, contrairement à ce qui s'observe chez le plus grand nombre des genres de la première sous-famille, le sillon des flancs manque. En outre, il est le seul qui n'ait pas de paupières et le seul aussi dont l'écaillure offre la disposition qui vient d'être indiquée. Malgré ces particularités, la place que ses affinités naturelles lui assignent est entre les Zonures et les Tribolonotes. Il se distingue du premier de ces deux groupes par la disposition des plaques pariétales, par l'absence de paupières et de pores fémoraux, mais son écaillure a quelque rapport avec celle du Z. MICROLÉP., laquelle se compose de séries de petites écailles à peu près ovales, relevées en dos d'âne, séparées par des granules. D'un autre côté, il se rapproche un peu du Tribolonote par l'adhérence assez intime des plaques sus-céphaliques aux os du crâne, par l'absence de pores aux cuisses, de sillons latéraux, et enfin par la légère analogie de son écaillure dorsale, et en particulier, de ses tubercules coniques avec les épines osseuses dont le dos du Tribolonote est hérissé et qui en sont comme l'exagération. Sous ce dernier rapport même, la dissemblance est cependant trop manifeste pour qu'on puisse réunir dans

---

(1) De λεπίς, écaille, et de φῦμα, verrue, tubercule; écailles tuberculeuses.

une même coupe générique ces deux animaux, dont l'un, d'ailleurs, est privé de paupières, tandis que chez l'autre elles sont bien développées. Le genre Lépidophyme, enfin, est américain, et ceux auxquels il vient d'être comparé sont originaires de l'Afrique et de la Nouvelle-Guinée.

(1 espèce.)

1. L. TACHES-JAUNES. *Flavimaculatus* A. Dum.

Tubercules coniques, semés au milieu de l'écaillure granuleuse du tronc et formant trente-cinq séries transversales et seize à dix-huit séries longitudinales; plaques abdominales disposées sur trente-deux bandes contenant chacune huit scutelles; quatre plaques quadrilatères à la région pré-anale; région gulaire couverte d'un semis de tubercules très-fins; pli sous-gulaire à peine apparent, écailles de la queue verticillées et surmontées, à sa base seulement, d'une petite carène épineuse.

Le corps est assez long; le cou, allongé et non rétréci, offre la même largeur que la tête, dont les grandes plaques qui la revêtent sont peu distinctes les unes des autres et forment comme une sorte de bouclier sus-céphalique. Les pièces qui le composent sont à peu près les mêmes que dans le genre Zonure, mais leurs formes diffèrent. L'inter-pariétale est ici beaucoup plus grande; les pariétales ne constituent pas, par leur réunion, un quadrilatère; les temporales se replient sur le dessus de la tête, et enfin la région sus-oculaire n'est recouverte que d'une seule grande plaque étendue jusqu'au bord surciliaire, au lieu des sept ou huit que l'on compte sur cette région dans les espèces du genre précédent. La lèvre supérieure porte six plaques, dont la dernière est la plus grande. A la lèvre inférieure, il y en a quatre qui, avec celles du côté opposé et avec la mentonnière, forment, par leur jonction sur la ligne médiane, une sorte d'étui corné à l'extrémité antérieure de la mâchoire.

Les membres, assez robustes, ont une longueur médiocre, surtout les antérieurs qui, portés en avant, dépassent à peine le bord antérieur de l'orbite; les postérieurs, placés le long des flancs, atteignent à l'aisselle. La face supérieure et externe de ces derniers porte, au milieu d'écailles granuleuses, des tubercules dont quelques-uns sont plus volumineux et plus pointus à leur sommet qu'aucun de ceux du tronc. Sur les membres antérieurs, il n'y a que des granulations disposées en séries annulaires obliques.

La queue entre pour plus de la moitié dans la longueur totale de l'animal. Elle est effilée, mais robuste à sa base, où elle est cyclo-tétragonale, tandis que dans le reste de son étendue elle est à peu près cylindrique.

La teinte générale des parties supérieures est un brun-foncé relevé sur le cou, sur les flancs et sur les membres, particulièrement sur les postérieurs, de taches assez nombreuses, d'un jaune blanchâtre, irrégulièrement circulaires et dont les plus grandes ont une circonférence qui ne dépasse pas $0^m,016$. Sur les faces latérales de la queue, au bord postérieur de chaque verticille, cette même teinte forme des taches perpendiculaires, étroites. La face supérieure de la tête est d'un brun-fauve clair, orné, sur la région médiane, de petites taches foncées. Sur les parties latérales et antérieure du cou, c'est le jaune qui domine, ainsi que sur les lèvres, où le brun se montre sous forme de petites bandes verticales. En dessous, l'animal est d'une couleur jaunâtre, semblable à celles des taches, et piqueté de brun-foncé sous la gorge.

Longueur totale, 0m,233; tête, 0m,023; tronc, 0m,070; queue, 0m,140.
Province du Peten (Amér. centrale) : *M. Morelet*.
Type. — *Unique*.

IIe Genre. — TRIBOLONOTE. *TRIBOLONOTUS* Dum. Bib.

Plaques sus-crâniennes entièrement soudées aux os; dos hérissé de fortes épines osseuses; pas de pores fémoraux; pas de pli le long des flancs; narines latérales, percées chacune dans une seule plaque, la naso-rostrale; langue libre dans sa moitié antérieure, à peine échancrée au bout, garnie de papilles squamiformes, imbriquées; pas de dents au palais.

(1 espèce.)

1. T. de la Nouvelle-Guinée. *Novæ-Guineæ* Dum. Bib. (*Erpét. génér.*, t. V, p. 366, pl. 56, fig. 1, *a*, *b*). Nouvelle-Guinée : donné par le *Musée de Leyde*. — *Unique*.

IIIe Genre. — GERRHOSAURE. *GERRHOSAURUS* Wiegm.

Plaques sus-crâniennes grandes, en nombre variable selon les espèces, bien distinctes des écailles de la nuque; des pores fémoraux; un sillon le long de chaque flanc; tronc entouré comme d'une sorte de cuirasse écailleuse dont les pièces, à la région supérieure, sont le plus ordinairement striées et carénées; narines latérales, percées chacune entre trois plaques : la naso-rostrale, la première labiale et la naso-frénale; des dents au palais; une squame operculaire sur le bord antérieur du trou de l'oreille.

(7 espèces.)

TABLEAU SYNOPTIQUE DES ESPÈCES.

Plaques fronto-pariétales	distinctes	des fronto-inter-naso-rostrales; écailles du dos et des flancs en	23 séries; lobe auriculaire	grand; lamelles ventrales en	8 séries..	3.	G. gorge-jaune.
					10 séries ..	4.	G. type.
				petit.		3 *bis*.	G. de Bibron.
		19 séries				1 *bis*.	G. grand.
		pas de fronto-inter-naso-rostrales.				5.	G. sépiforme.
	nulles	une inter-pariétale très-petite				2.	G. rayé.
		pas d'inter-pariétale				1.	G. deux-bandes.

(*Ce Tableau est destiné à remplacer celui de l'Erpét. génér., qui ne comprend que cinq espèces*).

1. G. deux bandes. *Bifasciatus* Dum. Bib. (*Erpét. génér.*, t. V, p. 375, pl. 47).
Cicigna madagascariensis Gray, *Cat. of Liz.*, p. 49.
Madagascar : *M. Petit*, *M. Louis Rousseau*.

1 *bis*. G. le grand. *Major* A. Dum.

Des plaques fronto-pariétales; une inter-pariétale et des fronto-inter-naso-rostrales; point de plaques entre les sous-maxillaires de la seconde paire; de l'un des sillons latéraux à l'autre 19 séries longitudinales d'écailles finement striées et portant toutes une carène peu développée.

Cette espèce inédite ressemble surtout, par sa conformation générale, précédente, qui, après celle-ci, est la plus grande du genre; mais elle s'en distingue par l'écaillure de la tête. Ici, en effet, on compte un plus grand nombre de pièces : deux fronto-pariétales et une inter-pariétale qui manquent chez le G. DEUX-BANDES, et de plus, l'inter-naso-rostrale, contrairement à ce qui s'observe d'ordinaire, offre une division médiane longitudinale. La tête est proportionnellement plus volumineuse et moins effilée que dans les autres espèces, et, dans tout son ensemble, l'animal est plus robuste; mais il offre, de la façon la plus évidente, tous les caractères propres à ce genre, dont toutes les espèces ont entre elles une remarquable analogie.

Les écailles des régions supérieure et latérales du tronc sont grandes, épaisses et légèrement imbriquées d'avant en arrière; il en résulte que le bord postérieur de chaque verticille est saillant et plus élevé que le bord antérieur de celui qui le suit. Elles portent de petites stries irrégulières, et la carène qui les surmonte est médiocrement haute et n'est pas terminée en pointe à son extrémité postérieure. Les scutelles ventrales, disposées sur dix rangées longitudinales, sont grandes; toutes ont, d'avant en arrière, une petite carène médiane peu apparente, et la réunion de ces carènes forme des lignes parallèles, à peine proéminentes, en nombre égal à celui des séries d'écailles.

La queue, très-forte à sa base, et un peu comprimée dans sa seconde moitié, se termine en pointe; les carènes des écailles dont se composent les verticilles qui entourent ses faces supérieure et latérales sont plus fortes et plus pointues que celles du tronc, celles de la région inférieure sont semblables aux ventrales.

Les membres sont courts, robustes et terminés par des ongles assez longs et fort pointus. Sur leurs régions postérieure et externe, et particulièrement au train de derrière, les écailles sont surmontées d'une carène épineuse.

Les pores fémoraux, placés sur un seul rang, sont au nombre de douze de chaque côté.

La couleur est, en dessus, un brun-fauve uniforme, si ce n'est sur les rangées médianes des écailles dorsales de l'un des deux échantillons du Muséum, lesquelles portent des taches noires quadrilatères beaucoup plus apparentes sur la seconde portion du tronc que sur la première et qui ne sont plus visibles sur la dernière moitié de la queue. Les régions inférieures ont une teinte brun-jaunâtre clair sur laquelle on ne remarque aucune tache.

Longueur totale, 0^m,50; tête, 0^m,040; tronc, 0^m,170; queue, 0^m,290.

Ile Zanzibar (côte de Zanguebar, Afr. occidentale) : *M. Louis Rousseau*, 2 individus adultes TYPES.

C'est dans un bois de girofliers que ce naturaliste a trouvé les deux beaux échantillons de la remarquable espèce qui vient d'être décrite. Dès que l'un d'eux fut atteint par un coup de fusil, ils se réfugièrent dans une retraite qu'ils s'étaient creusée entre les racines d'un arbre et dont il fut très-difficile de les arracher.

2. G. RAYÉ. *Lineatus* Cocteau (*Erpét. génér.*, t. V, p. 378).
Cicigna ornata Gray, *Cat. of Liz.*, p. 50.
Madagascar : *M. Goudot*, TYPE du G. RAYÉ Cocteau, *Mag. de Zool.* de Guérin, 3e année, 1833, classe III, pl. 5 et pl. 6, 2 *a*, *b*, *c*, *d*, *e*, *f*, *g*.
Unique.

3. **G. gorge-jaune.** *Flavigularis* Wiegmann (*Erpét. génér.*, t. V, p. 379).

G. *flavigul.* Smith, *loc. cit.*, pl. 37 A adulte, B jeune âge et pl. 42, fig. 1, 2, 3, 4, texte sans pagination.

1° *Variété* A. Régions supérieures d'une teinte olive ou marron uniforme, avec une raie jaune, bordée de noir, de chaque côté du dos, depuis le sourcil jusque sur le premier ou le second tiers de la région latérale de la queue.
Manque.

2° *Variété* B. Flancs bruns, nuagés de gris ou rayés verticalement de noir ou de grisâtre, et sur la ligne médiane du cou et du dos une double série de petites taches blanches, quadrilatères, étroites, lisérées de noir à droite et à gauche, et placées entre deux raies longitudinales semblables à celles de la variété précédente.

Cap de B.-Espér. : *Delalande*, l'un des types du G. ocellé Cocteau, *loc. cit.*, âge moyen. Id. : *M. Smith*, adulte.

3° *Variété* C. Deux bandes longitudinales, comme dans les deux premières variétés; dans l'intervalle qui les sépare, on voit de petites taches blanches, bordées chacune d'une tache noire, comme dans la deuxième variété, mais bien plus nombreuses.

Cap de B.-Espér. : *MM. Quoy et Gaimard*, l'un des types du G. ocellé Cocteau, *loc. cit.*

3 *bis.* **G. de Bibron.** *Bibroni* Smith (*Illustr. of the Zool. of south Afr.*, pl. 38, fig. 1, mâle, et pl. 42, fig. 9, 10, 11 et 12, texte sans pagination).

G. *Bibr.* Gray, *Cat. of Liz.*, p. 50.

Des plaques fronto-pariétales, une inter-pariétale et des fronto-inter-naso-rostrales; point de plaques entre les sous-maxillaires de la seconde paire; de l'un des sillons latéraux à l'autre, 23 séries longitudinales d'écailles à peine striées et dont les médianes seules sont surmontées d'une petite carène; huit séries de lamelles ventrales; lobe auriculaire fort peu développé.

Les caractères énoncés dans cette diagnose montrent l'analogie qui existe entre cette espèce et la précédente. Il est cependant facile de les distinguer par la différence de dimensions du lobe auriculaire, du nombre des séries d'écailles, puis par la forme un peu moins svelte du G. de Bibron, mais surtout d'après le système de coloration.

La carène médiane des écailles du dos et des flancs est peu saillante; celles du ventre sont lisses.

La queue est robuste, cyclo-tétragone à sa base et arrondie à sa pointe; ses écailles, en dessus et sur les côtés, sont faiblement carénées.

Les membres sont peu développés et leur écaillure n'offre rien de particulier à noter. Il y a douze pores à chaque cuisse, placés sur un seul rang et un peu cachés par les écailles qui les précèdent immédiatement.

L'échantillon que possède le Muséum est presque complétement décoloré. Il est jaunâtre et orné de lignes blanches longitudinales, au nombre de quatre; mais, pour avoir une notion exacte de l'aspect de ce Gerrhos. à l'état de vie, il faut se reporter à la planche citée de l'ouvrage de M. Smith et à la description qui l'accompagne et dont voici les principaux traits : « La tête est, en dessus, d'un brun marron; en dessous et sur les côtés, elle a, ainsi que la région gulaire et la face interne des pattes de devant, une belle teinte vermillon. Le dos, les flancs, le dessus de la queue et les côtés externe et postérieur des membres ont une coloration intermédiaire entre le rouge-brunâtre et le brun nuancé d'orangé-foncé. Sur la région supérieure du tronc il y a quatre lignes jaunes et sur la queue deux seulement, qui sont la continuation des lignes latérales du dos. Celles-ci sont beaucoup plus larges que les médianes et non interrompues comme elles. Le ventre et le dessous de la queue sont d'un blanc grisâtre.

» La femelle diffère à peine du mâle pour les couleurs, mais elle est plus robuste et la queue est proportionnellement moins longue. »

Longueur de la tête, $0^m,018$; du tronc, $0^m,070$. La queue est mutilée, de sorte que les dimensions totales ne peuvent pas être indiquées. Elles sont, d'après M. Smith, de 10 pouces 6 lignes (mesure anglaise).

Tous les individus qui sont en la possession de ce naturaliste ont été pris non loin de la source du Calédon, l'une des principales branches du fleuve Orange. Ils habitaient des ravins profonds et escarpés des montagnes de Quathlamba. Quand ces animaux sont poursuivis, on les voit chercher un refuge sous les feuilles mortes et sous les branches sèches qui abondent dans ces ravins.

C'est de cette région que provient l'échantillon *unique* dû à la générosité de *M. Smith*.

4. G. TYPE. *Typicus* Dum. Bib. (*Erpét. génér.*, t. V, p. 383).

G. typicus Smith, *loc. cit.*, pl. 38, fig. 2 et pl. 42, fig. 5, 6, 7 et 8, texte sans pagination.

Cap de B.-Espér. : *MM. J. et E. Verreaux*, 2 individus qui, avec ceux de la troisième espèce déjà mentionnés, ont servi de TYPES au G. OCELLÉ Cocteau, *loc. cit.*

5. G. SÉPIFORME. *Sepiformis* Dum. Bib. (*Erpét. génér.*, t. V, p. 384).

G. sepiform. Smith, *loc. cit.*, pl. 41, fig. 2, et pl. 42, fig. 13, 14, 15 et 16, texte sans pagination.

Pleurostrichus sepiform. Gray, *Cat. of Liz.*, p. 51.

Les bandes longitudinales d'un brun jaunâtre du tronc sont fort peu apparentes.

Cap de B.-Espér. : *Delalande*, *Diard et Duvaucel*, 2 individus, l'un adulte, l'autre jeune.

IVᵉ GENRE. — SAUROPHIDE. *SAUROPHIS* Fitzinger.

Tronc serpentiforme, avec un sillon latéral; quatre pattes fort courtes, terminées chacune par quatre doigts seulement; pas de dents au palais; narines latérales circonscrites par trois plaques : la naso-rostrale, la naso-frénale et la première labiale supérieure; des pores fémoraux.

(**1** *espèce.*)

1. S. DE LACÉPÈDE. *Lacepedii* Dum. Bib. (*Erpét. génér.*, t. V, p. 389).

Afrique australe : 2 individus, adulte et âge moyen.

Vᵉ GENRE. — GERRHONOTE. *GERRHONOTUS* Wiegmann.

Plaques sus-crâniennes plus nombreuses que dans les genres précédents et se confondant en arrière avec les écailles de la nuque; narines latérales, percées chacune dans une seule plaque, la naso-rostrale; langue sans plis en chevrons, à surface veloutée, si ce n'est tout à fait en avant, où les papilles ressemblent à des écailles; un sillon sur chaque flanc; tronc entouré comme d'une sorte de cuirasse écailleuse dont les pièces, à la région supérieure, sont le plus ordinairement carénées; pas de pores fémoraux.

(8 espèces.)

1. G. DE DEPPE. *Deppii* Wiegmann (*Erpét. génér.*, t. V, p. 398).
   Abronia Deppii Gray, *Cat. of Liz.*, p. 53. — *Manque.*

2. G. A BANDES. *Tæniatus* Wiegmann (*Erpét. génér.*, t. V, p. 399).
   Abronia tæn. Gray, *Cat. of Liz.*, p. 53. — *Manque.*

3. G. MULTIBANDES. *Multifasciatus* Dum. Bib. (*Erpét. génér.*, t. V, p. 401).
   Elgaria Kingii Gray, *Cat. of Liz.*, p. 54.
   Gerrhon. King. Th. Bell, MSS. (d'après M. Gray).
   Mexique : donnés par *M. Th. Bell*, adulte et âge moyen, TYPES.

4. G. MULTICARÉNÉ. *Multicarinatus* Blainville (*Erpét. génér.*, t. V, p. 404).
   ? *Gerrhon. Burnetii* Gray, *Zool. of Capt. Beechey's voy.*, p. 96, pl. 31, fig. 2, et *Cat. of Liz.*, p. 54.
   Californie : *M. Botta*, TYPE de Blainville, *Nouv. Ann. du Mus.*, t. IV, p. 289, pl. 25, fig. 2.
   Unique.

5. G. MARQUETÉ. *Tessellatus* Wiegmann (*Erpét. génér.*, t. V, p. 405).
   Yucatan (Amér. centrale) : *M. Morelet.*
   Unique.

   Par tout l'ensemble de ses caractères, cet échantillon paraît appartenir à la cinquième espèce, qui était inconnue au Musée de Paris. Le premier rang des plaques inter-naso-rostrales ne se compose cependant que de deux pièces et non pas de trois; mais comme deux écailles offrent chez ce sujet des divisions anomales, c'est peut-être par la même raison que, contrairement à ce qui s'observe chez tous les autres GERRHON., celui du Musée de Berlin porte, derrière la rostrale, les trois plaques mentionnées par M. Wiegmann. Les taches noires des flancs sont semblables à celles du dos; la lèvre inférieure n'est pas blanche et elle est sans bandes noires, ainsi que le ventre.

   Ces différences ne sont pas suffisantes pour éloigner de cette espèce l'animal dont il s'agit.

6. G. ENTUILÉ. *Imbricatus* Wiegmann (*Erpét. génér.*, t. V, p. 407).
   Barissia imbricata Gray, *Cat. of Liz.*, p. 55.
   Manque.

7. G. LICHÉNIGÈRE. *Lichenigerus* Wagler (*Erpét. génér.*, t. V, p. 408).
   Barissia lichen. Gray *Cat. of Liz.*, p. 55.
   Mexique : *M. Ghuisbreght.*
   Unique.

8. G. COU RUDE. *Rudicollis* Wiegmann (*Erpét. génér.*, t. V, p. 410).
   Barissia rudicollis Gray, *Cat. of Liz.*, p. 55.
   Manque.

VIe GENRE. — PSEUDOPE. *PSEUDOPUS* Merrem.

Corps serpentiforme; pas de pattes antérieures; membres postérieurs représentés par deux petits appendices écailleux simples ou légèrement bifides, non percés de pores, placés l'un à droite, l'autre à gauche de l'anus; sillons latéraux assez profonds.

Ce genre a une telle analogie avec le précédent, que les Pseudopes sont, en quelque sorte, des Gerrhonotes apodes.

(1 espèce.)

1. P. DE PALLAS OU SHELTOPUSIK. *Pallasii* Cuvier (*Erpét. génér.*, t. V, p. 417).

Dalmatie : *M. de Schreibers*. Morée : *Commission scientif.*, et en particulier, Athènes : *M. Domnando*. Tauride : *M. de Demidoff*. Perse : *Aucher-Éloy*.

Ile de Cos : *M. l'amiral Dumont-d'Urville*. Individu monté, sur le plateau duquel Cuvier a écrit : « Je crois l'espèce nouvelle, à cause des carènes du dos et de l'âpreté des écailles. » TYPE du *Pseud. Durvilii* Cuvier, *R. an.*, t. II, p. 69.

Ages divers.

VIIe GENRE. — OPHISAURE. *OPHISAURUS* Daudin.

Corps serpentiforme, sans nul vestige de membres à l'extérieur; sillons latéraux assez profonds. — Conformation extérieure et intérieure semblable à celle des Pseudopes.

(1 espèce.)

1. O. VENTRAL. *Ventralis* Daudin (*Erpét. génér.*, t. V, p. 423).

Holbrook, *N. American Herpet.*, t. II, p. 139, pl. 20.

1° *Variété* A ou *rayée*. En dessus, des raies longitudinales noires, alternant avec des raies jaunâtres; régions inférieures blanches.

New-York : *Milbert*. Caroline du Sud : *M. Smith*. Savannah (Géorgie).

2° *Variété* B ou *ponctuée* (*Ophis. punctatus* Cuvier, *R. anim.*, t. II, p. 70).

Toutes les écailles des régions supérieure et latérales du tronc et de la queue portent une tache noire bordée, de chaque côté, par un petit trait d'un jaune verdâtre; régions inférieures blanches.

Caroline du Sud, et en particulier Charleston : *Noisette*. Nouv.-Orléans : *M. Holbrook*.

3° *Variété* C ou *ocellée*. Régions supérieures médianes, depuis le bout du museau jusqu'à l'extrémité de la queue, d'une belle teinte marron semée de taches noires, ocellées de blanc, en nombre variable, le plus souvent disposées en bandes transversales; écailles des flancs noires, plus ou moins tachetées de blanc ou de roussâtre sur leurs bords; régions inférieures d'une teinte orangé-pâle.

New-York : *Milbert*. Martinique : *Plée*.

4° *Variété* D ou *à bandes* (*Ophis. striatulus* Cuvier, *R. anim.*, t. II, p. 70).

Régions supérieures d'un gris fauve, avec une large raie noire sur la ligne médiane, depuis la nuque jusqu'à l'extrémité de la queue; de chaque côté, cinq lignes noires, de la même longueur que la bande du milieu, alternant avec cinq lignes blanches.

Nouv.-Orléans : *M. Fournier*. — *Unique*.

5° *Variété* E ou *tachetée.* Sur un fond d'un brun jaunâtre, des taches brunes, de forme et de dimensions irrégulières, siégeant les unes sur la tête, les autres sur le dos, sur les flancs ou sur le ventre. — Origine inconnue. — *Unique.*

Le seul système de coloration que M. Holbrook ait vu pendant la vie, et le seul qu'il admette, est celui qu'il a fait représenter (*North Amer. Herpet*, t. II, pl. 20) : c'est la *Var.* B. ou *ponctuée.*

VIIIe GENRE. — PANTODACTYLE. *PANTODACTYLUS* Dum. Bib.

Quatre pattes terminées chacune par cinq doigts; pas de sillons latéraux; dents maxillaires à sommet tricuspide: des pores fémoraux; langue couverte de papilles squamiformes; pas de dents au palais; narines latérales, ouvertes chacune dans une seule plaque, la naso-rostrale.

(1 *espèce.*)

1. P. DE D'ORBIGNY. *D'Orbignyi* Dum. Bib. (*Erpét. génér.*, t. V, p. 431).
Lepisoma scincoides Gray, *Cat. of Liz.*, p. 60.
On doit, avec les auteurs de l'*Erpét. génér.*, rester dans le doute sur l'identité de l'espèce décrite sous ce nom *in* Spix, *Spec. nov. Lacert. Bras.*, p. 24, pl. 27, fig. 2, et du PANT. DE D'ORB. — Buenos-Ayres : *M. d'Orbigny.* — *Unique.*

IXe GENRE. — ECPLÉOPE. *ECPLEOPUS* Dum. Bib.

Quatre pattes terminées chacune par cinq doigts; pas de sillons latéraux; dents maxillaires à sommet simple, obtus; pas de pores fémoraux; langue couverte de papilles squamiformes; pas de dents au palais; narines ouvertes chacune dans une seule plaque, la naso-rostrale.

(1 *espèce.*)

1. E. DE GAUDICHAUD. *Gaudichaudii* Dum. Bib. (*Erpét. génér.*, t. V, p. 436).
Cercosaurus Gaud. Gray, *Cat. of Liz.*, p. 60.
Brésil : *M. Gaudichaud*, TYPE. Id. : *M. Darwin, MM. de Castelnau et Em. Deville.* Nouvelle-Grenade. — Ages divers.

Xe GENRE. — CHAMÉSAURE. *CHAMÆSAURA* Fitzinger.

Corps excessivement grêle et allongé, sans sillons latéraux; quatre pattes fort courtes, en stylets, terminées par un seul doigt onguiculé.

(1 *espèce.*)

1. C. SERPENTIN. *Anguina* Schneider (*Erpét. génér.*, t. V, p. 441).
Smith, *Illustr. of the Zool. of south Afr.*, *Appendix*, p. 10.
Cap de B.-Espér. : *Delalande, M. J. Verreaux.* — Ages divers.
Il habite les localités humides, dit M. Smith, et se trouve dans l'herbe et parmi les pierres, près des cours d'eau ou au bord de la mer. Ses mouvements sont très-rapides et il rampe comme les Serpents.

b.

XIᵉ GENRE. — HÉTÉRODACTYLE. *HETERODACTYLUS* Spix.

Quatre pattes peu allongées, terminées chacune par cinq doigts inégaux, mais aux antérieures le pouce est excessivement court ou rudimentaire; pas de sillons latéraux; pas d'apparence d'oreille à l'extérieur; dents maxillaires divisées à leur sommet en deux ou trois pointes obtuses, peu distinctes; langue couverte de papilles squamiformes, imbriquées; des pores fémoraux.

(1 espèce.)

1. H. IMBRIQUÉ. *Imbricatus* Spix (*Erpét. génér.*, t. V, p. 447).
Brésil : *M. Langsdorff.* — Unique.

XIIᵉ GENRE. — CHALCIDE. *CHALCIDES* Daudin.

Quatre pattes fort courtes : les antérieures terminées chacune par trois ou quatre doigts, les postérieures tantôt de même, tantôt au contraire en simples stylets; un très-faible sillon latéral le long de la moitié antérieure du tronc; pas de pores fémoraux; pas d'oreille externe.

(4 espèces.)

a. Espèces à pattes postérieures terminées par des doigts.

1. C. DE CUVIER. *Cuvieri* Wagler (*Erpét. génér.*, t. V, p. 453).
Amér. mérid., et en particulier, Brésil : donné par *M. Th. Bell.* Des bords de l'Orénoque : donné par *M. Florent Prévost.* — Ages divers.

2. C. DE SCHLEGEL. *Schlegeli* Dum. Bib. (*Erpét. génér.*, t. V, p. 457).
Manque.

b. Espèces à pattes postérieures en stylets.

3. C. COPHIAS. *Cophias* Merrem (*Erpét génér.*, t. V, p. 459).
Cayenne : *M. Banon.* Origine inconnue. — 2 individus.

4. C. DE D'ORBIGNY. *D'Orbignyi* Dum. Bib. (*Erpét. génér.*, t. V, p. 462).
Bachia d'Orb. Gray, *Cat. of Liz.*, p. 58.
Santa-Cruz (Chili) : *M. d'Orbigny*, TYPE.

Un second individu d'origine inconnue, mais sans doute américain, et donné par *M. Séraph. Braconnier*, offre presque tous les caractères de cette espèce : il doit par conséquent y prendre rang.

La seule différence, vraiment digne de remarque, consiste dans le nombre des doigts aux pattes antérieures. Dans ce spécimen, en effet, il y en a quatre et non pas trois, comme chez l'individu unique, type de l'espèce. Cette particularité, au reste, perd de son importance en raison des anomalies analogues offertes par le CH. DE CUVIER et consignées dans l'*Erpét. génér.*, car, à l'une des pattes postérieures ou même aux deux, il manque quelquefois le premier doigt.

IIᵉ SOUS-FAMILLE. — *GLYPTODERMES.*

Peau coriace, dépourvue d'écailles, offrant partout des verticilles circulaires, à peu près égaux entre eux, et chacun de ces anneaux subdivisé en petits compartiments quadrilatères; une trace du sillon latéral; pas de paupières.

(4 GENRES, 17 *espèces.*)

Iᵉʳ GROUPE. — CHALCIDIENS GLYPTODERMES ACRODONTES.

Dents fixées sur le bord libre des os maxillaires avec lesquels elles semblent faire corps, tant leur adhérence est intime.

XIIIᵉ GENRE. — TROGONOPHIDE. *TROGONOPHIS* Kaup.

Dents solidement fixées sur le tranchant des mâchoires, presque toutes réunies entre elles par leur base, inégales, coniques, mousses ou comme tuberculeuses; pas de membres; pas de pores pré-anaux.

(1 *espèce.*)

1. T. DE WIEGMANN. *Wiegmanni* Kaup (*Erpét. génér.*, t. V, p. 469).
Tanger : *Eydoux*, individu décrit et figuré sous le nom de *Amphisbœna elegans* par M. P. Gervais (*Mag. de Zool.* Guérin-Méneville, 1837, classe 3, p. 2, pl. 11).
Iles Zaphariues, près du Maroc : *M. Bravais.* Alger : *MM. Guichenot, Levaillant, le doct. Roquin, Bové.* Bone : *M. le doct. Guyon.* Oran : *id.*, et un échantillon donné par *M. P. Gervais.*
Ages divers. V. V.

IIᵉ GROUPE. — CHALCIDIENS GLYPTODERMES PLEURODONTES.

Dents appliquées contre la face interne des os maxillaires, dans une sorte de rainure qui y est pratiquée.

XIVᵉ GENRE. — CHIROTE. *CHIROTES.* Dum.

Pas de membres postérieurs; des membres antérieurs terminés par cinq doigts, dont un sans ongle; des pores pré-anaux.

(1 *espèce.*)

1. C. CANNELÉ. *Canaliculatus* Cuvier (*Erpét. génér.*, t. V, p. 474).
Mexique : *Mocino et de Sessé.*
Unique.

XVᵉ GENRE. — AMPHISBÈNE. *AMPHISBÆNA* Linné.

Ni membres antérieurs, ni membres postérieurs; des pores pré-anaux; pas de plaques sur la région pectorale; narines latérales, petites, percées chacune dans une seule plaque, la naso-rostrale.

(10 espèces.)

a. Espèces à queue tronquée, arrondie.

1. A. ENFUMÉE. *Fuliginosa* Linné (*Erpét. génér.*, t. V, p. 480).
Amér. mérid. : M. *Keraudren*, et en particulier, Côte-Ferme : M. *Bauperthuis*. Surinam : *Leschenault et Doumerc*, et individus donnés par *Dufresne*. Cayenne : M. *Moussu*. Brésil : MM. *de Castelnau et Em. Deville*.
Adulte et âge moyen.

2. A. BLANCHE. *Alba* Linné (*Erpét. génér.*, t. V, p. 484).
Amér. mérid. : *Bosc*, et en particulier, Côte-Ferme : M. *Bauperthuis*. Cayenne : M. *Mélinon*. Bahia : M. *Lemelle-Deville*.
Adultes et âge moyen.

3. A. DE PRÊTRE. *Pretrei* Dum. Bib. (*Erpét. génér.*, t. V, p. 486).
Brésil : M. *Poyer*, 2 individus, TYPES.
Brésil : sans nom de donateur, et en particulier, Bahia : M. *de Castelnau*.

4. A. VERMICULAIRE. *Vermicularis* Wagler (*Erpét. génér.*, t. V, p. 489).
Brésil : M. *Gaudichaud*, 2 individus, l'un adulte? l'autre de jeune âge.

5. A. DE DARWIN. *Darwinii* Dum. Bib. (*Erpét. génér.*, t. V, p. 490).
A. Darw. Gray, *Cat. of Tort. Croc. and Amphisb.*, p. 71.
Monte-Video : M. *D'Orbigny*, TYPE. Id. : M. *Darwin*.
Adultes et âge moyen.

6. A. AVEUGLE. *Cœca* Cuvier (*Erpét. génér.*, t. V, p. 492).
Sarea cœca Gray, *Cat. of Tort. Croc. and Amphisb.*, p. 71.
Martinique : *Plée*, TYPES de l'*A. cœca* Cuvier, *R. an.*, 2ᵉ édit., t. II, p. 73.

7. A. PONCTUÉE. *Punctata* Bell (*Erpét. génér.*, t. V, p. 494).
Cadea punctata Gray, *Cat. of Tort. Croc. and Amphisb.*, p. 72.
Cuba : M. *Ramon de la Sagra*. Un de ces individus a servi de modèle à la figure donnée par Cocteau, *Rept. in Hist. de l'île de Cuba* de Ramon de la Sagra, pl. 21, sous le nom d'*Amph. cœca*.
Cuba : M. *Genty*.

8. A. DE KING. *Kingii* Dum. Bib. (*Erpét. génér.*, t. V, p. 496).
Buenos-Ayres : M. *d'Orbigny*. Amér. mérid. : M. *Darwin*, et un autre échantillon donné par M. *Th. Bell*.

9. A. QUEUE BLANCHE. *Leucura* Dum. Bib. (*Erpét. génér.*, t V, p. 498).
Cynisca leucura Gray, *Cat. of Tort. Croc. and Amphisb.*, p. 71.
Manque.

b. Espèces à queue conique.

10. A. CENDRÉE. *Cinerea* Vandelli (*Erpét. génér.*, t. V, p. 500).
Tanger : *Eydoux*, Individu décrit et figuré par M. P. Gervais (*Magaz. de Zool.*, *Guérin-Méneville*, 1837, classe 3, p. 3, pl. 10).
Environs de Madrid : M. *Rambure*. Origine inconnue.

XVIᵉ genre. — LÉPIDOSTERNE. *LEPIDOSTERNON* Wagler.

Ni membres antérieurs, ni membres postérieurs; pas de pores pré-anaux; compartiments de la peau à la région pectorale de figures diverses et plus grands que ceux des autres régions du corps; narines percées sous le museau, dans la plaque qui en emboîte l'extrémité; museau légèrement déprimé, comme tranchant et un peu relevé.

(5 *espèces.*)

TABLEAU SYNOPTIQUE DES ESPÈCES DU GENRE LÉPIDOSTERNE.

Plaques céphaliques au nombre de
- au moins dix. { dix. . . . . 1. L. MICROCÉPHALE.
- plus de dix. { seize . . . . . 2 *bis*. L. POLYSTÉGE.
  { douze. . . . . 2. L. TÊTE DE MARSOUIN.
- moins de dix. { huit. . . . . 3 *bis*. L. OCTOSTÉGE.
  { deux seulement et très-grandes. 3. L. SCUTIGÈRE.

(*Ce tableau est destiné à remplacer celui de l'Erpét. génér., devenu insuffisant, puisqu'il ne comprend que trois espèces.*)

1. L. MICROCÉPHALE. *Microcephalum* Wagler (*Erpét. génér.*, t. V, p. 505).
Brésil : *M. Gaudichaud*, *M. Aug. Saint-Hilaire*, *M. Langsdorff*, *M. Léon Lecomte*. V. V. — *Vélins*, nº 91 *bis*.

2. L. TÊTE DE MARSOUIN. *Phocæna* Dum. Bib. (*Erpét. génér.*, t. IV, p. 507).
Lepid. phocæna Gray, *Cat. of Tort. Croc. and Amphisb.*, p. 73.
Buenos-Ayres : *M. d'Orbigny*, TYPE. — *Unique.*

2 *bis*. L. POLYSTÉGE. *Polystegum* A. Dum. (1).
Seize plaques sus-craniennes; compartiments pectoraux médiocres, losangiques, nombreux; seize verticilles autour de la queue.

Par le grand nombre et la forme des plaques sus-craniennes, l'espèce actuelle se distingue très-facilement de ses congénères.

Les caractères empruntés à ces particularités d'organisation étant invariables chez tous les individus d'un même groupe, on doit nécessairement admettre une distinction réelle entre les deux espèces nouvelles et les trois autres déjà mentionnées dans l'*Erpét. génér.*, comme l'ont fait pour celles-ci Wagler, Hemprick et MM. Duméril et Bibron, qui les ont décrites les premiers.

Le second caractère que sa constance autorise également à prendre en considération se tire du nombre des verticilles du tronc et de ceux de la queue : il est ici de 331, à partir de l'endroit où se termine le bouclier pectoral, jusqu'à l'extrémité du tronc, et de 16 pour l'appendice caudal.

La tête, vue en dessus, représente un triangle allongé, à sommet arrondi. Les plaques dont elle est recouverte sont : une rostrale à bord postérieur horizontal, suivie de deux fronto-rostrales très-petites et dont la largeur l'emporte de beaucoup sur la longueur; une frontale moyenne très-peu considérable, en forme de triangle dont le sommet se loge en arrière dans l'écartement que laissent entre elles deux frontales latérales, allongées, quadrilatères, à bord antérieur coupé

---

(1) De πολὺ, beaucoup, et de στέγη, *stega*, toute matière qui peut servir à recouvrir, à cause du nombre plus considérable que dans les autres espèces des plaques sus-céphaliques.

obliquement pour leur union avec les sus-oculaires, qui sont longues et étroites; puis quatre occipitales carrées, et enfin, parmi les temporales, deux de chaque côté, l'une antérieure grande, l'autre postérieure petite, qui complètent les seize pièces du bouclier sus-céphalique.

La plaque oculaire, à travers laquelle on aperçoit l'œil, a la forme d'un quadrilatère plus large à son bord supérieur qu'à l'inférieur; elle touche en avant à la première labiale, qui a de grandes dimensions et derrière laquelle on ne voit qu'une très-petite scutelle.

De chaque côté de la mentonnière, il y a une petite labiale inférieure en triangle à base tournée en avant, et suivie de deux autres pièces dont la première est longue et étroite, et la seconde beaucoup moins grande; elles sont séparées par trois gulaires.

Des quatre sillons qui parcourent toute l'étendue du tronc, les deux latéraux sont les plus apparents, et le supérieur se voit moins bien que celui de dessous.

Les compartiments pectoraux sont nombreux, mais il est difficile d'en préciser le nombre, parce que ceux qui terminent chaque rangée se confondent avec les compartiments des verticilles correspondants, des régions supérieure et latérales qu'ils semblent continuer non pas horizontalement, mais dans une direction oblique d'arrière en avant. De cette obliquité, il résulte que ces scutelles circonscrivent, par leur réunion, un espace triangulaire occupé par des bandes en chevron à sommet antérieur, emboîtées les unes dans les autres.

Longueur totale, 0^m,381; tête, 0^m,012; tronc, 0^m,350; queue, 0^m,019 : cette dernière entre donc pour la vingtième partie dans les dimensions totales.

Comme tous les autres Lépidosternes, celui-ci a une teinte fauve ou blanchâtre; on distingue à peine quelques taches rousses sur les régions supérieures.

Bahia : M. Lemelle-Deville, Type. — Unique.

3. L. SCUTIGÈRE. *Scutigerum* Dum. Bib. (*Erpét. génér.*, t. V, p. 509).

Cephalopeltis scutigera Gray, *Cat. of Tort. Croc. and Amphisb.*, p. 73.

Brésil : M. Gallot, MM. de Castelnau et Em. Deville, M. Léon Lecomte. V. V.

3 bis. L. OCTOSTÈGE. *Octostegum* A. Dum. (1).

Huit plaques sus-craniennes; compartiments pectoraux grands, au nombre de douze, et presque tous de forme allongée; douze verticilles autour de la queue.

Des quatre Lépid. déjà mentionnés, aucun ne ressemble plus à celui-ci que le L. SCUTIGÈRE, si la comparaison porte particulièrement sur le caractère important tiré de la forme et du nombre des plaques sus-céphaliques. Il existe cependant une différence notable dans ce nombre, qui est ici de huit et non pas de deux.

D'autres dissemblances peuvent être indiquées. Telles sont : la forme plus conique et plus bombée de la tête, la brièveté proportionnelle de la queue, dont l'étendue n'est que la vingt-quatrième partie de la longueur totale de l'animal, et enfin les dimensions moindres et la disposition différente des compartiments pectoraux.

Ce qui constitue l'analogie entre ces deux espèces, c'est le développement considérable de la plaque frontale, qui est tel que cette plaque et la rostrale couvrent à elles seules toute la tête chez le L. SCUTIGÈRE; quoique grande, elle l'est moins dans la nouvelle espèce. Voici d'ailleurs l'énumération des pièces du bouclier céphalique. Il y a une rostrale à bord postérieur régulièrement transversal. Elle est

(1) De ὀκτώ, et de στέγη, à cause des huit plaques qui recouvrent le crâne.

suivie d'une frontale hexagone, à bord antérieur très-court, obtusément arrondi, et reçu dans une petite échancrure de la rostrale, à bords latéraux antérieurs divergents, d'où résulte une forme triangulaire à sommet antérieur pour la première moitié de cette plaque dont la seconde moitié, par suite du parallélisme des deux bords latéraux postérieurs, et de la direction parfaitement horizontale du sixième côté représente un quadrilatère confondu en avant avec la base de ce triangle. L'angle très-obtus, formé de chaque côté de cette grande plaque par la réunion du bord latéral antérieur avec le postérieur, est en contact avec le point de jonction, d'une part, de l'angle antérieur de la sus-oculaire, et, de l'autre, de l'extrémité terminale et pointue de la fronto-rostrale, qui est triangulaire et s'appuie sur la rostrale par sa base. Enfin la septième et la huitième plaques sont deux petites occipitales.

L'oculaire, à travers laquelle on aperçoit l'œil, a trois bords : son sommet correspond en haut à l'écartement que laissent entre elles, au-dessous de leur point de jonction, les plaques dont la frontale est bordée, c'est-à-dire la fronto-rostrale et la sus-oculaire.

La labiale est unique de chaque côté, sur la lèvre supérieure comme sur l'inférieure.

Les compartiments pectoraux médians sont les plus allongés, les autres sont des polygones plus ou moins irréguliers.

Longueur totale, $0^m,35$; tête, $0^m,011$; cou et tronc, $0^m,325$; queue, $0^m,014$.

Le système de coloration de cette espèce inédite est, comme celui de ses congénères, une teinte fauve ou blanchâtre, relevée de quelques taches très-petites plus foncées.

Brésil, Type. — *Unique.*

VIIIᵉ FAMILLE. — SCINCOÏDIENS ou LÉPIDOSAURES.

Tête recouverte en dessus par des plaques cornées, minces, anguleuses, affrontées par leurs pans d'une manière régulière; cou de même forme et de même diamètre que la poitrine; tronc et membres garnis, dans toute leur étendue, d'écailles entuilées, à plusieurs pans, le plus souvent élargies et à bord libre légèrement arrondi, disposées en quinconce; dos sans crête, ni épines redressées; ventre convexe sans sillons latéraux; langue libre, plate, sans fourreau, un peu échancrée en avant, recouverte de papilles le plus ordinairement toutes en forme d'écailles, quelquefois entremêlées de papilles filiformes.

(Trois sous-familles : Saurophthalmes, Ophiophthalmes et Typhlophthalmes.)

Iʳᵉ SOUS-FAMILLE. — *SAUROPHTHALMES.*

Yeux distincts, protégés par deux paupières mobiles; pas de pores sous la région inférieure des cuisses, ni sur la marge antérieure du cloaque.

(27 genres, 97 *espèces*.)

Iᵉʳ GROUPE. — Scincoïdiens saurophthalmes munis de membres.

(24 genres, 94 *espèces*.)

1° *Espèces à quatre membres.*

a. *Espèces à cinq doigts à chaque patte.*

Iᵉʳ GENRE. — TROPIDOPHORE. *TROPIDOPHORUS* Dum. Bib.

Corps cyclo-tétragone; écailles des parties supérieures en losange, relevées d'une carène médiane, prolongée en pointe en arrière, et dont le développement, sur la queue, est tel, qu'elle semble surmontée de quatre petites crêtes; narines latérales, s'ouvrant près du bord postérieur de la plaque nasale; palais non denté, à échancrure triangulaire, peu profonde, située assez en arrière.

(1 *espèce.*)

1. T. de la Cochinchine. *Cocincinensis* Dum. Bib. (*Erpét.*, *génér.*, t. V, p. 556, pl. 57, fig. 1 *a, b*).

Cochinchine : *Diard*, 3 individus dont le plus petit avait été séparé des deux autres par Cuvier, qui l'avait rangé, par erreur, parmi les Iguaniens, croyant, mais à tort, qu'il avait servi de type au genre établi par Boié sous le nom de Tropidosaure : aussi l'avait-il étiqueté Tr. de Boié. C'est cependant bien un véritable Scincoïdien identique aux deux individus de plus grande taille sur la détermination desquels Cuvier n'avait pas eu d'incertitude.

IIᵉ GENRE. — SCINQUE. *SCINCUS* Fitzinger.

Doigts presque égaux, aplatis, à bords en scie; flancs anguleux à leur région inférieure; narines latérales, s'ouvrant entre deux plaques, la nasale et la supéronasale antérieure; museau cunéiforme, tranchant, tronqué; palais denté, à rainure longitudinale.

(1 espèce.)

1. S. DES BOUTIQUES OU DES PHARMACIES. *Officinalis* Laurenti (*Erpét. génér.*, t. V, p. 564, pl. 57, fig. 3, représentant la main).

1° *Variété* A. Régions supérieures jaunes ou d'un gris-clair argenté, avec sept ou huit bandes transversales brunes ou noirâtres.

Égypte : *M. Alex. Lefebvre.* Algérie : *M. Laurent* (de Toulon).

2° *Variété* B. Régions supérieures d'un brun châtain, semé de très-petites taches blanches, fort peu apparentes, au nombre de deux ou trois sur chaque écaille, avec cinq ou six bandes blanches transversales, terminées, sur le haut de chaque flanc, par une tache noire irrégulière.

Sénégal : *M. Heudelot.* Origine inconnue : *M. Leach.* — 2 individus.

3° *Variété* C. Toutes les écailles des régions supérieures d'un gris argenté, largement radié de blanc, avec une ou deux taches brunes sur leur bord postérieur.

Égypte : *M. Rüppel.* — Ages divers. — *Vélins,* n° 91.

Individus desséchés, d'origine inconnue, tels qu'on les conservait dans les officines, et appartenant aux différentes variétés.

IIIᵉ GENRE. — SPHÉNOPS. *SPHENOPS* Wagler.

Narines latérales, s'ouvrant chacune entre deux plaques, la nasale et la rostrale; pas de supéro-nasales; palais non denté, à rainure longitudinale; doigts un peu comprimés, sans dentelures latérales; mais, museau cunéiforme et flancs anguleux à leur région inférieure comme chez les Scinques.

(1 espèce.)

1. S. BRIDÉ. *Capistratus* Wagler (*Erpét. génér.*, t. V, p. 578, pl. 57, fig. 3, représentant la tête).

Égypte : *M. Alex. Lefebvre, M. Rüppel, MM. de Joannis et Jaurès.* Sénégal. Ages divers.

IVᵉ GENRE. — DIPLOGLOSSE. *DIPLOGLOSSUS* Wiegmann.

Tête déprimée; museau large, conique; langue mince à son bord antérieur, où elle est échancrée et couverte de papilles squamiformes, plus épaisse à sa région supérieure, qui est couverte de papilles filiformes; écailles striées; narines latérales, ouvertes chacune dans une seule plaque, la nasale; des supéro-nasales; palais non denté, à rainure longitudinale.

(6 espèces.)

1. D. DE SHAW. *Shawii* Dum. Bib. (*Erpét. génér.*, t. V, p. 590).

Celestus occiduus Gray, *Cat. of Liz.*, p. 117.
Origine inconnue (Jamaïque)? âge moyen; Jamaïque : M. *Th. Bell*, Adulte.

2. D. d'Owen. *Owenii* Dum. Bib. (*Erpét. génér.*, t. V, p. 594).
Diplogl. Owen. Gray, *Cat. of Liz.*, p. 119.
Manque.

3. D. de Clift. *Cliftii* Dum. Bib. (*Erpét. génér.*, t. V, p. 595).
Manque.

4. D. d'Houttuyn. *Houttuynii* Cocteau (*Erpét. génér.*, t. V, p. 597).

1° *Variété* A. Régions supérieures ornées de dix larges bandes noires transversales, alternant avec d'autres bandes un peu moins larges et d'un blanc plus ou moins bleuâtre, en même nombre que les précédentes; extrémité de la queue noire.

Brésil : M. *Langsdorff*, un individu et un autre, de la même contrée, sans nom de donateur.

Variété B. A la place des bandes noires, des bandes d'un brun fauve, liserées de noir, alternant avec un nombre semblable de bandes d'un gris fauve ou olivâtre; extrémité de la queue d'une couleur claire.

Brésil? : un individu donné par M. *Th. Bell.* Id.? : un individu rapporté du cabinet de Lisbonne par M. *Geoffroy Saint-Hilaire*.

5. D. de la Sagra. *Sagræ* Cocteau (*Erpét. génér.*, t. V, p. 602).
Diplogl. Sagræ Gray, *Cat. of Liz*, p. 119.
Cuba : M. *Ramon de la Sagra*, Types du D. de la Sagra Cocteau, *Rept.* in *Hist. de l'île de Cuba* de Ramon de la Sagra, p. 180, pl. 20.

6. D. de Plée. *Pleii* Dum. Bib. (*Erpét. génér.*, t. V, p. 605).
Diplogl. Pl. Gray, *Cat. of Liz.*, p. 119.
Martinique : *Plée*, Type. — *Unique*.

Vᵉ genre. — AMPHIGLOSSE. *AMPHIGLOSSUS* Dum. Bib.

Museau conique et obtus; langue tout à fait nue et lisse dans le premier quart de son étendue, et revêtue, dans tous les autres points, de papilles aplaties, rhomboïdales, imbriquées; palais sans dents, ni rainure, ni échancrure; narines percées dans les plaques nasale et rostrale; des supéro-nasales.

1. A. de l'Astrolabe. *Astrolabi* Dum. Bib. (*Erpét. génér.*, t. V, p. 608).
Amph. Astrol. Gray, *Cat. of Liz.*, p. 125.
Madagascar : M. *Goudot*, jeune âge, Type du Kéneux de Goudot, Cocteau, *Tabl. synopt. des Scincoïdiens*.
Madagascar : MM. *Quoy* et *Gaimard*, Adulte, Type du Kéneux de l'Astrolabe Coct., *loc. cit.*
Noss-Bé (près Madagascar) : M. *Louis Rousseau*. Adulte.

VIᵉ genre. — GONGYLE. *GONGYLUS* Dum. Bib.

Museau conique; narines latérales, percées soit dans une seule plaque, la nasale, soit dans deux plaques, la nasale et la rostrale; langue squameuse; dents coniques;

palais denté ou non denté, à échancrure postérieure ou à rainure longitudinale; flancs arrondis; queue conique ou un peu aplatie latéralement, pointue.

(7 sous-genres, 62 espèces.)

1° *Sous-genre où chaque narine est ouverte dans deux plaques : la nasale et la rostrale.*

Ier sous-genre. — GONGYLE. *GONGYLUS* Wiegmann.

Des plaques supéro-nasales; écailles lisses; palais non denté, à rainure ou sans rainure longitudinale.

(2 espèces.)

a. Palais à rainure longitudinale.

1. G. ocellé. *Ocellatus* Wagler (*Erpét. génér.*, t. V, p. 616).

1° *Variété* A. Régions supérieures d'une teinte fauve ou brunâtre, semées de petites taches noires, ocellées de blanc ou de jaunâtre, disposées en bandes transversales, plus ou moins irrégulières, et formant quelquefois dix à douze séries longitudinales de points blancs, séparées par des séries de taches noires.

Égypte : *M. Et. Geoffroy Saint-Hilaire*, 2 individus dont l'un, à ocelles très-apparents, a servi de modèle à la fig. 1, pl. 5, de l'*Atlas de Zool.* annexé à la *Descript. de l'Égypte*, où il porte le nom d'*Anolis marbré*, dénomination remplacée par celle de Scinque ocellé Isid. Geoffroy Saint-H. in *Descr. des Rept. de l'Ég.*, p. 24.

Égypte : *Olivier*, *M. Alex. Lefebvre*, *M. Reynaud*. Afrique (région du Nil) : *M. Botta*. Perse : *Aucher-Eloy* (individu à bande dorsale médiane, noire). Alger : *M. Bravais*, et donné par *M. le prof. Flourens*. Bône : *M. le doct. Guyon*. — Jeune âge.

2° *Variété* B. Plusieurs séries longitudinales d'ocelles sur le dos, bordées, de chaque côté, par une bande fauve.

Sennaar. Oran : *M. le doct. Guyon*. Arabie : *M. Arnaud*. Ages divers.

3° *Variété* C. Très-analogue à la *var.* A, mais de plus, de chaque côté du corps, une bande noire, plus ou moins tachetée de blanc, et surmontée d'une ligne pâle, fauve ou blanchâtre.

Sardaigne : *M. Bonelli*. Sicile : *Bibron*. Algérie : *M. Guichenot*, *M. le doct. Roquin;* *M. le doct. Guyon*, ♀ avec des jeunes près de naître. Oran : *id.*

Des individus nés à la Ménagerie.

Ages divers V. V. — *Vélins*, n° 92.

La viviparité de cette espèce a été positivement constatée à la Ménagerie.

4° *Variété* D. Régions supérieures sans ocelles; une large bande noire, étendue de l'œil jusqu'à l'origine du membre postérieur, bordée en haut par une bande aussi large, mais d'une couleur blanchâtre.

5° *Variété* E. Régions supérieures d'une teinte bronzée grisâtre, avec des vestiges d'ocelles; régions latérales et inférieures et membres d'un noir d'ébène très-foncé.

Ile de Ténériffe : *MM. Quoy et Gaimard*. — Unique.

b. Palais sans rainure longitudinale.

2. G. de Bojer. *Bojerii* Dum. Bib. (*Erpét. génér.*, t. V, p. 625).

156 SAURIENS.

Thyrus Bojerii Gray, *Cat. of Liz.*, p. 124.

Ile Maurice : *M. Mathieu*, MM. *Quoy et Gaimard*. Ile Bourbon : *Eydoux*, *M. Léclancher*, *M. Louis Rousseau*, *M. Hugot*. Id. : *Leschenault* (individu dont les taches noires se réunissent, de chaque côté du dos, en une bande longitudinale, noire, parallèle à la médiane).

Ages divers.

2° *Sous-genres où chaque narine est ouverte dans une seule plaque, la nasale.*

II° SOUS-GENRE. — EUMÈCES. *EUMECES* Wiegmann.

Narines percées près du bord postérieur de la plaque nasale; deux supéro-nasales; écailles lisses; palais sans den's, à échancrure triangulaire, peu profonde, tout à fait en arrière.

(11 espèces.)

1. EUM. PONCTUÉ. *Punctatus* Wiegmann (*Erpét. génér.*, t. V, p. 634).

Origine inconnue (Indes or.?) *du cabinet de Lacépède*.

Bengale : *Duvaucel*, *Polyd. Roux*, *M. Lamarre-Picquot*.

Côte de Coromandel, et en particulier, Pondichéry : *Leschenault*. Côte de Malabar : *Dussumier*.

Trinkomalé (île de Ceylan) : *M. Reynaud*.

Sumatra : *Kunhardt*. Java : donnés par *M. J. Müller*. Iles Philippines : *M. Cuming*.

Ces différents individus, malgré quelques différences dans la forme des plaques sus-céphaliques, qui sont en général un plus larges, se rapprochent trop de cette espèce par tout l'ensemble de leur conformation pour pouvoir en être éloignés.

Ages divers.

2. EUM. DE SLOANE. *Sloanii* Dum. Bib. (*Erpét. génér.*, t. V, p. 639).

Mabouya Sloan. Gray, *Cat. of Liz.*, p. 94.

Ile Saint-Thomas (Antilles) : *Cl. Richard*. — *Unique*.

3. EUM. DE SPIX. *Spixii* Dum. Bib. (*Erpét. génér.*, t. V, p. 642).

Nouv.-Grenade, et en particulier, Santa-Fé de Bogota : *M. Lewy*. Cayenne : *M. Leprieur*. Brésil : *Delalande*, et en particulier, Rio-de-Janeiro : *M. Gallot*. Chili : *M. Fontaine*, et spécialement Valparaiso : *M. Gaudichaud*. Buenos-Ayres : *M. d'Orbigny*.

4. EUM. MABOUIA. *Mabouia* Dum. Bib. (*Erpét. génér.*, t. V, p. 646).

1° *Variété* A. Régions supérieures d'un vert bronzé, irrégulièrement semées de petites taches noires; de chaque côté, une bande noire, plus ou moins tiquetée de blanchâtre, commençant à la région frénale, dépassant à peine la première moitié du flanc, et bordée supérieurement par une raie fauve ou verdâtre-clair, et inférieurement par une autre bande blanche assez large.

Guadeloupe : *M. Bauperthuis*, *M. Lherminier*. Martinique : *M. Droz*.

2° *Variété* B. Bandes latérales brunes, ne se prolongeant pas au delà de l'épaule; raie fauve qui les surmonte plus ou moins apparente.

Martinique : *Plée*, *M. de Férussac*.

3° *Variété* C. Régions supérieures et quelquefois même les inférieures d'une teinte cuivreuse uniforme; vestiges d'une bande latérale noirâtre qui ne s'étend pas au delà de l'aisselle.

SCINCOÏDIENS SAUROPHTHALMES.

Antilles, et en particulier Martinique : *Plée.*

5. Eum. de Freycinet. *Freycinetii* Dum. Bib. (*Erpét. génér.*, t. V, p. 648).
Mabouya atrocostatus Gray, *Cat. of Liz.*, p. 95.

1° *Variété* A. Régions supérieures olivâtres ou d'un gri verdâtre, semées de taches noires plus ou moins liées entre elles et de taches jaunâtres; sur chaque flanc, une bande noire surmontée d'une bandelette de couleur claire; face externe des membres ornée de petits points blancs.

Nouv.-Guinée : *M. Freycinet.* Iles Vanikoro (arch. de la Pérouse) : *MM. Quoy et Gaimard.*

2° *Variété* B. Régions supérieures d'un brun marron; point de bandes latérales.
Iles Vanikoro : *MM. oy et Gaimard.*

6. E. de Carteret. *Carte, ii* Dum. Bib. (*Erpét. génér.*, t. V, p. 651).
Mabouya Carteret. Gray, *Cat. of Liz.*, p. 95.
Océanie : *MM. Lesson et Garnot*, et en particulier, Havre Carteret (Nouv.-Irlande) : *MM. Quoy et Gaimard*, Type.

7. Eum. de Baudin. *Baudinii* Dum. Bib. (*Erpét. génér.*, t. V, p. 653).
Mabouya Baud. Gray, *Cat. of Liz.*, p. 95.
Nouv.-Guinée : *MM. Quoy et Gaimard*, 3 individus, Types.

8. Eum. de Lesson. *Lessonii* Dum. Bib. (*Erpét. génér.*, t. V, p. 654).
Mabouya cyanura Gray, *Cat. of Liz.*, p. 96.
Archipel Indien : *M. Reinwardt.*
Archipel des Moluques (Amboine) : 3 individus donnés par le *Musée de Leyde* sous le nom de *Scincus celestinus*, et d'autres rapportés par *MM. Lesson et Garnot, Quoy et Gaimard.* Iles Sandwich : *MM. Quoy et Gaimard.* Iles Tongatabou : *id. id.* Ile de Taïti : *M. Duperrey*, *MM. Lesson et Garnot.* Tasmanie : *M. Freycinet, M. Arnoux.*

8 bis. Eum. de Samoa. *Samoensis* Hombron et Jacquinot (*Voy. au pôle Sud et dans l'Océanie sur les corvettes l'Astr. et la Zélée, sous le command. de Dumont d'Urville, Rept. Saur.*, pl. 5, fig. 2, sans texte).

Paupière inférieure transparente; plaque fronto-pariétale unique, grande; interpariétale distincte, mais très-petite; supéro-nasales oblongues, non contiguës; fronto-nasales contiguës; oreilles médiocres, garnies de petites dentelures à leur bord antérieur.

La place assignée à cette espèce, qui n'est encore connue dans la science que par la figure citée de l'*Atlas du Voyage au pôle Sud*, montre qu'elle doit prendre rang à la fin du groupe des Eum. à paupière inférieure transparente, et venir immédiatement avant celui d'Oppel dont elle se rapproche un peu par l'ensemble de sa conformation et par la grandeur relative des écailles du tronc. Elle s'en distingue cependant par le volume proportionnel moins considérable de la queue, par le disque transparent de la paupière inférieure, par la réunion en une seule plaque des deux fronto-pariétales et par la petitesse remarquable de l'inter-pariétale. D'un autre côté, la présence même de cette plaque suffit, parmi plusieurs particularités inutiles à rappeler, pour empêcher toute confusion avec la huitième espèce, l'Eum. de Lesson, si remarquable par sa taille exiguë et surtout par les trois bandes longitudinales claires qui ornent les régions supérieures.

La tête, élargie en arrière, au niveau des tempes, est, par cela même, assez distincte du cou. Le museau est plat et un peu conique. L'inter-nasale est grande :

elle a la forme d'un triangle dont le bord antérieur, qui est le plus grand, décrit une parabole et touche en avant le bord supérieur de la rostrale, puis, de chaque côté, la supéro-nasale, qui est fort petite et en parallélogramme à grand diamètre longitudinal. C'est par leur portion rétrécie et par un angle seulement que les fronto-rostrales se touchent sur la ligne médiane. La frontale a deux pans antérieurs réunis en angle obtus, et en arrière elle se termine en pointe. La fronto-pariétale représente un hexagone dont les quatre côtés latéraux, égaux entre eux, sont légèrement concaves; l'antérieur, beaucoup plus court, est droit et contigu à l'extrémité postérieure de la frontale; le postérieur, plus petit encore, touche au pan de devant de la petite inter-pariétale, qui est triangulaire; les pariétales sont convexes en arrière. Chaque région sus-oculaire est couverte par quatre plaques. Les sus-labiales sont au nombre de sept, l'avant-dernière est la plus grande de toutes.

Les écailles du tronc sont grandes, hexagonales : leur plus long diamètre est horizontal et leur bord postérieur est un peu arrondi.

Les membres sont longs et robustes, et les doigts, dont le quatrième l'emporte sur les autres par ses dimensions, sont allongés et munis d'ongles recourbés., Ce développement des membres contraste d'une manière remarquable avec ce qui se voit chez quelques Eumèces, qui les ont très-courts. La queue, quoique très-développée, est beaucoup plus effilée que chez l'espèce précédente.

Les couleurs, fort altérées sur les deux individus de la Collection, ont été indiquées avec assez de soin sur la pl. déjà mentionnée; la ligne de lumière cependant, beaucoup trop apparente, simule, à tort, une bande claire. Les régions supérieures ont une teinte fauve ornée de taches noires irrégulières, disposées de façon à former sur le dos des bandes transversales interrompues. Elles portent, en outre, un semis de petites linéoles d'un jaune clair qui représentent, par leur ensemble, des lignes longitudinales également interrompues. Ces petits traits se retrouvent sur la queue et sur les membres, mélangés à des maculatures noires; ils forment sur les doigts de fines bandes en travers et alternes.

Longueur totale, $0^m,263$; tête, $0^m,021$; tronc, $0^m,080$; queue, $0^m,162$.

Samoa (Océanie?) : *MM. Hombron et Jacquinot*, 2 individus, Types.

9. Eum. d'Oppel. *Oppelii* Dum. Bib. (*Erpét. génér.*, t. V, p. 656).

Nouv.-Guinée : 2 individus étiquetés par Oppel, l'un, le plus petit, sous le nom de *Scincus fasciatus*, l'autre, le plus grand, sous le nom de *Scincus annulatus*.

Ile Warriors (Océanie) : *M. Leguillou*. — Adulte.

10. Eum. microlépide. *Microlepis* Dum. Bib. (*Erpét. génér.*, t. V, p. 659).

Otosaurus microlepis Gray, *Cat. of Liz.*, p. 93.

Iles Tongatabou : *MM. Quoy et Gaimard*, 2 individus, Types du Kéneux de Gaimard Cocteau, *Tabl. synopt. des Scincoïdiens*.

IIIe sous-genre. — EUPRÈPES. *EUPREPES* Wagler.

Narines percées près du bord postérieur de la plaque nasale; deux supéro-nasales; écailles carénées, ou plutôt striées et à stries en nombre variable, suivant les espèces; palais denté, à échancrure triangulaire, plus ou moins profonde.

(*17 espèces.*)

SCINCOÏDIENS SAUROPHTHALMES.

TABLEAU SYNOPTIQUE PARTIEL DES ESPÈCES.

Carènes des écailles dorsales au nombre de trois; doigts..
- lisses; dos
  - non ponctué,
    - rayé . . . . 6. E. DE SAVIGNY.
    - tacheté; angle anté-
      - obtus. . 2. E. DE PERROTET.
      - aigu. . 2 bis. E. TACHETÉ.
  - mais . . . . rieur de la frontale
  - ponctué . . . . 6 ter. E. TRÈS-PONCTUÉ.
- granuleux . . . . 6 bis. E. DE SMITH.

(Ce tableau partiel est destiné à compléter celui de l'Erpét. génér., qui ne comprend que 13 espèces. La Collection du Mus. en renferme maintenant 17, une quatrième (9 bis) devant être ajoutée aux trois nouvelles qui portent les n°ˢ 2 bis, 6 bis et 6 ter.)

1. E. DE COCTEAU. *Coctei* Dum. Bib. (*Erpét. génér.*, t. V, p. 666).
   Côte d'Afrique? : du *Cabinet de Lisbonne*, TYPE. — *Unique.*
   La taille de cet Eupr. dépasse celle de tous ses congénères : il est long de 0ᵐ,647.

2. E. DE PERROTET. *Perrottetii* Dum. Bib. (*Erpét. génér.*, t. V, p. 669).
   PERROTET'S TILIQUA. *Euprepis Perrot.* Gray, (*Cat. of Liz.*, p. 111).
   Sénégal : *M. Perrotet*, TYPE.
   Le Muséum a reçu, depuis la publication de l'*Erpét. génér.*, un autre individu recueilli au Sénégal et un troisième originaire de Sacondée (côte de Guinée).
   Le spécimen qui avait servi de type a la queue mutilée, aussi ne mesure-t-il que 0ᵐ,13; celui de Sacondée est entier, et sa longueur totale est de 0ᵐ,317; la queue seule a 0ᵐ,205.

2 bis. EUP. TACHETÉ. *Maculatus* Gray. (*Cat. of Liz.*, p. 111.)
   Tiliqua maculata Gray, *Ann. nat. Hist.*, t. II, p. 289.
   Paupière inférieure transparente; plaques fronto-nasales contiguës par un de leurs angles seulement; frontale très-allongée et pointue en avant; inter-pariétale longue; oreilles à quatre lobules courts, arrondis; écailles dorsales très-légèrement tridentées à leur bord postérieur et munies de trois carènes assez distinctes; queue cyclo-tétragone à sa base, comprimée dans le reste de son étendue.

   C'est avec l'EUP. DE PERROTET que cette espèce a le plus de rapports par l'ensemble de ses caractères. Elle est cependant de plus petite taille; ses formes sont moins trapues et son museau est plus effilé. La forme très-allongée de la plaque frontale, dont l'extrémité antérieure vient presque rejoindre l'angle postérieur de l'inter-nasale et établit ainsi une sorte de séparation entre les deux fronto-nasales qui ne se touchent que par le sommet de leur angle antérieur et interne, est encore un caractère distinctif.

   La patrie d'ailleurs n'est pas la même : l'EUP. TACHETÉ est américain, tandis que le précédent est originaire du Sénégal et de la Guinée.

   Le système de coloration enfin est fort différent. On n'en retrouve plus de traces, il est vrai, sur le spécimen de la Collection, l'épiderme étant complétement détruit, et les écailles, ainsi dépouillées, n'offrant qu'une teinte générale brun-grisâtre foncé, mais il est décrit de la façon suivante par M. Gray :

   Teinte générale olive; sur la ligne médiane, une série de taches blanches bordées chacune, à droite et à gauche, par une tache noire; sur chaque flanc, une autre série de taches commençant à l'angle postérieur de l'œil; régions inférieures blanchâtres; joues tachetées de blanc.

   Longueur totale, 0ᵐ,221; tête, 0,021; tronc, 0ᵐ,070; queue, 0ᵐ,130.
   Demerary (Guyane anglaise) : échantillon *unique* donné par le *Musée Britannique.*

3. E. DE MERREM. *Merremii* Dum. Bib. (*Erpét. génér.*, t. V, p. 671).
Eupr. carinatus Gray, *Cat. of Liz.*, p. 115.
Eupr. trivittatus Smith, *loc. cit.*, *Appendix*, p. 11.
Cap de B.-Espér. : *Delalande*, *M. J. Verreaux*.

Il habite, dit M. Smith, toute l'Afrique australe. On le trouve généralement parmi les pierres détachées ou dans les lieux couverts d'arbrisseaux, et très-fréquemment dans le voisinage des habitations.

4. E. D'OLIVIER. *Olivierii* Dum. Bib. (*Erpét. génér.*, t. V, p. 674).
Eupr. Oliv. Smith, *loc. cit.*, pl. 31, fig. 3, ♀ adulte; fig. 4, ♀ jeune; fig. 5, ♂ jeune; texte sans pagination.
Eupr. vittatus Gray, *Cat. of Liz.*, p. 113.
Égypte : *M. Alex. Lefebvre*, 1 individu.
Cap de B.-Espér. : *M. J. Verreaux*, 2 individus.

L'examen comparatif de ces divers échantillons prouve, comme M. Smith l'a reconnu de son côté, qu'il n'y a pas de différences spécifiques entre eux. On ne remarque pas non plus qu'ils diffèrent par le système de coloration.

Cet EUPR., dit ce naturaliste, se rencontre dans toute l'Afrique du Sud, mais il est moins abondant dans la colonie du Cap que partout ailleurs. Il habite les lieux secs et arides et principalement ceux où le sol est couvert de grandes pierres sous lesquelles il cherche une retraite.

5. E. DE BIBRON. *Bibronii* Dum. Bib. (*Erpét. génér.*, t. V, p. 675).
Eupr. Bibr. Smith, *loc. cit.*, *Appendix*, p. 11.
Eupr. Bibr., Gray, *Cat. of Liz.*, p. 114.
Afrique australe : sans nom de donateur, 2 individus TYPES du RACHITE DE BIBRON Cocteau, *Tabl. synopt. des Scincoïdiens*.

Le doute que les auteurs de l'*Erpét. génér.* conservaient relativement à l'origine de cette espèce est levé par les indications ultérieures de M. Smith, qui dit que cette espèce se trouve, mais en petit nombre, dans divers districts de l'Afrique australe.

6. E. DE SAVIGNY. *Savignyi* Dum. Bib. (*Erpét. génér.*, t. V, p. 677).

1° *Variété* A. Régions supérieures d'un vert-bronze pâle, ornées de cinq bandes d'un jaune clair, bordées de brun.
Égypte : *M. Alex. Lefebvre*, *MM. de Joannis et Jaurés*, et plusieurs individus donnés par *M. Louis Rousseau*. Algérie (frontière S.-E.) : *M. le commandant Pélissier*. — Ages divers.

2° *Variété* B. Les raies brunes qui accompagnent les bandelettes blanches ont disparu.
Égypte : *MM. de Joannis et Jaurés*.

3° *Variété* C. Ni bandelettes blanches, ni raies brunâtres, de sorte que le dos présente une teinte uniforme.
Égypte : *M. Alex. Lefebvre*.
Unique.

6 bis. E. DE SMITH ? *Smithii* Gray (*Cat. of Liz.*, p. 112).
Eup. Sm. Smith, *loc. cit.*, pl. 31, fig. 2, texte sans pagination.
Paupière inférieure transparente; plaques fronto-pariétale double; oreilles à lobules peu proéminents; carènes des écailles dorsales très-distinctes, au nombre de trois; face inférieure des pieds garnie, ainsi que les scutelles sous-digitales,

de petits tubercules un peu coniques ; *six bandes longitudinales d'un brun foncé sur les régions supérieures et sur les flancs.*

Il y a tout lieu de penser que l'échantillon du Muséum appartient à l'espèce dédiée par M. Gray à M. Smith, car il se rapporte à la description que ce dernier naturaliste en a donnée par presque tous ses caractères et surtout par celui assez remarquable du grand nombre et de la disposition des tubercules dont les scutelles sous-digitales sont garnies. L'espèce n'est cependant admise ici qu'avec un point de doute, parce que ce spécimen ne convient pas d'une manière absolue à la diagnose latine de M. Smith, laquelle dit : EUPR. d'un brun jaunâtre en dessus, avec six lignes longitudinales ; sur les flancs, une bande, également longitudinale, brun-noirâtre, bordée de brun en haut et en bas ; régions inférieures blanches ; écailles fortement tricarénées. Or, l'individu de la Collection de Paris n'a que six bandes en tout et non pas huit, comme le veut la diagnose. M. Smith, il est vrai, dit en décrivant le système de coloration : Les bandes dorsales sont, *en général*, au nombre de 6 ; elles sont donc quelquefois plus ou moins nombreuses, quoiqu'il ne l'ajoute pas. Ainsi l'on peut, en raison de la convenance des autres caractères, regarder comme très-probable l'identité de cet animal avec les types de la description originale.

Il se distingue d'ailleurs facilement des échantillons de l'espèce précédente dont la taille est proportionnellement un peu plus grande et qui n'ont pas, comme l'EUPR. dont il s'agit, la tête, le tronc et la base de la queue un peu déprimés. Sur le bord antérieur de l'ouverture de l'une des oreilles, on ne voit pas de tubercules ; ils sont au nombre de deux et assez apparents à l'autre oreille ; mais ils ne sont pas aussi longs que le dit M. Smith, et, à cause de cette particularité, il a dû être éloigné de ceux dits DE BIBRON et D'OLIVIER, où ces prolongements sont considérables.

La teinte générale en dessus est un brun-jaunâtre sur lequel se détachent les quatre bandes dorsales dont les deux latérales s'arrêtent à la base de la queue, tandis que les deux médianes se prolongent sur sa région moyenne. En dehors de ces bandes, et au-dessus de la bande latérale que porte chaque flanc, la couleur est plus claire. Les régions inférieures sont d'un blanc bleuâtre ; de légères maculatures se remarquent sous la gorge ; la lèvre supérieure est blanche.

Longueur totale, $0^m,119$; tête, $0^m,013$; tronc, $0^m,036$; queue, $0^m,070$.

Cap de B.-Espér. : *M. J. Verreaux.*

Unique.

6 ter. E. A POINTS TRÈS-NOMBREUX. *Punctatissimus* Smith (*loc. cit.*, pl. 31, fig. 1).

Paupière inférieure transparente ; plaque fronto-pariétale double, oreilles à lobules courts ; carènes des écailles médiocrement distinctes, au nombre de trois sur chaque écaille ; dos couvert de points jaunes, et orné, de chaque côté, d'une bande claire.

Tels sont les caractères propres à indiquer le rang que cette espèce doit occuper dans le genre auquel elle appartient, et les différences qui la distinguent de la précédente, dont le dos est rayé et non pas ponctué, mais avec laquelle elle a cependant quelques rapports par sa conformation générale. Les carènes des écailles du dos sont plus apparentes que dans la septième espèce, mais moins que dans la sixième ; elle leur est donc intermédiaire sous ce rapport.

L'ouverture de l'oreille est presque circulaire, et porte, en avant, deux ou trois petites écailles pointues. La forme des plaques sus-céphaliques n'est pas assez différente de ce qui s'observe chez la plupart des Eup., et en particulier, chez celui de Savigny, pour qu'il soit nécessaire de s'y arrêter. La lèvre supérieure a, de chaque côté, sept plaques, et l'une des sous-oculaires vient s'interposer par son angle inférieur aux deux dernières ; on en trouve le même nombre à l'autre lèvre. Les écailles de la queue sont à peu près lisses et ont un diamètre transversal double de celui des écailles dorsales.

Les scutelles sous-digitales n'ont pas de tubercules.

Le système de coloration des régions supérieures est un vert bronzé, semé de nombreux petits points ou de linéoles jaune-orangé qui commencent à l'occiput et disparaissent vers la base de la queue. De chaque côté, on voit une bande d'un jaune d'ocre un peu éteint qui, née de l'angle postérieur de l'œil, ne s'étend pas au delà du commencement de la queue. Les flancs sont semblables au dos. Les régions sous-maxillaire et gulaire sont d'un brun-clair ou couvertes d'abondantes taches brun-rougeâtre. Dans le reste de leur étendue, les régions inférieures ont le plus souvent une teinte jaune de crème. La face externe des membres est ponctuée comme le dos.

Ce Saurien, dit M. Smith, se rencontre dans les districts nord-est de la colonie du Cap de B.-Espér.

Longueur totale, 0^m,135 ; tête, 0^m,015 ; tronc, 0^m,045 ; queue, 0^m,075.

Cap de B.-Espér. : *M. Smith.* — *Unique.*

7. E. A SEPT BANDES. *Septemtæniatus* Reuss (*Erpét. génér.*, t. V, p. 680).

Environs de Massouah (Samara, côte maritime de l'Abyssinie) : *M. Rüppel.* Arabie : *M. Arnaud*, et en particulier, Mascate : *M. Léclancher.*

8. E. DES SEYCHELLES. *Seychellensis* Dum. Bib. (*Erpét. génér.*, t. V, p. 682).

Eupr. cyanogaster Gray, *Cat. of Liz.*, p. 114.

Seychelles : *Péron et Lesueur*, Type du *Scincus oxyrhincus* Péron, Musée de Paris et du Psammite du Géographe Cocteau, *Tabl. syn. des Scincoïdiens.*

Seychelles : *Eydoux*, et un troisième individu sans nom de donateur.

9. E. DE GRAVENHORST. *Gravenhorstii* Dum. Bib. (*Erpét. génér.*, t. V, p. 686).

Eupr. bistriatus Gray, *Cat. of Liz.*, p. 115.

Madagascar. Cap de B.-Espér.

9 bis. E. CONCOLORE. *Concolor* A. Dum.

Paupière inférieure transparente ; plaque fronto-pariétale unique ; inter-pariétale distincte, beaucoup plus petite que la précédente ; supéro-nasales non contiguës ; fronto-nasales contiguës ; écailles des six rangées médianes de la région supérieure du tronc relevées de cinq petites carènes et plus grandes que les écailles latérales qui ne portent que trois carènes ; teinte générale d'un vert brunâtre uniforme.

Si, par la réunion des deux plaques fronto-pariétales en une plaque unique, et par la présence d'une inter-pariétale, cette espèce inédite se rapproche surtout de la précédente, elle s'en distingue cependant très-facilement par la conformation du museau, qui est plus allongé et plus pointu, par ses formes plus élancées, par la différence remarquable de dimensions entre les écailles du dos et celles des flancs qui sont plus petites et ne portent que trois carènes. En outre, le défaut de superposition des quatrième et cinquième plaques supéro-labiales et de contiguïté des supéro-nasales, tandis que, contrairement à ce qui s'observe dans l'Eup. DE GRAVENHORST, les fronto-nasales se touchent sur la ligne médiane, et enfin le système

SCINCOÏDIENS SAUROPHTHALMES.

de coloration dont l'uniformité n'est relevée par aucune ligne ou tache, sont des dissemblances très-importantes.

Le corps est lacertiforme, les membres, ainsi que les doigts, dont la face inférieure est lisse, sont bien développés. La queue est longue, arrondie et assez effilée à sa pointe. Les écailles du rang le plus postérieur de la région pré-anale sont plus grandes que toutes les autres, et la médiane a la forme d'un triangle équilatéral à sommet antérieur.

Tout l'animal est d'un vert peu foncé tirant sur le brun-jaunâtre clair. La tête, en-dessus, est d'une nuance plus sombre que le tronc et la queue, dont l'extrémité terminale a une couleur jaune-rougeâtre qui doit être beaucoup plus manifeste pendant la vie. Les régions inférieures sont d'un vert blanchâtre.

Longueur totale, 0^m,227; tête, 0^m,021; tronc, 0^m,062; queue, 0^m,144.

Origine inconnue : *MM. Hombron et Jacquinot* (Expédit. de *l'Astrolabe* et de *la Zélée*); 2 individus parfaitement semblables et en très-bon état de conservation.

10. E. DE LA PHYSICIENNE. *Physicæ* Dum. Bib. (*Erpét. génér.*, t. V, p. 688).

Type du sous-genre *Trissia* Gray, *Cat. of Liz.*, p. 115, où l'animal est inscrit sous le nom de *Eup. Physicæ*.

Nouvelle-Guinée : *MM. Quoy et Gaimard*, TYPE du RACHITE DE LA PHYSICIENNE Cocteau, *Tabl. synopt. des Scincoïdiens.*

Unique.

11. E. DE DELALANDE. *Delalandii* Dum. Bib. (*Erpét. génér.*, t. V, p. 690).

DELALAND'S CHIONINIA. *Eup. Delal.* Gray, *Cat. of Liz.*, p. 116.

Cap de B.-Espér. : *Delalande*, TYPE du RACHITE DE DELALANDE Cocteau, *Tabl. synopt. des Scincoïdiens. — Unique.*

12. E. DE SÉBA. *Sebæ* Dum. Bib. (*Erpét. génér.*, t. IV, p. 692).

Tiliqua rufescens Gray, *Cat. of Liz.*, p. 109.

1° *Variété* A. Régions supérieures d'une teinte olivâtre ou cuivreuse, avec un semis de petites taches noires, et parcourues de chaque côté, depuis l'œil jusque sur l'origine de la queue, par une bande noire, parfois tachetée de blanc, surmontée dans toute sa longueur, d'une large raie blanche ou fauve; quelques écailles blanches, bordées de noir, sur le bas des flancs et sur les côtés du cou.

Côte de Malabar : *Dussumier*. Pondichéry : *Leschenault*. Manille : *Eydoux*. Java : donné par le *Musée de Leyde*.

2° *Variété* B. Pas de bandes noires latérales, mais de chaque côté du dos, une bande blanche ou fauve, comme dans la variété précédente.

Origine inconnue (Indes orient.?) : un individu provenant du *Cabinet de Séba*, et un autre donné par *Cuvier*. Pondichéry : *Leschenault*.

3° *Variété* C. Très-analogue à la précédente, dont elle diffère cependant en ce qu'elle offre, le long du dos, et quelquefois le long des flancs, plusieurs séries de taches noires.

Manque.

4° *Variété* D. C'est la variété précédente, avec la raie blanche peu apparente et des points blancs semés au milieu des points noirs des flancs.

Indes orientales : un individu à queue double, et en particulier, Singapoure : *M. Fontanier*. Amboine : *MM. Hombron et Jacquinot*. Java : donnés par le *Musée de Leyde* et par *M. J. Müller*. Iles Sandwich : *M. Freycinet*. Terre de Van-Diémen : *Péron et Lesueur*.

5° *Variété* E. Ni bandes latérales noires, ni raies latérales blanches ou fauves; sur le dos, de petites taches noires, plus nombreuses sur les flancs.

Origine inconnue et Timor : donné par le *Musée de Leyde*. — 2 individus.

6° *Variété* F. Teinte d'un brun cuivreux uniforme, avec une raie blanche sur la première moitié de la longueur du flanc.

Java : 2 individus recueillis par *Diard*, et un autre donné par le *Musée de Leyde*; Batavia : *M. Reynaud*.

13. E. DE VAN ERNEST. *Ernestii* Dum. Bib. (*Erpét. génér.*, t. V, p. 696).

Dasia olivacea Gray, *Cat. of Liz.*, p. 108.

Java : donné par le *Musée de Leyde* sous le nom de *Scincus Ernestii*, TYPE du PSAMMITE DE VAN ERNEST Cocteau, *Tabl. synopt. des Scincoïdiens.*

Sumatra : *M. le Capit. Martin.*

IV° SOUS-GENRE. — PLESTIODONTE. *PLESTIODON* Dum. Bib.

Palais à large rainure médiane, évasée à son extrémité, et bordée, de chaque côté, par une ou deux séries de dents ptérygoïdiennes assez nombreuses; narines s'ouvrant au milieu ou presque au milieu de la plaque nasale; des supéro-nasales; écaillure lisse.

(5 *espèces.*)

1. P. D'ALDROVANDE. *Aldrovandii* Dum. Bib. (*Erpét. génér.*, t. V, p. 701).

Plest., Aldrov., Guichenot, *Rept. in Explor. scientif. de l'Algérie*, p. 17.

Plestiodon auratus Gray *Cat. of Liz.*, p. 91.

Égypte : *M. Bové.* Alger : *M. le Docteur Guyon.* Bone : *M. Guichenot.* Frontière S.-E. de l'Algérie : *M. le Commandant Pélissier.*

2. P. DE CHINE. *Sinense* Dum. Bib. (*Erpét. génér.*, t. V, p. 704).

Chine : *M. Gernaert.* Adultes, âge moyen. Philippines : *M. Challaye.*

3. P. A TÊTE LARGE. *Laticeps* Dum. Bib. (*Erpét. génér.*, t. V, p. 705).

Plestiodon erythrocephalus Holbrook, *N. Amer. Herpet.*, t. II, p. 117, pl. 16.

Id. Dekay, *Nat. Hist. of N.-York*, part. 3, *Rept. and Amphib.*, p. 30.

Géorgie : *M. Leconte.* Savannah : *M. Désormeaux.* Nouvelle-Orléans : *M. Barabino.* — Adultes et âge moyen.

La tête, pendant la vie, est en dessus d'un rouge brillant, d'où le nom de *Pl. erythrocephalus*, sous lequel cette espèce a été désignée pour la première fois par le naturaliste Américain Gilliams.

M. Holbrook nous apprend qu'il vit dans les forêts épaisses et qu'on le trouve sur les arbres creux, souvent à une hauteur de trente ou quarante pieds, où il choisit quelquefois les nids abandonnés des pies pour en faire son habitation, dont il éloigne ses ennemis en leur montrant, sa tête rouge, et il ne descend à terre que pour y chercher sa nourriture ou pour se désaltérer. Quoique timide et craintif, il est très-méchant en captivité et fait, en raison de la force de ses mâchoires et de la solidité de ses dents, des morsures profondes et douloureuses, mais qui ne sont pas venimeuses, comme on le croit vulgairement.

4. P. A CINQ RAIES. *Quinquelineatum* Dum. Bib. (*Erpét. génér.*, t. V, p. 707).

Scincus fasciatus. The *Blue tailed Lizard* Storer, *Reports on the Fishes, Rept. and Birds of Massachusetts*, p. 219.

Scincus fasciatus Holbrook, *loc. cit.*, t. II, p. 127, pl. 18.

Scincus quinquelineatus Holbrook, *loc. cit.*, t. II, p. 121, pl. 17.
Scincus fasciatus Dekay, *Nat. Hist. of N.-York*, part. 3, *Rept. and Amphib.*, p. 29, pl. 8, fig. 17.

1° *Variété* A. Régions supérieures d'un brun clair, avec une raie médiane blanche, lisérée de noir, et avec quatre autres raies, deux à droite et deux à gauche, longeant les bords d'une bande latérale noire ; tête d'une couleur roussâtre ou quelquefois fauve. Chez les adultes, les lignes dorsales disparaissent presque complétement.

New-York : *Milbert*. Adultes et âge moyen.

2° *Variété* B. Régions supérieures et latérales d'un noir foncé, avec cinq raies longitudinales blanches, dont la médiane, contrairement à ce qui s'observe le plus ordinairement dans la *variété* précédente, où cette disposition n'est qu'accidentelle, se bifurque en se prolongeant sur la tête ; membres postérieurs parcourus en arrière par une ligne blanche.

Pensylvanie : *M. Leconte*. Savannah : *M. Delarue*, *M. Désormeaux*. Nouvelle-Orléans : *M. Barabino*. — Ages divers.

Japon : donné par le *Musée de Leyde*. Adulte.

Malgré la réunion, dans l'*Erpét. génér.*, du PLEST. A CINQ RAIES et du SCINQUE A BANDES en une seule espèce, il est convenable d'exposer les motifs sur lesquels M. Holbrook s'appuie pour justifier et pour maintenir la séparation en deux espèces distinctes des deux variétés dont il vient d'être question.

I. Tout le système de coloration, dit-il, est différent. Dans le PL. A CINQ RAIES, la tête est d'un rouge pâle, le corps olivâtre, avec une large bande latérale noire et la queue foncée. Le Sc. A BANDES, au contraire, a la tête et le corps d'un bleu noirâtre ; les six lignes de la tête et les cinq du tronc sont constantes ; la queue est d'un beau bleu d'outre-mer et ce système de coloration n'est pas anomal comme on l'a supposé, car il est d'autant plus brillant que l'animal est plus jeune, comme il s'en est très-souvent convaincu.

II. La face inférieure de la queue est garnie, dans une partie de son étendue, de larges plaques disposées comme celle des Boas ; mais, tandis que chez le Sc. A BANDES, elles commencent à 0ᵐ,03 environ en arrière du cloaque, à la suite d'écailles imbriquées, disposées sur trois rangs, elles sont précédées, chez le PL. A CINQ RAIES, d'écailles imbriquées, placées sur cinq rangs, et qui occupent toute la première moitié de la face inférieure de la queue.

III. La distribution géographique de ces animaux, si elle était complétement connue, serait très-utile pour déterminer si les deux espèces sont identiques. Ainsi le PL. A CINQ RAIES habite le sud et n'a encore jamais été trouvé dans le nord de la Virginie, mais il est abondant dans les Carolines, dans la Géorgie et dans les États plus méridionaux encore, ou situés plus à l'ouest jusque dans la vallée du Mississipi ; tandis que le SCINQUE A BANDES est répandu dans tous les États atlantiques, depuis le Maine jusqu'à la Floride, et il ne paraît pas qu'on le rencontre à l'ouest du Mississipi.

5. P. (LE BEAU). *Pulchrum* Dum. Bib. (*Erpét. génér.*, t. V, p. 710).
Chine : donné par le *Musée britannique*.
Unique.

Vᵉ SOUS-GENRE. — LYGOSOME. *LYGOSOMA* Gray.

Palais sans dents, à échancrure triangulaire peu profonde, située assez en arrière ;

SAURIENS.

narines s'ouvrant au milieu de la plaque nasale; pas de supéro-nasales; écaillure lisse.

(23 *espèces*.)

TABLEAU SYNOPTIQUE DES ESPÈCES QUI ONT LA PAUPIÈRE INFÉRIEURE TRANSPARENTE.

Plaque fronto-pariétale						
unique;	bord antérieur de la plaque	rectiligne.		1.	L.	DE GUICHENOT.
	inter-nasale.	anguleux; in-ter-pariétale	grande. . . .	1 *bis*.	L.	HIÉROGLYPHIQUE.
			très-petite. . .	2.	L.	DE DUPERREY.
double;		comme couvertes par les écailles environnantes, et fort petites		3.	L.	DE BOUGAINVILLE.
	oreilles	grandes.		5 *bis*.	L.	LINÉO-OCELLÉ.
		découvertes	médiocres;	très-grand.	4.	L.	D'ENTRECASTEAUX.
		disque pal- pébral	médiocre;	des bandes latérales.	6.	L.	A BANDES LATÉRALES.
			sur le tronc	une bande médiane.	4.	L.	MOCO.

(*Ce Tableau est destiné à remplacer la première portion de celui de l'Erpét. génér., qui ne comprend que six espèces à paupière inférieure transparente.*)

I. ESPÈCES A PAUPIÈRE INFÉRIEURE TRANSPARENTE.

1° *Plaque fronto-pariétale unique.*

1. L. DE GUICHENOT. *Guichenotii* Dum. Bib. (*Erpét. génér.*, t. V, p. 713).
Mocoa Guich. Gray, *Zool. of the Voy. of Er and Terr.*, p. 8 et *Cat. of Liz.*, p. 80.
Ile Decrès (Océanie) et Nouv.-Hollande : Péron et Lesueur. Ad. et âge moyen, 2 individus TYPES.
Océanie : *M. J. Verreaux*, et en particulier, île Rawack : *M. Gaudichaud.* Adultes et jeune âge.

1 *bis*. L. HIÉROGLYPHIQUE. *Hieroglyphicum* Hombron et Jacquinot (*Atlas du Voyage au Pôle Sud et dans l'Océanie sur les corvettes l'Astrolabe et la Zélée sous le comm. du Cap. Dumont d'Urville*, 1837-1840, Rept. Sauriens, pl. 5, fig. 1 et A, a, a' pour les détails de la tête).

Paupière inférieure transparente; plaque fronto-pariétale unique; frontale à angle antérieur un peu obtus et à angle postérieur médiocrement allongé; plaques nasales assez grandes, repliées sur le museau, mais non contiguës; internasale terminée en avant par un angle ouvert et mousse; fronto-pariétales presque contiguës; inter-pariétale à peu près de même forme que la frontale, mais plus petite; oreilles denticulées à leur bord antérieur; toutes les écailles de la dernière rangée pré-anale plus grandes que les autres; régions supérieures ornées d'un grand nombre de petits dessins noirs, et sur chaque flanc, une série de taches noires, ocellées de brun-jaunâtre.

Par la transparence de la paupière inférieure, et par la présence d'une seule plaque fronto-pariétale, cette nouvelle espèce, qui n'a encore pris rang dans la science que par la planche citée plus haut, mais qu'aucun texte n'accompagne, se rapproche surtout des deux premières, entre lesquelles elle doit être placée.

On peut cependant l'en distinguer avec facilité.

Ainsi, contrairement à ce qui se voit chez le L. précédent, le bord antérieur de l'ouverture de l'oreille porte quatre à cinq petites écailles tuberculeuses, et les plaques nasales, au lieu d'être petites et presque toujours latérales, sont grandes et repliées sur le museau.

Les dimensions assez notables de la plaque inter-pariétale constituent, en outre, une différence manifeste avec la seconde espèce, qui est remarquable par le très-petit espace que cette plaque occupe à la région sus-céphalique.

Le système de coloration enfin n'est pas le même.

Les formes de ce Lygosome sont un peu lourdes et trapues. La tête, assez large et épaisse, est légèrement excavée dans le sens de la longueur sur la ligne médiane. Les membres ont un développement semblable à celui qui s'observe chez les espèces où il est le plus considérable, et où il offre le contraste le plus frappant avec la brièveté qui a valu au Lyg. aux pieds courts sa dénomination spécifique. Par la forme effilée et les dimensions médiocres de la queue, il s'éloigne des espèces auxquelles la longueur et le volume de cet appendice donnent, en raison même du peu de saillie des membres, un aspect anguiforme.

Les plaques sus-oculaires sont au nombre de quatre, et leur rangée est suivie et complétée en arrière par la portion repliée de l'une des temporales; sept à huit plaques, plus longues que hautes, recouvrent le bord sourcilier. Il y a deux plaques frénales, puis deux fréno-orbitaires accompagnées de deux ou trois autres plus petites. On compte huit plaques supéro-labiales dont la sixième est la plus grande. Les écailles du dos, ainsi que cela se remarque souvent dans ce genre, sont plus développées que les latérales et ne portent pas des stries, comme celles qui se voient si nettement chez le Lyg. de Duperrey, et particulièrement dans la seconde variété.

La teinte générale des régions supérieures est un brun-jaunâtre tirant quelquefois sur le vert, et d'autres fois, au contraire, beaucoup plus foncé. Un grand nombre de maculatures et de petites raies noires dont l'ensemble rappelle un peu l'aspect des caractères hiéroglyphiques couvrent la tête, le dos et les membres. Au milieu de ces dessins, on voit un pointillé brun-jaunâtre plus clair qui forme souvent sur le dos de petites bandes transversales irrégulières. Le caractère le plus constant de ce système de coloration consiste dans la présence, sur chaque flanc, de taches annulaires noires, ocellées, leur centre étant occupé par la teinte jaune plus claire dont il vient d'être question. Les lèvres portent de petites taches noires, et la ligne de séparation entre les plaques supéro-labiales et les frénales est marquée par un trait jaune prolongé jusque sous l'œil. L'animal est d'une nuance beaucoup plus vive en dessous qu'en dessus, et la gorge est piquetée de noir.

Longueur totale, 0^m,133; tête, 0^m,013; tronc, 0^m,043; queue, 0^m,077.

Hobart-Town (Terre de Van-Diémen) : *MM. Hombron et Jacquinot* Types.
Nouvelle-Hollande : *M. J. Verreaux.* Adultes et jeune âge.

2. L. de Duperrey. *Duperreyi* Dum. Bib. (*Erpét.génér.*, t. V, p. 715).
Tiliqua trilineata Gray, *Ann. nat. Hist.*, t. II, p. 291.
Mocoa trilin. Gray, *Zool. of the Voy. of Er. and Terr.*, p. 8 et *Cat. of Liz.*, p. 81.

1° *Variété* A. Régions supérieures fauves ou olivâtres, ornées de trois raies noires, l'une sur la ligne médiane, depuis la tête jusqu'à l'origine de la queue, et les deux autres plus larges, sur les flancs, où chacune d'elles est placée entre deux bandes blanches lisérées de noir.

Terre de Van Diémen : *MM. Quoy et Gaimard*, Adultes, deux des Types du Tiliqua de Duperrey Cocteau, *Tabl. synopt. des Scincoïdiens.*

Australie : *M. J. Verreaux*, Adultes.

2° *Variété* B. Régions supérieures de la même teinte que dans la *variété* A, irrégulièrement tachetées de brun foncé, mais sans raie médio-longitudinale noire; de chaque côté du dos, une raie latérale jaune, peu apparente, surmontant une large bande noire qui longe le flanc.

Tasmanie : sans nom de donateur, Adulte, l'un des TYPES du TILIQUA DE DUPERREY Cocteau, *loc. cit.*

Hobart-Town (Terre de Van-Diemen) : *MM. Hombron et Jacquinot.* Australie : *M. J. Verreaux.* Adultes et âge moyen.

Les caractères qui distinguent ce LYG. de celui DE GUICHENOT n'ont pas pu être suffisamment indiqués dans l'*Erpét. génér.*, car lorsque cette dernière espèce a été fondée, elle n'était représentée au Muséum que par deux individus. Aujourd'hui, les échantillons étant moins rares, il est plus facile de mettre en saillie les différences spécifiques et d'ajouter certains détails aux descriptions.

D'abord la conformation générale n'est pas tout à fait la même. La tête du LYG. DE DUPERREY est plus épaisse, le museau est moins allongé, la queue est plus courte et plus robuste, quoique très-effilée à sa pointe. Ces différences et celles du système de coloration ne permettent guère la confusion, surtout quand il ne s'agit que de la première variété.

D'un autre côté, si l'une des particularités les plus propres à faire reconnaître le LYG. DE GUICHENOT est la largeur du bord antérieur de la plaque inter-nasale, au niveau de sa jonction avec la rostrale, la latéralité des plaques nasales, indiquée comme complète, n'est pas un fait aussi constant : chez plusieurs individus, en effet, elles se replient un peu sur le museau et diminuent par cela même, jusqu'à un certain point, la largeur du pan antérieur de l'inter-nasale, lequel cependant reste toujours rectiligne et ne forme pas un angle comme dans la seconde espèce.

La différence signalée dans la conformation de la plaque frontale est presque nulle et un caractère plus important peut être tiré de celle qui existe dans les dimensions de la plaque inter-pariétale qui, très-petite dans la seconde espèce, est au contraire assez grande dans la première, où de plus le pourtour de l'ouverture auriculaire est complétement nu.

2° *Plaque fronto-pariétale double.*

3. L. DE BOUGAINVILLE. *Bougainvillii* Dum. Bib. (*Erpét. génér.*, t. V, p. 716).
Nouvelle-Hollande : *Péron et Lesueur*, TYPE du TILIQUA DE BOUGAINVILLE Cocteau, *loc. cit.*
Unique.

4. L. D'ENTRECASTEAUX. *Entrecasteauxii* Dum. Bib. (*Erpét. génér.*, t. V, p. 717).
Mocoa Entrecast. Gray, *Zool. of the Voy. of Er. and Terr.*, p. 8 et *Cat. of Liz.*, p. 82.
Nouvelle-Hollande : *Péron et Lesueur*, 2 individus, TYPES du TILIQUA D'ENTRECASTEAUX Cocteau, *loc. cit.*
George-River (Nouvelle-Hollande) : *M. J. Verreaux.*

5. L. MOCO. *Moco* Dum. Bib. (*Erpét. génér.*, t. V, p. 718).
Tiliqua zelandica Gray, *Dieffenbach N. Zeal., Zool.*, t. II, p. 202.
Mocoa zel. Gray, *Zool. of the Voy. of Er. and Terr.*, p. 8 et *Cat. of Liz.*, p. 82.
Tasmanie : *Péron et Lesueur, M. de Belligny, M. Arnoux.*

Deux individus, étiquetés de la main de Bibron LYG. MOCO, et appartenant évidemment à cette espèce, ont été inscrits par lui sur les catalogues comme rapportés de la Haute-Californie par *M. Dupetit-Thouars.*

Le caractère tiré de la grandeur comparative des plaques pré-anales et qui sert, dans le tableau synoptique de l'*Erpét. génér.*, à distinguer l'un de l'autre le LYG. MOCO et le LYG. A BANDES LATÉRALES n'est pas suffisant. Chez les deux individus rapportés par Péron et Lesueur et types de l'espèce, ces plaques sont égales entre elles, il est vrai, mais elles ne le sont pas dans la plupart des échantillons reçus depuis, et deux de ces plaques surtout ont des dimensions plus considérables que les autres, comme cela se voit dans la sixième espèce. Il est donc devenu nécessaire d'établir la distinction sur une autre particularité : celle de la disposition des bandes colorées du tronc. La différence d'origine est d'ailleurs très-importante à noter, le LYG. A BANDES LATÉRALES ne se rencontrant que dans l'Amérique du Nord.

5 *bis.* L. LINÉO-OCELLÉ. *Linco-ocellatum* A. Dum.

Paupière inférieure transparente; plaque fronto-pariétale double; oreilles découvertes, à bord antérieur simple, à ouverture grande; plaques nasales un peu repliées sur le museau, où elles ne sont séparées que par un intervalle peu considérable; fronto-nasales presque contiguës; plaques pré-anales sub-égales; sur le dos, un assez grand nombre d'écailles noires toutes marquées d'un petit trait blanchâtre.

Si l'on ne considère que la disposition et la forme des plaques sus-céphaliques, on trouve, entre cette espèce inédite et la précédente, une grande analogie. Elle en diffère cependant d'une façon notable par le développement plus considérable de la taille et, en particulier, de la queue, par des formes plus lourdes et plus trapues, par la longueur proportionnellement moindre des membres et enfin par le système de coloration. Ce dernier caractère et l'égalité des plaques pré-anales ne permettent pas non plus la confusion avec la sixième espèce, qui se distingue surtout par son origine américaine.

L'apparence générale de ce LYG. a beaucoup de rapport avec celle du GONGYLE OCELLÉ, quoique les membres soient moins courts que chez ce dernier; les antérieurs, portés en avant, atteignent l'œil, et les postérieurs ont une longueur égale à la moitié de l'espace compris entre l'épaule et la hanche.

L'arrangement et la conformation des plaques de la tête n'offrent rien de particulier à noter, surtout par comparaison avec la cinquième espèce.

Les pièces de l'écaillure du dos, un peu plus grandes que celles des flancs, sont finement striées et placées sur six rangées longitudinales.

La teinte générale des parties supérieures est un brun-verdâtre assez foncé, un peu tacheté de noir sur la tête. De chaque côté du dos, une bande d'un brun-clair jaunâtre s'étend depuis l'occiput jusque vers les membres postérieurs en s'effaçant graduellement; elle est bordée en dedans, et sur presque toute sa longueur, par une petite bande noire, irrégulière, et en dehors par une bande également noire, beaucoup plus large, qui occupe toute la partie supérieure des flancs et porte de petits points blancs en grand nombre, et le plus souvent groupés de façon à former, avec plus ou moins de régularité, des lignes verticales ponctuées. Ces mêmes taches blanches, mais plus grandes et moins nombreuses, se retrouvent sur le dos : elles y occupent chacune le milieu d'une écaille, sans jamais empiéter ni sur l'écaille qui précède, ni sur celle qui suit. Chacune des pièces de l'écaillure où se voit ce petit trait longitudinal blanchâtre est noire : de là naît l'aspect ocellé que le nom imposé à cette nouvelle espèce a pour but de rappeler, l'ocelle d'ailleurs consistant en une petite ligne et non en une tache circulaire. Les écailles ainsi tachetées forment habituellement des bandes irrégulièrement horizontales qui n'occupent pas toute la largeur du dos, et leur hauteur ne dépasse jamais le diamètre antéro-postérieur d'une écaille.

Sur les faces externe et supérieure des membres, on voit un dessin analogue à celui qui vient d'être décrit. La gorge est piquetée de noir, l'abdomen et le dessous de la queue sont d'un blanc glacé de verdâtre.

Le système de coloration d'un individu d'âge moyen est parfaitement semblable à celui des adultes.

Longueur totale, 0^m,217; tête, 0^m,016; tronc, 0^m,173; queue, 0^m,128.

Tasmanie : M. *Arnoux*. Id. : M. *de Belligny* (4 individus, 3 ad. et 1 d'âge moyen).

6. L. A BANDES LATÉRALES. *Laterale* Dum. Bib. (*Erpét. génér.*, t. V, p. 719).

Lygosoma laterale Holbrook, *North American Herpetology*, t. II, p. 133, pl. 19.

Id. De Kay, *Loc. cit.*, p. 30.

États-Unis : *Milbert*, *Warden*, M. *Harlan;* plus spécialement Caroline du Sud : M. *Lherminier;* et en particulier, Charleston : *Noisette*. Géorgie : M. *Leconte;* et en particulier, Savannah : M. *Désormeaux*. Nouvelle-Orléans : M. *Barabino*.

Aux détails relatifs au système de coloration contenus dans l'*Erpét. génér.*, il faut ajouter les suivants empruntés à M. Holbrook : Les régions inférieures sont d'un blanc d'argent sous la gorge, jaunes à l'abdomen jusqu'à une petite distance au delà du cloaque; la queue est en dessous d'un bleu grisâtre. Chez la femelle, l'abdomen a une nuance plus claire : il est presque blanc et seulement teinté de jaunâtre.

Quant à la distribution géographique du Lyg. dont il s'agit, ce naturaliste dit que sa zone d'habitation s'étend depuis la Caroline du Nord, d'où il en a reçu des échantillons, jusqu'au golfe du Mexique, et à l'ouest jusqu'au fleuve du Mississipi. Le docteur Blanding a trouvé ce Scincoïdien à Camden (Caroline du Sud), Leconte dans la Géorgie et la Floride, Say dans l'État de Missouri, et on ne peut pas déterminer d'une façon précise la limite occidentale de cette zone.

Relativement aux mœurs et aux habitudes, M. Hoolbrook dit que ces petits Sauriens se rencontrent par milliers dans les épaisses forêts de chênes et de hêtres de la Caroline et de la Géorgie. Ils sortent de leurs retraites après le coucher du soleil pour chercher les petits insectes et les vers dont ils se nourrissent, et il ne les a jamais vus monter sur les arbres. Leurs mouvements sont alors si prompts, ils paraissent et disparaissent si vite, qu'on pourrait les prendre pour des grillons ou d'autres insectes. Quoiqu'on les trouve en très-grand nombre, il est fort difficile de les saisir vivants, car, dès qu'on approche, ils se cachent avec une surprenante rapidité sous les racines des vieux arbres ou sous les feuilles mortes. Les débris de bois desséché, amoncelés quelquefois en une couche de plusieurs centimètres d'épaisseur, leur fournissent une retraite percée de trous et de crevasses où il leur est facile de trouver un refuge au moment du danger.

II. Espèces a paupière inférieure squameuse ou non transparente.

7. L. aux pieds courts. *Brachypoda* Dum. Bib. (*Erpét. génér.*, t. V, p. 721).

Podophis chalcides Gray, *Cat. of Liz.*, p. 88.

Java : donné par *Bosc*, Type du Tiliqua de Vosmaer Cocteau, *loc. cit.* Id. : donné par le *Musée de Leyde* et sans nom de donateur, en tout 3 individus.

8. L. barbe noire. *Melanopogon* Dum. Bib. (*Erpét. génér.*, t. V, p. 723).
Mocoa melanopogon Gray, *Zool. of the Voy. of Er. and Terr.*, p. 8.
Hinulia nævia Gray, *Cat. of Liz.*, p. 75.
N.-Holl. : *Péron et Lesueur*, Type du *Scincus nævius* Péron, *Musée de Paris*.
Nouv.-Irlande (archipel de la Nouv.-Bretagne) : *MM. Quoy et Gaimard*.
Timor : donnés par le *Musée de Leyde*.
Ages divers.

9. L. de Dussumier. *Dussumierii* Dum. Bib. (*Erpét. génér.*, t. V, p. 725).
Hinulia Dussumieri Gray, *Cat. of Liz.*, p. 75.
Côte de Malabar : *Dussumier*. Adultes et jeune âge, Types du Kéneux de Dussumier Cocteau, *Tabl. des Scincoidiens*.

10. L. chenillé. *Erucatum* Dum. Bib. (*Erpét. génér.*, t. V, p. 726).
Hinulia tenuis Gray, *Cat. of Liz.*, p. 76.
Nouvelle-Hollande : *Péron et Lesueur*, Type du *Scincus erucatus* Péron, *Musée de Paris*.
Nouvelle-Hollande : *M. Busseuil;* et en particulier baie Moreton, dans la Nouv.-Galles du Sud (Australie orient.) : *M. J. Verreaux*.
Ages divers.

11. L. de Temminck. *Temminckii* Dum. Bib. (*Erpét. génér.*, t. V, p. 727).
Java : donné par le *Musée de Leyde*, d'où il a été envoyé sous le nom de *Scincus Cuvierii*, Type.
Unique.

11 bis. L. a bandes transversales. *Transversale* A. Dum.
Paupière inférieure opaque; plaque frontale en losange oblongue, ou plutôt à peu près triangulaire, l'angle antérieur étant tellement obtus qu'il disparaît presque; plaques fronto-nasales contiguës dans toute l'étendue de leur bord interne; fronto-pariétale double; plaques nasales non contiguës, mais cependant un peu repliées sur le museau; quatre plaques sus-oculaires; pattes courtes; écailles du dos parfaitement régulières, en forme d'hexagone beaucoup plus large que long.

Par tout son ensemble et surtout par la brièveté de ses membres, ce Lyg. inédit offre une certaine ressemblance avec le précédent; mais il s'en distingue très-facilement, ainsi que des autres espèces voisines, par la forme toute spéciale des plaques du dos et par l'étendue de la contiguïté des plaques fronto-nasales, laquelle n'est aussi considérable que dans le Lyg. de Lesueur : mais les différences avec ce dernier, consignées au tableau synoptique de l'*Erpét. génér.*, sont trop évidentes, pour qu'il soit nécessaire de les énumérer ici.

La tête est plus effilée que dans le Lyg. de Temminck; la plaque rostrale se recourbe et se prolonge plus sur le museau, qui est plus allongé; l'inter-pariétale est à peu près aussi grande que les fronto-pariétales; les pariétales sont un peu longues et assez étroites; les temporales sont nombreuses et petites; les plaques labiales inférieures sont très-basses et la région sous-maxillaire est garnie de plaques plus grandes que dans les autres espèces de ce genre; les deux premières paires se réunissent sur la ligne médiane, et les trois paires suivantes ne sont séparées que par de petites plaques. Le bord libre de la lèvre antérieure du cloaque porte deux grandes écailles. Les membres antérieurs, couchés le long du cou, ne dépassent pas l'angle de la bouche, et les postérieurs, dont les dernières phalanges manquent par accident, sont courts et trapus et ont à peine en longueur la moitié de l'espace compris entre l'épaule et la hanche.

La tête est en dessus d'un fauve-clair uniforme; mais, sur les régions sus-oculaires, on voit une petite tache noirâtre. Le dos et les flancs sont bruns et coupés transversalement par de petites bandes étroites, plus ou moins régulières, distantes l'une de l'autre de $0^m,01$ environ, et d'une teinte jaune-blanchâtre, semblable à celle de la région sous-maxillaire et à celle de l'abdomen. La gorge est finement et abondamment maculée de brun, ainsi que les faces supérieure et inférieure de la queue.

Longueur totale, $0^m,152$; tête, $0^m,019$; tronc, $0^m,060$; queue reproduite, $0^m,073$.

Java : donné par *M. J. Müller.* — Unique.

12. L. DE QUOY. *Quoyi* Dum. Bib. (*Erpét. génér.*, t. V, p. 728).

Hinulia Reevesii Gray, *Cat. of Liz.*, p. 76.

1° *Variété* A. Régions supérieures olivâtres, semées de taches noires, avec une raie d'un jaune pâle de chaque côté du dos. Tempes, cou et flancs noirs, marqués d'un petit nombre de taches blanches, disposées plus ou moins régulièrement en séries verticales; bas des flancs piqueté de noir sur un fond blanc.

Nouv.-Hollande : *Péron et Lesueur, Lesson et Garnot;* et en particulier, Port-Macquarie dans la Nouv.-Galles du Sud (Australie orient.) : *M. J. Verreaux.*

2° *Variété* B. Régions supérieures d'une couleur fauve ou café au lait, ou bien olivâtre, sans taches noires; bande latérale ne s'avançant pas jusque sur la tempe.

Chine : *M. Gernaert,* Adulte, et deux jeunes individus, également originaires de Chine, l'un adressé par *M. de Montigny,* l'autre donné par le *Musée britannique.*

12 bis. L. GROSSE QUEUE. *Crassicaudum* Hombron et Jacquinot (*Atlas du Voy. au Pôle Sud et dans l'Océanie sur les corvettes l'Astrolabe et la Zélée sous le comm. du Cap Dumont d'Urville,* 1837-1840, Rept. Sauriens, pl. 4, fig. 1 et A, a, a' pour les détails de la tête).

Paupière inférieure opaque, plaque frontale en losange oblongue; fronto-pariétale double; nasales repliées sur le museau, où elles sont peu éloignées l'une de l'autre; oreilles non denticulées, à ouverture petite; deux pariétales longues, bordées chacune par une occipitale étroite et allongée; queue longue, presque aussi grosse que le tronc dans la plus grande partie de son étendue, et ne commençant à diminuer de volume que vers sa pointe.

Cette espèce, qui n'est encore connue dans la science que par la planche citée plus haut et qu'aucun texte n'accompagne, vient se placer parmi celles à paupière inférieure non transparente, malgré ce que semblerait indiquer le dessin où manquent les écailles qu'on voit sur cette paupière. Quoique les plaques nasales ne soient pas absolument contiguës, comme elles ne sont séparées sur le museau que par un assez petit intervalle, ce Lyg. doit être éloigné de ceux où ces plaques sont tout à fait latérales. Or, dans le groupe auquel il appartient, c'est avec la douzième espèce qu'il a le plus de ressemblance.

Les caractères distinctifs, sont pour ce nouveau Lyg., le peu de développement des membres, le volume proportionnel plus considérable de la queue, les petites dimensions de l'ouverture de l'oreille, la forme moins aiguë de l'extrémité postérieure de la plaque frontale, et enfin la présence, au milieu du dos et sur toute sa longueur, de deux lignes d'un brun foncé, parallèles, très-rapprochées l'une de l'autre.

Les écailles dorsales sont disposées sur quatre rangées longitudinales et ne sont point striées; deux des plaques pré-anales sont plus grandes que les autres.

L'individu unique rapporté par les voyageurs cités plus haut n'a pas atteint tout son développement, car un autre échantillon, originaire de la Nouvelle-Hollande, et dont la taille est beaucoup plus grande, offre avec le précédent une similitude telle qu'ils doivent être considérés tous les deux comme appartenant à la même espèce. Aussi le système de coloration du plus petit individu semble-t-il n'être qu'une livrée de jeune âge assez peu différente, il est vrai, quant aux points essentiels, de la robe de l'âge adulte. Il était d'ailleurs sur le point de changer d'épiderme, comme l'indique la vivacité des teintes dans les points où cette enveloppe extérieure est détruite, et par ce motif la dissemblance paraît plus considérable qu'elle ne l'est en réalité.

Chez ce jeune sujet, dont les couleurs sont très-exactement reproduites dans l'*Atlas* du *Voy. au Pôle Sud*, les régions supérieures ont une nuance fauve-clair, jaunâtre même, sur laquelle se détachent deux lignes noires très-fines, parallèles, séparées par un intervalle de 0^m,002 environ, commençant sur la nuque, et disparaissant un peu en arrière de l'origine de la queue.

De chaque côté du dos et de la queue, il règne, dans toute leur longueur, une bande noirâtre qui naît derrière l'œil. Les parties latérales de l'animal semblent grisâtres, à cause de l'aspect terne que l'épiderme donne toujours aux parties sous-jacentes à l'approche de la mue; mais on en distingue la véritable nuance là où apparaît l'épiderme nouveau, et l'on voit qu'elles sont couvertes de petites lignes verticales parallèles, d'un brun-jaune clair, séparées par la teinte brune du fond. La gorge et le ventre sont à peu près blancs, mais au delà du cloaque il y a de nombreuses petites lignes transversales brunâtres.

Ce qui caractérise surtout l'animal adulte, c'est la nuance généralement plus sombre et franchement brune de la teinte générale, la coloration plus foncée des lignes dorsales, qui sont tout à fait noires, et surtout la réunion presque complète des deux médianes en une seule qui s'élargit insensiblement depuis la nuque et qui, presque dès l'origine de la queue, se divise en deux bandes très-fines. Celles-ci, distantes l'une de l'autre de 0^m,003, marchent dans une direction parallèle, puis disparaissent bientôt. Enfin la ligne noire latérale devient double à partir des membres postérieurs, et se continue ainsi jusqu'à l'extrémité de l'appendice caudal.

Dimensions du plus petit spécimen : longueur totale, 0^m,132; tête, 0^m,007; tronc, 0^m,040; queue, 0^m,085; et du plus grand : longueur totale, 0^m,210; tête, 0^m,010; tronc, 0^m,062; queue, 0^m,138.

Océanie : *MM. Hombron et Jacquinot*, Jeune âge. Type.
Nouv.-Hollande : adulte donné par le *Musée de Boulogne*.

13. L. sacré. *Sanctum* Dum. Bib. (*Erpét. génér.*, t. V, p. 730).
Hinulia sancta Gray, *Cat. of Liz.*, p. 76.
Java : donné par le *Musée de Leyde* sous le nom de *Scincus sanctus*, Jeune âge.
Id. : *M. J. Müller*, Adulte et âge moyen.
Le Muséum devant à la générosité de M. J. Müller 3 exemplaires, dont 1 adulte

et 2 d'âge moyen, que les Collections ne possédaient pas à l'époque où le t. V de l'*Erpét. génér.* fut publié, la description peut être maintenant complétée.

Il n'y a rien à changer à la diagnose; mais, quoiqu'il existe un assez grand rapport, comme il est dit dans l'*Erpét.*, entre cette espèce et le Lyg. de Quoy, on voit cependant, en comparant les échantillons adultes, que chez le Lyg. sacré la tête est un peu plus renflée au niveau des tempes, que le museau est plus court et la queue arrondie dans toute sa longueur et non pas comprimée dans sa dernière portion.

Quant au système de coloration, il est fort différent : mais la description qui en est donnée dans le texte cité ne convient qu'au jeune âge, la bande blanchâtre et médiane du dos disparaissant quand l'animal est tout à fait développé; il en est de même pour la double série de taches noires qui la bordent à droite et à gauche, et on ne retrouve plus que de faibles traces de la bande noire des flancs.

La teinte générale, à l'état parfait, est en dessus un brun-fauve, avec trois séries de petites bandes transversales, étroites, d'une nuance beaucoup plus claire; l'une de ces séries est médiane, les deux autres, latérales, descendent verticalement sur les flancs et se réunissent rarement à la précédente par leur extrémité interne. Les régions inférieures sont d'un brun jaunâtre.

14. L. de Labillardière. *Labillardieri* Dum. Bib. (*Erpét. génér.*, t. V, p. 731).
Hinulia Labillardieri Gray, *Cat. of Liz.*, p. 77.

1° *Variété* A. Régions supérieures olivâtres ou bronzées, plus ou moins maculées de noir et portant, de chaque côté du dos, une raie noire, bordée en dehors par une ligne blanche qui surmonte une large bande noire, piquetée de blanc, étendue sur les régions latérales depuis le sourcil jusque sur la queue; au-dessous de cette bande, une ligne blanche, et enfin, entre celle-ci et le bord de l'abdomen, une marbrure blanche et noire.

Nouvelle-Hollande : *Péron et Lesueur, Labillardière, M. le capitaine Bérille, MM. Quoy et Gaimard.*

2° *Variété* B. Elle diffère de la précédente par cette particularité que les lignes blanches des parties latérales du corps sont remplacées par des séries de taches également blanches.

Îles Waigiou (groupe de la Papouasie) : *MM. Quoy et Gaimard.*

15. L. de Lesueur. *Lesueurii* Dum. Bib. (*Erpét. génér.*, t. V, p. 733).
Tiliqua australis Gray, *Ann. nat. Hist.*, t. II, p. 291.
Hinulia australis Id., *Cat. of Liz.*, p. 77.

Nouv.-Hollande : *Péron et Lesueur.* Id. : donné par *M. Th. Bell*, et en particulier, Province de la Rivière des Cygnes : *M. J. Verreaux.* Tasmanie : *Id.*

16. L. a bandelettes. *Tæniolatum* Dum. Bib. (*Erpét. génér.*, t. V, p. 734).
Hinulia tæniolata Gray, *Cat. of Liz.*, p. 78.

Nouv.-Hollande : *Péron et Lesueur*, Type du Scinque a dix raies Lacépède, *Ann. du Mus. d'Hist. nat.*, t. IV, p. 192 et 208 ; et en particulier, Hunter-River, dans la Nouv.-Galles du Sud, et environs de Sidney : *M. J. Verreaux.*

17. L. monilígère. *Moniligerum* Dum. Bib. (*Erpét. génér.*, t. V, p. 736).
Hinulia Whitei Gray, *Cat. of Liz.*, p. 79.

1° *Variété* A. Régions supérieures d'une teinte fauve tirant plus ou moins sur le grisâtre; sur la ligne médiane, depuis l'occiput jusqu'à la racine de la queue, une bande fauve, bordée à droite et à gauche par une ligne noire qui porte une série de points fauves, et en dehors de laquelle il y a une bande semblable à celle du milieu du dos ; sur les parties latérales du cou et sur les flancs, des taches noires, ocellées de brunâtre.

Ile Decrès (Océanie) : *Péron et Lesueur*, Types du *Scincus ocellatus* Péron, *Musée de Paris*, et du *Scincus Whitei* Lacépède, *Ann. du Mus. d'Hist. nat.*, t. IV, p. 192 et 209.

Nouv.-Hollande : *MM. Quoy et Gaimard*, et en particulier, Port-Macquarie, dans la Nouv.-Galles du Sud (Australie orient.) : *M. J. Verreaux*. Tasmanie : *Id.* Hobart-Town (Terre de Van-Diémen) : *MM. Hombron et Jacquinot.*

2° *Variété* B. Régions supérieures d'un brun clair, sans bandes fauves, ni bandes noires.

Terre de Leeuwin (Australie occident.) : *Péron et Lesueur*, Types du *Scincus Leeuwenensis* Péron, *Musée de Paris.*

18. L. ÉMERAUDIN. *Smaragdinum* Dum. Bib. (*Erpét. génér.*, t. V, p. 738).
Keneuxia smaragd. Gray, *Cat. of Liz.*, p. 79.

1° *Variété* A. Régions supérieures d'un beau bleu céleste; écailles lisérées de noir; taches noires en petit nombre; régions inférieures d'un blanc pur.

Java : *MM. Kuhl et Van-Hasselt*, un individu et un second donné par le *Musée de Leyde.*

2° *Variété* B. Régions supérieures d'une teinte cuivreuse; point de liséré noir autour des écailles, mais quelques taches noires éparses, bordées de blanc; régions inférieures d'un gris glacé de verdâtre.

Java : 2 individus donnés par le *Musée de Leyde*, l'un adulte, l'autre d'âge moyen.

3° *Variété* C. Régions supérieures d'un brun-clair ardoisé, uniforme, sans taches ; régions inférieures d'un blanc légèrement violet.

Ile Waigiou (groupe de la Papouasie, Nouv.-Guinée) : *MM. Quoy et Gaimard*, un individu et un second de Java : donné par *M. J. Müller.*

19. L. DE MULLER. *Mülleri* Dum. Bib. (*Erpét. génér.*, t. V, p. 740).
Elania Mülleri Gray, *Cat. of Liz.*, p. 80. — *Manque.*

VI° SOUS-GENRE. — LÉIOLOPISME. *LEIOLOPISMA* Dum. Bib.

Écailles lisses; palais à échancrure peu profonde, située tout à fait en arrière ; des dents ptérygoïdiennes; narines s'ouvrant au milieu de la plaque nasale; pas de supéro-nasales.

(1 *espèce.*)

1. L. DE TELFAIR. *Telfairi* Dum. Bib. (*Erpét. génér.*, t. V, p. 742).
Ile Plate, près de l'île Maurice : *M. Julien Desjardins*, Type du *Scincus Telfairii* J. Desjardins, *Ann. des Sc. nat.*, 1ʳᵉ série, t. XXII, p. 292.
Autres échantillons de l'île Maurice et de Manille.

VII° SOUS-GENRE. — TROPIDOLOPISME. *TROPIDOLOPISMA.*

Écailles carénées; palais sans dents, à échancrure triangulaire très-profonde, aiguë; plaque nasale creusée d'un sillon curviligne contournant en arrière la narine, qui s'ouvre au milieu de cette plaque; pas de supéro-nasales.

(3 *espèces.*)

SAURIENS.

TABLEAU SYNOPTIQUE DES ESPÈCES.

Queue { lisse ; écailles du { égales entre elles. . . . . 1. T. DE DUMÉRIL.
{ dos et des flancs { inégales : les dorsales plus grandes . . . . . . 1 *bis*. T. GRAND.
{ épineuse. . . . . 1 *ter*. T. DE CUNNINGHAM.

(Une seule espèce étant décrite dans l'*Erpét. génér.*, ce tableau est devenu nécessaire pour faciliter la distinction, d'une part, entre les deux nouvelles espèces et, de l'autre, entre celles-ci et la première.)

1. T. DE DUMÉRIL. *Dumerilii* Dum. Bib. (*Erpét génér.*, t. V, p. 745, pl. 50 sous le nom de *Scincus Dumerilii*).

Tropidolepisma Kingii Gray, *The Zool. of the Voy. of Erebus and Terror*, part. 6, pl. 13, sans texte, et *Cat. of Liz.*, p. 106.

1° *Variété* A. Teinte générale d'un noir uniforme.

Ile Decrès (Océanie) : *Péron et Lesueur*, TYPE du *Scincus aterrimus* Péron, Musée de Paris, Adulte. — Unique.

2° *Variété* B. Régions supérieures couvertes de raies longitudinales fort étroites, les unes d'un brun clair, les autres d'un brun foncé, avec un semis de petits points jaunes.

Nouvelle-Hollande : *M. J. Verreaux* ; et en particulier, Port du Roi-Georges : *MM. Quoy et Gaimard*.

3° *Variété* C. Régions supérieures d'un brun clair ; trois séries de grandes taches noirâtres, étendues depuis la nuque jusque sur la racine de la queue ; une bande brune latérale, commençant sur la tempe et terminée au niveau de la cuisse.

Nouvelle-Hollande, et en particulier, Terre Napoléon : *Péron et Lesueur*, deux individus TYPES du *Scincus trifasciatus*, et l'un des deux, en raison même de son origine, a reçu de Cocteau, qui le considérait comme représentant une espèce distincte, le nom de PSAMMITE DE NAPOLÉON dont il est le TYPE.

Nouvelle-Hollande : *M. J. Verreaux*.

4° *Variété* D. Teinte générale d'un blanc-jaunâtre sale ; de petites taches noires sur les flancs, et de grandes sur la base de la queue ; de chaque côté du dos, une large raie noire, portant une série de taches de la couleur du fond.

Nouvelle-Hollande : donné par *M. Bell*. — Unique.

Deux jeunes individus qui appartiennent très-probablement à la *variété* B, et dont les régions supérieures sont d'un vert-brunâtre foncé, avec une apparence de bande latérale plus claire de chaque côté du dos, ont le dos et les membres piquetés d'un grand nombre de petits points jaunes ; on en voit quelques-uns sur la tête, mais il n'y en a pas sur la queue.

1 *bis*. T. GRAND. *Major* Gray (*The Zool. of the Voy. of Erebus and Terror*, part. 6, pl. 14, sans texte, et *Cat. of Liz.*, p. 107.

Écailles du dos disposées sur huit rangs, très-grandes, plus développées que celles des flancs et portant trois petites carènes à peine saillantes ; écailles de la queue seulement striées, d'où il résulte qu'elle est lisse.

La différence dans le nombre des carènes distingue cette espèce de la suivante, où chaque écaille n'en a jamais qu'une, et par la grandeur des pièces de l'écaillure du dos elle se sépare nettement de la première, dont les deux ou trois carènes que porte chaque écaille sont d'ailleurs un peu plus proéminentes que chez le GRAND TR. La taille de ce dernier enfin est un caractère tout à fait spécial.

Ses formes sont lourdes, les membres sont forts, mais peu développés proportionnellement au tronc. La tête est courte et un peu conique, et relativement à son écaillure, il n'y a d'autres particularités à noter que la grandeur des plaques temporales et celle des trois squames tuberculeuses du bord antérieur de l'oreille. Les écailles des membres sont si faiblement striées qu'elles semblent presque lisses.

La teinte générale de cette grande espèce est sombre. En dessus, c'est un brun-olivâtre relevé, sur chaque écaille du dos et de la queue, par trois petites lignes longitudinales, noires, au niveau des petites carènes, mais surtout par neuf bandes également noires qui occupent la ligne de jonction de chacune des huit séries d'écailles dorsales; la médiane est la plus large; elle est visible sur toute la longueur du dos, ainsi que les quatre latérales internes; les autres sont bien apparentes dans la première moitié du tronc seulement. Les régions inférieures sont d'un brun jaunâtre ou rougeâtre uniforme.

Longueur totale, 0^m,610; tête, 0^m,035; tronc, 0^m,120; queue, 0^m,205.

Baie Moreton (Nouvelle-Hollande) : *M. J. Verreaux.* Trois individus adultes.

1 ter. T. DE CUNNINGHAM. *Cunninghamii* Dum. Bib.

Tiliqua Cunningh. Gray, *Proceedings of the Zool. Soc.*, 1832.

Egernia Cunningh. Gray, *Ann. nat. hist.*, t. II, p. 288, et *Cat. of Liz.*, p. 105.

Écailles du dos, des flancs et de la face supérieure des membres larges, toutes munies d'une carène médiane, terminée en pointe, plus saillante à la région lombaire, et formant sur chaque squame de la queue une véritable épine.

Cette espèce se distingue tout d'abord des deux autres par la présence d'une carène unique sur les écailles du dos et des flancs, tandis qu'on en compte toujours au moins deux, et le plus souvent trois, dans les espèces précédentes, et surtout par le développement considérable de ces carènes sur la queue, où elles forment, en dessus et latéralement, des verticilles épineux interrompus à la face inférieure, dont les écailles sont lisses.

La conformation générale est analogue à celle du TA. DE DUMÉRIL. La tête est quadrangulaire, un peu conique, et les plaques dont elle est couverte sont légèrement convexes et faiblement rugueuses. La plaque rostrale a la forme d'un pentagone dont les deux côtés latéraux supérieurs se réunissent en un angle aigu qui remonte un peu sur le museau. Le reste de l'écaillure céphalique ne présente rien de particulier à noter. Le bord antérieur de l'oreille porte quatre longs tubercules épineux. Les membres sont forts, et la queue représente à peu près la moitié de la longueur totale de l'animal.

La description du système de coloration donnée par M. Gray, d'après un seul individu desséché, n'est pas tout à fait conforme à ce qui s'observe sur les animaux conservés dans l'alcool. Leur teinte générale est, en dessus et sur les côtés, un brun olivâtre. Toutes les plaques de la tête sont bordées de noir. Le dos porte de grandes taches noires qui se réunissent en bandes transversales irrégulières, beaucoup plus larges et plus apparentes sur la première moitié du tronc que sur la seconde; elles se continuent sur les flancs en y formant des bandes un peu obliques d'arrière en avant et de haut en bas, et séparées par des intervalles égaux. Elles sont ornées, dans tout leur pourtour, de même que celles du dos, d'un pointillé d'un jaune clair qui est abondant sur les côtés du cou et sur les membres antérieurs, où il représente de petites taches rondes, ponctuées, dont l'éclat est très-vif, à cause de la couleur noire de ces régions. Ce pointillé disparaît vers l'origine de la queue. Chacune des épines caudales est noire : il en résulte une série de lignes noires, longitudinales, parallèles, en nombre égal à celui des rangs d'épines. La même disposition s'observe sur les membres postérieurs. En dessous, l'animal est d'un brun jaunâtre et ne porte quelques petites taches sombres qu'à la région sous-maxillaire, au thorax et à la queue.

Longueur totale, 0m,360 ; tête, 0m,035 ; tronc , 0m,120 ; queue , 0m,205.

Baie Moreton (Nouvelle-Hollande) : *M. J. Verreaux*. Adultes et âge moyen.

Cette espèce est rangée ici dans le genre TROPIDOLOPISME, parce qu'elle en présente tous les caractères, ceux du genre EGERNIA créé pour elle, par M. Gray, ne paraissant pas d'ailleurs suffisants pour motiver cette coupe générique.

VIIe GENRE. — CYCLODE. *CYCLODUS* Wagler.

Dents maxillaires sub-hémisphériques, tuberculeuses ; palais non denté, à échancrure triangulaire, assez grande ; narines s'ouvrant dans une seule plaque, la nasale, qui est presque toujours creusée d'un sillon ; pas de supéro-nasales ; écailles grandes, osseuses, lisses ; doigts sans dentelures ; queue conique, pointue.

(3 *espèces*.)

1. C. DE LA CASUARINA. *Casuarinæ* Dum. Bib. (*Erpét. génér*., t. V, p. 749).
Cyclodus Casuarinæ Gray, *Grey's Travels in Austr*., t. II, p. 423.
Cycl. Cas. Th. Bell, *Zool. of the voy. of the Beagle*, pl. 15, fig. 3.
Omolepida Casuarinæ Gray, *Cat. of Liz.*, p. 88.

L'absence d'un sillon derrière la narine et l'aspect un peu différent des écailles du tronc ne semblent pas être des caractères assez importants pour motiver l'adoption de ce genre *Omolepida* qui ne comprend que l'espèce dont il s'agit.

Ile Bruny (côte orient. de la N.-Holl.) : *Péron et Lesueur*, spécimen d'un gris-olivâtre uniforme, TYPE du KÉNEUX DE LA CASUARINA Cocteau, *Tabl. syn. des Scincoïdiens*.

Tasmanie : *M. J. Verreaux*, échantillons à raies noires, correspondant exactement aux sutures des bandes longitudinales d'écailles des régions supérieures, et à nombreuses lignes noires transversales sous la queue, et plus ou moins incomplètes. Une belle teinte rouge colore, pendant la vie, les régions inférieures de certains individus.

2. C. NOIR ET JAUNE. *Nigro-luteus* Wagler (*Erpét. génér*., t. V, p. 750).
Nouvelle-Hollande, et en particulier, Port du Roi-George : *MM. Quoy et Gaimard*, TYPES du *Scincus nigro-luteus* Quoy et Gaimard, *Voy. de l'Uranie et de la Physicienne*, *Hist. nat.*, *Rept.*, pl. 14.

Tasmanie : *M. J. Verreaux*.
Ages divers.

3. C. DE BODDAERT. *Boddaertii* Dum. Bib. (*Erpét. génér*., t. V, p. 752).
Cyclodus gigas Gray, *Cat. of Liz.*, p. 103.

Nouvelle-Hollande : *M. J. Verreaux*, et en particulier, Port-Jackson : *MM. Quoy et Gaimard*. Amboine : *Id. Id.* Java : *Kuhl et Van-Hasselt*.

VIII GENRE. — TRACHYSAURE. *TRACHYSAURUS* Gray.

Écaillure supérieure composée de pièces osseuses fort épaisses, rugueuses; dents coniques, courtes, sub-arrondies; palais non denté, à échancrure triangulaire assez profonde; narines latérales, s'ouvrant dans une seule plaque, la nasale; pas de plaques supéro-nasales; queue forte, déprimée, courte, comme tronquée.

(2 espèces.)

1. T. RUGUEUX. *Rugosus* Gray (*Erpét. génér.*, t. V, p. 754).
Nouvelle-Hollande : *M. le Capit. Bertille*, *M. Arnoux*, et en particulier, Port du Roi-Georges : *MM. Quoy et Gaimard*. Tasmanie : *M. J. Verreaux*.
Ages divers.

1 bis. T. RUDE. *Asper* Gray (*Cat. of Liz.*, p. 103).
Trachydosaurus rugosus Gray, *Grey's Travels in Austr.*, t. II, p. 428.
Écailles du tronc et de la tête, et spécialement celles des régions temporales, très-inégales et très-rugueuses; quatre plaques sus-oculaires; inter-pariétale presque toujours aussi large que longue; queue confondue avec le tronc, élargie et très-courte.

Malgré la grande analogie qui existe entre cette espèce et la précédente, les caractères qui les distinguent sont assez nets, pour que la séparation proposée par M. Gray soit complétement adoptée.

Ainsi, les plaques temporales, au lieu d'être plates et de former une sorte de pavé, sont rugueuses, bosselées, et quelques-unes même ont un bord tranchant : de cette disposition, il résulte que la tête est plus renflée au niveau des tempes. Les plaques sus-oculaires ne sont point au nombre de cinq, mais de quatre seulement; la plaque inter-pariétale, au lieu d'être oblongue, a autant de largeur que de longueur. La queue est manifestement plus courte et un peu plus aplatie. Toute l'écaillure enfin, plus solide, plus inégale et plus rugueuse, justifie parfaitement le nom de RUDE imposé à ce TRACHYSAURE, dont les différents échantillons du Muséum, entièrement semblables entre eux, sont très-distincts par toutes ces particularités de ceux du TR. RUGUEUX.

Le système de coloration n'est pas non plus le même, quoique la teinte générale des régions supérieures et des membres soit également fauve ou brune; mais les bandes transversales ont disparu, et l'on ne voit plus que des taches d'un jaune vif, très-irrégulièrement disposées. Cette même nuance colore les flancs et les côtés du ventre, dont la région médiane, dans une assez grande largeur, offre, ainsi que la gorge, une teinte brune qui envoie des prolongements latéraux. La queue, en dessous, porte deux ou trois bandes transversales, jaunes et brunes, alternes.

Un des individus est brun partout, sans aucune tache jaune.
Longueur totale, $0^m,320$; tête, $0^m,050$; tronc, $0^m,215$; queue, $0^m,055$.
Prov. de la Riv. des Cygnes (Nouvelle-Hollande) : *M. J. Verreaux*.
Plusieurs individus adultes.

TABLEAU SYNOPTIQUE PARTIEL DES GENRES DE LA FAMILLE DES SCINCOÏDIENS.

Queue aplatie { latéralement, surmontée de quatre carènes. . . . . 1. TROPIDOPHORE.
de haut en bas, courte, épaisse, { non épineuse. . . . . 8. . TRACHYSAURE.
comme tronquée. . . . . . . { épineuse. . . . . . . 8 bis. SILUBOSAURE.

(Ce Tableau, qui est un complément à celui de l'Erpét. génér., t. V, p. 537, est destiné à faire connaître la place que le genre suivant, inscrit sous le n° 8 bis, doit occuper parmi les Scincoïdiens Saurophthalmes munis de quatre membres ayant chacun cinq doigts, et à queue non conique.)

VIII° bis GENRE. — SILUBOSAURE. *SILUBOSAURUS* Gray (1).

Écailles du dos toutes munies d'une double carène médiane, surtout saillante vers l'origine de la queue, dont chaque écaille supérieure porte une épine triangulaire, redressée et robuste, et dont la face inférieure est revêtue, à sa région médiane, d'une série longitudinale de squames plus grandes que les autres; écailles de la nuque fort larges et couvertes de stries nombreuses; narines latérales, ouvertes dans une seule plaque, la nasale, et bordées en arrière par un sillon; pas de plaques supéro-nasales; queue forte, déprimée, courte, pointue à son extrémité libre.

Ce genre se distingue de tous ceux de la famille à laquelle il appartient par l'armure épineuse dont sa queue est recouverte; et cependant par les petites dimensions et par la forme déprimée de cet organe, il se rapproche surtout du genre précédent.

Si, outre le caractère tout à fait spécial tiré de l'aspect particulier que lui donne ce développement de la carène des écailles caudales, on note l'épaisseur bien moins considérable des pièces de l'écaillure dorsale qui ne sont pas rugueuses, la présence des deux carènes dont chacune d'elles est surmontée, puis la forme de la tête qui n'est pas élargie en arrière, et offre un revêtement squameux bien moins solide, la confusion avec le genre TRACHYSAURE est impossible.

(1 espèce.)

1 S. DE STOKES. *Stokesii* Gray *(Cat. of Liz.,* p. 105).

Plaques nasales presque contiguës; inter-nasale large; fronto-nasales contiguës; frontale et inter-pariétale petites et de dimensions à peu près semblables; fronto-pariétales contiguës; pariétales irrégulièrement ovalaires; quatre sus-oculaires; bord antérieur de l'oreille garni de deux grandes squames pointues; toutes les plaques sus-céphaliques jaunâtres, bordées de noir; sur le dos et sur les flancs, de grandes taches jaunes, sous forme de bandes interrompues, également noires dans leur pourtour.

Le tronc est épais, assez court, trapu, à peine distinct du cou qui se continue sans étranglement avec la tête; celle-ci est sub-quadrangulaire et légèrement conique; le museau est arrondi en avant; les membres sont robustes, et les doigts médiocrement allongés.

On compte sur le dos et sur les flancs seize rangées d'écailles carénées; celles du bas des flancs et du ventre sont lisses.

(1) De σίλυβος, *spina lata*, et de σαῦρος, *lacerta*, à cause des écailles épineuses de la queue. — Le nom de *Silubolepis* (écailles à épines), fort analogue au précédent, avait été proposé par Cocteau pour le genre Trachysaure. — Vaillant a donné le nom de *Silybum* à un genre qu'il a créé pour le Chardon-Marie, *Carduus marianus*.

La queue est courte, fortement déprimée, et confondue, à son origine, avec le tronc; elle se rétrécit bientôt et se termine en pointe. Les rangées longitudinales d'épines sont au nombre de huit dans la première moitié de sa longueur, et deviennent ensuite de moins en moins nombreuses. Les épines, au reste, ont la même longueur partout; les latérales cependant dépassent un peu les médianes.

La lèvre supérieure porte sept plaques, dont les cinquième et sixième sont en contact avec le bord de l'orbite. La paupière inférieure est opaque.

La teinte générale de l'animal est un brun-olivâtre élégamment relevé sur la tête par la couleur jaune de toutes les plaques sus-céphaliques, des labiales supérieures et inférieures et de la mentonnière; toutes sont bordées de noir; l'interpariétale seule est uniformément brune.

Sur le dos, cette même couleur jaune est distribuée sous forme de taches irrégulières, bordées de noir. Les unes occupent la ligne médiane, les autres les côtés du dos, et se prolongent plus ou moins sur les flancs. Il y a, dans la configuration et dans l'arrangement général de ces taches, une grande irrégularité. On les voit également sur les membres et sur la queue. Au cou, sous la gorge et sur le ventre, elles sont plus nombreuses et plus petites; celles de l'abdomen, en particulier, n'occupent souvent qu'une ou deux écailles et leur liséré noir manque; la nuance générale de ces régions inférieures est d'ailleurs un peu plus claire que celle du dos.

Longueur totale, 0^m,150; tête, 0^m,020; tronc, 0^m,085; queue, 0^m,045.

Prov. de la Riv. des Cygnes (Nouv.-Holl.) : *M. J. Verreaux*. — *Unique*.

C'est également de l'Australie que sont originaires les individus signalés dans le *Cat. of Liz. of the British Museum*.

b. Espèces à moins de cinq doigts à chaque patte.

IXe GENRE. — HÉTÉROPE. *HETEROPUS* Fitzinger.

Deux paires de pattes terminées, les antérieures par quatre, les postérieures par cinq doigts inégaux, onguiculés, un peu comprimés, sans denticules; narines latérales, s'ouvrant chacune dans une seule plaque, la nasale; pas de supéro-nasales; palais non denté, à échancrure triangulaire, peu profonde, située tout à fait en arrière; écailles carénées; queue conique, pointue.

(3 espèces.)

TABLEAU SYNOPTIQUE DES ESPÈCES.

Écailles dorsales portant { plus d'une carène; { tricarénées. . . . . 1. H. BRUN.
{ bicarénées. . . . . 2. H. DE PÉRON.
{ une seule carène. . . . . 2 *bis*. H. A DEUX BANDES.

(*Ce Tableau est destiné à remplacer celui de l'Erpét. génér. devenu insuffisant, puisqu'il ne comprend que deux espèces.*)

1. H. BRUN. *Fuscus* Dum. Bib. (*Erpét. génér.*, t. V, p. 759).
Ile Waigiou : *M. de Freycinet*. TYPE.
Unique.

2. H. DE PÉRON *Peronii* Dum. Bib. (*Erpét. génér.*, t. V, p. 760).
Ile Maurice : *Péron et Lesueur*. TYPE.
Unique.

2 bis. H. DEUX-BANDES. *Bifasciatus*. A. Dum.

Paupière inférieure transparente; écailles du cou lisses, celles du dos unicarénées, de même que les caudales, dont la carène est très-prononcée; plaques sus-céphaliques peu développées; frontale rectangulaire; deux fronto-pariétales très-petites, contiguës; inter-pariétale plus grande que les précédentes; de chaque côté du dos, depuis l'extrémité du museau jusqu'à l'origine de la queue, une ligne jaune.

Si l'on compare les caractères énoncés dans la diagnose à ceux qui sont propres aux deux HÉTÉROPES déjà connus, on voit combien cette espèce inédite diffère de ses congénères. Il faut surtout noter la présence d'une seule carène sur chaque écaille, et le développement que cette carène acquiert sur la queue, dont les faces supérieure et latérales portent, par cela même et dans toute leur longueur, des lignes saillantes, parallèles, situées sur la région médiane de chaque rangée d'écailles. Les carènes existent aussi sous la queue, mais elles sont moins proéminentes. De plus, toutes les pièces de l'écaillure sont bien plus grandes, car on n'en compte que seize séries autour du tronc, au lieu de trente-six, comme dans l'H. BRUN.

L'aspect général de l'animal, enfin, est très-différent : ici, en effet, les formes sont un peu lourdes et trapues, la queue est à peine plus longue que le corps, elle est cylindrique; la tête est courte et le museau obtus.

Les petites dimensions des plaques sus-céphaliques tiennent à la brièveté même de la tête. La rostrale, l'inter-nasale, les fréno-nasales, les nasales et les frénales n'offrent rien de particulier à mentionner ni dans leur forme, ni dans leur position respective, mais la frontale, qui représente un rectangle parfait, a une apparence tout à fait insolite. Il n'y a que deux sus-oculaires.

Comme dans les deux autres espèces, les quatre doigts antérieurs sont moins inégaux entre eux et moins développés que les cinq doigts postérieurs.

La teinte générale est un vert olive, plus foncé en dessus qu'en dessous et uniforme, mais il y a, de chaque côté du dos, une ligne jaune dont la largeur dépasse à peine 0^m,001. Elle naît à l'extrémité du museau, longe la ligne de jonction de sa face supérieure avec sa face latérale, et se prolonge jusqu'à l'origine de la queue, où elle cesse. La lèvre supérieure est jaune.

Longueur totale, 0^m,133; tête, 0^m,012; tronc, 0^m,041; queue, 0^m,080.

Vallée de la Madeleine (Nouvelle-Grenade) : M. J. Goudot. TYPE. — *Unique*.

Xe GENRE. — CAMPSODACTYLE. *CAMPSODACTYLUS* Dum. Bib.

Quatre pattes terminées, les antérieures par cinq, les postérieures par quatre doigts inégaux, unguiculés, sub-cylindriques, sans dentelures; narines latérales, s'ouvrant chacune dans une seule plaque, la nasale; des supéro-nasales; palais non denté, peu profondément échancré en arrière; écailles lisses; queue conique et pointue.

(1 espèce.)

1. C. DE LAMARRE-PIQUOT. *Lamarrei* Dum. Bib. (*Erpét. génér.*, t. V, p. 762). Bengale : M. Lamarre-Picquot. TYPE. — *Unique*.

XIe GENRE. — TÉTRADACTYLE. *TETRADACTYLUS* Péron.

Quatre pattes n'ayant chacune que quatre doigts inégaux, onguiculés, sans dentelures; narines latérales, percées chacune dans une seule plaque, la nasale; pas de supéro-nasales; palais sans dents, échancré peu profondément et en arrière; écailles lisses; queue conique, pointue.

(1 espèce.)

1. T. DE DECRÈS. *Decresiensis* Péron (*Erpét. génér.*, t. V, p. 764).
Ile Decrès : *Péron et Lesueur.* TYPES.
Port du Roi-Georges (Nouv.-Hollande) : *MM. Quoy et Gaimard.*

TABLEAU SYNOPTIQUE PARTIEL DES GENRES DE LA FAMILLE DES SCINCOÏDIENS.

Trois doigts	à chaque membre; plaque rostrale . .	petite; narines percées dans la	nasale seulement. . .	12.	HÉMIERGIS.
			nasale et la rostrale. . .	13.	SEPS.
		grande, en forme d'étui.		18.	NESSIE.
	à l'une des deux paires seulement,	la postérieure; deux devant		14.	HÉTÉRONÈLE.
		l'antérieure; membres postérieurs non divisés en doigts.		14 bis.	ANCYLOPE.

(*Ce Tableau, qui, comme le précédent, est un complément à celui de l'Erpét. génér., t. V, p. 537, est destiné à faire connaître la place que le nouveau genre (n° 14 bis) doit occuper parmi les Scincoïdiens Saurophthalmes à deux paires de membres, et dont les doigts, soit à l'une, soit à l'autre paire, ne dépassent jamais le nombre trois.*)

XIIe GENRE. — HÉMIERGIS. *HEMIERGIS* Wagler.

Quatre pattes n'ayant chacune que trois doigts inégaux, onguiculés, sub-cylindriques, sans dentelures, avec tous les autres caractères du genre précédent.

(1 espèce.)

1. H. DE DECRÈS. *Decresiensis* Dum. Bib. (*Erpét. génér.*, t. V, p. 766).
Ile Decrès : *Péron et Lesueur*, 2 individus TYPES du *Tridactylus Decresiensis* Péron, *Musée de Paris.*
Baie Moreton (Nouv.-Hollande) : *M. J. Verreaux.*

XIIIe GENRE. — SEPS. *SEPS* Daudin.

Quatre pattes terminées chacune par trois doigts inégaux, onguiculés, sub-cylindriques, sans dentelures, comme dans le genre précédent, mais les membres sont ici plus courts et le corps est plus allongé; en outre, les narines sont ouvertes entre deux plaques, la nasale et la rostrale; des supéro-nasales; palais non denté, offrant une très-large rainure dans la seconde moitié de sa longueur.

(1 espèce.)

1. S. CHALCIDE. *Chalcides* Ch. Bonaparte (*Erpét. génér.*, t. V, p. 768).
SEPS CHALCIDE Guichenot, *Rept.* in *Explor. scientif. de l'Algérie*, p. 17.
Toutes les variétés ont, en dessus, une teinte d'un gris cuivreux, olivâtre ou bronzé; elles ne diffèrent entre elles que par les lignes longitudinales du dos.

1° *Variété* A. De chaque côté du dos, deux lignes blanches, piquetées de noir, parallèles et peu distantes l'une de l'autre.

Palerme : *M. Caron.*

Unique.

2° *Variété* B. Les raies blanches de la variété précédente sont remplacées par des raies noires, disposées de la même façon.

Alger : *MM. Guichenot, Lucas, H. Berthoud.*

Adultes et jeune âge.

3° *Variété* C. Raies noires, de chaque côté du dos, plus larges et plus écartées l'une de l'autre que dans la *Variété* B, et séparées par une bande fauve ou blanchâtre.

Environs de Rome et Naples : *M. de Savigny.* Sicile : *Bibron.*

Alger : *M. Guichenot.*

4° *Variété* D. Raies noires latérales, disposées comme dans la *variété* B, mais, de plus, deux raies noires sur la région moyenne du dos.

Alger : *MM. Levaillant, Guichenot, Bové.* Bône : *M. Steinhel.*

Ages divers.

5° *Variété* E. Huit ou neuf raies noires, alternant avec un nombre égal de raies fauves ou blanchâtres. *Vélins* n° 95.

Espagne : *M. Duméril, M. le général Dejean.* Alger : *M. Guichenot.* V.V.

6° *Variété* F. Système de coloration presque uniforme, avec huit ou dix lignes grisâtres, longitudinales, à peine apparentes.

Origine inconnue : du *Cabinet de Lacépède.*

Bône : *M. Gérard.*

Ages divers.

« Le Seps chalcide, dit M. Guichenot (*loc. cit.*), vit sous les pierres, dans les amas de fumier, au voisinage des endroits herbageux. »

XIV° GENRE. — HÉTÉROMÈLE. *HETEROMELES* Dum. Bib.

Quatre pattes, les antérieures à deux, les postérieures à trois doigts inégaux, onguiculés, subcylindriques, sans dentelures; trous auditifs presque cachés par les écailles; mais par tous les autres caractères, ce genre est semblable au précédent.

(1 espèce.)

1. H. mauritanique. *Mauritanicus* Dum. Bib. (*Erpét. génér.*, t. V, p. 773).

Hétéromèle mauritanique Guichenot, *Rept.* in *Explor. scientif. de l'Algérie*, p. 18, pl. 2, fig. 1, avec les détails des doigts.

Alger : *M. Levaillant, M. Guichenot.* 3 individus types.

« Cette espèce, dit M. Guichenot, paraît vivre exclusivement sous les pierres. »

XIV° bis GENRE. — ANOMALOPE. *ANOMALOPUS* (1) A. Dum.

Quatre membres courts, les antérieurs à trois doigts, les postérieurs non divisés en doigts ; narines latérales, s'ouvrant chacune au milieu de la plaque nasale ; pas de supéro-nasales ; palais non denté, à échancrure peu considérable ; écailles lisses.

Le caractère tiré de la conformation des pattes suffit pour distinguer ce genre de tous ceux de la famille des Scincoïdiens Saurophthalmes dont les membres offrent des anomalies dans le nombre des doigts.

Parmi les nombreuses différences observées chez les espèces qui ont encore les quatre membres, mais avec moins de cinq doigts, et si constantes qu'elles ont permis de faire plusieurs coupes génériques, cette combinaison de trois doigts en avant et pas en arrière ne s'était point encore rencontrée. Il a donc fallu créer un genre pour ce cas particulier.

Le caractère essentiel étant ainsi établi, la comparaison avec les genres voisins est inutile, puisqu'il s'oppose complètement à toute confusion.

(1 espèce.)

1. A. DE VERREAUX. *Verreauxii* A. Dum.

Paupière inférieure transparente ; plaque rostrale grande ; nasales un peu bombées ; inter-nasale large ; fronto-nasales petites, très-distantes l'une de l'autre et tout à fait latérales ; frontale large, assez aiguë en arrière ; pariétales plus grandes que l'inter-pariétale ; quatre sus-oculaires.

Par l'ensemble de sa conformation, cette espèce a le plus grand rapport avec les représentants des genres voisins, où les membres sont réduits à des dimensions aussi peu considérables. C'est à un Orvet qui aurait des vestiges de pattes que ce nouveau Scincoïdien peut le mieux être comparé.

Les trois doigts de la paire antérieure sont très-courts ; le médian dépasse un peu les deux autres, qui sont égaux entre eux ; ils sont tous munis d'ongles assez forts. En arrière, c'est un appendice de même longueur que le membre antérieur, mousse à son extrémité libre, où il n'y a point de rétrécissement en forme de doigt, et par conséquent point d'ongle.

La teinte générale est un gris-fauve uniforme, un peu plus clair en dessous qu'en dessus ; il y a, derrière la tête, un collier jaune.

La queue est mutilée, de sorte que la longueur totale ne peut pas être donnée ; mais, par sa taille et par son volume, cette espèce a beaucoup de rapports avec l'HÉTÉROMÈLE MAURITANIQUE.

Tasmanie : *M. J. Verreaux.* — *Unique.*

Il a été trouvé dans des lieux humides, sous l'écorce d'un Eucalyptus.

Le nom de cet habile naturaliste est donné à ce curieux Saurien, comme un hommage qui lui est bien dû pour les nombreuses collections du Continent austral et de la Tasmanie qu'il a adressées au Muséum d'histoire naturelle, pendant son long séjour dans ces contrées si riches en animaux intéressants et précieux pour la science.

(1) De ἀνόμαλος, anomal, dissemblable, et de πούς, pied, à cause de la dissemblance qu'offrent entre elles les deux paires de membres relativement au nombre des doigts.

XVᵉ GENRE. — CHÉLOMÈLE. *CHELOMELES* Dum. Bib.

Quatre pattes terminées chacune par deux doigts inégaux, onguiculés, sub-cylindriques, sans dentelures ; narines latérales, s'ouvrant chacune au milieu de la plaque nasale ; pas de supéro-nasales ; palais non denté, à échancrure tout à fait postérieure, sans rainure longitudinale au milieu.

(1 *espèce*.)

1. C. A QUATRE RAIES. *Quadrilineatus* Dum. Bib. (*Erpét. génér.*, t. V, p. 774).
Nouvelle-Hollande : sans nom de donateur. TYPE.
Nouv.-Holl. : un échantillon donné par le *Musée britannique*.
Tasmanie : *M. J. Verreaux.*

XVIᵉ GENRE. — BRACHYMÈLE. *BRACHYMELES* Dum. Bib.

Quatre membres excessivement courts, les antérieurs avec deux rudiments de doigts, les postérieurs non divisés ; narines latérales, s'ouvrant chacune dans la plaque nasale ; palais non denté, offrant une grande échancrure triangulaire ; langue plate, en fer de flèche, faiblement échancrée à sa pointe, comme dans les genres précédents, mais revêtue, presque jusqu'à son extrémité, de grosses papilles circulaires, convexes, juxtaposées ; pas d'ouvertures auriculaires.

(1 *espèce*.)

1. B. DE LA BONITE. *Bonitæ* Dum. Bib. (*Erpét. génér.*, t. V, p. 777).
Manille : *Eydoux*. TYPE.
Unique.

XVIIᵉ GENRE. — BRACHYSTOPE. *BRACHYSTOPUS* Dum. Bib.

Quatre pattes, les antérieures en stylets simples, les postérieures divisées en deux doigts inégaux, onguiculés, sub-cylindriques, sans dentelures ; narines latérales, s'ouvrant chacune au milieu d'une grande plaque, la nasale ; pas de supéro-nasales ; langue couverte de papilles granuleuses ; palais non denté, à rainure fort courte, tout à fait postérieure.

(1 *espèce*.)

1. B. LINÉO-PONCTUÉ. *Lineo-punctulatus* Smith (*Erpét. génér.*, t. V, p. 779).
Ronia catenulata Gray, *Grey's Trav. in Austr.*, t. II, p. 426 et 437, pl. 4, fig. 1.
Rhodona punctata Gray, *Ann. nat. Hist.*, t. II, p. 335, et *Cat. of Liz.*, p. 89.
Cap de Bonne-Espér.? : *M. Smith.*
Il doit rester du doute sur l'origine africaine de cet échantillon, aucune mention de cette espèce n'étant faite par M. Smith in *Zool. of South Afr.*
Nouvelle-Hollande : un individu donné par le *Musée britannique.*
C'est également de l'Australie que les autres représentants de cette espèce, indiqués dans le *Cat. of Liz.*, ont été adressés à ce Musée.

XVIII° GENRE. — NESSIE. *NESSIA* Gray.

Quatre pattes très-courtes, divisées chacune en trois petits doigts onguiculés, subégaux; narines percées, l'une à droite, l'autre à gauche, dans une plaque emboîtant le bout du museau comme un étui; une fente longitudinale dans cette même plaque derrière chaque ouverture nasale.

(1 *espèce*.)

1. N. DE BURTON. *Burtonii* Gray (*Erpét. génér.*, t. V, p. 781).
Manque.

XIX° GENRE. — ÉVÉSIE. *EVESIA* Gray.

Quatre membres en stylets très-courts, non divisés en doigts; mais tous les autres caractères semblables à ceux du genre précédent.

(1 *espèce*.)

1. E. DE BELL. *Bellii* Dum. Bib. (*Erpét. génér.*, t. V, p. 782).
Evesia monodactyla Gray, *Cat. of Liz.*, p. 127.
Indes orientales : *M. Th. Bell.*
Unique.

2° *Espèces à deux membres.*

XX° GENRE. — SCÉLOTE. *SCELOTES* Fitzinger.

Pas de membres antérieurs; des pattes postérieures divisées en doigts inégaux, onguiculés, subcylindriques, sans dentelures; narines latérales, s'ouvrant chacune dans deux plaques, la nasale et la rostrale; supéro-nasale située en travers du museau, derrière la rostrale, tantôt unique, tantôt double; palais non denté, à rainure longitudinale; ouvertures auriculaires fort petites.

(1 *espèce*.)

1. S. DE LINNÉ. *Linnæi* Dum. Bib. (*Erpét. génér.*, t. V, p. 785).
Scelotes bipes Gray, *Cat. of Liz.*, p. 123.
Scelotes anguineus Smith, *Zool. of South Afr., Rept., Appendix*, p. 12.
Cap de B.-Espérance.
Ages divers.
Cap de B.-Espér. ? : *Madame Marchal*, échantillon distinct des précédents par la large bande noire qui s'étend, de chaque côté du corps, depuis l'extrémité du museau jusqu'à une petite distance au delà de l'origine de la queue.

XXI° GENRE. — PRÉPÉDITE. *PRÆPEDITUS* Dum. Bib.

Pas de membres antérieurs; deux pattes postérieures en stylets simples; corps anguiforme; écailles lisses; pas d'ouvertures auriculaires; museau aminci en coin; narines s'ouvrant au milieu d'une plaque.

(1 *espèce*.)

1. P. RAYÉ. *Lineatus* Dum. Bib. (*Erpét. génér.*, t. V, p. 788).
Soridia lineata Gray, *Ann. nat. Hist.*, t. II, p. 336, *Grey's Trav. in Austr.*, t. II, p. 428, pl. 3, fig. 2, et *Cat. of Liz.*, p. 90.

Nouv.-Hollande : donné par le *Musée britannique*.
Unique.

XXIIᵉ GENRE. — OPHIODE. *OPHIODES* Wagler.

Pas de membres antérieurs; deux pattes postérieures courtes, aplaties, non divisées en doigts; corps anguiforme; écailles striées; ouvertures auriculaires fort petites; museau conique; narines latérales, percées chacune au milieu de la plaque nasale; quatre supéro-nasales; langue en fer de flèche, largement échancrée à sa pointe, à papilles granuliformes en avant, filiformes en arrière; palais à rainure longitudinale et sans dents.

(1 *espèce*.)

1. O. STRIÉ. *Striatus* Wagler (*Erpét. génér.*, t. V, p. 789).
Montevideo : *M. d'Orbigny*. Brésil : *M. Aug. Saint-Hilaire*, *M. Lieutaud*. Cayenne : *M. Leprieur*.
Ages divers.

IIᵉ GROUPE. — SCINCOÏDIENS SAUROPHTHALMES PRIVÉS DE MEMBRES.

(3 GENRES, 3 *espèces*.)

XXIIIᵉ GENRE. — ORVET. *ANGUIS* Linné.

Pas de membres; corps serpentiforme; écailles lisses; narines latérales, s'ouvrant chacune dans une seule plaque, la nasale; des supéro-nasales; langue en fer de flèche, divisée en deux pointes à son extrémité, à surface en partie granuleuse, en partie veloutée; palais non denté, à large rainure longitudinale; dents longues, aiguës, couchées en arrière; ouvertures auriculaires extrêmement petites, cachées sous les écailles.

(1 *espèce*.)

1. O. FRAGILE. *Fragilis* Linné (*Erpét. génér.*, t. V, p. 792).
1º *Variété* A. Régions supérieures d'une teinte uniforme, cuivreuse ou bronzée, et quelquefois fauve; tantôt au contraire grisâtre, ou bien d'un brun-marron clair, sans lignes ni bandes; côtés du corps lavés de noirâtre; régions inférieures d'une couleur plombée.
France, et en particulier, Toulon : *M. Vauthier*. Morée : *Commiss. scientif.*
Adultes et âge moyen.
A cette *variété* il faut rapporter des individus originaires de France qui ont vécu à la Ménagerie et dont les régions inférieures sont d'un rouge brique.

2º *Variété* B. Régions supérieures offrant le même mode de coloration que dans la *variété* précédente, mais parcourues dans toute leur longueur, sur la ligne médiane, par une raie noire, quelquefois double, le plus souvent simple et un peu en zigzag.
Empire ottoman : du voyage d'*Olivier*. Perse : *Aucher-Eloy*. Abasie et Mingrélie (région caucasienne de l'Asie russe) : *M. Démidoff* et *M. Nordmann*.
Autriche : donné par le *Musée de Vienne*. Suisse : *M. Kiener*. Environs de Paris; Chessy (Seine-et-Marne) : *M. Chabanneau*; département de la Creuse : *M. Génetoux*. — Ages divers. V. V.

3° *Variété* C. Régions supérieures et latérales uniformément grisâtres, et régions inférieures d'un blanc sale, parfois lavé de gris; gorge vermiculée de brun.

Turquie : *M. Vauthier.*

France, et en particulier, département de la Creuse : *M. Génetoux.*

4° *Variété* D, ou *variété de la Colchide* (non décrite dans l'*Erpét. génér.*).

Anguis incerta J. Krynicki, *Observ. de Rept. indigenis* in *Bull. de la Soc. imp. des Natur. de Moscou*, 1837, n° 3, p. 52, pl. 1.

Otophis eryx (*Varietas colchica*) Nordmann, *Voy. dans la Russie mérid. et la Crimée* de Démidoff, 1840, t. III, p. 341, Rept., pl. 3, fig. 1 adulte; fig. 2-3 jeune.

? *Anguis Besseri* Andrzejowski, *Nouv. Mém. de la Soc. de Moscou*, t. II, p. 338, pl. 24.

? *Anguis fragilis* Eichwald, *Fauna Caspio-Caucasia*, 1841, p. 98.

Régions supérieures d'un gris cendré, avec des lignes noires longitudinales, et deux séries parallèles de petites taches bleues, dépassant à peine la première moitié du tronc; régions inférieures moins sombres et ponctuées de noir.

Akoucha (Région caucasienne de l'Asie russe) : *MM. Démidoff* et *Nordmann.* Ages divers.

Le système de coloration qui vient d'être indiqué est propre à l'adulte. Les taches bleues disparaissent assez promptement dans l'alcool, mais elles sont très-bien représentées dans la planche dont le texte de M. Nordmann est accompagné.

Dans le jeune âge, la livrée est absolument semblable à ce qui s'observe toujours.

Malgré le nom d'*Otophis* que le naturaliste qui vient d'être cité laisse à l'Orvet fragile, il reconnaît, comme l'avaient déjà dit les auteurs de l'*Erpét. génér.*, que ce genre, créé par M. Fitzinger, ne doit pas être maintenu, parce que le caractère tiré de la présence des ouvertures auriculaires et qu'il est destiné à rappeler, appartient aussi à l'Orvet, dont quelques individus le présentent très-nettement.

« Quant à l'identité des échantillons recueillis dans la Russie d'Asie et des autres représentants de l'espèce, elle est évidente; elle avait d'ailleurs été reconnue par M. Nordmann, qui dit : « En comparant mes individus recueillis en Abasie et en Mingrélie avec ceux du Musée de Paris, ni M. Bibron ni moi nous n'avons pu découvrir aucune différence notable. »

Il y a lieu de penser que l'Orvet de Besser Andrzej., remarquable surtout par la longueur de la queue, se rapporte à la 4e *variété*, qui se distingue des précédentes par ce même caractère.

Enfin, selon toute probabilité, M. Eichwald a voulu désigner des individus appartenant à cette même division dans la courte description qu'il a donnée de l'Orvet fragile. La diagnose, en effet, à l'exception des taches bleues qui disparaissent sans doute très-promptement, indique un système de coloration assez analogue à celui de la *variété* D, car il y est question de trois lignes noires sur la région dorsale.

Il faut d'ailleurs se rappeler que dans les descriptions de ces différents naturalistes, il n'est fait mention que des Orvets recueillis dans la Région caucasienne de la Russie d'Asie.

Jeune âge. Parties supérieures d'un gris blanchâtre, avec ou sans une ligne médio-longitudinale noire; régions latérales et inférieures noires, quelquefois d'un bleuâtre très-foncé.

France : individus nés à la Ménagerie, où la viviparité a été constatée.

Bône : *M. Marloy.*

XXIVe GENRE. — OPHIOMORE. *OPHIOMORUS* Dum. Bib.

Pas de membres; corps serpentiforme; écailles lisses; narines latérales, s'ouvrant chacune entre deux plaques, la nasale et la supéro-nasale; langue plate, squameuse dans toute son étendue, faiblement échancrée à sa pointe; palais non denté, à rainure longitudinale; dents coniques, obtuses, droites; ouvertures auriculaires extrêmement petites.

(Ce genre est le TYPE de la famille des OPHIOMORIDES Gray, *Cat. of Liz.*, p. 120.)

(1 espèce.)

1. O. A PETITS POINTS. *Miliaris* Dum. Bib. (*Erpét. génér.*, t. V, p. 799).
Morée : *Commiss. scientif.* Bône : *M. le Doct. Guyon.*

XXVe GENRE. — ACONTIAS. *ACONTIAS* Cuvier.

Pas de membres; queue courte, conique, comme tronquée; écailles lisses; museau conique, emboîté dans une seule grande plaque, comme dans une sorte d'étui; de chaque côté, s'ouvre la narine, qui est suivie d'un sillon longitudinal; une seule paupière, l'inférieure; palais non denté, à rainure longitudinale; pas d'ouvertures auriculaires.

(1 espèce.)

1. A. PINTADE. *Meleagris* Cuvier (*Erpét. génér.*, t. V, p. 802, pl. 58).
Cap de B.-Espér. : *Delalande, M. J. Verreaux.* Madagascar : *MM. Quoy* et *Gaimard.*

IIe SOUS-FAMILLE. — *OPHIOPHTHALMES.*

Yeux avec un rudiment de paupière unique, bordant l'orbite, en tout ou en partie, sous forme d'anneau ou de demi-anneau, le plus souvent très-peu développé; une seule espèce (*Gymnophthalme à quatre raies*) complétement privée de paupières.

1° *Espèces à quatre membres.*

XXVIe GENRE. — ABLÉPHARE. *ABLEPHARUS* Fitzinger.

Cercle palpébral plus ou moins complet, plus ou moins mobile et représentant ainsi un rudiment de paupière; quatre pattes terminées chacune par cinq doigts; narines ouvertes dans la plaque nasale; pas de supéro-nasales; écaillure lisse; pas de pores aux cuisses, ni au-devant de l'anus.

(4 espèces.)

1. A. DE KITAIBEL. *Kitaibelii* Cocteau (*Erpét. génér.*, t. V, p. 809).
Nouvelle-Hollande : *Péron et Lesueur*, TYPE du *Scincus platycephalus* Péron, MSS.
Morée : *Commiss. scientif.* Perse : *Aucher-Éloy.*
2. A. DE MÉNESTRIÉS. *Menestriesii* Dum. Bib. (*Erpét. génér.*, t. V, p. 811).
Ablepharus bivittatus Gray, *Cat. of Liz.*, p. 64.
Manque.
3. A. DE PÉRON. *Peronii* Dum. Bib. (*Erpét. génér.*, t. V, p. 813).
Cryptoblepharus Boutonii Gray, *Cat. of Liz.*, p. 64.

1° *Variété* A. Régions supérieures d'une teinte fauve dorée, à éclat métallique, avec des stries noirâtres, plus ou moins nombreuses et bordées, de chaque côté, et jusqu'au delà de l'origine de la queue, par une raie d'un jaune pâle que côtoient, en dedans, une ligne d'un brun foncé, et en dehors, une bande de la même nuance.

Java? : donnés par le *Musée de Leyde*. Samoa. Morée : *Commiss. scientif.*

2° *Variété* B. Régions supérieures d'une teinte cuivreuse ou bronzée, ou brun-verdâtre, avec des stries noires et bordées, de chaque côté, comme dans la *variété* précédente, par une raie d'un jaune pâle qui, au lieu d'être nettement imprimée, est comme déchiquetée sur ses bords; en dedans de cette raie, une ligne brune, et en dehors, une bande noirâtre, piquetée de jaune.

Terre de Van-Diémen : *Péron et Lesueur*, Type du *Scincus plagiocephalus* Péron, MSS.

Baie des Chiens-Marins (Nouv.-Hollande) : *MM. Quoy et Gaimard*. Tahiti : *M. Duperrey*. Archipel des îles Sandwich ou de Hawaii : *M. de Freycinet*.

Ile Maurice : *M. Julien Desjardins*, Types du *Scincus Boutonii*, Ann. des Sciences nat., 1re série, t. XXII, p. 298.

Ile de Puna (prov. de Guayaquil, dans la Républ. de l'Équateur) : *Eydoux et M. Souleyet*.

3° *Variété* C. Régions supérieures noires; point de raies longitudinales, comme dans les variétés précédentes, mais un grand nombre de petits points jaunâtres.

Java : *Philibert*. Ile de Puna : *Eydoux et M. Souleyet*.

4° *Variété* D. Régions supérieures d'un noir foncé, avec une bande d'un jaune doré qui, partie de l'extrémité du museau, suit la ligne moyenne du crâne et du cou, puis se divise en deux raies prolongées jusqu'à la base de la queue; deux autres raies semblables, étendues depuis les sourcils jusqu'à la queue.

Java : *Leschenault*, Type de l'Ablépharé de Leschenault Cocteau, *Magaz. de Zool.* de Guérin, classe 3, n° 1, et qu'il a ensuite nommé Cryptoblépharé de Leschenault, *Études sur les Scincoïdiens*, 1re livraison.

4. A. rayé et ocellé. *Lineo-ocellatus* Dum. Bib. (*Erpét. génér.*, t. V, p. 817).

Cryptoblepharus lineo-ocellatus Gray in Grey's *Trav. in Austr.*, t. II, p. 427, et *Cat. of Liz.*, p. 65.

Nouvelle-Hollande : Types.

XXVII° Genre. — GYMNOPHTHALME. *GYMNOPHTHALMUS* Merrem.

Pas de vestiges de paupières; quatre pattes terminées, les antérieures par quatre, les postérieures par cinq doigts; narines ouvertes dans la plaque nasale; pas de supéro-nasales; écailles du dos et de la queue carénées; pas de pores aux cuisses, ni au-devant de l'anus.

(1 espèce.)

1. G. a quatre raies. *Quadrilineatus* Merrem (*Erpét. génér.*, t. V, p. 820).
Gymnophth. lineatus Gray, *Cat. of Liz.*, p. 63.
Brésil. Martinique : *Plée*. Sainte-Lucie : *M. de Bonnecour*.

XXVIIIᵉ GENRE. — LÉRISTE. *LERISTA* Bell.

Quatre pattes terminées, les antérieures par deux, les postérieures par trois doigts inégaux, onguiculés, sub-cylindriques, simples; un rudiment de paupière formant un cercle autour du globe de l'œil; narines latérales, s'ouvrant chacune dans une seule plaque; pas de supéro-nasales; palais non denté, à échancrure triangulaire, peu profonde, située tout à fait en arrière; ouvertures auriculaires fort petites; écaillure lisse; pas de pores fémoraux, ni de pré-anaux.

(1 *espèce*.)

1. L. A QUATRE RAIES. *Lineata* Bell (*Erpét. génér.*, t. V, p. 824).
Nouvelle-Hollande : individu TYPE du *Ler. lineata* Bell, *Proceed. of the zool. Society*, 1832, p. 99, donné par *M. Bell*.
Unique.

2° *Espèces à deux membres.*

XXIXᵉ GENRE. — HYSTÉROPE. *HYSTEROPUS* Duméril.

Pas de membres antérieurs; des pattes postérieures courtes, aplaties ou rémiformes, non divisées en doigts; corps serpentiforme; crâne revêtu de plaques; un rudiment de paupière formant un cercle immobile autour du globe de l'œil; narines latérales, percées dans une seule plaque, la nasale, qui est annuliforme et circonscrite par quatre plaques, la supéro-nasale, l'inter-nasale, la fréno-nasale et la première labiale; palais non denté, à rainure extrêmement large; langue squameuse en avant, veloutée en arrière; des ouvertures auriculaires; écaillure carénée; des pores pré-anaux.

(Ce genre est le TYPE de la famille des PYGOPIDES Gray, *Cat. of Liz.*, p. 67.)

(1 *espèce*.)

1. H. DE LA NOUVELLE-HOLLANDE. *Novæ Hollandiæ* Dum. Bib. (*Erpét. génér.*, t. V, p. 828, pl. 55).
Nouv.-Hollande : *Péron et Lesueur*, TYPE du BIPÈDE LÉPIDOPODE Lacép., *Ann. du Mus. d'Hist. nat.*, t. IV, p. 193 et 209, pl. 55, fig. 1.
Nouv.-Hollande : *M. Aug. Saint-Hilaire*, et en particulier, Port-Macquarie : *M. J. Verreaux*. Tasmanie : *Id.*

Ces différents échantillons offrent en dessus une teinte plombée, sans aucune tache, et la disposition des plaques du museau est conforme à la description de l'*Erpét. génér.*

Nouv.-Hollande : sans nom de donateur, individu avec quatre paires de plaques entre la rostrale et la frontale, séparées sur la ligne médiane par une rangée longitudinale de quatre petites écailles.

Prov. de la Rivière des Cygnes (Nouv.-Holl.) : *M. J. Verreaux*, 2 échantillons, avec trois paires de plaques entre la rostrale et la frontale, séparées sur la ligne médiane par deux petites plaques.

Ces deux HYSTÉR., ainsi que le précédent, portent sur les régions supérieures trois séries parallèles de taches noires.

Nouv.-Hollande : *M. J. Verreaux*, individu d'une teinte plombée, uniforme, avec deux paires de plaques sur le museau, suivies d'une grande plaque unique, placée au-devant de la frontale; pas de plaques intermédiaires.

Camp in Even-Head, montagne près de Port-Macquarie (Nouv.-Holl.) et Tasmanie : *M. J. Verreaux*, deux individus, avec trois paires de plaques entre la rostrale et la frontale, et une petite plaque intermédiaire. Sur la teinte générale qui est un brun-grisâtre, on distingue, de chaque côté du dos, une double série longitudinale de points noirs.

Le nombre des plaques du museau, entre la rostrale et la frontale, peut donc présenter des irrégularités, comme le montrent les indications qui précèdent.

On trouve, le plus habituellement, les trois paires mentionnées dans la diagnose de l'*Erpét. génér.* Ce sont, d'avant en arrière, les nasales qui sont contiguës, les supéro-nasales et les inter-nasales également contiguës.

Quelquefois cependant, il y en a quatre paires, sans y comprendre les fronto-nasales qui conservent leur position latérale ordinaire, en avant des sus-oculaires. Un individu, originaire de la Nouv.-Hollande, et dont le nom du donateur est inconnu, offre cette particularité. Pour tout le reste, il est semblable à ceux où ces plaques sont moins nombreuses, si ce n'est qu'il porte, en outre, une rangée longitudinale de quatre petites écailles situées sur la ligne médiane du museau, et régulièrement interposées aux deux plaques de chacune des trois premières rangées. Cette disposition est presque exactement reproduite sur la figure 3 de la pl. 8, donnée par M. Gray (*Zool. of the voy. of Erebus and Terror, Rept.*), pour faire connaître le représentant unique d'une espèce qu'il a créée et nommée, en raison de cet aspect particulier, *Pygopus squamiceps*.

Dans la description, au reste, il est dit qu'il y a cinq paires de plaques, contrairement à ce que montre le dessin, où l'on n'en voit que quatre, avec trois plaques médianes seulement.

Malgré cette divergence entre le texte et le dessin d'une part, et de l'autre, entre notre spécimen et celui du Musée britannique, le caractère essentiel, en définitive, consistant dans un nombre de plaques plus considérable qu'à l'ordinaire, et surtout dans la présence des scutelles médianes, il y aurait peut-être lieu d'admettre cette espèce nouvelle qui serait représentée au Musée de Paris par un échantillon unique. Et cependant, quand on soumet à un examen attentif tous les Hystéropes de la Collection, on est porté à croire que les différences qui viennent d'être signalées ne constituent peut-être qu'une anomalie, comme M. Gray lui-même l'a supposé. On en trouve deux, en effet, adressés de la province de la Rivière des Cygnes (Nouv.-Hollande) par *M. J. Verreaux*, et chez lesquels on voit deux petites plaques seulement sur la ligne médiane du museau; elles sont d'ailleurs assez irrégulièrement interposées aux trois paires de plaques à peu près semblables à celles qui se rencontrent d'ordinaire. De plus, enfin, à la suite de ces dernières, il y en a une autre paire de petites, un peu latérales, situées entre le bord externe de l'inter-nasale et le bord supérieur de la naso-rostrale.

Aucun caractère, autre que les précédents, ne permettrait la détermination d'une espèce nouvelle. Il ne faut donc considérer que comme des anomalies les différences offertes par quelques individus dans le nombre et dans l'arrangement des pièces du bouclier sus-céphalique.

b.

XXXᵉ GENRE. — LIALIS. *LIALIS* Gray.

(*A l'époque où parut le t. V de l'Erpét. génér., le Muséum ne possédait aucun représentant de ce genre. Le bon état de conservation des échantillons reçus dans ces dernières années permet maintenant de compléter la diagnose*).

Corps serpentiforme; pas de membres antérieurs; pattes postérieures très-courtes, non divisées, représentées par une simple squame pointue à son extrémité libre, plus longue que celles qui l'entourent; tête couverte d'écailles un peu imbriquées, et non de grandes plaques juxtaposées; pupille linéaire; écailles lisses; à la région ventrale, deux rangées parallèles, et sous la queue, une seule rangée de scutelles plus grandes que les autres; narines percées vers le bord postérieur de la plaque nasale; dents coniques et simples; langue aplatie, squameuse en avant, veloutée en arrière, arrondie et incisée à son extrémité antérieure; palais non denté, à rainure longitudinale, étroite; ouvertures auriculaires distinctes, oblongues; pores pré-anaux au nombre de quatre.

(*Ce genre est, pour M. Gray, le type de la famille des Lialisides.*)

(1 espèce.)

1. L. DE BURTON. *Burtoni* Gray (*Erpét. génér.*, t. V, p. 834).

   L. *Burtoni* Gray, *Zool. of the voy. of Erebus and Terror*, p. 5, pl. 8, fig. 2, et *Cat. of Liz.*, p. 69.

   ? L. *bicatenata* Gray, *Zool. of the voy. of Erebus and Terror*, p. 5, et *Cat. of Liz.*, p. 69.

   ? L. *punctulata* Gray, *Zool. of the voy. of Erebus and Terror*, p. 6, pl. 8, fig. 1, et *Cat. of Liz.*, p. 69.

   Les caractères assignés par M. Gray aux trois espèces qu'il range dans le genre LIALIS sont presque exclusivement empruntés aux différences offertes par le système de coloration, et il est difficile de rapporter exactement à chacune de ces espèces les individus de la Collection de Paris. Les détails qui suivent montrent, en effet, qu'il n'y a pas conformité complète entre ces échantillons et ceux qui ont servi de types au naturaliste anglais.

   Pour lui-même, au reste, le L. A DEUX CHAINES ne paraît être qu'une variété (*Voy. of Er.*, etc.).

   Quant au L. A PETITS POINTS, le corps, dit-il, est plus épais et plus court que celui de ses congénères. Trois individus, recueillis à la Nouvelle-Hollande par M. J. Verreaux, sembleraient devoir rentrer dans ce groupe parce qu'ils sont, suivant l'expression même de la description, très-finement ponctués de noir, mais ils ne présentent pas l'épaisseur et la brièveté relatives, ni les autres particularités de coloration qui y sont mentionnées. Aucune différence spécifique de quelque importance ne peut d'ailleurs être établie, d'une façon précise, entre ces animaux et ceux qui, bien évidemment, appartiennent à l'espèce dite L. DE BURTON.

   Il est donc convenable peut-être de comprendre, quant à présent, dans une seule division, tous les LIALIS, jusqu'à ce que l'examen de nouveaux échantillons bien conservés permette de décider plus tard si l'identité qui est admise ici provisoirement est réelle, ou si, au contraire, elle doit être rejetée.

Quoi qu'il en soit, voici la description des couleurs dont sont ornés les représentants incontestables de l'espèce admise dans l'*Erpét. génér.*, où elles n'avaient pas pu être indiquées d'après nature :

1° Les régions supérieures ont une teinte olivâtre, tirant sur le gris : elles portent cinq bandes longitudinales, d'un brun noirâtre un peu interrompues ; la médiane, simple sur le museau, se bifurque sur la région postérieure de la tête et sur la nuque, puis, au delà, continue son trajet, en ne formant plus qu'un ruban unique. Tel est le caractère essentiel de la livrée des individus qu'on pourrait rapporter à une première *Variété*. Chez l'un des deux sujets appartenant à cette catégorie, le ventre et le dessous de la queue, plus foncés que le dos et que les flancs, en sont séparés par une petite ligne blanchâtre, étroite et peu apparente, et l'on y remarque un grand nombre de maculatures blanches, disposées en rangées longitudinales, parallèles ; les lèvres portent des taches brunes verticales ; la bande blanche latérale est beaucoup plus distincte sur l'autre spécimen, dont les lèvres sont également blanches et les régions inférieures d'une teinte moins sombre que les supérieures et légèrement ponctuées de noir.

2° On peut former un autre groupe de trois exemplaires dont toutes les écailles, en quelque sorte, portent chacune, plus ou moins distinctement, un point noir. Cette particularité, au reste, constitue le seul rapport qui existe entre eux et la description donnée par M. Gray du L. A PETITS POINTS. Sans entrer ici dans une comparaison exacte des caractères offerts par ces animaux, et des termes de cette description, il suffit de dire qu'ils sont d'un brun fauve qui est grisâtre chez l'un d'eux ; que la teinte générale est plus claire en dessous qu'en dessus ; que les flancs ne portent ni lignes brunes, ni lignes jaunes, et enfin que les téguments de la tête sont colorés absolument comme le reste du tronc.

1er *groupe.* Province de la rivière des Cygnes (Nouvelle-Hollande) : *M. J. Verreaux.*

2e *groupe.* Nouvelle-Hollande : *M. J. Verreaux.*

IIIᵉ SOUS-FAMILLE. — *TYPHLOPHTHALMES.*

Yeux nuls, ou si petits, qu'ils n'existent, pour ainsi dire, qu'à l'état rudimentaire, et tout à fait cachés sous la peau.

1° Espèces à membres postérieurs seulement.

XXXIᵉ GENRE. — DIBAME. *DIBAMUS* Dum. Bib.

Une seule paire de membres, les postérieurs, qui sont courts, aplatis ou rémiformes; museau conique, emboîté jusqu'au front dans un étui squameux, composé de trois pièces; narines latérales, arrondies, sans sillon derrière elles; palais sans rainure, ni échancrure, non denté; langue non échancrée à sa pointe; écailles lisses.

(1 espèce.)

1. D. DE LA NOUVELLE-GUINÉE. *Novæ Guineæ* Dum. Bib. (*Erpét. génér.*, t. V, p. 834).
Nouvelle-Guinée : deux individus donnés par le *Musée de Leyde* sous le nom de *Acontias subcæcus*.

2° Espèces sans membres.

XXXIIᵉ GENRE. — TYPHLINE. *TYPHLINE* Wiegmann.

Pas de membres; museau conique, emboîté jusqu'au front dans un étui squameux d'une seule pièce; narines latérales, ovalaires, communiquant avec un sillon longitudinal, situé en arrière; palais non denté, à rainure longitudinale à sa région postérieure; langue en fer de flèche, échancrée à sa pointe.

(1 espèce.)

1. T. DE CUVIER. *Cuvierii* Wiegmann (*Erpét. génér.*, t. V, p. 836.)
Cap de Bonne-Espérance : *Péron et Lesueur, Delalande*, TYPES de l'*Acontias cæcus* Cuvier, *R. anim.*, 1ʳᵉ édit. et 2ᵉ édit.; t. II, p. 71.

SCINCOÏDIENS TYPHLOPHTHALMES.

Appendice au genre LOPHYRE, p. 92 de ce Catalogue.

M. Schlegel, dont les beaux travaux en Erpétologie sont si appréciés des naturalistes français, qui ont la satisfaction d'en pouvoir lire le plus grand nombre dans leur propre langue, vient de publier un mémoire dans le *Recueil de zoologie de la Société hollandaise*, connue par la devise *Natura artis magistra* (*Bijdragen tot de dierkunde uitgegeven door het genootschap*, Natura artis Magistra *te Amsterdam*, livr. 1851 (1)).

Ce travail a pour titre : *Description de plusieurs espèces nouvelles du genre* LOPHYRUS.

Ces espèces, qui ressemblent surtout au L. TIGRÉ, sont au nombre de trois : l'une, était décrite par Boié, dans l'*Erpét. de Java* M. ss, sous le nom de *L. Kuhlii;* les deux autres, complétement inédites, sont nommées par M. Schlegel, d'après leur origine, *L. Sumatranus* et *L. Bornensis*. Les détails contenus dans les descriptions, et les figures coloriées 1 et 2 de la planche 2, représentant le mâle et la femelle du *L. Kuhlii*, ainsi que les deux figures de la troisième planche, consacrée aux deux autres espèces qui se rapprochent de la première par leur système de coloration, où dominent les teintes vertes, donnent la preuve que le Muséum de Paris ne les possède pas.

Ce sont donc trois nouveaux représentants de ce genre, bien distincts les uns des autres, qu'il faut joindre au LOPHYRE rapporté de Samboangan (île Mindanao, Arch. des Philippines) par MM. *Hombron et Jacquinot*, et nommé par eux, de concert avec Bibron, L. ÉPINEUX, puis à celui de teinte brune, recueilli à la Nouvelle-Hollande par *M. J. Verreaux*, et qui a été décrit pour la première fois dans ce Catalogue, où il a reçu le nom de L. SPINIPÈDE A. Dum.

Le genre qui ne comprenait dans l'*Erpét.génér.* que quatre espèces, L. ARMÉ, DE BELL, DILOPHE et TIGRÉ, en renferme donc neuf maintenant.

(1) Ce recueil n'est arrivé en France qu'après l'impression de la feuille G du présent Catalogue.

IIIe ORDRE. — SERPENTS OU OPHIDIENS.

Caractères :
- Corps allongé, arrondi, étroit, sans pattes ni nageoires paires.
- Tête à un seul condyle rond, sans cou bien distinct, ni conque, ni canal auditif.
- Bouche dilatable, à mâchoire inférieure plus longue que la supérieure, et garnie de dents ou crochets pointus.
- Peau extensible, à épiderme sec, caduc; pas de paupières mobiles.

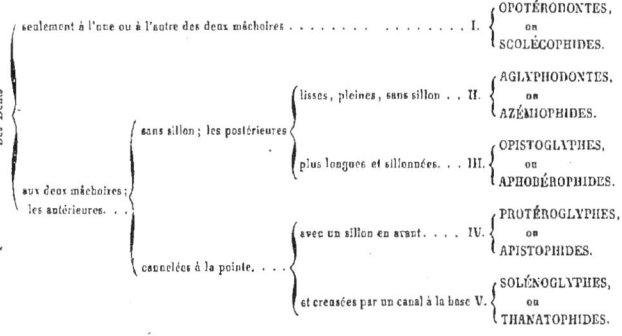

I. ὁπότερος, l'un des deux, *alter-uter, quælibet*. ὀδούς, ὀδόντος, dent.
   ΣΚΩΛΗΞ, ηκος, ver, *lumbricus, vermis* . . . . ὄφις, serpent.

II. ἄγλυφή, sans rainure, *sine sculptura* . . . . . ὀδούς, ὀδόντος, dent.
    ἄζύμιος, innocent, *innocuus, innoxius*. . . . ὄφις, serpent.

III. ὀπίσω, en arrière, *post, retro* . . . . γλυφή, entaillure, rainure.
     ἀφοβερός, qu'on ne doit craindre, *non timendus*. ὄφις, serpent.

IV. πρότερος, antérieur, *anterior* . . . . γλυφή, rainure.
    ἄπιστος, dont on se méfie, *perfidus*. . . . . ὄφις, serpent.

V. ΣΩΛΗΝ, ηνος, un tuyau, *tubus, canalis* . . . . γλυφή, rainure.
   θανατόω, je fais mourir, *interficio, neco* . . . ὄφις, serpent.

(*Ce tableau est destiné à remplacer celui de l'Erpét. génér., t. VI, p. 71, les dénominations empruntées aux caractères anatomiques devant être préférées à celles qui rappellent seulement une particularité relative aux mœurs ou au genre de vie.*)

Ier SOUS-ORDRE. — *OPOTÉRODONTES ou SCOLÉCOPHIDES.*

Corps cylindrique, vermiforme, à écailles du tronc et de la queue semblables entre elles, en dessus comme en dessous, polies, imbriquées; bouche petite, non terminale, mais située sous le museau, armée de dents seulement à l'une des deux mâchoires, soit à la supérieure, soit à l'inférieure.

Ire FAMILLE. — TYPHLOPIENS.

(6 GENRES, 24 *espèces.*)

Os maxillaires supérieurs excessivement courts, garnis de dents fortes, arquées, pointues, et au nombre de quatre ou cinq de chaque côté; mâchoire inférieure à branches très-faibles et tout à fait dépourvues de dents; plaques latérales de la tête ne descendant pas jusqu'au bord de la lèvre supérieure dont le pourtour est constamment garni de quatre paires de squames; plaques labiales inférieures peu développées, recourbées en dedans de la lèvre, dont la face interne offre ainsi la même apparence que l'externe.

Ier GENRE. — PILIDION. *PILIDION* Dum. Bib.

Tête revêtue de plaques, cylindrique, très-courte, comme tronquée, convexe en dessus et déclive en avant; museau arrondi; plaque rostrale reployée sous celui-ci et sur la tête, où elle forme une grande calotte disco-ovalaire; une frontale antérieure; une frontale proprement dite; une paire de sus-oculaires; pas de pariétales; pas d'interpariétale; une paire de nasales; une paire de fronto-nasales; pas de pré-oculaires; une paire d'oculaires; narines hémidiscoïdes, s'ouvrant sous le museau; yeux excessivement petits et invisibles au travers des plaques qui les recouvrent (1).

(1 *espèce.*)

1. P. RAYÉ *lineatum* Dum. Bib. (*Erpét. génér.*, t. VI, p. 259).
Typhlinalis lineatum Gray, *Cat of Liz.*, p. 134.
Il faut exclure de la synonymie du Catalogue de M. Gray *Typhlops septemstriatus* Schneid., *Hist amphib.*, fasc. II, p. 341 : c'est le CATODONTE A SEPT RAIES Dum. Bib.
Java : donnés par le *Mus. de Leyde*. Sumatra : *M. le Cap. Martin*, *M. Kunhardt*.

(1) Les difficultés extrêmes que présente la classification des Opotérodontes ou Scolécophides ont forcé les auteurs de l'*Erpét. génér.* à n'omettre, dans la diagnose de chaque genre, aucune des nombreuses particularités dont l'ensemble est nécessaire pour permettre la détermination. Par le même motif, le *Catalogue* reproduit presque textuellement ces diagnoses.

IIᵉ GENRE. — OPHTHALMIDION. *OPHTHALMIDION* Dum. Bib.

Tête plus ou moins déprimée, revêtue de plaques; plaque rostrale reployée sous le museau dont le bout est arrondi, et se développant, dans sa portion sus-céphalique, en une sorte de calotte ovale; une frontale antérieure; une frontale proprement dite; une paire de sus-oculaires; une paire de pariétales; pas d'inter-pariétales, ou bien une seulement; une paire de nasales; une paire de fronto-nasales; une paire d'oculaires; une paire de pré-oculaires; narines hémidiscoïdes, s'ouvrant sous le museau, l'une à droite, l'autre à gauche, entre la nasale et la fronto-nasale; yeux latéraux, plus ou moins distincts.

TABLEAU SYNOPTIQUE DES ESPÈCES.

Yeux			
cachés; longueur proportionnelle du tronc.	considérable.	1	O. très-long.
	peu considérable. . . .	1 *bis*.	O. épais.
apparents; plaque oculaire.	très grande	2	O. d'Eschricht.
	médiocre	2 *bis*.	O. brun.

(*Ce tableau est destiné à remplacer celui de l'Erpét. génér., qui ne comprend que deux espèces.*)

(4 espèces.)

1. O. très-long, *longissimum* Dum. Bib. (*Erpét. génér.*, t. VI, p. 263).
Amérique septentrionale : *M. de Castelnau*, Type.
Unique.

Avant de décrire les espèces nouvelles, il n'est pas sans utilité, quand il s'agit d'une famille où la distinction entre quelques-uns des genres peut offrir des difficultés, de démontrer qu'elles occupent, dans cette famille, une place convenable.

Entre les individus qui font partie du genre Typhlops proprement dit, et ceux qui doivent prendre rang parmi les Ophthalmidions, la différence caractéristique la plus importante est, sans contredit, la position des narines, qui, dans ces derniers, s'ouvrent sous le museau, tandis que chez les Typhlops, elles sont latérales. Sans être extrêmement tranché, ce caractère a cependant une valeur réelle. Or, des deux espèces inédites, la première a, d'une manière évidente, les narines ouvertes à la face inférieure de la tête, ou du moins plus bas que la ligne latérale. Il en est de même, quoique le fait soit un peu moins apparent, dans la seconde espèce. C'est en la comparant avec un Typhlops, où la latéralité est absolue, comme le T. de Diard, qu'on apprécie bien la différence.

Le développement proportionnel de la portion sus-céphalique de la plaque rostrale, signalé dans la diagnose du genre Ophthalmidion, n'a pas autant d'importance, attendu que, chez certains Typhlops, elle atteint des dimensions qui diffèrent bien peu de celles qu'elle offre chez le seul Ophthalmidion que le Muséum possédât jusqu'à ces derniers temps; dans les deux nouvelles espèces cependant, elle est assez grande.

Aucun Typhlops n'est complétement aveugle : l'un des nouveaux Ophth., au contraire, l'est tout à fait, comme la première espèce du genre; mais, chez le second, les yeux sont assez distincts, ce qui établit une analogie avec l'O. d'Eschricht.

Tels sont, en résumé, les caractères qui démontrent que les deux Typhlopiens dont la description va suivre, appartiennent au premier, plutôt qu'au cinquième genre de la famille.

Il est presque inutile d'ajouter que ce ne sont pas des Pilidions, puisque la paire de plaques pré-oculaires existe; ni des Cathétorhines ou des Oxycuocéphales, car, d'une part, le museau ne semble pas tronqué perpendiculairement, à son extrémité antérieure, et, de l'autre, la plaque rostrale n'a pas la forme d'un ongle d'homme. Enfin la présence de grandes plaques sur la tête ne permet aucune confusion avec le genre Céphalolépide.

L'inspection du système dentaire a, de plus, prouvé que ce ne sont pas des Catodoniens, mais des Typhlopiens : leur mâchoire supérieure seule est armée de dents.

1 bis. O. épais. *Crassum* A. Dum.

Queue d'une longueur égale à la largeur de la tête, conique, très-légèrement recourbée à sa pointe, qui est armée d'une petite épine; plaques nasales placées le long des côtés de la portion inférieure de la rostrale, et recouvrant en partie, par une sorte de petit opercule, la narine qui est ouverte dans la plaque fronto-nasale; plaques pré-oculaires de mêmes dimensions que les oculaires, sous lesquelles les yeux sont complètement cachés; une paire de pariétales et de post-pariétales; une inter-pariétale et une post-inter-pariétale; corps volumineux, relativement à sa longueur, et d'un diamètre, à la région postérieure, double de celui de l'extrémité antérieure.

De tous les Ophidiens appartenant au sous-ordre des Opotérodontes ou Scolécophides, aucun n'offre des formes aussi lourdes que celui-ci. Sa longueur totale, en effet, n'étant que 0^{m}282, sa largeur, qui, au milieu du corps, est de 0^{m}015, en représente la dix-huitième partie environ. La tête est large et aplatie; son extrémité antérieure est arrondie.

La portion supérieure de la plaque rostrale, reployée sur le museau, est plus large que la portion inférieure; ses bords latéraux sont à peu près droits et enclavés entre les deux fronto-nasales, les nasales se recourbant à peine de bas en haut. Les plaques pré-oculaires, situées en arrière et en dehors des fronto-nasales, sont suivies des oculaires, dont la forme et les dimensions sont à peu près semblables, et dont l'angle interne est reçu dans l'angle rentrant formé par la sus-oculaire qui est oblique de haut en bas et de dehors en dedans, et par la pariétale qui est oblique en sens inverse; derrière celle-ci, on voit une post-pariétale. La ligne médiane est occupée par une frontale antérieure, suivie d'une frontale proprement dite, d'une inter-pariétale, puis d'une post-inter-pariétale. Quoique de dimensions un peu différentes, ces quatre plaques ont entre elles assez d'analogie, pour qu'il soit inutile de les décrire d'une façon plus précise. Leur nombre, plus considérable que dans les trois autres espèces, est d'ailleurs, par lui-même, un caractère distinctif important.

Les écailles du corps sont grandes; elles représentent, assez exactement, des hexagones à bord postérieur arrondi. Elles sont disposées sur vingt rangées longitudinales, et deux cent seize rangées transversales au tronc, et huit à la queue.

L'animal paraît un peu décoloré par son séjour dans l'alcool. Ses régions supérieures sont d'un brun verdâtre qui tranche nettement sur la couleur brun-jaunâtre du ventre et de la moitié inférieure des flancs. Chaque écaille, en-dessus, est plus foncée à son centre qu'à ses bords, et cette différence est surtout apparente sur les pièces du bouclier sus-céphalique.

Longueur totale, 0™,282 ; tête, 0™,010 ; tronc, 0,™ 265 ; queue, 0™,007.

La patrie de l'O. épais est inconnue ; il a été donné par *M. Louis Rousseau*.

2. O. d'Eschricht, *Eschrichtii* Dum. Bib. (*Erpét. génér.*, t. VI, p. 265).
Onychophis punctata Gray, *Cat. of Liz*, p. 133. — *Manque*. — Mus. de Leyde.

2 *bis*. O. brun. *fuscum* A. Dum.

Queue d'une longueur égale à la largeur de la tête, conique, très-légèrement recourbée à sa pointe qui est armée d'une très-petite épine ; plaques nasales petites, longeant les bords latéraux de la portion inférieure seulement de la plaque rostrale, et recouvrant en partie, par une sorte de petit opercule, la narine qui est ouverte dans la fronto-nasale ; plaques pré-oculaires un peu moins larges que les oculaires à travers lesquelles on voit distinctement les yeux, près du bord antérieur ; une seule paire de pariétales et de post-pariétales et une seule inter-pariétale ; extrémité postérieure à peine plus volumineuse que l'antérieure.

Cet O., ayant les yeux bien distincts, s'éloigne des deux premiers et se rapproche, sous ce rapport, du précédent avec lequel il est bien difficile de le comparer d'une façon précise, puisque le Muséum ne possède pas ce dernier. Comme cependant les auteurs de l'*Erpét. génér.* ont pu décrire cet O. d'Eschricht d'après un spécimen obligeamment prêté par le Musée de Leyde, les indications qu'ils ont données peuvent être mises à profit. Ainsi, la plaque oculaire est loin d'avoir, dans l'espèce inédite, les mêmes dimensions, et l'ensemble des pièces du bouclier sus-céphalique n'a pas un aspect semblable. Le système de coloration est différent. Il est donc évident qu'il n'y a pas identité entre ces deux espèces.

La teinte générale de cet O. est indiquée par sa dénomination spécifique. Il est, en effet, d'un brun-foncé uniforme, en dessus et en dessous, mais les régions inférieures ont une nuance un peu plus claire.

Longueur totale, 0™,214 ; tête, 0™,005 ; tronc, 0™,204 ; queue, 0™,.005.
Java : donné par *M. J. Müller*. Type. — *Unique*.

IIIe genre. — CATHÉTORHINE. *CATHETORHINUS* Dum. Bib.

Tête revêtue de plaques, très-courte, comme tronquée perpendiculairement, en avant ; bout du museau incliné de haut en bas, et offrant un petit bord tranchant ; plaques céphaliques excessivement imbriquées ; rostrale reployée sous le museau et s'étendant, du côté opposé, jusqu'au front, en une sorte de calotte ovalaire ; une frontale antérieure ; une frontale proprement dite ; une paire de sus-oculaires ; une paire de pariétales ; une inter-pariétale ; une paire de nasales, de fronto-nasales, de pré-oculaires, d'oculaires et de post-oculaires ; narines latérales, hémi-discoïdes, s'ouvrant dans la suture de la nasale et de la fronto-nasale ; yeux latéraux, distincts au travers non-seulement de l'oculaire, mais de la pré-oculaire, qui recouvre la précédente un peu au delà du point sous lequel l'œil est placé.

(1 *espèce*.)

1. C. mélanocéphale. *Melanocephalus* Dum. Bib. (*Erpét. génér.*, t. VI, p. 270).

? *Onychophis olivaceus* Gray, *Cat. of Liz.*, p. 133.
Origine inconnue : *Péron et Lesueur*. Type.
Unique.

IV° GENRE. — ONYCHOCÉPHALE. *ONYCHOCEPHALUS* Dum. Bib.

Tête garnie de plaques, déprimée, se terminant en avant par un bord aminci ou tranchant ; plaque rostrale reployée sous le museau, et se dilatant sur la tête en disque de forme variable ; une frontale antérieure ; une frontale proprement dite ; une paire de sus-oculaires, de pariétales ; une inter-pariétale ; une paire de nasales, de fronto-nasales, de pré-oculaires et d'oculaires ; narines hémidiscoïdes, s'ouvrant inférieurement, entre la nasale et la fronto-nasale ; yeux latéraux, distincts.

(5 *espèces.*)

1. O. DE DELALANDE. *Delalandii* Dum. Bib. (*Erpét. génér.*, t. VI, p. 273).
Onychophis Lalandii Gray, *Cat. of Liz.*, p. 132.
Onychocephalus Delalandii Smith, *Illustr. of the Zool. of S. Afr.*, pl. 51, fig. 1, et pl. 54, fig. 1-4, pour les détails de la tête et de la queue, texte sans pagination.
Cap de B.-Espér. : *Delalande*. 3 individus TYPES.
Cap de B.-Espér. : *M. J. Verreaux*.
M. Smith, en décrivant le système de coloration de cet ONYCHOCÉPH., exprime bien l'aspect qui résulte de la régularité avec laquelle le brun-clair et le jaunâtre sont disposés sur chaque écaille du dos et des flancs, lorsqu'il compare cet arrangement à une sorte de fine marqueterie. Pendant la vie, les régions inférieures sont d'un jaune d'ocre pâle.
Sa zone d'habitation, dans l'Afrique australe, est assez étendue et on le trouve généralement, dit M. Smith, sous de grandes pierres et sous les troncs d'arbres morts ou dans les terres qu'on remue avec la charrue ou avec la pioche. Quand il est ainsi arraché de sa retraite, il s'efforce de se cacher, et si un refuge, tout près du lieu où il se trouve, lui manque, il s'enroule sur lui-même et reste immobile ; mais dès qu'on le saisit, il cherche à fuir.

2. O. MULTIRAYÉ. *Multilineatus* Dum. Bib. (*Erpét. génér.*, t. VI, p. 276).
Port-d'Aurai, dans l'île Rapa, appartenant au groupe de Bass (Sporades australes) : *MM. Quoy et Gaimard.* TYPE.
Unique.

3. O. UNIRAYÉ. *Unilineatus* Dum. Bib. (*Erpét. génér.*, t. VI, p. 278).
Cayenne : *Madame Richard née Rivoire.* TYPE.
Unique.

4. O. A MUSEAU POINTU. *Acutus* Dum. Bib. (*Erpét. génér.*, t. VI, p. 333).
Manque.

5. O. TRAPU. *Congestus* Dum. Bib. (*Erpét. génér.*, t. VI, p. 334).
Manque.

Outre l'ONYCHOCÉPH. DE DELALANDE, M. Smith a décrit trois espèces également originaires de l'Afrique du Sud :

1° O. DE BIBRON. *O. Bibronii* Smith, pl. 51, fig. 2, et pl. 54, fig. 5-8, pour les détails de la tête et de la queue.

2° O. DU CAP. *O. capensis* Smith, pl. 51, fig. 3, et pl. 54, fig. 9-16.

3° O. VERTICAL. *O. verticalis* Smith, pl. 54, fig. A et fig. 17-20.

Le Muséum ne possède pas ces espèces. Il ne possède pas non plus les quatrième et cinquième espèces de ce genre décrites dans l'*Erpét. génér*. Il n'est donc pas possible de déterminer s'il existe, ou s'il n'existe pas d'identité entre ces dernières, dont l'origine est inconnue et qui font partie de la collection du Fort Pitt à Chatham, et celles dont la description a été consignée, par M. Smith, in *Zool. of South Africa*.

Ve GENRE. — TYPHLOPS. *TYPHLOPS* Schneider.

Tête garnie de plaques, déprimée; plaque rostrale reployée en dessus et en dessous du museau, dont le bout est arrondi, ne recouvrant jamais entièrement, ou presque entièrement, la région antérieure de la tête; une frontale antérieure; une frontale proprement dite; une paire de sus-oculaires; une ou deux paires de pariétales; une ou deux inter-pariétales; une paire de nasales, de fronto-nasales, de pré-oculaires et d'oculaires; narines latérales, hémi-discoïdes, s'ouvrant dans la suture de la nasale avec la fronto-nasale; yeux latéraux, à pupille ronde, plus ou moins distincts.

(12 *espèces*.)

1. T. RÉTICULÉ. *Reticulatus* Dum. Bib. (*Erpét. génér*., t. VI, p. 282, pl. 60).
Argyrophis reticulatus Gray, *Cat. of Liz.*, p. 137.
Amérique mérid., et en particulier, Surinam : *Levaillant*. Cayenne : *M. de Saint-Amand*. Buenos-Ayres : *M. d'Orbigny*.

2. T. LOMBRIC. *Lumbricalis* Dum. Bib. (*Erpét. génér*., t. VI, p. 287).
Argyrophis lumbricalis Gray, *Cat. of Liz.*, p. 137.
Antilles, et en particulier, Guadeloupe : *M. le Doct. Guyon*. Cuba : *M. Ramon de la Sagra*, TYPES du TYPHLOPS DE CUBA Bib., *Rept.* in *Hist. de l'île de Cuba* de Ramon de la Sagra, p. 204, pl. 22.
Martinique : *Plée*.

3. T. DE RICHARD. *Richardii* Dum. Bib. (*Erpét. génér*., t. VI, p. 290).
Ile Saint-Thomas (Antilles) : *Claude Richard*. TYPES.
Cuba : *M. Morelet*, et La Havane : *M. Poey*. Porto-Rico : *M. de Bonnecour*.

4. T. PLATYCÉPHALE. *Platycephalus* Dum. Bib. (*Erpét. génér*., t. VI, p. 293).
Martinique : *Plée*. TYPE.
Unique.

5. T. NOIR ET BLANC. *Nigro-albus* Dum. Bib. (*Erpét. génér*., t. VI, p. 295).
Sumatra : *M. le Capit. Martin*. TYPES.

6. T. DE MULLER. *Mülleri* Schlegel (*Erpét. génér*., t. VI, p. 298).
? *Anilios ruficauda* Gray, *Cat. of Liz.*, p. 136.
Manque. — Musée de Leyde.

7. **T. DE DIARD.** *Diardii* Dum. Bib. (*Erpét. génér.*, t. VI, p. 300).
Indes orientales : *Diard.* TYPE.
Unique.

8. **T. A LIGNES NOMBREUSES.** *Polygrammicus* Schlegel (*Erpét. génér.*, t. VI, p. 301).
Argyrophis polygrammicus Gray, *Cat. of Liz.*, p. 138.
Baie Moreton (Nouv.-Hollande) : *M. J. Verreaux.* Plusieurs échantillons.

9. **T. VERMICULAIRE.** *Vermicularis* Merrem (*Erpét. génér.*, t. VI, p. 303).
Argyrophis vermicularis Gray, *Cat. of Liz.*, p. 137.
Ile de Chypre : individu adressé à Lacépède sous le nom d'*Anilios*.
Morée : *Commission scientifique*, TYPES du *Typhlops flavescens* Bib., *Rept.* in *Expéd. scientif. de la Morée*, p. 72, pl. 14, fig. 3, espèce qui n'a pas été maintenue, Bibron ayant reconnu plus tard l'identité de ces échantillons avec le type du LOMBRIC de Lacépède, lequel est le T. VERMICULAIRE de l'*Erpét. génér.*

10. **T. FILIFORME.** *Filiformis* Dum. Bib. (*Erpét. génér.*, t. VI, p. 307).
Origine inconnue. TYPE.
Unique.

11. **T. BRAME.** *Braminus* Cuvier (*Erpét. génér.*, t. VI, p. 309).
Argyrophis maculatus Gray, *Cat. of Liz.*, p. 138.
Côte de Malabar : *Dussumier.* Pondichéry : *Leschenault.* Java : *M. J. Müller.* Manille : *M. Ad. Barrot.* Ile Guam (archipel des Mariannes) : *MM. Quoy et Gaimard.* Origine inconnue : *MM. Hombron et Jacquinot.*

12. **T. NOIR.** *Ater* Schlegel (*Erpét. génér.*, t. VI, p. 312).
Anilios ater Gray, *Cat. of Liz.*, p. 136.
Manque. — Musée de Leyde.

VIe GENRE. — CÉPHALOLÉPIDE. *CEPHALOLEPIS* Dum. Bib.

Tête cylindrique, très-faiblement déprimée, arrondie en avant, entièrement revêtue de squames peu différentes des écailles du corps; une petite plaque rostrale située à la partie inférieure du bout du museau; narines hémi-discoïdes, termino-latérales, s'ouvrant entre deux squames; yeux latéraux, distincts.

(1 espèce.)

1. **C. LEUCOCÉPHALE.** *Leucocephalus* Dum. Bib. (*Erpét. génér.*, t. VI, p. 315).
Anilios squamosus Gray, *Cat. of Liz.*, p. 136.
Manque. — Musée de Leyde.

IIe FAMILLE. — CATODONIENS.

Mâchoire supérieure sans dents; mâchoire inférieure très-forte, armée, de chaque côté, de six à dix dents courtes, grosses, sub-cylindriques et mousses; lèvre supérieure garnie, non comme celle des Typhlopiens de squames peu différentes des pièces de l'écaillure du corps, mais d'écailles ressemblant aux plaques de la partie antérieure et des régions latérales de la tête, ordinairement au nombre de deux, de chaque côté, et fortement reployées en dedans de la lèvre dont la face interne se trouve, de la sorte, aussi solidement protégée que sa face externe; squames inféro-labiales très-analogues aux écailles gulaires, se reployant à peine en dedans, et semblables, en cela, aux squames de la lèvre supérieure des Typhlopiens; bouclier céphalique composé de pièces toutes à peu près égales entre elles.

(2 GENRES, 6 *espèces*.)

Ier GENRE. — CATODONTE. *CATODON* Dum. Bib.

Tête fortement déprimée, tronquée et arrondie en avant, revêtue de plaques; rostrale reployée sous le museau et développée sur la tête en une grande calotte quadrilatère; une frontale antérieure; une frontale proprement dite; une inter-pariétale; une post-inter-pariétale; une paire de pariétales et de post-pariétales; pas de sus-oculaires, ni de pré-oculaires; une paire de fronto-nasales et d'oculaires; narines latérales, hémi-discoïdes, s'ouvrant entre la nasale et la fronto-nasale; yeux latéraux, peu distincts.

(1 *espèce*.)

1. C. A SEPT RAIES. *Septemstriatus* Dum. Bib. (*Erpét. génér.*, t. VI, p. 319).
Origine inconnue.
Unique.

IIe GENRE. — STÉNOSTOME. *STENOSTOMA* Dum. Bib.

Tête peu déprimée, presque cylindrique, fortement arrondie en avant; plaque rostrale reployée sur le museau, où elle n'occupe qu'un très-petit espace; une frontale antérieure; une frontale proprement dite; une inter-pariétale; une post-inter-pariétale; une paire de sus-oculaires; une paire de pariétales et post-pariétales; une paire de nasales, de fronto-nasales et d'oculaires; pas de pré-oculaires; narines latérales, ovales, s'ouvrant entre la plaque nasale et la fronto-nasale; yeux latéraux, bien distincts.

(5 *espèces*.)

1. S. DU CAIRE. *Cairi* Dum. Bib. (*Erpét. génér.*, t. VI, p. 323).
Manque. — Musée de Strasbourg.

2. S. NOIRATRE. *Nigricans* Dum. Bib. (*Erpét. génér.*, t. VI, p. 326).
Glauconia nigricans Gray, *Cat. of Liz.*, p. 139.

Stenostoma nigricans Smith, *Illustr. of the Zool. of South Africa*, pl. 51, fig. 4, et pl. 54, fig. 21-25, texte sans pagination.

Cap de B.-Espér. : *Delalande*.

Unique.

Les détails suivants, donnés par M. Smith, d'après des individus vivants ou conservés depuis peu de temps dans l'alcool, indiquent mieux le système de coloration de cette espèce que n'avaient pu le faire les auteurs de l'*Erpét. génér.* d'après des échantillons recueillis anciennement par Delalande. Tout le corps, en dessus, comme en dessous, est d'un rouge brunâtre qui forme une sorte de tache foncée sur chaque écaille, au milieu de la nuance d'un rouge-pourpre plus clair qui les borde toutes, et ces taches étant disposées par rangées longitudinales, l'animal semble couvert d'une fine marqueterie. La queue a une teinte un peu plus foncée; la tête, à son extrémité libre, est couleur de chair.

Ce mode de coloration est le plus ordinaire; chez quelques individus cependant, le milieu des écailles est d'une teinte beaucoup plus foncée, et leurs bords sont d'un pourpre sombre : il en résulte que les Sténostomes ainsi nuancés paraissent presque noirs, quand on les voit à une certaine distance.

Cette espèce habite l'intérieur de l'Afrique australe, et on la trouve ordinairement sous de grandes pierres plates ou sous des troncs d'arbres.

3. S. FRONT-BLANC. *Albifrons* Dum. Bib. (*Erpét. génér.*, t. VI, p. 327).
Epictia undecimstriata Gray, *Cat. of Liz.*, p. 140.
Buenos-Ayres ou Santa-Cruz? : *M. d'Orbigny*. 2 individus.

4. S. DE GOUDOT. *Goudotii* Dum. Bib. (*Erpét. génér.*, t. VI, p. 330).
Vallée de la Madeleine (Républ. de la Nouv.-Grenade) : *M. J. Goudot*. TYPE.
Unique.

5. S. DEUX RAIES. *Bilineatum* Dum. Bib. (*Erpét. génér.*, t. VI, p. 331).
Epictia bilineata Gray, *Cat. of Liz*, p. 140.
Martinique : *Plée*, *M. le doct. Guyon*. TYPES.
Ile Sainte-Lucie (Antilles) : *M. de Bonnecour.*

IIᵉ SOUS ORDRE. — *AGLYPHODONTES ou AZÉMIOPHIDES.*

Os de la face tous plus ou moins mobiles; maxillaires supérieurs généralement très-longs, et toujours garnis, ainsi que les deux branches de l'inférieur, d'un certain nombre de dents parmi lesquelles on n'en remarque aucune qui présente une sorte de rigole ou de gouttière analogue à celle des dents postérieures des Opistoglyphes ou Aphobérophides; elles sont toutes dépourvues d'un canal incomplétement clos en devant, contrairement à ce qui s'observe chez les Protéroglyphes ou Aristophides, et enfin elles ne sont pas tubuliformes, à la manière des crochets à venin des Solénoglyphes ou Thanatophides.

Iʳᵉ FAMILLE. — PYTHONIENS.

Des vestiges de membres postérieurs se montrant au dehors, chez les adultes, sous forme d'ergots, de chaque côté de l'anus; dents des mâchoires supérieure et inférieure similaires, coniques, pointues, plus ou moins tranchantes à leur bord postérieur, coudées à leur base, dirigées en arrière et se raccourcissant à partir de la seconde ou de la troisième, qui sont très-longues jusqu'à la dernière inclusivement; branches des maxillaires supérieurs s'étendant jusqu'au niveau ou au delà des frontaux postérieurs; os ptérygoïdes courbés, dentés dans leur première moitié seulement.

(DEUX SOUS-FAMILLES : HOLODONTES ET APROTÉRODONTES.)

Iʳᵉ SOUS-FAMILLE. — *HOLODONTES.*

Système dentaire le plus complet possible : l'os incisif ou inter-maxillaire, ce qui est le caractère essentiel, étant garni de dents, comme les maxillaires supérieurs et inférieurs, et comme les palatins et les ptérygoïdiens; une paire d'os sus-orbitaires; os mastoïdiens très-aplatis en lames larges et arrondies en avant, rétrécies et un peu moins minces en arrière; queue enroulante.

(4 GENRES, 11 *espèces.*)

TRIBU UNIQUE. — PYTHONIDES.

Museau épais, tronqué en avant; queue plus ou moins longue, préhensile; écailles lisses; des fossettes tantôt à une lèvre seulement, tantôt aux deux lèvres à la fois.

Iᵉʳ GENRE. — MORÉLIE. *MORELIA* Gray.

Narines latérales, ouvertes chacune dans une seule plaque offrant un sillon au-dessus du trou nasal; yeux latéraux, à pupille vertico-elliptique; des plaques sus-céphaliques sur le bout du museau seulement; des fossettes aux deux lèvres; écailles lisses; scutelles sous-caudales en rang double.

(1 espèce.)

1. M. Argus. *Argus* Dum. Bib. (*Erpét. génér.*, t. VI, p. 385).
1° *Variété* A. *Morelia spilotes* Gray, *Cat. of Snakes*, p. 85.

Régions supérieures d'un noir bleuâtre, semées de fines mouchetures irrégulières d'un beau jaune, un peu plus considérables sur le premier tiers du tronc que partout ailleurs; quelques lignes jaunes en forme de V sur la nuque; plaques labiales d'un blanc jaunâtre, bordées de noir en avant, à la lèvre supérieure; une tache noire sur le bord de la lèvre inférieure, près de l'angle de la bouche.

Nouvelle-Hollande : *Péron et Lesueur*, *M. Néboux*, et en particulier, Port-Jackson : *MM. Lesson et Garnot*. — Ages divers.

2° *Variété* B. *Morelia spilotes* Gray, *Cat. of Snakes*, p. 85.

Cette *variété*, dont le système de coloration n'est peut-être qu'une livrée du jeune âge, se distingue de la précédente en ce que les régions supérieures, outre leurs mouchetures jaunes, portent de grandes taches de la même couleur, environnées d'un cercle noir plus sombre que le fond : sortes d'ocelles disposées en rangées transversales, plus ou moins irrégulières.

Nouv.-Holl. : *Péron et Lesueur*, *M. Gernaert*, *M. J. Verreaux*. — Jeune âge.

3° *Variété* C. *Morelia variegata* Gray, *Cat. of Snakes*, p. 86.

Régions supérieures brunes, avec des taches ou des raies transversales, plus ou moins irrégulières, d'un gris jaunâtre ou olivâtre et avec une longue bande de la même teinte de chaque côté du dos.

Tasmanie : *M. J. Verreaux*, *M. Arnoux*. Port du Roi-Georges (Nouv.-Holl.) : *MM. Quoy et Gaimard*. — Ages divers.

II ͤ GENRE. — PYTHON. *PYTHON* Dum. Bib.

Narines latérales ou verticales, s'ouvrant entre deux plaques dont l'une est beaucoup plus petite que l'autre; plaques sus-céphaliques depuis le bout du museau jusque sur le front seulement, ou le plus souvent jusqu'au delà des régions sus-oculaires; des fossettes aux deux lèvres; yeux latéraux, à pupille vertico-elliptique; écailles lisses; scutelles sous-caudales en rang double.

(5 espèces.)

1° *Espèces à narines latérales.*

1. P. DE SÉBA. *Sebæ* Dum. Bib. (*Erpét. génér.*, t. VI, p. 400, pl. 61).
Hortulia Sebæ Gray, *Cat. of Snakes*, p. 90.

Afrique centrale : ♂ donné par *M. d'Arnaud*, qui l'a recueilli pendant l'expédition entreprise sous son commandement, par ordre du pacha d'Égypte, pour remonter à la source du Nil Blanc.

Sénégal : *M. Heudelot*, et deux autres individus originaires du même pays, longs, l'un de 3^m,20, et l'autre de 3^m,13.

Un spécimen est noté comme envoyé de Java, mais cette indication doit être

AGLYPHODONTES PYTHONIENS.

fautive, car tous les autres représentants de cette espèce au Musée de Paris et au Musée Britannique sont Africains. V. V.

Les dimensions de ce Python, en longueur et surtout en grosseur, peuvent être beaucoup plus considérables que ne semblerait l'indiquer la taille des divers échantillons mentionnés sur ce *Catalogue*. On en a la preuve par l'énorme volume d'un sujet conservé en captivité au jardin de la Société zoologique de Londres.

Trois beaux représentants de cette espèce vivent actuellement à la Ménagerie du Muséum.

2. P. DE NATAL. *Natalensis* Smith (*Erpét. génér.*, t. VI, p. 409).
Hortulia Natalensis Gray, *Cat. of Snakes*, p. 89.
Côte de Natal (Cafrerie) : *M. Delgorgue*, et en particulier, Port-Natal : *MM. J. et Ed. Verreaux.*

3. P. ROYAL. *Regius* Dum. Bib. (*Erpét. génér.*, t. VI, p. 412).
Hortulia regia Gray, *Cat. of Snakes*, p. 90.
Sénégal : *M. Heudelot*, individu monté.
Unique.

La Ménagerie du Muséum, en outre, possède un très-bel individu ; son système de coloration, à part plus de vivacité dans les teintes, est parfaitement semblable à celui du sujet unique de la Collection, dont la taille et le volume sont un peu moindres.

Ce Serpent, qui, comme tous les autres représentants du genre Python, a des habitudes nocturnes, est très-farouche et se tient caché pendant le jour. Il se nourrit avec avidité de jeunes poulets vivants.

2° *Espèces à narines verticales.*

4. P. MOLURE. *Molurus* Gray (*Erpét. génér.*, t. VI, p. 417).
Indes orientales : ♂ et ♀ qui ont vécu à la Ménagerie et d'autres qui y sont nés.
Une série de jeunes individus à des degrés différents de développement, provenant d'œufs dont l'éclosion n'a pas eu lieu.
Des œufs contenant des embryons.
Des observations intéressantes ont été faites sur cette espèce à la Ménagerie du Muséum.

On y a été témoin, dans les derniers jours du mois de décembre 1840, de l'accouplement d'une femelle qui y était conservée en captivité depuis le 7 juin 1839 et d'un mâle qui avait été acquis le 2 août de cette même année.

A la suite de cet accouplement, plusieurs fois répété jusqu'à la fin de février, et particulièrement dans la soirée ou pendant la nuit, il y eut une ponte de quinze œufs.

Dans huit de ces œufs seulement, l'embryon se développa complètement et leur éclosion eut lieu successivement du 4 au 6 juillet 1841.

Un de ces jeunes Serpents, nourri exclusivement avec de la viande pendant neuf mois, ne s'est pas développé, et il est mort au bout de ce temps. Les autres, au contraire, soumis à un régime de proie vivante, ont offert un accroissement graduel et très-marqué dont les diverses phases, suivies et observées avec une grande intelligence par le gardien de la Ménagerie, ont été consignées, sous forme de tableau, dans le tome VI de l'*Erpét. génér.*, p. 172. — Ces observations ont pu être continuées pendant neuf années : cette longue période, en effet, s'est écoulée sans qu'aucun des sept Pythons ainsi élevés en captivité ait succombé. Aujourd'hui (octobre 1851), il en reste encore trois à la Ménagerie : le plus grand est long de 3ᵐ,50 environ et la longueur moyenne des neuf individus, au moment de leur naissance, était de 0ᵐ,52 seulement.

5. P. RÉTICULÉ. *Reticulatus* Gray (*Erpét. génér.*, t. VI, p. 426).
Sumatra : *A. Duvaucel, M. Kunhardt, M. Laroche-Lucas.*
Amboine : *MM. Quoy et Gaimard.*
Indes orient. : *Diard* (individu monté, long de 6ᵐ,35) et un autre dû à Leschenault, également monté et d'une taille de 3ᵐ,60 ; *Id.* : *M. Ad. Delessert.*
Origine inconnue : *Eydoux et M. Souleyet, M. J. Verreaux.* — Ages divers.

IIIᵉ GENRE. — LIASIS. *LIASIS* Gray.

Narines latérales, ouvertes dans une seule plaque offrant un sillon en arrière du trou nasal ; yeux latéraux, à pupille vertico-elliptique ; depuis le bout du museau jusqu'au delà de l'espace inter-orbitaire, des plaques au nombre desquelles il y a toujours des pré-frontales ; des fossettes plus ou moins distinctes aux deux lèvres ; écailles lisses ; scutelles sous-caudales disposées sur un double rang.

(4 espèces.)

1. L. AMÉTHYSTE. *Amethystinus* Gray (*Erpét. génér.*, t. VI, p. 433).
Ile Saparoua (Arch. des Moluques) : échantillon donné par le *Musée de Leyde.*
Amboine : *MM. Quoy et Gaimard.*
Nouvelle-Irlande (Arch. de la Nouv.-Bretagne) : *Id. Id.*
Iles d'Arrou (groupe de la Papouasie ou Nouvelle-Guinée) : *MM. Hombron et Jacquinot.*

2. L. DE CHILDREN. *Childrenii* Gray (*Erpét. génér.*, t. VI, p. 438).
L. *Childr.* Gray, *Cat. of Snakes*, p. 92.
Manque. — Musée Britannique.

3. L. DE MACKLOT. *Macklotii* Dum. Bib. (*Erpét. génér.*, t. VI, p. 440).
L. *Macklotii* Gray, *Cat. of Snakes*, p. 92.
Timor : spécimen donné par le *Musée de Leyde.* — Unique.

4. L. OLIVATRE. *Olivaceus* Gray (*Erpét. génér.*, t. VI, p. 442).
L. *Olivacea* Gray, *Cat. of Snakes*, p. 92.
Manque. — Musée Britannique.

IVᵉ GENRE. — NARDOA. *NARDOA* Gray.

Narines latérales, ouvertes dans une seule plaque ; yeux latéraux, à pupille vertico-elliptique ; depuis le bout du museau jusqu'au delà de l'espace inter-orbitaire, des plaques au nombre desquelles il n'y a pas de pré-frontales ; des fossettes à la lèvre inférieure seulement ; écailles lisses ; scutelles sous-caudales sur deux rangs.

(1 espèce.)

1. N. DE SCHLÉGEL. *Schlegelii* Gray (*Erpét. génér.*, t. VI, p. 447).
N. *Schlegelii* Gray, *Cat. of Snakes*, p. 93.
Nouvelle-Irlande : *MM. Lesson et Garnot.* — Unique.

## IIᵉ SOUS-FAMILLE. — *APROTÉRODONTES.*

Pas de dents incisives, ni d'os sus-orbitaires; os mastoïdiens un peu plus longs, plus étroits que dans les HOLODONTES, presque cylindriques en arrière et beaucoup moins aplatis, et moins élargis dans la portion par laquelle ils tiennent au crâne.

(11 GENRES, 22 *espèces.*)

1ʳᵉ TRIBU. — ERYCIDES.

Queue très-courte et nullement préhensile; museau représentant une sorte de boutoir aminci en biseau qui permet à ces serpents de se frayer aisément un chemin à travers le sol sablonneux à la surface ou dans l'intérieur duquel ils vivent.

Iᵉʳ GENRE. — ÉRYX. *ERYX* Oppel.

Narines latérales, presque linéaires, situées entre trois plaques, une inter-nasale et deux nasales; tête recouverte d'écailles, excepté sur le bout du museau, où il existe une ou deux paires de plaques; pièces de l'écaillure du dos et de la queue plus ou moins distinctement tectiformes ou carénées; scutelles sous-caudales entières.

(4 *espèces.*)

1. E. DE JOHN. *Johnii* Dum. Bib. (*Erpét. génér.*, t. VI, p. 458).
Clothonia Johnii Gray, *Cat of Snakes*, p. 110.
Indes orientales : *Polydore Roux*, et en particulier, Bengale : *Duvaucel*; Côte de Malabar : *M. Fontanier;* Pondichéry : *Leschenault, M. Bellanger.*

2. E. JAVELOT. *Jaculus* Daudin (*Erpét. génér.*, t. VI, p. 463).
Eryx turcicus. Eichwald, *Fauna Caspio-Caucasia*, p. 99, pl. 17, fig. 1-3, a et b.
Ce naturaliste admet, comme l'ont fait les auteurs de l'*Erpét. génér.*, que l'espèce nommée par lui *Eryx familiaris* in *Rossio-Asiat. zool. spec.*, t. III, p. 176, n'est qu'une variété, soit d'âge, soit de sexe, un peu différente par le nombre des écailles et par un peu plus de brièveté de la queue.
Morée : *Commission scientifique.*
Égypte : *Olivier;* Perse : *Aucher-Éloy.* Origine inconnue.
Ages divers.
Vélins, t. II, n° 4, sous le nom d'ERYX DU DELTA donné à cette espèce par M. Isid. Geoffroy Saint-Hilaire, dans la *Descript. de l'Egypte*, *Hist. nat.*, t. I, p. 142, où elle est représentée pl. VI, fig. 2 (*Rept.*).
Parmi les individus dont la patrie n'est pas indiquée, il s'en trouve un, sans doute recueilli en Égypte, qui a subi la petite opération à l'aide de laquelle on cherche, dans cette contrée, à faire croire que ces Serpents, tout à fait inoffensifs, appartiennent à l'espèce si redoutable des CÉRASTES ou VIPÈRES CORNUES. Cet ERYX, en effet, a la tête armée de deux ongles d'oiseau qui ont été implantés dans la peau et qui, par l'adhérence qu'ils y ont contractée, simulent grossièrement les prolongements cutanés caractéristiques du CÉRASTE.

3. E. DE LA THÉBAÏDE. *Thebaïcus* Ét. et Is. Geoffroy Saint-Hilaire (*Erpét. génér.*, t. VI, p. 468).

Égypte : *Et. Geoffroy Saint-Hilaire*. TYPE de l'ERYX DE LA THÉBAÏDE, Et. et Isid. Geoffroy Saint-Hilaire, *Descr. de l'Égypte*, *Hist. natur.* (Rept.), pl. 6, fig. 1.
Saïd ou Basse-Égypte : *M. Chérubini fils.*
Sénégal : adultes et âge moyen.
Vélins, t. II, n° 3.

4. E. A QUEUE CONIQUE. *Conicus* Dum. Bib. (*Erpét. génér.*, t. VI, p. 470).
Gongylophis conica Gray, *Cat. of Snakes*, p. 108.
Pondichéry : *Leschenault*, *M. Bellanger*. Bengale : *Duvaucel*. Côte de Malabar : *Dussumier*, *M. Fontanier*.
Ages divers.

Dans le recueil précédemment cité (*Bijdragen tot de Dier-Kunde uitgegeven door het genootschap*, Natura artis Magistra *te Amsterdam*, Livr. 1851), M. Schlegel a inséré un travail rédigé en français, intitulé : *Description d'une nouvelle espèce du genre* ERYX (*Eryx Reinhardtii*) accompagnée d'une figure.

Considérant ce genre un peu autrement que les auteurs de l'*Erpét. génér.*, il y comprend le Serpent nommé autrefois par Péron, dans le Musée de Paris, *Eryx multocarinatus*, et dont ils ont fait le type du genre nommé par eux PLATYGASTRE, qu'ils rangent, non plus dans la tribu des Erycides, mais dans celle des Boæides, parce que la queue, au lieu d'être très-courte, est un peu préhensile. Les autres caractères différentiels, d'ailleurs, sont assez tranchés pour que M. Schlegel ait dû diviser son genre ERYX en deux groupes bien distincts qu'il caractérise ainsi :

A. Tête revêtue en grande partie d'écailles ; narines s'ouvrant entre trois plaques ; queue très-courte. A ce premier groupe, il rapporte les *E. Jaculus*, *Thebaïcus*, *Conicus*, *Johnii*, c'est-à-dire tous les Eryx de l'*Erpét. génér.* ;

B. Tête revêtue de plaques, excepté sur l'occiput, les joues et la gorge ; narines s'ouvrant au milieu d'une plaque nasale ; queue courte ou de moyenne longueur. Dans ce second groupe, il range l'*E. multocarinatus* Péron (*Platyg. multic.* Dum. Bib.), dont il reconnaît que la queue est préhensile, puis l'espèce, jusqu'alors inédite, qu'il dédie à M. Reinhardt et qui, dit-il, rattache cet *E. multocarinatus* aux autres espèces du genre, attendu que sa tête est garnie de plaques, comme sur ce dernier, et que sa queue, quoique courte et obtuse, comme dans les E. proprement dits, montre cependant une certaine tendance à se rouler en dedans.

Le Muséum ne possède pas cette espèce nouvelle, qui habite la Côte-d'Or (Guinée) ; mais il a paru convenable de signaler son inscription toute récente sur les registres de la science, afin de compléter l'histoire du genre auquel elle a été rapportée par M. Schlegel.

2ᵉ TRIBU. — BOÆIDES.

Queue toujours préhensile, mais à des degrés divers, suivant que les espèces vivent plus ou moins habituellement sur les arbres : caractère qui les distingue des ÉRYCIDES ; chez le plus grand nombre, contrairement à ce qui s'observe chez tous les PYTHONIDES, pas de fossettes aux lèvres.

Ier GENRE. — ÉNYGRE. *ENYGRUS* Wagler.

Narines s'ouvrant latéralement, au milieu d'une plaque; dessus de la tête entièrement revêtu d'écailles polygones, sub-imbriquées, de plus en plus petites d'avant en arrière; écailles du corps carénées; scutelles sous-caudales entières.

(2 espèces.)

1. E. CARÉNÉ. *Carinatus* Wagler (*Erpét. génér.*, t. VI, p. 479).

1° *Variété* A. Sur les régions supérieures, depuis la nuque jusqu'à l'extrémité de la queue, une bande brune, lisérée de noir, coupée longitudinalement, au milieu, par une ligne blanche, dans le premier tiers de sa longueur, et bordée, de chaque côté, par une bande fauve ou blanchâtre. Sur les régions latérales, qui sont d'un brun sombre, des taches oblongues et des raies également fauves ou blanchâtres. Régions inférieures d'un blanc sale, souvent maculé de noir.

Amboine : *MM. Quoy et Gaimard*, et Saparoua (Archipel des Moluques) : *M. Reinwardt.*

Ile Viti (Arch. de Viti dans la Polynésie australe) : *MM. Hombron et Jacquinot.*

2° *Variété* B. Régions supérieures brunes, couvertes, d'un bout à l'autre du sommet du dos et de la queue, de taches noires, variables pour la forme comme pour la grandeur, et bordées de blanc; le long des flancs, des taches semblables, mais souvent beaucoup plus étendues; régions inférieures couvertes des mêmes teintes que dans la *Variété* précédente :

Java : *Leschenault.* Papouasie ou Nouv.-Guinée, échantillon donné par le *Musée de Leyde.* Ile Viti : *MM. Hombron et Jacquinot.*

Adultes et âge moyen.

2. E. DE BIBRON. *Bibroni* Hombron et Jacquinot (*Erpét. génér.*, t. VI, p. 483).

Ile Viti : *MM. Hombron et Jacquinot*, TYPES de l'ÉNYGRE DE BIBRON Hombron et Jacquinot (*Voy. au Pôle Sud et dans l'Océanie sur les corvettes l'*Astr. *et la* Zélée, *sous le command. de Dumont-d'Urville.*, Rept. Ophid., pl. 1, sans texte).

Adultes et âge moyen.

IIe GENRE. — LEPTOBOA. *LEPTOBOA* Dum. Bib.

Corps grêle; dessus de la tête revêtu de plaques en avant et d'écailles en arrière; pas de fossettes aux lèvres; écailles carénées; scutelles sous-caudales entières.

(1 espèce.)

1. L. DUSSUMIER. *Dussumieri* Dum. Bib. (*Erpét. génér.*, t. VI, p. 486).

Ile Ronde, près l'île Maurice : *Dussumier*, TYPE du *Boa Dussumieri* Dum. Bib., *Musée de Paris*, et Schlegel, *Essai sur la physionomie des Serpents*, 2e partie, p. 396, et du *Casarea Dussumieri* Gray, *Zool. miscell.* 1842, p. 3.

Unique.

III° GENRE. — TROPIDOPHIDE. *TROPIDOPHIS* Dum. Bib.

Narines ouvertes latéralement, entre deux plaques; dessus de la tête revêtu de plaques symétriques; pas de fossettes aux lèvres; écailles tectiformes plutôt que carénées; scutelles sous-caudales entières.

(2 *espèces.*)

1. T. MÉLANURE. *Melanurus* Dum. Bib. (*Erpét. génér.*, t. VI, p. 491).

Cuba : *M. Ramon de la Sagra*, TYPES du *Boa melanura* Dum Bib., *Musée de Paris*, et Schlegel, *Essai sur la physion. des Serp.*, 2° partie, p. 399, et du *Tropidophis melanurus* Bib., *Rept. in Hist. de Cuba* de Ramon de la Sagra, p. 208, pl. 23.

Parmi ces individus, on en voit un qui tient dans la gueule un Batracien Hyléeforme du genre Trachycéphale.

On vient de constater la viviparité de cette espèce à la Ménagerie, où l'on conserve un individu ♀ rapporté de Porto-Rico par *M. de Bonnecour*, et qui, par la taille et le volume, l'emporte sur tous les échantillons conservés dans l'alcool. Sa longueur, en effet, est de 1^m,30, tandis que le plus grand de la Collection n'est long que de 0^{m}685.

Les petits étaient au nombre de huit; deux sont morts presque immédiatement après leur naissance. La teinte générale de ces jeunes individus est, en dessus, un brun très-clair tirant sur le rouge, avec une double série de taches d'un brun plus foncé, occupant les côtés du dos, tantôt réunies par une petite bande transversale de la même teinte, tantôt au contraire distinctes. Il n'y a d'autres taches sur la tête que celles qui persistent à l'état adulte et qui vont, l'une à droite, l'autre à gauche, de l'œil à l'angle de la bouche. Les régions inférieures sont d'un rouge-brique clair dans toute leur étendue, même à l'extrémité libre de la queue, dont la face supérieure offre une nuance un peu foncée; mais elle n'est pas noire, comme chez les individus arrivés à un état de plus grand développement.

2. T. TACHETÉ. *Maculatus* Dum. Bib. (*Erpét. génér.*, t. VI, p. 494).

Cuba : *M. Ramon de la Sagra*, TYPES du *Leionotus maculatus* Bib., *Rept. in Hist. de Cuba* de Ramon de la Sagra, p. 212, pl. 24, et du *Tropidophis maculatus* Dum. Bib.

Cuba : *M. Morelet.*

AGLYPHODONTES PYTHONIENS.

IVᵉ GENRE. — PLATYGASTRE. *PLATYGASTER* Dum. Bib.

Écailles carénées; scutelles ventrales très-larges, ainsi que les sous-caudales qui ne sont pas divisées; dessus de la tête revêtu de plaques symétriques; pas de fossettes aux lèvres; narines latérales, ouvertes au milieu d'une plaque.

(1 *espèce.*)

1. P. MULTICARÉNÉ. *Multicarinatus* Dum. Bib. (*Erpét. génér.*, t. VI, p. 497).
Port-Jackson (Nouv.-Hollande) : *Péron et Lesueur*, TYPE de l'*Eryx multocarinatus* Péron, *Musée de Paris.*
Unique.

Vᵉ GENRE. — BOA. *BOA* Wagler.

Écailles plates, lisses; scutelles sous-caudales non divisées; dessus de la tête entièrement revêtu d'écailles de plus en plus petites d'avant en arrière; point de fossettes aux lèvres; narines latérales, ouvertes entre deux plaques.

(4 *espèces.*)

1. B. CONSTRICTEUR. *Constrictor* Linné (*Erpét. génér.*, t. VI, p. 507).
Amérique méridionale : *Bosc*, et en particulier, Cayenne : *M. Leprieur, M. Mélinon;* Brésil.
La Collection renferme un spécimen adressé de la Martinique au Muséum par *M. Plée*, mais non recueilli dans cette île, où l'espèce dont il s'agit n'a jamais été vue, non plus que dans aucune autre des Antilles.
Ages divers. V. V. — *Vélins*, t. II, n° 6.

2. B. DIVINILOQUE. *Diviniloqua* Dum. Bib. (*Erpét. génér.*, t. VI, p. 515).
Ile Sainte-Lucie : *M. Arthus-Fleury.*
Ce spécimen, qui a été donné vivant, a été longtemps unique dans la Collection. Elle en possède d'autres maintenant, originaires aussi de l'île Sainte-Lucie, et dus à *M. de Bonnecour.* Plusieurs de ces derniers ont vécu ou vivent encore à la Ménagerie, qui en possède actuellement trois en très-bon état de santé.
Leur système de coloration est très-remarquable par ses belles teintes bleues et par ses reflets verts et comme métalliques, plus ou moins visibles, selon les accidents de lumière.
Ages divers. V. V. — *Vélins*, t. II, n° 7.

3. B. EMPEREUR. *Imperator* Daudin (*Erpét. génér.*, t. VI, p. 519).
Mexique; Province du Peten (Amér. centrale) : *M. Morelet*, 6 individus.
A l'époque de la publication du t. VI de l'*Erpét. génér.*, le Muséum ne possédait que deux représentants de cette espèce. Il en a reçu depuis deux autres, très-beaux, qui ont été déterminés et étiquetés par Bibron. La plupart de leurs caractères, et surtout leur système de coloration, confirment tout à fait la distinction établie par Daudin entre ce Boa et le Constricteur, avec lequel, au reste, il a de très-grands rapports. Chez ce dernier cependant, la forme des taches noires du dos, et la grandeur des intervalles qui les séparent, la teinte rouge-brique des taches bordées de noir

que portent la région postérieure du tronc et la queue, et enfin la présence de deux rangées d'écailles entre le cercle squameux de l'orbite et les plaques supéro-labiales chez tous les individus, excepté chez celui qui a été donné par M. Plée; tous ces caractères, en un mot, empêchent qu'on ne confonde le B. CONSTRICTEUR avec aucun de ses congénères.

Il faut néanmoins reconnaître que deux des caractères, indiqués dans l'*Erpét. génér.* comme essentiels au BOA EMPEREUR, manquent dans les deux sujets dont il vient d'être question, et qui, par l'absence des particularités dont l'énumération précède, appartiennent positivement à cette espèce.

1° Leur cercle squameux de l'orbite, en effet, n'est pas en contact immédiat avec les plaques de la lèvre supérieure; il en est séparé par une rangée d'écailles.

Il en est de même sur le plus petit des deux échantillons donnés récemment par M. Morelet. Chez le plus grand, cette rangée d'écailles existe d'un côté, et de l'autre, le cercle orbitaire s'appuie sur les plaques supéro-labiales par deux de ses pièces moins basses que les autres.

2° La raie noire transversale entre les deux yeux, signalée comme caractère distinctif, se voit très-bien chez le jeune sujet recueilli dans le Peten comme sur les individus qui ont servi à la description; mais elle manque chez les trois autres.

En définitive, et pour résumer ces considérations, il faut maintenir la distinction entre le B. CONSTRICTEUR et le B. EMPEREUR, à cause des différences très-notables du système de coloration et de la présence constante chez le premier, si ce n'est chez un sujet, de deux rangées d'écailles intermédiaires aux plaques de l'orbite et à celles de la lèvre, tandis que chez le second, il n'y en a pas ou que, presque constamment, il en existe un seul rang.

La diversité d'origine est aussi très-importante à noter : le B. EMPEREUR n'a encore été rencontré que dans le sud de l'Amérique septentrionale ou dans l'Amérique centrale, et l'autre espèce paraît vivre uniquement dans les régions orientales de l'Amérique du Sud.

4. B. CHEVALIER. *Eques* Eydoux et Souleyet (*Erpét. génér.*, t. VI, p. 521).

Payta (départem. de Livertad, Républ. du Pérou) : *Eydoux et M. Souleyet*, TYPE du BOA CHEVALIER Eydoux et Souleyet, *Voy. de la Bonite*, zool., pl. 4.
Unique.

VIe GENRE. — PÉLOPHILE. *PELOPHILUS* Dum. Bib.

Dessus de la tête revêtu de plaques sur la moitié antérieure et d'écailles sur la moitié postérieure; pièces de l'écaillure du corps plates, lisses; scutelles sous-caudales non divisées en deux parties; pas de fossettes aux lèvres; narines latérales, ouvertes entre deux plaques.

(1 espèce.)

1. P. DE MADAGASCAR. *Madagascariensis* Dum. Bib. (*Erpét. génér.*, t. VI, p. 524).
Madagascar : *M. Bernier.*

VIIᵉ GENRE. — EUNECTE. *EUNECTES* Wagler.

Narines très-petites, percées à la face supérieure du bout du museau et directement tournées en haut, ouvertes entre trois plaques, une inter-nasale et deux nasales; yeux sub-verticaux; dessus de la tête revêtu de plaques dans sa moitié antérieure et d'écailles dans sa moitié postérieure; pièces de l'écaillure du corps plates, lisses; scutelles sous-caudales non divisées en deux parties; pas de fossettes aux lèvres.

(1 *espèce.*)

1. E. MURIN. *Murinus* Wagler (*Erpét. génér.*, t. VI, p. 528).
Surinam : *Levaillant*. Cayenne : *Madame Richard*, née *Rivoire*.
ID. : *M. Mélinon*, taille de 4ᵐ,55.

Envoyé vivant par ce zélé correspondant du Muséum, ce magnifique EUNECTE est mort au moment de son arrivée en France. Il est monté, et fait partie d'un très-beau groupe de Serpents habilement enroulés autour des branches d'un arbre. Ce groupe se compose d'un Python molure, d'un Boa divineloque et de l'Eunecte. On doit le compléter plus tard, en y faisant entrer un Boa constricteur et un Boa empereur.
Bahia : *M. de Castelnau*.

Un individu de très-grande taille, et anciennement monté, est conservé depuis longtemps au Muséum, où il occupe, avec le grand Python reticulé long de 6ᵐ,35, le dessus des armoires dans une des salles au second étage du bâtiment des Galeries : sa longueur est de 6ᵐ,27. Un dernier, enfin, très-volumineux, est placé autour d'un tronc d'arbre : il a 5ᵐ,15.

VIIIᵉ GENRE. — XIPHOSOME. *XIPHOSOMA* Wagler.

Tronc considérablement comprimé, couvert d'écailles plates, lisses; scutelles sous-caudales non divisées en deux parties; tête revêtue de plaques sur le bout du museau, et d'écailles sur le reste de sa face supérieure; narines latérales, ouvertes entre deux plaques; des fossettes aux lèvres.

(3 *espèces.*)

1. X. CANIN. *Caninum* Wagler (*Erpét. génér.*, t. VI, p. 540).
Amérique méridionale, et en particulier, Surinam.

2. X. PARTERRE. *Hortulanum* Wagler (*Erpét. génér.*, t. VI, p. 545).
Amérique méridionale, et en particulier, Guyane : *Leschenault et Doumerc*. Surinam : *Levaillant*. Brésil : *M. Poyer*.
Un individu, donné par *Lesueur*, et originaire, selon toute probabilité, de l'Amérique du Sud, est étiqueté comme recueilli dans l'une des Antilles.

3. X. DE MADAGASCAR. *Madagascariense* Dum. Bib. (*Erpét. génér.*, t. VI, p. 549).
Sanzinia madagascariensis Gray, *Cat. of Snakes*, p. 99.
Madagascar : *M. Sganzin*, *M. Bernier*, *M. Louis Rousseau*, TYPES; et en particulier, île Nos-Beh (côte occidentale de Madagascar) : *M. Léclancher*.

IX.ᵉ GENRE. — ÉPICRATE. *EPICRATES* Wagler.

Pièces de l'écaillure du corps plates, lisses; scutelles sous-caudales non divisées en deux parties; dessus de la tête revêtu de plaques dans sa moitié antérieure, et d'écailles dans sa moitié postérieure; des fossettes aux lèvres; narines latérales ouvertes chacune entre trois plaques, une inter-nasale et deux nasales.

(2 *espèces*.)

1. E. CENCHRIS. *Cenchris* Wagler (*Erpét. génér.*, t. VI, p. 555).

Amérique méridionale : *Bosc*, *M. Kéraudren*, et en particulier, Côte-Ferme : *M. Bauperthuis*. Carthagène : *M. Roulin*. Cayenne : *Madame Arnault*. La Mana. (Brésil) : *M. Poyer*.

Martinique? : *M. Plée*.

Ages divers.

2. E. ANGULIFÈRE. *Angulifer*. Dum. Bib. (*Erpét. génér.*, t. VI, p. 560).

Cuba : *M. Ramon de la Sagra*, TYPE de l'*Epicrates angulifer* Bibron, *Rept.* in *Hist. de l'île de Cuba* de Ramon de la Sagra, p. 215, pl. 25.

Cuba : plusieurs autres individus dont trois sont dus à *M. Morelet*.

X.ᵉ GENRE. — CHILABOTHRE. *CHILABOTHRUS* Dum. Bib.

Écailles du corps plates, lisses; scutelles sous-caudales non divisées en deux parties; de grandes plaques symétriques recouvrant les deux premiers tiers du dessus de la tête; point de fossettes aux lèvres; narines latérales, ouvertes chacune entre trois plaques, une inter-nasale et deux nasales.

(1 *espèce*.)

1. C. INORNÉ. *Inornatus* Dum. Bib. (*Erpét. génér.*, t. VI, p. 563).

Avant M. Reinhardt, qui l'a décrit en 1843, sous le nom de *Boa inornata*, comme l'indique la synonymie de l'*Erpét. génér.*, ce Serpent avait été signalé en 1725, par Sloane, in *Nat. Hist. of Jamaica*, p. 335, pl. 274, où il est nommé *Major Serpens subflavus*.

Jamaïque : deux individus.

Un jeune individu, trouvé au milieu de bûches de bois de Campêche expédiées de Haïti, paraît appartenir, par tous ses caractères, au genre CHILABOTHRE, malgré quelques irrégularités dans les plaques qui recouvrent les deux premiers tiers du dessus de la tête, dont la conformation, d'ailleurs, a les plus grands rapports avec ce qui s'observe chez les représentants de l'espèce unique de ce genre.

Le système de coloration est fort effacé, mais on voit, sur toute la longueur du dos et de la face supérieure de la queue, une série de taches transversales assez grandes, et d'un volume à peu près semblable, d'une teinte brun-rougeâtre et bordées de noir. Les régions inférieures ont une nuance claire uniforme.

Ces particularités sembleraient devoir éloigner cet Ophidien du CH. INORNÉ; mais, comme il est de petite taille, comparativement aux deux échantillons de cette espèce que possède le Musée, il est possible que ce soit une livrée de jeune âge. On ne peut cependant pas affirmer qu'il n'appartienne pas à une espèce distincte. Aussi n'est-il placé que provisoirement auprès du CH. INORNÉ.

IIᵉ FAMILLE. — TORTRICIENS.

Des vestiges de membres postérieurs, se montrant au dehors, chez les adultes, sous forme de petits ergots logés chacun dans une fossette, aux côtés de l'anus; dents des mâchoires supérieure et inférieure similaires, coniques, pointues, comme tranchantes à leur bord postérieur, courbées en arrière, et plus courtes aux deux extrémités qu'au milieu de chacune de leurs rangées; branches des maxillaires supérieurs d'une longueur à peu près égale à la moitié de celle de la tête; os ptérygoïdiens droits en avant, dentés seulement dans leur moitié antérieure environ, un peu obliques en arrière.

(2 genres, 4 espèces.)

Tribu unique. — Tortricides ou Tortriciens fouisseurs.

Point d'os frontaux postérieurs; tête confondue avec le tronc, cylindrique comme lui, mais déprimée; bout du museau plat et arrondi en travers; queue extrêmement courte, robuste ou presque aussi forte que le tronc, non préhensile.

Iᵉʳ GENRE. — ROULEAU. *TORTRIX* Oppel.

Yeux couverts par une plaque oculaire fort transparente; pas de post-oculaires; os inter-maxillaire armé de dents; narines sub-verticales, ouvertes chacune dans une plaque offrant une scissure au-dessus du trou nasal.

(1 espèce.)

1. R. scytale. *Scytale* Oppel (*Erpét. génér.*, t. VI, p. 585).
Amér. mérid. : donné par *M. L. Rousseau*, et en particulier Guyane anglaise : *M. de Castelnau.* Surinam : donné par *M. Dufresne.* Cayenne : *M. Poiteau*, *M. Kéraudren*, *M. Leprieur*, *M. Mélinon.* La Mana : *Leschenault et Doumerc.* Province de Buenos-Ayres : *M. d'Orbigny.*

Depuis la publication du t. VI de l'*Erpét. génér.*, des échantillons de cette espèce ont été reçus, par les soins de *M. Guérin* et de *MM. de Castelnau et Émile Deville*, de l'Empire du Brésil, où elle semblait n'avoir pas encore été observée. Aucune différence, d'ailleurs, ne distingue ces individus de ceux qui ont été recueillis dans les autres contrées de l'Amérique du Sud.

IIᵉ GENRE. — CYLINDROPHIS. *CYLINDROPHIS* Wagler.

Yeux tout à fait découverts, la plaque oculaire manquant; une paire de post-oculaires; os inter-maxillaire sans dents; narines sub-verticales, ouvertes chacune dans une plaque dont le trou nasal n'est pas surmonté par une scissure.

(3 espèces.)

1. C. dos noir. *Melanota* Wagler (*Erpét. génér.*, t. VI, p. 592).
Iles Célèbes : *MM. Quoy et Gaimard.* 3 échantillons.

2. C. ROUSSATRE. *Rufa* Gray (*Erpét. génér.*, t. VI, p. 595).
Indes orientales, et en particulier Singapoure : *Eydoux.*
Java : *Bosc*, *Leschenault.* Sumatra : *M. Kunhardt.*

3. C. TACHETÉ. *Maculata* Wagler (*Erpét. génér.*, t. VI, p. 597).
Indes-Orientales. Ceylan : *M. Leschenault.*

IIIᵉ FAMILLE. — UPÉROLISSES (1).

Pas de vestiges de membres postérieurs; pas de dents palatines, ni ptérygoïdiennes, ni inter-maxillaires; corps très-grêle, cylindrique, et de même diamètre d'un bout à l'autre; tête conique, confondue en arrière avec le tronc, à museau dépassant la mâchoire inférieure; queue très-courte, un peu renflée, le plus souvent tronquée et protégée, à son extrémité, par une sorte de bouclier écailleux.

(4 GENRES, 6 espèces.)

TABLEAU SYNOPTIQUE DES GENRES.

Queue	tronquée,	sub-conique, enveloppée d'une seule plaque cornée.		I. RHINOPHIS.
		plate, terminée par	une seule écaille épineuse.	II. UROPELTIS.
			plusieurs écailles carénées, épineuses.	III. COLOBURE.
	non tronquée, emboîtée dans une seule plaque épineuse.			IV. PLECTRURE.

Iᵉʳ GENRE. — RHINOPHIS. *RHINOPHIS* (2) Hemprich.

Queue tronquée, un peu conique, et dont la pointe est enveloppée dans une seule écaille cornée; yeux très-petits, recouverts chacun par une plaque oculaire peu transparente; pas de sus-oculaires; portion supérieure de la rostrale beaucoup plus longue que l'inférieure.

(3 espèces.)

TABLEAU SYNOPTIQUE DES ESPÈCES.

Dos	unicolore; ventre	à taches irrégulières.	1. R. DES PHILIPPINES.
		sans taches.	2. R. OXYRHINQUE.
	avec un petit point noir sur chaque écaille		3. R. PONCTUÉ.

1. R. DES PHILIPPINES. *Philippinus* Müller (*Erpét. génér.*, t. VII, p.   ).
Iles Philippines : sans nom de donateur.
Unique.

2. R. OXYRHINQUE. *Oxyrhincus* Hemprich (*Erpét. génér.*, t. VII, p.   ).
Manque.

3. R. PONCTUÉ. *Punctatus* Müller (*Erpét. génér.*, t. VII, p.   ).
Manque. — Musée de Leyde et Collection de M. J. Müller.

---

(1) De ὑπέρωα, palais, et de λισσός, lisse, plane, sans dents.
(2) De ῥῖν-ῑνός, nez, et de ὄφις, serpent.
Serpent dont le museau forme une sorte de nez.

II ᵉ GENRE. — UROPELTIS. *UROPELTIS* (1) Cuvier.

Queue comme tronquée, plate, terminée par une seule écaille hérissée d'épines, toutes les autres écailles étant lisses; yeux assez grands, recouverts chacun par une plaque oculaire transparente; pas de sus-oculaires; portion supérieure de la rostrale plus longue que l'inférieure.

(1 *espèce*.)

1. U. DES PHILIPPINES. *Philippinus* Cuvier (*Erpét. génér.*. t. VII, p.   ).
Iles Philippines : sans nom de donateur.
Unique.

III ᵉ GENRE. — COLOBURE. *COLOBURUS* (2) Dum. Bib.

Queue comme tronquée, aplatie, terminée par des rangées d'écailles bi-carénées et épineuses; yeux assez grands, recouverts chacun par une plaque oculaire transparente; pas de sus-oculaires; portion supérieure de la rostrale de même longueur que l'inférieure.

(1 *espèce*.)

1. C. DE CEYLAN. *Ceylanicus* Dum. Bib. (*Erpét. génér.*, t. VII, p.   ).
Ceylan : *Leschenault.* 2 exemplaires.

IV ᶜ GENRE. — PLECTRURE. *PLECTRURUS* (3) Dum. Bib.

Queue un peu pointue, courte, enveloppée à son extrémité par une seule plaque hérissée d'épines; yeux grands, recouverts chacun par une plaque bien transparente; une paire de sus-oculaires; portion inférieure de la rostrale de même longueur que la supérieure.

(1 *espèce*.)

1. P. DE PERROTET. *Perrotetii* Dum. Bib. (*Erpét. génér.*, t. VII, p.   ).
Monts Nilgherry (Indes orient.) : *M. Perrotet, M. Ad. Delessert.*

---

(1) De οὐρά, queue, et de πέλτη, bouclier, écusson.
Queue protégée par un écusson.
(2) De κολοβός, mutilé, tronqué, et de οὐρά, queue.
(3) De πλῆκτρον, aiguillon, éperon, et de οὐρά, queue.
Queue terminée par des pointes.

[illegible]

VOYAGE AU POLE SUD [illegible] Dumont d'Urville [illegible] pendant les années [illegible] *l'Astrolabe* et la *Zélée*, [illegible] vol. in-8°, [illegible] in-folio.

Chaque partie se vend séparément.

Atlas pittoresque, 2 vol. in-folio, et Relation historique, 10 vol. in-8° [illegible]
Zoologie, 2 vol. in-folio, et 5 vol. in-8° de texte [illegible]
Botanique, 1 vol. in-folio, et 2 vol. in-8° de texte [illegible]
Anthropologie, 1 vol. in-folio, et 2 vol. in-8° de texte [illegible]
Hydrographie, 60 cartes grand in-folio, et 2 vol. [illegible]
Physique, 1 vol. in-8° avec planches [illegible]

VOYAGE AUTOUR DU MONDE, sous le commandement de l'amiral [illegible] pendant les années 1836, 1838 et 1839, 10 vol. grand in-8°, avec un Atlas composé de 120 planches in-folio et de 20 cartes.

Chaque partie se vend séparément.

Atlas pittoresque, 1 vol. in-folio, et Relation historique [illegible]
Zoologie, 1 vol. in-folio, et texte, 1 vol. [illegible]
Botanique, 1 vol. in-folio, et texte, 1 vol. [illegible]
Physique et Hydrographie, [illegible] cartes grand in-folio, et texte [illegible]

VOYAGE GÉOLOGIQUE AUX ANTILLES et aux îles de [illegible], par M. Ch. Sainte-Claire-Deville, 3 vol. grand in-4°, accompagnés d'un atlas de 75 planches [illegible]

VOYAGE SCIENTIFIQUE DANS L'ALTAÏ et sur la frontière [illegible], par M. de Tchihatcheff, 1 vol. in-4° de texte accompagné de [illegible] atlas in-folio : *Géologie, Topographie, Orographie*, [illegible] *pittoresques et Paléontologie botanique* [illegible]

FLORE DE L'ALGÉRIE, par MM. Bory de Saint-Vincent et Durieu [illegible] membres de la commission scientifique de l'Algérie, publiée sous la direction d'une commission de l'Institut, 3 vol. grand in-4°, accompagnés [illegible] planches coloriées [illegible]

VOYAGE DE M. AL. DE HUMBOLDT aux régions équinoxiales du nouveau continent. *Relation de ce voyage*, — *Atlas géographique et physique*, — *Examen critique de l'histoire de la géographie*, — *Graminées*, — *Zoologie* [illegible] — *Mélastomes et Rhexies*, — *Mimoses*, — *Nova Genera* [illegible] — *Plantes équinoxiales*, — *Essai politique* [illegible]

COSMOS. *Description physique du Monde*, par M. A. de Humboldt, traduit en français et revu par l'auteur, 3 forts vol. in-8°. — Prix de chaque vol. [illegible]

TABLEAUX DE LA NATURE, par M. A. de Humboldt, traduits sous la direction de l'auteur par M. [illegible], *Nouvelle édition* accompagnée de cartes, 2 vol. in-12, 1850. Prix [illegible]

ARCHIVES DES MISSIONS SCIENTIFIQUES ET LITTÉRAIRES. Choix des rapports, Mémoires, etc., envoyés au ministère de l'instruction publique et des cultes par les voyageurs chargés de missions. Recueil mensuel, accompagné de cartes ou gravures. Prix de l'abonnement pour une année : Paris, 12 fr. ; — Départements, 15 fr.

PARIS. TYPOGRAPHIE PLON FRÈRES, RUE DE VAUGIRARD, 36.

www.ingramcontent.com/pod-product-compliance
Lightning Source LLC
Chambersburg PA
CBHW071941160426
43198CB00011B/1500